Gerhard Schwarz

Konfliktmanagement

Gerhard Schwarz

Konfliktmanagement

Konflikte erkennen, analysieren, lösen

6. Auflage

GABLER

Bibliografische Information Der Deutschen Bibliothek
Die Deutsche Bibliothek verzeichnet diese Publikation in der
Deutschen Nationalbibliografie; detaillierte bibliografische Daten
sind im Internet über <http://dnb.ddb.de> abrufbar.

1. Auflage 1990
2. Auflage 1995
⋮
6. Auflage 2003

Alle Rechte vorbehalten

© Betriebswirtschaftlicher Verlag Dr. Th. Gabler/GWV Fachverlage GmbH,
Wiesbaden 2003

Lektorat: Ulrike M. Vetter

Der Gabler Verlag ist ein Unternehmen der Fachverlagsgruppe BertelsmannSpringer.
www.gabler.de

Umschlaggestaltung: Nina Faber de.sign, Wiesbaden
Satz: FROMM MediaDesign GmbH, Selters/Ts.
Druck und buchbinderische Verarbeitung: Wilhelm & Adam, Heusenstamm
Gedruckt auf säurefreiem und chlorfrei gebleichtem Papier
Printed in Germany

ISBN 3-409-69605-9

Inhalt

Vorwort zur 6. Auflage

Mir kommt vor, dass seit der 1. Auflage dieses Buches im Jahr 1990 das Thema Konflikte in unserer Gesellschaft immer „salonfähiger" wird. Man wird auch in Institutionen nicht mehr schief angesehen, wenn man von Konflikten spricht.

Zum einen Teil ist dies auf das rasche Tempo der Veränderungen zurückzuführen, die wir gerade erleben, zum anderen Teil auf die auch in den Medien festzustellende Globalisierung und die damit verbundene Konfrontation mit anderen Kulturen.

Darüber hinaus dürfte es auch eine höhere Bereitschaft geben, über Strukturen und Beziehungen, in denen man selber steht, intensiver nachzudenken. Ich freue mich immer, wenn ich höre, dass dieses Buch dazu einen Beitrag leistet.

In der 6. Auflage habe ich wiederum einige Ergänzungen vorgenommen, etwa bei der Konfliktanalyse, bei den vier Ausprägungen und beim Internet.

Wien, im August 2003   GERHARD SCHWARZ

Vorwort zur 2. Auflage

Wieder einmal muss ich das Manuskript hergeben mit dem Gefühl, es nicht wirklich fertiggestellt zu haben. Zu viele neue Gedanken, Kritiken und Anregungen hat es auf die erste Auflage gegeben, als dass ich alles hätte berücksichtigen können. Was ist das für ein Konflikt? Ich denke darüber nicht nach, da er mich selbst betrifft. Meine Freunde sagen, ich sei nur gut beim Lösen fremder Konflikte, nicht bei den eigenen.

Somit freue ich mich auf die Arbeit an der dritten Auflage, die ich hiermit sofort beginne. Es wird dies die Fortsetzung der Institutionskonflikte und die der Systemkonflikte betreffen. Nachdem ich die Literatur studiert habe, sind trotzdem keine neuen Konfliktarten mehr dazugekommen. Ich kann alle beschriebenen Konflikte von der Einteilung her, die ich vorgeschlagen habe, verstehen.

Zu einem eigenen Buch möchte ich die Produktkonflikte verarbeiten. Vielleicht sogar zu mehreren Büchern. Ich habe in meinem Buch über „Die ‚Heilige Ordnung' der Männer" 1985 meine gesammelten Hypothesen über Konflikte als letztes Kapitel mit aufgenommen. Damals wusste ich noch nicht, dass daraus einmal (nämlich schon fünf Jahre später) ein eigenes Buch werden würde. Deshalb vermute ich jetzt, dass ich einige Teile dieser 2. Auflage des Konfliktmanagements später zu einem eigenen Buch verarbeiten werde.

In dieser Neuauflage habe ich durchgehend Erweiterungen vorgenommen. Wesentlich ausführlicher als in der 1. Auflage gehe ich auf Institutions- und Systemkonflikte ein. Neu ist das Kapitel 5 über Konfliktinterventionen. Es basiert auf einem Artikel von mir, der in dem Buch „Kommunikations- und Verhaltenstrainings" (herausgegeben von Bärbel Voss, Hogrefe-Verlag, Göttingen, 1995) erschienen ist. In Kapitel 6, Produktwidersprüche und Organisationskonflikte, ist mein Beitrag über Produkte, ihre Seele und ihre Widersprüche aus dem 2. Jahrbuch „Managerie" (Carl-Auer-Systeme Verlag, Heidelberg, 1993) leicht gekürzt eingeflossen.

Wie immer bei meinen Publikationen bin ich dem Wiener Team der Gruppendynamik für Diskussionen und Anregungen zu Dank verpflichtet. Dies ist insbesondere, zusätzlich zu den schon im Vorwort zur 1. Auflage genannten Personen, noch Bernhard Pesendorfer.

Wien, im März 1995   GERHARD SCHWARZ

Vorwort zur 1. Auflage

Dieses Buch ist das Ergebnis von 25 Jahren Konfliktmanagement in Schulen und Krankenhäusern, für Behörden und Kirchen, für Wirtschaftsunternehmen und Vereine. Ob es sich um eine Montagegruppe handelte oder die Station eines Krankenhauses, um den Vorstand einer Versicherungsgesellschaft oder einen Pfarrbeirat, immer wieder traten ähnliche Verhaltensmuster und Lösungsvorschläge auf. Nach den ersten Erfolgen und Misserfolgen begann ich Protokolle zu verfassen und Konfliktarten und -lösungen einfach zu sammeln. Anfang der 70er Jahre schälte sich aus den gesammelten Konflikten und Lösungen langsam ein System heraus. Ich lernte, welche Lösungen für welche Konflikte häufiger zu einem zufriedenstellenderen Ergebnis führten als andere.

Wenn es für eine bestimmte Konfliktsituation aber jeweils bessere oder schlechtere Lösungen gab, dann war es notwendig, dass die Beteiligten einen Lernprozess durchmachten, indem sie etwa die Nachteile ihres eingefahrenen Konfliktverhaltens einsahen und andere Lösungen, die für sie besser waren, in Betracht zogen. Konfliktmanagement hat unter anderem den Sinn, dass Menschen ihre individuellen Präferenzen des Konfliktlösungsverhaltens erkennen und verändern lernen.

Später erkannte ich, dass dieser Lernprozess nach einer allgemein beschreibbaren Gesetzmäßigkeit abläuft. So stand etwa fast immer Flucht vor der Aggressionsentwicklung, Kompromissfindung vor der mühevollen Konsensfindung. Als ich dann bei der Analyse historischer Entwicklungen des menschlichen Konfliktverhaltens quasi dieselben Entwicklungsschritte entdeckte, durch die auch Individuen in ihrem Lernprozess gehen müssen, um ihr Konfliktverhalten zu verbessern, meinte ich, ein brauchbares System für die Einteilung von Lösungen gefunden zu haben.

Ob die Wissenschaft vom menschlichen Konfliktverhalten schon so weit ist, dass man ein universelles Ordnungsprinzip auch für Konfliktarten einführen kann, scheint fraglich. Für die praktische Arbeit brauchte ich selber jedenfalls eines, um die vielen Konfliktfälle ordnen und daraus allgemeine Schlussfolgerungen ziehen zu können. Ordnungsprinzipien sind ja schon deshalb notwendig, allerdings auch kontrovers, weil sie an die jeweils bevorzugten Denkgewohnheiten einer Kultur anschließen. Natürlich gilt das auch umgekehrt, jede „Logik" definiert ein bestimmtes Ordnungsprinzip. Es wird daher notwendig sein, ein wenig die Voraussetzungen unserer Kultur und ihre bevorzugten Denkformen zu reflektieren. So wird sich herausstellen, dass ohne die Relativierung der „Logik" Konflikte nur zum Teil verständlich sein können.

In der Praxis des Konfliktmanagements kommt es allerdings nicht allein auf den Besitz oder Nichtbesitz eines solchen Ordnungsprinzips an, sondern auf die Erfahrung und das Fingerspitzengefühl. Ich selber mache mir meist erst nach einer Intervention eine Theorie dazu, warum sie erfolgreich oder nicht erfolgreich war. In der jeweiligen Konfliktsituation agiere ich analysierend und auch nach „Gefühl". Auch oder gerade das „Gefühl" ist für diesen Zweck eine brauchbare Erkenntnisform.

Speziell bei der Analyse von Konflikten stellt sich nämlich heraus, dass es keine universelle Logik gibt, von der her alles verständlich, subsumierbar und einordenbar ist. Es wissen alle Philosophen, dass es kein System gibt, das alles erklärt. Jedes System und auch jede Logik erklärt immer nur Teilaspekte und lässt anderes unerklärt und damit unverstanden. Unverstandenes oder gar Unverstehbares ängstigt aber. Deshalb haben die Menschen zu allen Zeiten das Unerklärbare trotzdem zu erklären versucht. Sie nahmen die ihnen bekannten Denkmodelle und erklärten damit das Unbekannte, zum Beispiel den Anfang der Welt (eine klassische unerklärbare Voraussetzung allen Denkens).

Wir sind damit bereits bei einer der wichtigsten Voraussetzungen von Konflikten: Die Konfliktpartner gehen nämlich meist von verschiedenen Interessen aus und daher auch von verschiedenen Logiken, in die diese Interessen kondensiert werden. Die verschiedenen Denkgewohnheiten sind meist unreflektiert. Ihre Aufklärung schafft die Basis des Verständnisses. Im Allgemeinen ist das die Voraussetzung dafür, dass auf beiden Seiten ein Lernprozess einsetzen kann.

Für Hinweise und Korrekturen danke ich Uwe Arnold, Ernst Baumgartner, Eva Maria Boltuch, Kurt Buchinger, Herbert Durstberger, Irenäus Eibl-Eibesfeldt, Norbert Fett, Roland Fischer, Georg Fodor, Peter Heintel, Dieter Klein, Ewald Krainz, Traugott Lindner, Thomas Macho, Herbert Pietschmann, Helga Stattler, Paula Stegmüller, Werner Tallafuss, Jürgen Trosien.

Wien, im Oktober 1989   GERHARD SCHWARZ

1 Was ist ein Konflikt?

Bei Konfliktinterventionen, Vorträgen und Seminaren werde ich immer wieder nach einer Definition für den Begriff Konflikt gefragt. Natürlich gibt es so etwas – aber Definitionen, die im logischen System – und nur so sind sie möglich – einen Begriff unter ein Allgemeines unterordnen, reichen nicht aus, um die vielen Facetten des Konfliktes zu erfassen. Ich spreche daher – so wie auch die philosophische Tradition – lieber vom Sinn eines Phänomens.

Ähnlich ist es übrigens mit der Frage nach der Ursache eines Konfliktes. Ich glaube, dass man den klassischen Kausalitätsbegriff „Ursache – Wirkung" hier nicht erfolgreich anwenden kann. Als „Ursache" für einen Konflikt kann alles und jedes auftreten. Viele wundern sich oft über die angeblichen „Kleinigkeiten", aus denen ein Konflikt entstand.

Der Sinn der Konflikte

Die Frage nach der Definition und der Ursache von Konflikten sollte daher ersetzt werden durch die Frage nach dem Sinn der Konflikte. Dabei wird rasch deutlich, wieso es Konflikte gibt und wozu sie gut sind. Allerdings kommt man sofort in Kontroverse zu unserer Logik, wenn man den Sinn von Konflikten überlegt.

Viele meinen, Konflikte sollten in Organisationen gar nicht auftreten. Treten sie dennoch auf, dann hat irgendjemand irgendetwas falsch gemacht. „Konflikte sind Führungsfehler", sagte mir einmal eine hohe Führungskraft eines Großunternehmens. Ich werde im

Folgenden zeigen, dass diese Einstellung immer zu einem Realitätsverlust führt. Oft klammert man dabei nicht nur eine Seite eines Widerspruchs aus, der sich durch einen Konflikt manifestiert, sondern sogar beide Seiten: Es gibt Vorgesetzte, die wollen mit Konflikten möglichst nicht konfrontiert werden. „Er hat abgehoben", heißt es dann bei seinen Mitarbeitern. Es gibt Mitarbeiter, die finden alles toll und richtig, was der Chef sagt („Ich bin kein Ja-Sager: wenn mein Chef nein sagt, sage ich auch nein.") Beide sind Konfliktvermeider. Aber warum auch nicht? Was haben Konflikte für einen Sinn?

Um den Sinn von Konflikten zu verstehen, müssen wir den uns so vertrauten Bereich der europäischen Logik verlassen und Widersprüche anerkennen: Untersucht man den Sinn der Konflikte, dann stellt sich heraus, dass wir jeweils einander widersprechende Dimensionen als sinnvoll, den Sinn von Konflikten erklärend, anerkennen müssen. Dies soll im Folgenden gezeigt werden.

Konflikte bearbeiten Unterschiede

Der Sinn von Konflikten besteht darin, vorhandene Unterschiede zu verdeutlichen und fruchtbar zu machen. Konflikte können schon im Tierreich mit dem Sinn verbunden werden, einen Selektionsprozess einzuleiten und durchzuführen. Ein Konflikt bringt Unterschiede hervor und wirft damit viele Fragen auf: Wie unterscheide ich mich von anderen? Wer ist wofür zuständig? Wer ist stärker? Wer ist besser?

Solange die Natur den Kreaturen bestimmte Rollen zuteilt (zum Beispiel aufgrund der verschiedenen Aufgaben der Geschlechter bei der Fortpflanzung, der Aufzucht der Jungen, der Nahrungsbeschaffung, der Versorgung der Alten), gibt es in diesem Sinne keinen reflektierten Umgang mit Unterschieden. Mit der „Menschwerdung" der ersten „Menschentiere" wird aus der naturhaft instinktiven Rollenteilung die erste Form der Arbeitsteilung überhaupt: nämlich die zwischen Männern und Frauen. Im Verlauf der

Weiterentwicklung wird diese Arbeitsteilung zunehmend von Normen geregelt.

Diese erste Differenzierung des „Menschentiers" in ein weibliches und in ein männliches eröffnet die Sicht auf weitere Unterschiede: Wer garantiert das Überleben des Einzelnen, der Gruppe, des Stammes am besten? Oder: Wer von zwei einander bekämpfenden Individuen, Gruppen oder Stämmen siegt, wer wird vernichtet? In der etwas weiterentwickelten zivilisatorischen Form heißt dies dann: Welche von zwei Streitparteien behält Recht?

Das heißt, der Unterlegene verliert nicht mehr sein „Leben", sondern nur sein „Recht-Haben". Das führt zu einer neuen Form von Arbeitsteilung: Der Unterlegene wird dem Überlegenen untergeordnet. Damit entsteht eine Rangordnung, die durch den Ausgang des Kampfes festgelegt wird – es sei denn, er wird wieder aufgenommen. Man weiß, wer sich im Falle eines Konflikts unterzuordnen hat und wer nicht. Sehr oft wird Unterordnung gleichgesetzt mit „Unrecht haben" – der Übergeordnete hat immer „Recht".

Durch diese Unterscheidung von Über- und Untergeordneten kommt es in der Folge viel seltener zu Konflikten. Die Etablierung einer Rangordnung in Bezug auf den Grad der Unterordnung beziehungsweise Überordnung hat sich besonders in der Kulturentwicklung nach der neolithischen Revolution, durch die Sesshaftwerdung der Menschen, als Arbeitsteilung bewährt.

Arbeitsteilung ist insbesondere dann sinnvoll, wenn durch die Spezialisierung insgesamt die Arbeitsleistung qualitativ und quantitativ verbessert werden kann. Dazu muss natürlich derjenige, der eine bestimmte Tätigkeit durchführt, sie besser beherrschen als alle anderen. Wichtig ist daher herauszufinden, wer etwas besser kann. Man lässt zwei um die Wette laufen, um zu sehen, wer schneller läuft.

Dieses Um-die-Wette-Laufen (lat.: concurrere) hat dem Prinzip den Namen gegeben: Konkurrenz. Sie ist ein notwendiges Instrument der Selektion. Man setzt nicht den Blinden auf Ausguck oder den Schwerhörigen auf Horchposten, sondern man versucht herauszufinden, wer jeweils der Beste ist. Allerdings ist der „Beste" der Sieger nur in solchen Konflikten, die Konkurrenz zum Inhalt haben. Sie haben also den Sinn, die in einer Gruppe oder einer Organisation vorhandenen Unterschiede zu erfassen und für die Zuweisung von Tätigkeiten nutzbar zu machen. Dieser Sinn von Konflikten wird sehr oft unterschätzt und kann nur vermieden werden, wenn man Arbeitsteilung überhaupt vermeiden will. Konkurrenz gehört notwendig zu jeder Art arbeitsteiliger Sozialstrukturen.

In vielen hierarchisch aufgebauten Organisationen kommt es dem Vorgesetzten mehr darauf an, Einheit in der Gruppe herzustellen als Unterschiede zuzulassen. Unterschiedliche Leistungen der Mitarbeiter werden nicht offen gelegt, sie könnten Anlass zu Unruhe geben. Transparenz in Bezug auf unterschiedliche Fähigkeiten der Mitarbeiter zu erlangen geht auf Kosten der Einheitlichkeit der Gruppe. Der Lohn dafür ist jedoch die Entwicklung der einzelnen Mitarbeiter zu Persönlichkeiten, die ihre Grenzen kennen und diese zu erweitern trachten. Genauso schwierig ist das Anerkennen unterschiedlicher Meinungen. So werden zum Beispiel Andersdenkende von ihren Vorgesetzten oft nicht ermutigt, sondern bekämpft, was zur Folge hat, dass verschiedene Meinungen und Aspekte gar nicht zum Durchbruch kommen und daher gar nicht in die Entscheidungen des Managements eingehen können, weil sie schon ausgeschieden werden, bevor man sich „höheren Orts" damit beschäftigen kann. Heute erkennt man allerdings immer mehr, dass die Vielfalt der Meinungen fruchtbar ist, dass Toleranz des Widerspruchs eine wichtige „Manager-Tugend" ist.

Trotzdem fühlen sich viele Vorgesetzte durch die ständig auftauchenden Konflikte gestört, was mit dem Prinzip der Arbeitsteilung zusammenhängt. Verschärft wird dieses Prinzip der Arbeitsteilung durch die Konkurrenz etwa um Marktanteile, um Kundenzahlen, um Verkaufsziffern, was sich in den gängigen Provisions-, Prämienoder Akkordsystemen ausdrückt. Dies kann die Leistung der Einzelnen anheben, aber es kann auch passieren, dass durch die Übertreibung der Konkurrenz die Einheit verloren geht, Verkäufer sich etwa gegenseitig Kunden wegnehmen oder Neid und Eifersucht das Klima derart vergiften, dass die Gruppe insgesamt nicht mehr kooperationsfähig erscheint.

So habe ich bei vielen Konfliktinterventionen festgestellt, dass Konkurrenz schwer gestaffelt werden kann. Zunächst wird immer der „Nachbar" als Konkurrent empfunden. So wird etwa bei einem Unternehmen, das Autos verkauft, zunächst der Händler der gleichen Marke im Nachbarort als Konkurrent empfunden und nicht der Händler einer anderen Marke, auch nicht wenn er nebenan sitzt. Erst wenn es gelingt, diese Konkurrenz auf die nächste Ebene zu heben, also die andere Automarke (um in unserem Beispiel zu bleiben) zum „Außenfeind" zu machen, werden die Händler wieder besser kooperieren. Verlagerung eines Konkurrenten „nach außen" verbessert die Kooperation „nach innen". Der Verlust eines Außenkonkurrenten hingegen lässt die Konkurrenz im Inneren wieder aufblühen. Dieses System gestaffelter Intimitäten verleitet viele Manager und Funktionsträger dazu, Ruhe und Konkurrenzlosigkeit innerhalb der Gruppe als Zeichen für ihre Konkurrenzfähigkeit nach außen anzusehen.

Viele Organisationen reglementieren und sanktionieren abweichende Meinungen derartig stark, dass sich niemand mehr traut, seine anders geartete Meinung dem jeweiligen Vorgesetzten oder der Gruppe öffentlich oder auch nur in kleiner Gruppe zur Kenntnis zu bringen. Die Ruhe, die man hier vorfindet, ist aber dann eher eine Friedhofsruhe als Harmonie.

Ich habe mehr als einmal Vorstände von Firmen beraten, bei denen Sitzungen nach einem stereotypen Muster abgelaufen sind: Der Vorstandsvorsitzende eröffnete die Vorstandssitzung, indem er zu den einzelnen Punkten jeweils seine Meinung sagte, natürlich mit der anschließenden Frage „Gibt es dazu eine Gegenmeinung?" Ganz selten gab es dazu eine solche: wenn doch, dann vom „chronischen Widerspruchsgeist". Es wurde dann zwar darüber diskutiert, aber meist konnten sich die Kollegen dem, der diese Gegenmeinung hatte, nicht anschließen. Sie ließen ihn „im Regen stehen", was in Zukunft dazu führte, dass Unerwünschtes noch seltener geäußert wurde.

Ich habe einmal eine Geschäftsleitung erlebt, in der sich dieses System so weit eingespielt hat, dass mein Vorschlag an den Generaldirektor, seine Meinung erst zum Schluss zu äußern, nicht den geringsten Erfolg brachte, denn die Direktoren forderten ihren Chef dann auf, doch seine Meinung zu sagen, damit sie eine Orientierungshilfe hätten. Das muss nicht immer so weit gehen wie in einem konkreten Fall, in dem der Generaldirektor, der sich auf meinen Rat hin seiner Meinung zunächst enthielt, um die Meinung der anderen zu hören, diese dennoch nicht zu hören bekam. In einer Sitzungspause erkundigten sich die Direktoren bei der Sekretärin, was der „Alte" wohl dazu meinte. Sie wusste es natürlich, teilte dies mit, und schon beschloss die Gruppe wieder, das zu tun, was der Generaldirektor für richtig hielt.

Demgegenüber ist festzuhalten, dass eine sinnvolle Entscheidung erst dann möglich ist, wenn alle unterschiedlichen Aspekte und Dimensionen eines Problems auch tatsächlich ausgesprochen sind, sozusagen auf dem Tisch liegen. Fehlen wichtige Aspekte, dann hat eine Entscheidung nicht genug Realitätsbezogenheit. Sie kann dann im Zuge der Durchführung von den Andersdenkenden hintertrieben werden.

Man könnte auch sagen, das Wesentliche im Umgang mit Widersprüchen liegt darin, sie rechtzeitig zur Sprache zu bringen und austragen zu lassen. Werden sie in den ersten Entscheidungsinstanzen vermieden, weil Unterschiede nicht zugelassen werden, dann treten sie für das Unternehmen im Kontakt mit den Kunden wieder zu Tage. Konflikte, die auf Unterschiede aufbauen, garantieren damit auch so etwas wie den Realitätsbezug von Personen, Gruppen und Organisationen. Ein Sinn von Konflikten kann somit im Zulassen und Bearbeiten von Unterschieden gesehen werden.

Konflikte stellen die Einheitlichkeit der Gruppe her

Es gilt aber auch das Gegenteil: der Sinn von Konflikten ist das Herstellen einer Gruppeneinheit. Wie bereits ausgeführt, versteht man die unterschiedsverstärkende Funktion von Konflikten nicht, wenn man nicht auch die gegenteilige Funktion dazu betrachtet. Konflikte sind auch dazu da, die Unterschiede zu überwinden und die Einheit einer Gruppe herzustellen. Das geschieht im Allgemeinen dadurch, dass Gruppenmitglieder, die eine von der Gruppe abweichende Meinung äußern, unter sehr starken Druck geraten, unter Umständen sogar negativ sanktioniert werden. Außenseiter lösen Konflikte aus und können mit Hilfe der Konfliktbearbeitung wieder in die Gruppe integriert werden.

Sogar die so negativ besetzten Haltungen wie Neid und Eifersucht kann man unter diesem Aspekt positiv interpretieren. Die damit verbundenen Konflikte sorgen nämlich dafür, dass die auftretenden Unterschiede im Verhalten der Gruppe besprochen beziehungsweise bearbeitet werden. Auch wer überdurchschnittlich gut ist, gefährdet den Erfolg einer Gruppe, weil er die Einheit der Gruppe in Frage stellt. Neid, Eifersucht oder Mitleid gegenüber Über- oder Unterdurchschnittlichkeit bremsen den Guten und spornen den Schwachen zu steigender Leistung an: „Jetzt muss ich auch einmal zeigen, dass ich das kann." In diesem Sinn wird die Einheit der Gruppe durch Konflikte wiederhergestellt.

Dieser Konflikt hat wohl folgenden Hintergrund: Jeder, der von der Gruppennorm abweicht, gefährdet damit auch den Gruppenstandard, der ja die Sicherheit der Gruppe darstellt, und so leiten abweichende Haltungen den unangenehmen Zustand der Verunsicherung ein.

Eine Verunsicherungsphase, die im Extremfall sogar die Handlungsfähigkeit der Gruppe zerstören kann, muss nun durch Sicherheit wieder abgelöst werden. Diese Sicherheit wird durch die einheitsstiftende Funktion der Konflikte wiedererlangt. Es muss ausgestritten werden, wer Recht hat und was daher zu tun ist. Es muss Klarheit darüber herrschen, wer zur Gruppe gehört und wer ist so anders, dass er zu viel Unsicherheit bringt, sich nicht integrieren lässt, womöglich ausgeschlossen werden muss. Der Sinn dieser Konflikte ist, Gleichheit herzustellen. Das Mittel dazu ist Bestrafung des Andersartigen, Einordnung aller Beteiligten.

Betrachtet man nun die beiden bisher beschriebenen Sinnaspekte, so sieht man, was mit dem Widerspruchsprinzip gemeint ist. Konflikte haben sowohl einen selektiven Sinn, indem sie Unterschiede deutlich machen, als auch den Sinn, Einheit und Einigkeit herzustellen. Es ist nicht möglich festzustellen, was nun das „Wichtigere" oder das „Wahre" sei; man kann nicht sagen, für welche der beiden Seiten, die einander offensichtlich widersprechen, man sich nun entscheiden müsse.

Wenn man Konflikte verstehen will, muss man alte Denkgewohnheiten umstoßen und lernen, dass der Sinn eines Konfliktes sowohl in seiner Funktion des Trennens als auch seiner gegenteiligen Funktion, dem Vereinigen liegt. Man könnte hier mit Laotse formulieren: Nur wenn beide Sinnaspekte des Konfliktes ernstgenommen werden, ist es überhaupt möglich, Konflikte zu verstehen. Sie nur auf Unterschiede und Konkurrenz hin als positiv zu bewerten, ist genauso falsch wie nur auf ihre einheitsstiftende Wirkung abzuzielen. Man kann das leicht an einem Gedankenexperiment verdeutlichen:

Eine Gruppe, ein Vorgesetzter oder eine Abteilung eines Unternehmens wäre schlecht beraten, wenn grundsätzlich nur die Unterschiede betont werden, man also nie Wert darauf legt, dass es auch zu einer Einheit, zu einer gemeinsamen Aktion kommt. Eine solche Gruppe hat zwar sicher eine große Differenzierung in ihren Anschauungen, aber gleichzeitig wird sie keine gemeinsame Aktion starten können. Das Umgekehrte gilt aber auch: Wenn alle abweichenden Meinungen immer sofort normiert und eingeordnet werden, wenn jeder Abweichende bestraft wird, dann wird es eine verordnete Scheinharmonie geben. Es gibt dann zwar eine Einheit der Gruppe, aber sie wird nicht mehr leisten als unter gleichen Umständen eine einzelne Person leisten könnte.

Sinnvoll scheint es eher, dass beide Prinzipien gut ausbalanciert werden. Oft ist es notwendig, zu verschiedenen Zeiten Schwerpunkte in dieser gegensätzlichen Bedeutung von Konflikten zu setzen. So gibt es unter bestimmten Umständen Zeiten, in denen man diskutiert und die verschiedenen Meinungen sammelt, dann trifft man eine Entscheidung, und hinterher, wie das etwa in unserer Demokratie der Fall ist, müssen auch diejenigen, die vorher eine abweichende Meinung vertreten haben, sich der nun getroffenen Entscheidung der Mehrheit beugen. Nach einer Entscheidung diese wiederum in Frage zu stellen, ist oft nicht mehr sinnvoll. Das erste Prinzip der Selektion und das zweite Prinzip der Einheit als Sinn von Konflikten widersprechen einander, sind aber *nur gemeinsam* für das Verständnis von Konflikten gültig. Ähnlich ist es mit den folgenden vier Aspekten des Sinnes von Konflikten. Man könnte sie auch als Differenzierung dieser beiden ersten polaren Gegensätze betrachten, von denen jeder seine Berechtigung hat, wie eben gezeigt wurde.

Der Sinn von Konflikten liegt in der Komplexität

Ein weiterer Sinn von Konflikten liegt in der Entwicklung der Komplexität. „Streiten muss man mit dir, damit man etwas erfährt" – diesen Ausspruch hört man gelegentlich anlässlich einer konfliktträchtigen Auseinandersetzung. Wenn man das in unserem Zusammenhang interpretiert, dann heißt das, dass durch einen Streit die Vielfalt und Verschiedenheit von Ansichten und Sachverhalten herauskommt. Durch Konflikte finden vielfältige und verschiedenartige Elemente Berücksichtigung. Das sind Elemente, die ohne Konfliktaustragung vielleicht nie ans Tageslicht gekommen wären. So liegt der Sinn der Konflikte auch darin, Bedürfnisse und Gegebenheiten zu differenzieren und dadurch Individualität herauszuarbeiten.

Jeder, der sich in seinen Bedürfnissen zu sehr eingeschränkt und unterdrückt fühlt, rebelliert irgendwann gegen das ihn unterdrückende (Leistungs-)System oder die ihn unterdrückende Autorität. Dann stellt er seine Bedürfnisse klar und sagt, was er eigentlich möchte. Dadurch ergibt sich eine größere Breite und Vielfalt der einzelnen Aspekte und Dimensionen als ohne den Konflikt.

Komplexität herzustellen vermag eine Gruppe besser als ein Einzelner. Man spricht hinsichtlich der Komplexität auch vom großen Vorteil von Gruppenleistungen gegenüber Einzelleistungen. In der Gruppe müssen (und können) wesentlich mehr verschiedene oder sogar gegensätzliche Aspekte zu einer einheitlichen Sicht gebracht werden, als dies ein Einzelner kann, selbst wenn er noch so differenziert denkt.

Man könnte sogar das Prinzip der europäischen Wissenschaft als Koordination von Einzelleistungen, die aufeinander aufbauen, betrachten. Die mittelalterliche „dissertatio", die Verteidigung von Thesen, setzt einen „Streit der Gelehrten" voraus. Erst die aus einem Konflikt, durch Verteidigung und Reinigung hervorgegangene Wahrheit, ist wissenschaftlich anerkannt. Die Geschichte der wissenschaftlichen Erkenntnisse kann auch als Geschichte von Kontroversen, von Zweifeln, kurz: von Konflikten verstanden werden.

In der Philosophie ist seit Augustinus die Entwicklung eines Gedankens über Gegensätze zum methodischen Erkenntnisprinzip geworden. Demgegenüber ist auch das Gegenteil durch Konflikte erreichbar, nämlich:

Konflikte garantieren Gemeinsamkeit

Im Allgemeinen erreicht man nur durch Konflikte Gemeinsamkeit. „Allen Menschen recht getan ist eine Kunst, die niemand kann" deutet diese Schwierigkeit an. Die Maxime „Das Ganze hat Vorrang vor den Teilen" gibt ebenfalls eine Richtlinie für Konflikte, die durch zu große Komplexität entstehen. Die Sonderinteressen müssen sich irgendwann dem Allgemeininteresse unterordnen. Die Vielfalt stört. Die klaren Linien und das Wesentliche müssen hervortreten. Das allgemeine Ziel rangiert hier vor den individuellen Bedürfnissen und Wünschen.

Bedürfnis und Leistung, Individualität und allgemeines Ziel, Komplexität und Simplizität widersprechen einander wiederum, beide sind aber jeweils durch Konflikte gewährleistet. Man könnte sogar sagen: *nur* durch Konflikte gewährleistet. Letztlich muss jeder seine Bedürfnisse auch mit einer gewissen Härte und Aggressivität gegen das Allgemeine durchsetzen, so wie auch das Allgemeine sich mit einer gewissen Härte und Aggressivität gegen zu große Individualität durchsetzen muss. Wenn man immer nur Vielfalt und Verschiedenheit der Meinungen berücksichtigen würde, käme man nie zu einer Übersicht und einer Überschaubarkeit. Wenn man immer nur auf die komplexen Bedürfnisse der Einzelnen Rücksicht nimmt, kommt man nicht zu einer Gemeinsamkeit. Lässt man umgekehrt aber die Bedürfnisse der Einzelnen außer Acht, verliert man das Vertrauen der Mitglieder einer Gruppe und wird auch keine Gemeinsamkeit zustande bringen. Hier könnte man sogar die paradoxe Formulierung riskieren: Nur durch die Komplexität kann die gemeinsame Einheit erreicht werden, nur durch die gemeinsame Einheit kann auf die Komplexität eingegangen werden. Nur durch die Berücksichtigung der Bedürfnisse kommt man zu einer Leistung, nur durch die gemeinsame Leistung können die Bedürfnisse befriedigt werden. Es sind also die einzelnen Dimensionen in ihrer Widersprüchlichkeit aufeinander angewiesen, wie ich später noch an den Konfliktsituationen, in denen beide Seiten Recht haben, analysieren werde.

Ähnlich verhält es sich mit den letzten beiden Sinndimensionen der Konflikte: „Verändern" und „Erhalten".

Konflikte garantieren Veränderung

Der Sinn der Konflikte liegt auch im Anlass zu Veränderungsprozessen. Nur wenige Veränderungen in der menschlichen Geschichte sind nicht auf Konflikte oder das Resultat von konfliktträchtigen Auseinandersetzungen zurückzuführen. Weiterentwicklung von Gruppen und Organisationen, vor allem aber das Finden von Identität geht immer mit Konflikten einher. Weiterentwicklung und Veränderung steht in der Spannung von Gut und Böse – und wird in allen Kulturen und Mythen in irgendeiner Form abgewandelt.

Man kann dies von verschiedenen Seiten her betrachten. Einen interessanten Aspekt liefert die Verhaltensforschung, die nachweist, dass es zunächst das Normensystem ist, das das Überleben der Menschen sichert, indem es die Anpassungsfähigkeit an die Umwelt fordert. Mit Hilfe der Verhaltensregeln vollzieht der aus dem Instinktkreislauf von Reiz und Reaktion befreite Mensch seine Anpassung an die Umwelt. Das Einhalten und Überliefern von Verhaltensweisen, die sich in Verhaltensnormen kondensieren, ist eines der ganz wichtigen und mit vielen verschiedenen Absicherungen festgelegten Prinzipien menschlichen Überlebens.

Interessant ist nun die Frage: Was passiert, wenn die Umwelt, an die wir ja durch die Normen angepasst sind, sich ändert?

Eine nun notwendige Änderung der Verhaltensweisen aufgrund einer Umweltänderung kann sich nie so abspielen, dass alle Mitglieder einer Gemeinschaft sich gleichzeitig neue Verhaltensweise zulegen: Es werden einzelne, meistens zunächst am stärksten Betroffene, die veränderte Verhaltensweise ausprobieren und dadurch mit dem alten Normensystem in Konflikt geraten.

Wenn es sich wirklich um eine notwendige Verhaltensänderung handelt, dann werden sich immer mehr Mitglieder der Gesellschaft finden, die gegen das Traditionelle Sturm laufen, bis sich irgendwann einmal die neue Verhaltensweise, sehr oft auch mit revolutionären Umwälzungen, in der Gesellschaft durchsetzt. Wie rasch dieser Lernprozess gelingt, davon hängt oft das Überleben der Sozietäten ab.

Ein Beispiel dafür ist die Situation der minoischen Kreter, die durch das Abholzen der sehr langsam wachsenden Zedernholzwälder ihre eigene Existenzgrundlage zerstörten. Zedernholz hat nämlich eine tolle Qualität, die von den Minoern „entdeckt" wurde: Es lässt sich als Holz leicht bearbeiten, legt man es anschließend in Salzwasser, härtet es aus und bekommt nahezu die Festigkeit von Eisen und Stahl. Mit dieser Entdeckung hatten die Minoer noch in der Steinzeit – also 1000 Jahre vor Erfindung des Eisens – die Metallzeit vorweggenommen und dies entsprechend auch ökonomisch genutzt. Ihre Schiffe dominierten das östliche Mittelmeer. (Sie brauchten etwa ihre Städte und Paläste nicht wie die Bewohner des Festlandes durch Mauern schützen etc.). Leider waren die gewachsenen Vorräte an Zedernholz auf der Insel Kreta begrenzt und wurden im Laufe der Jahrhunderte immer weiter abgeholzt. Es gab damals die Ideologie, dass die Häuser der Lebenden aus Holz, die Häuser der Toten aus Stein gebaut werden müssten. Die Vorschläge einiger Weitsichtiger, doch auch die Häuser der Lebenden aus Stein zu bauen, bevor die Wälder, die für den Schiffbau existenznotwendig waren, vernichtet wären, wurden von den damaligen Normen-Hütern, den Priestern, nicht aufgegriffen. Nachdem sie die Wälder schließlich abgeholzt hatten, blieb nichts anderes übrig, als doch auch die Häuser der Lebenden aus Stein zu bauen. Gleichzeitig verloren die Minoer auch ihre Dominanz im Mittelmeer, die sie ja durch Schiffbau, Holz- und Harzexport seinerzeit errungen hatten, und kamen so unter die Oberherrschaft der Mykener. Der Konflikt, der durch die veränderten Umstände neue Normen mit den alten konfrontieren sollte, wurde nicht ausgetragen. Dadurch konnte kein Anpassungsprozess erfolgen, der Lernprozess setzte zu spät ein.

Heute – im Nachhinein – sind wir gescheiter und wissen: Hätten die Minoer damals den Konflikt ausgetragen und auf Steinbau umgestellt, hätten sie wahrscheinlich ihre Zedernholzressourcen bis zur Erfindung von Eisen gerettet und vielleicht den Übergang geschafft.

Das Motto der auf Veränderung ausgerichteten Konflikte lautet: Das Alte hat ausgedient, das unsichere Experiment des Neuen muss gewagt werden. Schon bei den Primaten gibt es eine so genannte aggressive Trotzphase der Jungen, die der Ablösung von den Alten vorhergeht. Diese Trotzphase, wobei dieses Wort auch beim Menschen angewandt wird, ist eine phänomenologische Beschreibung aus der Sicht der Erwachsenen. Für die Kinder und Jugendlichen müsste man diese Zeit „Identitätsfindungsphase" nennen. Solange ein Kind ausschließlich die Meinung der Mutter oder des Vaters reproduziert, kann es nicht sicher sein, eine eigene Meinung zu haben. Erst über das „Nein" zur Autorität wird die Sicherheit vermittelt, auch „Ja" sagen zu können. Ablösungskonflikte geben daher erstmals im Leben eines Menschen oder einer Gruppe so etwas wie ein Gefühl der eigenen Identität. Gleichzeitig wird aber der bisherigen Autorität ihre diesbezügliche Identität genommen und es wird dadurch ein Prozess eingeleitet, der neue Identität ermöglicht.

Dieses Grundprinzip der Identitätsgewinnung über Konflikte kann man aus vielen Mythen der Völker ebenfalls herauslesen. So ist in der jüdisch-christlichen Tradition etwa die Menschwerdung des Menschen nach der Erschaffung zunächst einmal noch nicht gewährleistet, erst nach dem Essen vom Baum der Erkenntnis, indem der Mensch gegen ein Verbot Gottes verstößt, wird ihm von diesem die wahre Menschlichkeit zugesprochen („Siehe, der Mensch ist worden wie unsereiner." Genesis, 3,22).

Auch Prometheus, der von den Göttern das Licht raubt und es den Menschen bringt (Lucifer = Lichtbringer), tritt in einen Konflikt mit den Göttern ein: das Licht erhalten die Menschen gegen die Entscheidung der Götter. Das Böse im Sinne des Sündenfalls und nicht der „Sünde" als Vergehen gegen das Prinzip der Liebe, wie es dann das Christentum definiert, ist hier als Prinzip der Zerstörung des Alten angesehen worden, um Neues zu ermöglichen.

Es ist sehr wichtig, dass dieses Prinzip des Bösen sogar als unversöhnbar mit dem Prinzip des Guten angesehen wird, denn diese Unversöhnlichkeit hat den Sinn, den Widerspruch aufrecht zu erhalten und sich dadurch flexibel entwickeln zu können. In den philosophischen Systemen der Neuzeit ist dieser dann etwa bei Hegel unter dem Namen Dialektik so ausgeführt worden, dass es immer zur Setzung einer Gegenthese kommt, die dafür sorgt, dass sich das Ganze weiterentwickelt. In der Psychologie kennt man die Auffassung, dass sich Seelisches nur in polaren Spannungsverhältnissen entwickeln kann. Der Versuch, dieses Spannungsverhältnis aufzuheben, würde Stillstand, das ist geistiger Tod, bedeuten.

Dieses philosophische Prinzip gilt aber nicht nur in den Mythen und Religionen, sondern meines Erachtens auch für jede Art von Organisation. So fungiert etwa der Markt in vielen Unternehmen als Widerspruch, den die Verkaufsorganisation etwa gegen die Produktion aufrecht erhält. Dürfen die einen nur das produzieren, was die anderen im Markt absetzen können, oder müssen die Verkäufer alles im Markt absetzen, was produziert wird? Die Unterordnung des einen Bereichs, zum Beispiel des Verkaufs, unter den anderen, zum Beispiel die Produktion, würde zwar den Widerspruch aus der Welt schaffen, dies würde aber auf Kosten der Entwicklungsfähigkeit der Organisation gehen. Man könnte hier dieselbe Regel, wie sie in den Religionen gilt, aufstellen: Je mehr Widersprüche („Böses") eine Organisation verträgt, ohne ihre Funktionsfähigkeit einzubüßen, desto besser kann sie sich weiterentwickeln, zum Beispiel sich rascher an Umweltänderungen anpassen. So lösen etwa neue Technologien notwendige Konflikte aus, deren Austragung erst Weiterentwicklung garantiert.

Wir kennen dieses Prinzip auch aus der Gruppendynamik. Wie ich auch aus eigenen Forschungen weiß, sind Gruppen, in denen es zur Autorität jeweils eine Gegenposition gibt, insgesamt erfolgreicher als Gruppen, die sozusagen „unbesehen" ihrem Führer folgen. Allein die Tatsache, dass es jemanden gibt, der bei den Vorschlägen (Anordnungen) der Autorität zunächst widerspricht (er muss dabei ja gar nicht Recht haben), zwingt die Gruppenmitglieder zu Überlegungen, wer nun wohl wirklich Recht habe: die Autorität oder der „Geist, der stets verneint". Diese Überlegungen (und nicht der Widerspruch allein) verbessern die Leistung einer solchen Gruppe gegenüber einer, in der Opposition unbekannt ist. Bei Sozialinterventionen erkundige ich mich daher nicht nur nach dem Chef („Wer ist hier die Autorität?"), sondern auch immer nach der Person in der Oppositionsrolle. Eine durch Opposition „gestärkte" Autorität trifft bessere Entscheidungen (nicht leichtere) als eine Autorität ohne Opposition.

In Zeiten großer Veränderungen, wie wir sie gerade erleben, wird man daher den Kritikern und Oppositionellen eine größere Beachtung schenken müssen, als dies vielleicht in ruhigeren Zeiten notwendig ist. Man könnte die bisherigen Überlegungen auch unter der Frage zusammenfassen: Welchen Sinn hat Kritik?

In vielen Organisationen wird dabei zwischen konstruktiver und destruktiver Kritik unterschieden. Konstruktive Kritik ist eine, die sich schon Alternativen überlegt hat, und destruktive Kritik ist das Infragestellen einer Norm oder einer Struktur, ohne eine „bessere" Alternative anbieten zu können.

Diese Unterscheidung hat meines Erachtens nur Sinn in einer zeitlichen Aufeinanderfolge. Zuerst kommt die destruktive Kritik, die etwas in Frage stellt, dann erst kann man daraus neue Alternativen entwickeln. Nicht immer müssen die Alternativen dem Kritiker einfallen. Destruktive Kritik hat drei notwendige Funktionen:

1. Identitätsfindung für Personen und Gruppen, sogar von Nationen, die sich über die Negation des bisherigen Ordnungssystems vermittelt. Diese Negation muss von den bisherigen Ordnungsträgern – von denen man sich ja abgrenzen will und muss – als „destruktiv" empfunden werden, sonst hat sie keinen Sinn. Dies ist der „soziale Sinn" der Kritik.

2. Der „Sachsinn" der Kritik besteht in der oben entwickelten Institution des Teufels, des Geistes, der stets verneint. Die Setzung einer Antithese zwingt die Gruppe (die Geschäftsleitung, den Vorstand, das Konzil etc.), noch einmal, alles Für und Wider zu überlegen, und verbessert so die Gruppenleistung. Daraus ergibt sich

3. der „strategische Sinn" der destruktiven Kritik. Nur wenn eine Entscheidung schon vorweg stärker kritisiert wurde als dies später durch den Markt, die Medien, die Opposition, die Gegner etc. geschieht, hat sie Chance zu halten. Dies führte etwa im Mittelalter zur Institution des Advokatus diaboli, der alle nur möglichen Einwände zu bringen hatte: erst wenn es ge-

lang, alle diese Einwände zu entkräften, konnte die Entscheidung als gültig, weil dauerhaft und haltbar, auch installiert werden. Je destruktiver die Kritik, desto haltbarer und besser die Entscheidung. Aus diesem Gedanken zeigt sich auch schön, wie aus dem Veränderungssinn, der Erhaltungssinn der Konflikte sich ergibt.

Erst in einer zweiten Stufe macht „konstruktive Kritik" einen Sinn, indem sie Alternativen anbietet. Die Ideologie, die nur „konstruktive Kritik" erlaubt, ist sehr oft eine Konfliktvermeidungsstrategie.

Konflikte erhalten das Bestehende

Der Sinn der Konflikte liegt im Erhalten des Bestehenden. Besonders zum eben beschriebenen Punkt der Weiterentwicklung ist natürlich das Gegenteil sofort anzuführen. Konflikte sichern die Identität durch Erhalten des Bestehenden. Immer wieder zeigt man sich überrascht, welche Aggressivität gegen Neudenker und Normabweicher entwickelt wird. Das Schicksal vieler Erfinder und weit vorausblickender Genies muss hier wohl erwähnt werden. Konflikte garantieren daher auch die Stabilität der Organisationen, indem man sozusagen das „Böse" festmacht, meistens an bestimmten Personen, an bestimmten von den Normen abweichenden Verhaltensweisen und mit ihnen eliminiert. Konflikte, die sich auf bestimmte Personen oder Abteilungen konzentrieren, halten das übrige Gebilde dadurch stabil.

Zu erwähnen ist hier wohl die alte Institution des „Sündenbockes". Wenn etwas passiert, kann man die damit verbundene Unsicherheit jedenfalls zum Teil dadurch beseitigen, dass man einen „Schuldigen" findet und ihn den angemessenen Bestrafungen zuführt.

Das Bestehende allein ist schon Beweis für die Daseinsberechtigung, bisherige Errungenschaften müssen auf Dauer gestellt und gegen die Anwandlungen des Tages geschützt werden. Deshalb kann man auch davon ausgehen, dass nur bewältigte Konflikte zur Installation eines neuen Kommunikationssystems führen, das die ursprünglich kontroversen Standpunkte zu einer Einheit bringt und deshalb wieder den Bestand des Gesamtsystems sichert. Verändern und Erhalten ist also wiederum ein Gegensatz, der einen Sinnaspekt von Konflikten ausmacht.

Natürlich kann man diese Dialektik auf die historische Zeitlinie beziehen. In Zeiten längerer Stabilität (einheitliches Weltbild, Friede, wirtschaftliche Prosperität etc.) werden wohl die erhaltenden, einheitlichen, gemeinsamkeitsstiftenden Funktionen von Konflikten überwiegen. Dagegen können in revolutionären Zeiten mit viel Veränderung die unterschiedsetzenden, Entwicklung ermöglichenden Funktionen von Konflikten in den Vordergrund treten.

So wird etwa zu verschiedenen Zeiten einer Kultur oder eines Regimes das Prestige von Oppositionsrollen ganz unterschiedlich sein. Auch die durch die Massenmedien hergestellte Gleichzeitigkeit von in unterschiedlichen Entwicklungsstadien befindlichen Kulturen führt zur Diskussion dieser Differenzen. Es ist sicher (noch nicht?) möglich, alle Regimes der Welt nach einem einheitlichen Maßstab zu messen, indem man etwa den Umgang mit Opposition untersucht.

Noch ungeklärt ist auch die interkulturelle Frage: So hat zum Beispiel in China zur Zeit der Abfassung dieses Buches das Recht auf Widerspruch nie ein Einzelner (wie in Europa), sondern nur eine Gruppe. Ist dies ein Übergangsstadium zur Anwendung der Menschenrechte auf Individuen oder eine kulturspezifische Eigenart, weil Individualität dort einen anderen Stellenwert hat?

Pannen und Konflikte

Da Konflikte durch ihr unplanbares Auftreten immer auch etwas Störendes und Unangenehmes an sich haben – so sinnvoll sie für die Realitätseinsicht auch sein mögen –, will man sie natürlich vermeiden. Dies lässt sich mit Hilfe der Logik auch leicht bewerkstelligen: Im Bereich der Logik gibt es Pannen, nicht Konflikte.

Pannen lassen sich in unserer Logik als Widerspruch, als Fehler diagnostizieren. Diese Logik ist allerdings eine sehr einseitige Logik. Es ist meines Erachtens eine der großen Schwächen und gleichzeitig natürlich auch eine der großen Stärken, dass in Europa eine Logik entwickelt wurde, mit der möglichst viele Bereiche des Lebens analysiert werden können.

Sie ermöglicht in einzelnen Dimensionen, speziell im Bereich der Naturerkenntnis, große Einsichten in die Zusammenhänge und liefert sehr brauchbare Modelle. Dafür zahlen wir aber den Preis, dass in anderen Bereichen diese Einsicht in Zusammenhänge verschlossen bleibt.

Zu diesen letzteren Bereichen gehören sehr viele Dimensionen des menschlichen Zusammenlebens: unter anderem Konflikte. Ich habe an anderer Stelle (siehe „Die Heilige Ordnung der Männer", Kapitel 3.5 Die Universalität der Heiligen Ordnung) auf die Alternativen zu unserer Logik und ihre vermeintliche Universalität hingewiesen. Die Europäer neigen dazu, ihre Logik für die einzig mögliche zu halten, in der man überhaupt denken kann. Dies stimmt nun aber nicht, im Gegenteil, es lassen sich mit dieser Logik viele Aspekte des menschlichen Zusammenlebens gerade nicht verstehen.

So verlangt etwa unsere Logik mit dem zweiten Axiom, dem Satz des zu vermeidenden Widerspruchs, der da lautet: „Von zwei einander widersprechenden Aussagen ist mindestens eine falsch", dass man sich bei Widersprüchen dafür entscheidet, welcher der beiden einander widersprechenden Aspekte der richtige und welcher der falsche ist. Andere Logiken, wie etwa asiatische Logiken, zum Beispiel die von Laotse im Tao-Te-King entwickelte, sehen die Sache ganz anders: Nur wenn man die widersprüchlichen Aspekte einer Sache gleichzeitig vor Augen hat, hat man die volle Wahrheit. Begreift man nur eine Seite eines Widerspruchs, kennt man nur einen Teilaspekt, muss man sich bemühen, nach der zweiten Seite zu suchen. Ein naturwissenschaftlich orientierter Europäer hingegen bemüht sich, nur eine Seite zu sehen. Sieht er dennoch zwei einander widersprechende Seiten, glaubt er, eine davon eliminieren zu müssen. Es kann für ihn nicht etwas wahr sein und das Gegenteil davon ebenfalls wahr sein.

Dies hat natürlich für die Naturerkenntnis sehr wohl auch positive Aspekte und erreicht etwa in der Mathematik einen Höhepunkt. In der Mathematik wird eine These dadurch widerlegt, dass sie in Widerspruch zu den Voraussetzungen gebracht wird. Dies nennt die Mathematik, die als die exakteste aller Wissenschaften gilt, einen Beweis. Alles andere sind nur Hypothesen. Die Anwendung unserer Logik auf Konflikte beziehungsweise die Anwendung des Satzes vom Widerspruch auf den Sinn von Konflikten führt dazu, dass Konflikte grundsätzlich als etwas zu Vermeidendes angesehen werden müssen. Sie werden auf menschliches Unvermögen zurückgeführt und gelten daher als Pannen, die störend sind und für die Weiterentwicklung der Betroffenen keine Bedeutung haben. Aus dieser Haltung heraus ist es daher sinnvoll, so schnell wie möglich zu entscheiden, wer Recht hat und wer Unrecht.

Wie kann man Pannen von echten Konflikten unterscheiden?

Bei einem echten und sinnvollen Konflikt führt eine rasche Entscheidung, die nur ein „richtig" und ein „falsch" kennt, die nur einer Seite Recht gibt und der anderen Unrecht gibt, zu Realitätsverlust. Die Kontrahenten werden zu Siegern beziehungsweise zu Verlierern und der Konflikt wird wieder auftreten – manchmal nur unter einem anderen Titel.

Handelt es sich hingegen um eine Panne, dann sind alle Beteiligten durch die Aufklärung des Missverständnisses oder des gemachten Fehlers erleichtert – es gibt keinen Sieger und Verlierer in der Angelegenheit, sondern es gibt „Schuldige" und „Leidtragende", die durch die Panne eben Schaden erlitten haben.

Ein tieferes Verständnis für den Unterschied von Panne und Konflikt bietet das Modell der „Doppelten Wahrheit", das ich unter dem Kapitel Konfliktanalyse genauer ausführe (siehe Seite 61).

Für Pannen gibt es unzählige Anlässe. Viele alltägliche Ärgerlichkeiten lassen sich hier einreihen:

▶ Der Kellner bringt ein falsches Getränk – man ärgert sich darüber möglicherweise, aber gleich ist der Ärger verflogen, wenn der Kellner seinen Fehler einsieht und das richtige Getränk bringt. Daraus einen Konflikt zu machen, hätte nur dann Sinn, wenn der Kellner diese Fehlleistung nur vorschiebt, um eine alte Rechnung mit dem ihm bereits bekannten (unangenehmen) Gast zu begleichen.

▶ Oder ein Beispiel aus dem Konferenzalltag: Das Protokoll enthält gerade meine Wortmeldung nicht – es fand gerade beim Wechseln der Tonbandkassette statt etc.

▶ Zu spät kommen in eine Sitzung kann eine Panne sein – das Auto ist nicht angesprungen etc., es kann allerdings auch ein Signal dafür sein, dass die Sitzung nicht so wichtig genommen wird.

Pannen sind zu eliminieren und nicht zu pflegen. Sinnvolle Konflikte sind zu bearbeiten. Die Erfahrung lehrt, dass es besonders dort zu großen Problemen kommt, wo Pannen gepflegt und Konflikte vermieden werden.

Doch im Allgemeinen spricht man lieber von Pannen als von Konflikten – denn Pannen bedürfen bloß einer Reparatur, die den ursprünglichen Zustand wiederherstellt. Die Methode, die Panne zu reparieren, ist ebenfalls vertrauter als die Methode, einen echten Konflikt auszutragen. Auch ist bei einem Konflikt die Lösung ungewiss, bei der Panne kennt man die Lösung.

Dies hat auch gelegentlich kulturspezifische Bedeutung. So erwarten viele „Patienten" von ihren Ärzten, dass sie Alter (= notwendiger Konflikt) in Krankheiten (= Pannen) umfunktionieren. Krankheiten sind heilbar, Alter nicht.

Pannen können allerdings auch ein Hinweis für tieferliegende Konflikte sein, besonders dann, wenn sie sich zwischen bestimmten Personen häufen.

Eine typische Panne ist es zum Beispiel, wenn bei einer virtuellen Konferenz Programme nicht vollständig kompatibel sind und etwa Beiträge nicht automatisch aktiviert werden, sondern einen expliziten Befehl verlangen. Vergisst man diesen Befehl, dann kommen die Beiträge verspätet oder gar nicht an, was zu erheblichen Irritationen führen kann, da die Konferenz zum Beispiel sich schon wieder mit anderen Fragen beschäftigt. Ein notwendiger Konflikt hingegen sind Irritationen (bei derselben Konferenz), die dadurch zustande kommen, dass man erst versteht, was man gesagt hat, wenn man die Antwort darauf gehört beziehungsweise gelesen hat.

2 Konfliktanalyse

Sowohl bei meinem eigenen Konfliktverhalten, als auch bei Konfliktsituationen, auf die ich bei der Analyse der Struktur von Gruppen und Organisationen gestoßen bin, habe ich immer wieder festgestellt, dass es die Tendenz gibt, sofort bei Auftreten eines Konfliktes aktiv zu sein und in eine Lösung zu „springen". Meist ist diese Art der Lösung diejenige, die man immer schon präferiert hat, mit der man mehr oder weniger alle Konflikte zu lösen versucht.

Immer habe ich sowohl bei meinem persönlichen Konfliktverhalten als auch bei Interventionen Erfolg, wenn ich zwischen dem Auftreten des Konfliktes und dem Lösungsversuch eine Analysephase einschiebe. Immer aber stößt diese letztlich erfolgreiche Strategie auf allergrößte Schwierigkeiten. Ein neu aufgetretener Konflikt verändert die gewohnte Situation, da er diese ja in Frage stellt. Veränderung heißt gleichzeitig Unsicherheit – und Unsicherheit macht Angst. Angst- oder Stresssituationen bewältigt der Mensch mit Aktion. Wenn man „etwas tut", hält man Angst oder Unsicherheit besser aus, – selbst wenn dieses Tun die Situation letztlich noch verschlimmert. „Da kann man doch nicht tatenlos zusehen", – „Mach doch *irgendetwas*" sind Aussprüche, die dieses Gefühl beschreiben.

Verstanden habe ich diese Schwierigkeiten erstmals, als ich eine Zeitlang die Sportart Orientierungslauf ausübte. Dieser Sport ist deshalb so interessant, aber auch schwierig, weil er eine Fähigkeit verlangt, die vom Menschen erst spät im Laufe der Zivilisation entwickelt wurde.

Bei dieser Sportart bekommt jeder Teilnehmer einen Kompass und eine Landkarte in die Hand, auf der eine Reihe von Punkten eingezeichnet sind, die man in einer bestimmten Reihenfolge zu erreichen hat. Wer als erster in der richtigen Reihenfolge alle Punkte angelaufen hat, ist Sieger. Die Problematik besteht nun darin, dass man die Fähigkeit zu „vernünftigem Denken" und damit zur Orientierung verliert, wenn man sehr schnell läuft und der Körper motorisch stark beansprucht wird.

Dies gilt auch bei starker affektiver Anteilnahme, etwa wenn man sich sehr ärgert. Das klassische Beispiel dafür ist eine Paniksituation. Dies hängt mit der phylogenetischen Organisation unseres Gehirnes zusammen. Das Gehirn ist nicht einheitlich gewachsen, sondern es gibt ältere und jüngere Teile. Das rationale Denkvermögen ist in den jüngeren Gehirnteilen enthalten, wogegen die Reaktionen auf Bedrohungssituationen, etwa Angst, Fluchtverhalten, starke Aggressivität in den stammesgeschichtlich früheren Teilen enthalten sind.

Es scheint nun so zu sein, dass bei sehr starken Aggressions- oder Angstzuständen die später dazugekommenen Gehirnteile sozusagen „weggeschaltet" werden. Der Mensch fällt auf die ursprünglichen Programme, etwa Flucht und Angriff, zurück und es ist ihm nicht möglich, das Denken sinnvoll einzusetzen, die kortikale Kontrolle zum Zug kommen zu lassen.

Beim Orientierungslauf zeigt sich dieser Mechanismus dadurch, dass man bei Verlust der Orientierung etwa durch zu große Anstrengung dazu neigt, einfach in die Richtung, aus der man gekommen ist, weiterzulaufen, – und zwar schneller. Bei Mark Twain heißt es: „Als wir das Ziel aus den Augen verloren hatten, verdoppelten wir unsere Anstrengung". Auf diese Art kann es passieren, dass jemand im Orientierungslauf, der sich hinsetzt und wartet, bis sozusagen sein Denkvermögen wieder zurückkommt, sich anschließend orientiert, in die richtige Richtung weiterläuft, sogar vielleicht nur weiter geht, richtiger und schneller ans Ziel kommt, als jemand, der zwar sehr rasch handelt, aber dafür in die falsche Richtung gerät. Wenn ein Politiker nach einer Wahlniederlage bloß feststellt, alles sei richtig gewesen, man müsse eben nur intensiver dieselbe Richtung weiter verfolgen, so lässt dies möglicherweise auf Panik rückschließen. Panik ist also eine Weise des Realitätsverlustes.

Der ursprüngliche Sinn der Panik im Tierreich ist unter anderem sicher auch die Definition eines Lebewesens als Opfer. Durch Fluchtverhalten macht es ein Raubtier auf sich aufmerksam. Raubtiere (sogar oft noch domestizierte Hunde) laufen dem nach was davonläuft. Dieses Muster zu überwinden war und ist bis heute eine große Kulturleistung des Menschen. Wer in einer Konfliktsituation (in Panik) davonläuft, definiert sich damit als Opfer, das der Ausmerze anheimfallen soll.

Die Kunst des Orientierungslaufs besteht deshalb auch darin, trotz sehr starker körperlicher Anstrengung die vernunftgemäße Betrachtung der Realität über das Denkvermögen sicherzustellen, also physische Anstrengung und geistige Leistung in ein gemeinsames Ergebnis zu integrieren.

Das „Wegschalten" des Gehirns dürfte aber nicht nur bei physischer Anstrengung, sondern auch bei psychischer Belastung stattfinden. Stress, Ärger, eine Außenseiterrolle etc. lassen gelegentlich diese Situation einrasten.

Das Unangenehme und Schwierige an Konflikten liegt vermutlich darin, dass auch bei Konflikten eine sehr starke affektive Aufrüstung stattfindet und in dieser allmählich die Fähigkeit zur vernünftigen Argumentation verloren geht.

Deshalb braucht man in Konfliktfällen, in denen alle Beteiligten emotional sehr stark verstrickt sind, oft einen in diesem Fall mehr Außenstehenden, der den Überblick bewahren kann. Und das ist auch der Grund, weshalb selbst erfahrene und erfolgreiche Konfliktmanager in ihrer persönlichen Konfliktlandschaft oft ratlos an eingefahrenen Lösungsversuchen scheitern und auf Hilfe von Außenstehenden angewiesen sind.

Verschiedene Techniken erleichtern es allerdings, bei hoher emotionaler Aufrüstung dennoch vernünftige Entscheidungen beziehungsweise Konfliktlösungen zu treffen. So kommt die alte Empfehlung, wichtige Entscheidungen „doch noch einmal zu über-schlafen" sicher aus der Überlegung, ein Problem zu durchdenken und nicht in der ersten emotionalen Aufgeregtheit zu entscheiden.

Daraus leitet sich eine erste zentrale These dieses Buches ab: eine Verbesserung des Konfliktverhaltens von Einzelnen, von Gruppen und von Organisationen kann zunächst nur dadurch erreicht werden, dass zwischen dem Auftreten des Konfliktes und dem Suchen der Lösung eine ausführliche Analysephase stattfindet.

Bei Konfliktinterventionen oder in Konfliktseminaren gibt es eine einfache und wirkungsvolle Methode, die Notwendigkeit von Analyse allen Betroffenen deutlich zu machen: Man bittet alle Anwesenden bei einem konkreten Konfliktfall einen Zettel zu nehmen und eine Antwort aufzuschreiben. Man stellt die Frage (und schreibt auf die Tafel) „Der Konflikt besteht darin, dass ...", nun schreibt jeder möglichst in einem Satz den Kern des Konfliktes auf.

Anschließend bittet man alle Anwesenden der Reihe nach ihre Antworten vorzulesen. Der Moderator schreibt diese Meinungen auf die Tafel. Meist gibt es bei 15 Anwesenden 10 bis 15 verschiedene Ansichten über das Wesentliche des Konfliktes. Welche ist die Richtige? Auf welche der 10 oder 15 verschiedenen Meinungen soll man nun die Lösung gründen? Hier beginnen meist alle einzusehen, dass man über diesen Konflikt offensichtlich noch zu wenig weiß, dass man mehr Informationen braucht und vor der Lösung zunächst den Konflikt analysieren muss.

In der Alltagssituation hat man nicht die Möglichkeit, viele Personen zu befragen. Dennoch ist es wichtig, zu einer inneren Distanz zu finden, die – ähnlich wie in der Gruppenanalyse – auch andere Sichtweisen des Konflikts ermöglicht. Indem man sich als Zuschauer seiner selbst definiert, gelingt ein anderer Blickwinkel – man sieht sich selbst als Teil des Geschehens und kann möglicherweise die eigene Rolle relativieren – oder die der anderen. Dieser „Blick vom Feldherrnhügel aus" betrachtet nicht nur den Inhalt, sondern den Ablauf selbst – nicht nur das „Was", sondern auch das „Wie", die Form, in der etwas geschieht. Dies wird in der Kommunikationswissenschaft als Sicht der Metaebene bezeichnet. Sich auf die Metaebene zu begeben ist als Analysemethode sehr empfehlenswert und kann von jedem Einzelnen trainiert und ausgeübt werden.

Methoden der Konfliktanalyse

Für die Analyse soll im Folgenden eine Reihe von Methoden und Modellen vorgestellt werden. Sie entstanden im Laufe von mehreren Jahren aus der Praxis und es kommen immer noch weitere hinzu.

Es war mir leider nicht möglich, bestimmten Konflikten bestimmte Analysemethoden zuzuordnen. Am günstigsten ist immer die Kombination mehrerer Methoden.

Man muss bedenken, dass jede Methode, die in einer Intervention verwendet wird, auch schon interventiv wirkt, d. h. sie hat einen Einfluss auf den weiteren Fortgang des Konfliktes. Man kann in eine menschliche Sozialstruktur ja nicht hineinsehen wie in ein Aquarium und annehmen, dass sich durch die Beobachtung nichts verändert.

An diesem Punkt scheiden sich die Geister der Sozialwissenschaftler. Die eine Richtung verlangt eine Anwendung naturwissenschaftlicher Methoden im Rahmen der Sozialwissenschaften und schließt die Betroffenen von einem Lernprozess aus, indem die Analyseergebnisse nicht mitgeteilt werden. Dies sei zur „Objektivität" notwendig, da ansonsten immer wieder neue Situationen analysiert werden müssten. Es wird dabei allerdings außer Acht gelassen, dass sich die (Konflikt-)Situation schon allein durch die Beobachtung eines Außenstehenden verändert. Eine solche „objektive" Beobachtung ist eben nur in der Naturwissenschaft möglich, wo ein Gegenstand im Allgemeinen nicht durch Beobachtung beeinflusst wird.

Die zweite Richtung, zu der ich mich zähle, meint, dass „Objektivität" überhaupt nur durch Rückkoppelung der Beobachtung an die

Betroffenen gewährleistet werden kann. Es gehört also die „subjektive" Sicht der Betroffenen mit zur „Objektivität" der Analyse. Dies hat bereits zu einer Diskussion einer Neufassung des Wissenschaftsbegriffs in den Sozialwissenschaften geführt, wie zum Beispiel der Systemtheorie. (Anmerkung: Näheres zum wissenschaftstheoretischen Teil dieses Problems in meinen Büchern „Raum und Zeit als naturphilosophisches Problem", „Was Jesus wirklich sagte", „Die Heilige Ordnung der Männer".)

Welche praktische Bedeutung die Rückkoppelung hat, ist besonders in der Analysephase erkennbar. Gerade dadurch, dass zwischen dem Auftreten und der Lösung des Konflikts eine Phase eingeschoben wird, die die eigenen wie die Motive und Interessen der anderen Beteiligten klären soll, wird die Situation bereits verändert und es kann eine differenziertere und realitätsgerechtere Lösung erarbeitet werden als ohne diese Rückkoppelung bzw. ohne die Konfliktanalyse.

Die Analyse eines Konfliktes setzt zwei Schritte voraus: den Konflikt anerkennen und seine Schwerpunkte diagnostizieren.

Den Konflikt anerkennen

Ein erster Schritt zur Lösung eines Konfliktes ist schon gemacht, wenn man ihn überhaupt einmal als solchen anerkannt hat. Es ist eines der großen Probleme, vermutlich in unserem Kulturkreis stärker als in anderen, Konflikte überhaupt als solche anzuerkennen. Die Tatsache, dass Konflikte auftreten, liegt keineswegs immer an Personen. Häufig sind es Schnittstellen von Interessensgegensätzen. Es ist heute die Praxis, dass Konflikte in Unternehmen gerne an Personen festgemacht werden. Wenn also in einer Abteilung immer wieder Konflikte auftreten, gilt der Vorgesetzte oft als führungsschwach. Zur Kunst des Führens gehört es, so meinen viele, Konflikte überhaupt zu vermeiden.

Von diesem lange Zeit gültigen Vorurteil des hierarchischen Systems aus haben Konflikte etwas Anrüchiges an sich, auch lässt man sie möglichst lange nicht aufkommen. Ich kenne auch Ehepaare, die sehr stolz darauf sind, nie oder fast nie miteinander gestritten zu haben – und das als Maß ihres Glücks ansehen. Das Verdrängen von Konflikten, die oft geradezu überlebensnotwendig sind, führt dazu, dass die Aktionen auf andere Aspekte abgeschoben werden. Es ist dann oft so, dass Menschen einander aus dem Wege gehen, einander sogar hassen und indirekt bekämpfen, dennoch aber offiziell ganz freundlich zueinander sind und behaupten, überhaupt keine Kontroversen zu haben. Die Tatsache mit jemandem nicht zu streiten ist jedenfalls öfter ein Zeichen von Aggression und Ignoranz als eines von Liebe und Verständnis. Nur die (relativ) kurzen Zeiten einer symbiotischen Paarbeziehung sind wirklich konfliktfrei. Sobald sich das „Ich" im Paar wieder meldet, beginnen auch hier die Konflikte.

Das Vorurteil, dass es besser sei, konfliktfrei als mit Konflikten zu leben, stammt vermutlich aus den Anfängen der Hierarchie. Die ganz große Leistung des hierarchischen Ordnungsprinzipes am Beginn unserer Kulturentwicklung bestand darin, dass über Konfliktgrenzen hinweg (damals Stammesgrenzen) durch Installation einer übergeordneten (zentralen) Instanz Kooperation gewährleistet wurde. Man streitet nicht mit Nachbarn oder Kollegen, sondern lässt alle möglichen Streitpunkte von einer vorgesetzten Stelle entscheiden. Dieses System, das einige Jahrtausende erfolgreich war (und auch weiterhin sein wird), hat aber heute viele Nachteile, die man oft nicht mehr in Kauf nehmen will (siehe dazu weiter unten: Konfliktlösungen: Delegation; sowie „Heilige Ordnung der Männer").

Wenn Konflikte nicht „erlaubt" sind, ist man natürlich auch nicht bereit, Konflikte zu analysieren. Wir haben also eine Reihe von Vorstufen zur Analyse des Konfliktes entwickelt, die immer dann notwendig sind, wenn nicht alle Konfliktparteien den Konflikt überhaupt als solchen anerkennen.

In den ersten Jahren meiner Arbeit als Gruppendynamiker, war ich gelegentlich mit dieser damals neuen Methode (Anfang der 60er Jahre) bei Konfliktsituationen in Organisationen erfolgreich. Es gab aber auch Fälle, in denen ich mit meiner Methode die Konflikte nicht oder nur teilweise lösen konnte. Die Analyse dieser Misserfolge ergab, dass meist nicht alle Betroffenen den Konflikt anerkannten. Es gibt Unternehmen, in denen es heute noch als Führungsfehler gilt, in der eigenen Abteilung oder im Bereich eine Konfliktsituation zu haben und sie womöglich auch nicht selber lösen zu können (was, wie gesagt, immer dann der Fall sein kann, wenn man selber beteiligt ist).

In solchen Fällen habe ich ursprünglich alle an dem Konflikt Beteiligten zu einem Workshop gebeten, bei dem ich mit Hilfe der gruppendynamischen Prozesse (Metaebene) meist den nötigen Lernprozess auslösen konnte. Da ich aber merkte, dass der Erfolg meiner Konfliktintervention davon abhing, dass alle Beteiligten den Konflikt als solchen auch anerkannten, habe ich später zwei Phasen, die zur Anerkennung des Konfliktes führen, vorgeschlagen. Gelingt es dabei nicht, diese Anerkennung zu erreichen (zum Beispiel wenn nicht alle bereit sind, an einem solchen Workshop teilzunehmen), führe ich gar keinen Workshop durch.

Die beiden Phasen bestehen in Einzelgesprächen mit allen Beteiligten und in einer Vereinbarung mit dem Management oder den Funktionsträgern über die weitere Vorgehensweise. Diese Vereinbarung tangiert die Entscheidung aller Betroffenen, den Konflikt auch bearbeiten und lösen zu wollen. Seit ich diese beiden Phasen vorschalte, habe ich bei einem Workshop keinen Misserfolg mehr erlebt. Ich breche sozusagen gelegentlich eine sinnlose Konfliktintervention (wenn zum Beispiel niemand den Konflikt wirklich lösen will) vorher ab.

Bei den Interviews handelt es sich darum, die jeweils subjektive Sicht der Betroffenen zu erheben und wie ein Mosaik zusammenzusetzen. Es ergibt sich daraus eine Art Röntgenbild der Sozialstruktur, das bei größeren Konfliktinterventionen (also mehr als etwa 15 Personen betreffend) auch schriftlich in Berichtform festgehalten werden sollte.

Dieser Bericht ist ein Konzept und sollte keine Aussagen enthalten, die auf bestimmte Personen (denen ja im Interview Vertraulichkeit zugesichert wird) rückschließen lassen. Es empfiehlt sich daher, in den Interviews weniger direkt als vielmehr projektiv zu fragen: „Wo sehen Sie in dieser Gruppe (sachliche, emotionale, strukturelle usw.) Spannungen? Wo sehen Sie Seilschaften? Wer hat hier Einfluss? Wer genießt hier Vertrauen? Welche Erscheinungsformen hat der Konflikt?" (siehe dazu auch Kapitel 5, Seite 303, Konfliktinterventionen).

Bei den Fragen in diesen Interviews hat jeder Berater sein eigenes kleines Geheimnis, mit dem er mehr oder weniger erfolgreich ist. Es wird sicher auch nicht jeder mit jeder Fragestellung erfolgreich sein. Auch unter den erfolgreichen Konfliktberatern gibt es unterschiedliche Auffassungen über die Fragestellungen in den Interviews sowie über die Auswertung der Interviews. Es ist daher notwendig, bei der Zusammenstellung des Beratungs- und Moderatorenteams (allein macht man so etwas ohnehin nicht) auf die Abstimmung der Vorgehensweise zu achten. Hier sind oft sehr aufwendige Koordinierungsleistungen zu erbringen. Für mich und meine Kollegen jedenfalls haben sich die hier aufgezählten Fragestellungen immer wieder bewährt.

Auch in bilateralen Konfliktsituationen gibt es oft eine Seite, die unter dem Konflikt nicht leidet, die auch „keinen Konflikt hat". Ich werde in diesem Zusammenhang öfters gefragt, wie man dann einen Konflikt anzugehen habe.

Ich kann hier eine ähnliche Vorgangsweise vorschlagen wie im professionellen Konfliktmanagement, die eben beschrieben wurde. Auch hier schlage ich zwei Phasen vor.

Die erste Phase (Konfliktmanagement: Einzelgespräche) beinhaltet ein Gespräch – gegebenenfalls auch mehrere Gespräche, um die eigene Sicht des Konflikts und die Konsequenz darzustellen, die eine Nicht-zur-Kenntnisnahme des Konflikts hätte.

Die Konsequenz kann sachlicher Natur sein – oder auch emotionaler, zwischenmenschlicher Art (zum Beispiel Zurückhaltung bei Hilfeleistungen, Unbehagen bei der Zusammenarbeit, Vorsicht statt Offenheit).

Die zweite Phase beinhaltet ein zweites Gespräch über die Bereitschaft, den Konflikt zu lösen oder ihn sein zu lassen.

Diese zweite Phase sollte mit einem gewissen Zeitabstand erfolgen, sodass der (hoffentlich ehemalige) „Konfliktverleugner" Abstand gewonnen hat und eine Rückkoppelung auf die ihm dargestellte Situation geben kann. Anerkennt er nun den Konflikt, so bedeutet das nicht automatisch seine Bereitschaft, den Konflikt gemeinsam lösen zu wollen. Darüber muss nun verhandelt werden. Über die Art und Weise der weiteren Vorgangsweise sollte zumindest Klarheit hergestellt werden.

Anerkennt er jedoch den Konflikt immer noch nicht, ist eine neuerliche Schleife der ersten Phase einzulegen – sowohl mit einer gründlichen Reflexion des eigenen Standpunktes als auch mit einer neuerlichen Darstellung der Konsequenzen, die der nicht bearbeitete Konflikt mit sich bringen wird.

Im Übrigen spielen hier natürlich Machtverhältnisse eine große Rolle. Wer nicht einen Vorteil in der Lösung eines Konfliktes sieht, oder einen Nachteil aus seiner Nicht-Lösung hat, wird kaum gezwungen werden können, den Konflikt zu bearbeiten.

Wer hat welche Rolle?

Eine der wichtigsten Analysemethoden bei Konflikten in Gruppen oder Organisationen ist die Erstellung eines „Röntgenbildes" der Sozialstruktur, um herauszufinden, wer in diesem Sozialgebilde welche Rolle hat. Bei Organisationen stellt sich oft heraus, dass das offizielle Organigramm mit der informellen Struktur so gut wie überhaupt nicht übereinstimmt.

Es passiert sehr häufig, dass ein Vorgesetzter in seinen Bereichen nominell das Sagen hat, in Wirklichkeit aber bestimmte Gruppen oder auch bestimmte Persönlichkeiten das Geschehen bestimmen. Auch das Patriarchat ist in manchen Ehen nur scheinbar ein Patriarchat. Die Männer haben zu Hause nicht so oft das Sagen, wie das behauptet wird. Und auch nicht die Frauen – wie andere behaupten. Manchmal werden die Entscheidungen von Personen beeinflusst, die offiziell gar keine Funktion in der Familie (Unternehmen, Abteilung usw.) innehaben, aber durch Abhängigkeiten – welcher Art auch immer – Macht in der betreffenden Sozialstruktur ausüben können. Diese Tatsache wird zunächst von jedem der Beteiligten bestritten und es ist meist sehr schwer diese inoffiziellen Strukturen zu erkennen.

Große Verdienste in dieser Analysemethode haben sich die Familientherapeuten erworben. Hier wird sehr subtil herausgearbeitet, welche Person für welches Problem in einer Familie steht. Es gibt häufig das Phänomen des Symptomträgers, wenn zum Beispiel eine Person durch ihr pathologisches Verhalten einen Konflikt des Systems signalisiert. An dieser Person wird das Problem sichtbar. So wird oft in einer bereits krisenhaften Paarbeziehung durch das Auftreten einer dritten Person (Eifersucht) die Schwierigkeit der Paarbeziehung an dieser dritten Person nur festgemacht. Sie wird dafür verantwortlich gemacht, dass etwa diese Ehe nicht mehr funktioniert.

Die Fragestellung lautet hier: Welche Personen, Gruppen und sozialen Systeme sind am Konflikt beteiligt? Dabei ist natürlich herauszuarbeiten, welche Gruppierungen dabei welche (auch widersprüchlichen) Interessen haben. Sehr aufschlussreich ist dabei meist die Frage: „Wer sieht wem beim Austragen dieses Konfliktes über die Schulter?" Oft werden eine Reihe von Erziehungsprinzipien und Zugehörigkeitsloyalitäten angewandt, die den Akteuren selbst nicht bewusst sind.

Handelt es sich um eine größere Gruppe (Abteilung, Hauptabteilung etc.), dann hat es sich auch bewährt, die Teilnehmer zu bitten, sich nach verschiedenen Gruppierungsmöglichkeiten zusammenzustellen oder zu setzen und zu besprechen, was ihnen im Unterschied zur anderen Gruppierung gemeinsam ist und was sie von der anderen trennt. Solche Differenzierungskriterien können sein:

- ▶ mindestens zehn Jahre Zugehörigkeit zur Organisation oder weniger,

- ▶ männliche/weibliche Mitglieder der Gruppe,

- ▶ Verkäufer und Techniker,

- ▶ Akademiker und Nichtakademiker,

- ▶ Titelträger (Direktoren, Prokuristen etc.) und „gewöhnliche" Mitglieder.

Die Erörterung dieser und anderer relevanter Unterschiede bringt oft überraschend den Kern des Konfliktes an den Tag. So hatten wir einmal einen Analyseerfolg, als wir die Teilnehmer einer Abteilung, in der es ständig Konkurrenzkonflikte gab, nach der Zugehörigkeit zu zwei Firmen, die zehn Jahre (!) vorher fusioniert hatten, zusammenstellen ließen. Plötzlich war allen klar, dass hier noch immer alte Stammesfehden ausgetragen wurden. Hier sahen die alten Konkurrenzfirmen den Mitgliedern immer noch „über die Schulter".

Rational – emotional – sozial

Die drei Ebenen der Kommunikation bezeichnen einen wesentlichen Unterschied für das Verständnis von Konflikten. Jeder Konflikt hat eine sachliche Komponente: es geht um ein bestimmtes Problem. Jeder Konflikt hat aber auch eine emotionale Dimension: dabei geht es zum Beispiel um die asymmetrische Identifizierung der Beteiligten mit meist gegensätzlichen Interessen.

Jeder Konflikt hat auch eine soziale – oder auch strukturelle – Komponente. Wie jemand etwas sagt, hängt von seiner sozialen

Stellung ab, hängt von Prägungen und Mustern ab, die er entweder ererbt oder erlernt hat im Laufe seines Lebens. Die sozial-strukturelle Ebene ist oft Hintergrund der beiden anderen Ebenen: Man denkt und fühlt als Vorgesetzter zum Beispiel anders, als man dies in der Rolle des Mitarbeiters tut.

Diese drei Dimensionen müssen wegen ihrer Verflochtenheit und Unterschiedlichkeit einerseits auseinandergehalten werden, andererseits aber auch verbunden werden.

Der beste Interventionsansatz besteht daher darin, bei sehr starker emotionaler Aufladung zunächst eher nach den sachlichen Dimensionen zu forschen: Um welche Sache geht es? Umgekehrt lohnt es sich bei rein sachlich vorgetragenen Differenzen, bei denen die Emotionen unter den Teppich gekehrt werden, nach den dahinterstehenden Emotionen und Interessen zu fragen. Erst wenn dies herausgearbeitet und in ihrer Verflochtenheit erkannt wurde, gibt es die Möglichkeit, den Konflikt richtig zu diagnostizieren.

Die Interessen einer Person entsprechen oft den Interessen ihrer Zugehörigkeitsgruppe und können sich durchaus von den persönlichen „emotionalen" Interessen unterscheiden. Insofern ist die Betrachtung der sozial-strukturellen Ebene eine weitere Möglichkeit, den Konflikt besser zu verstehen.

Die drei Ebenen der Konfliktbetrachtung kann man auch als drei Ebenen der Kommunikation darstellen:

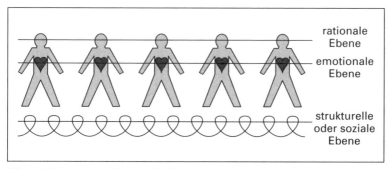

rationale
Ebene

emotionale
Ebene

strukturelle
oder soziale
Ebene

Die drei Ebenen der Kommunikation

Für diese drei Bereiche gibt es in unserem Repertoire unterschiedlich viele und unterschiedlich genaue Modelle für das Verständnis von Gesetzmäßigkeiten. Es überwiegen in unserer Kultur die – wissenschaftlichen – Denkmodelle für den Sachbereich. Wir sprechen auch von Sach-Intelligenz, bzw. wird Intelligenz weitgehend an der Fähigkeit gemessen, logische Schlüsse und logische Denkvorgänge leisten zu können.

Für den Bereich der Emotionen gibt es vergleichsweise wenig Modelle, die „Verständnis" bringen und handlungsanweisend wirken. Hier ist das Individuum weitgehend auf sich selbst und seine Erfahrungen gestellt. In den letzten Jahren hat man die Bedeutung dieses Bereichs stärker erforscht, was auch zu dem Begriff der emotionalen Intelligenz geführt hat.

Die sozial-strukturelle Ebene ist dem Einzelindividuum schwer zugänglich – sie gründet sich teilweise auf unbewusste Muster, teilweise können (systemimmanente) Strukturen bewusst gemacht werden und stehen dann dem Einzelnen als Handlungsmöglichkeit zur Verfügung. Die sozial-strukturelle Ebene kann als Steuerungsebene aufgefasst werden, die auf die beiden anderen Ebenen einwirkt. Die soziale Intelligenz besteht insofern in der Fähigkeit, diese Steuerung zu erkennen bzw. zu beeinflussen.

Der Vorrang der rationalen Ebene über die anderen beiden Ebenen hat zur Folge, dass es zu wenig Denk-, Interpretations- und Interventionsmodelle für den emotionalen und sozialen Bereich gibt. Aus diesem Mangel heraus entsteht Unsicherheit, sodass nicht so selten dieses Terrain den Demagogen und Populisten überlassen wird. Hinterher ärgert man sich darüber, dass Demagogen und Populisten mehr Einfluss haben als man selber, wo man sich doch bemüht, richtige Sachentscheidungen zu treffen.

Für die Arbeit im Bereich des Konfliktmanagements hat es sich bewährt, die Unterschiede zwischen rationalen Sachdimensionen und dem emotionalen wie dem gesellschaftlichen Bereich herauszuarbeiten. Meist stellt sich dabei heraus, dass Probleme nicht auf allen drei Ebenen gleich sichtbar werden. So kann ein Problem auf der sachlichen Ebene gering erscheinen, emotional hat es aber eine große Bedeutung. Oder ein Problem wäre subjektiv für zwei Menschen gar nicht so wichtig, weil sie aber Repräsentanten verschiedener Gruppen sind, dürfen sie sich nicht einigen.

Zur Illustration dieser drei Ebenen folgendes Beispiel, an dem diese Differenz der drei Ebenen zunächst phänomenologisch entwickelt werden kann:

Ich hatte bei einem Gruppendynamik-Seminar den Leiter einer Autoreparaturwerkstätte aus Wien als Teilnehmer. Er trug ein Problem vor und bat die Gruppe um eine Stellungnahme. Das Problem bestand darin, dass er fünf Meister hatte, alle fünf Meister besaßen einen Dienstwagen. Jedes Jahr zu Weihnachten kaufte er einen neuen Dienstwagen – nicht einen fabrikneuen, sondern im Allgemeinen einen recht günstigen Eintauschwagen – und vergab ihn nach bestem Wissen und Gewissen an denjenigen, der es seiner Meinung nach am nötigsten hatte. Leider waren die anderen vier, die auch jeweils das Auto wollten, mit seiner Entscheidung nie zufrieden. Er klagte, dass jedes Jahr etwa im Herbst seine Meister zu ihm kommen und es beginne ein Wettstreit um das Auto. Der erste meint, er braucht das Auto, weil er am meisten fährt, der nächste meint, er braucht es, weil seines das älteste Auto ist, der dritte meint, er sei der Dienstälteste usw. Jeder habe einen Grund, in diesem Jahr das Auto zu bekommen.

Die Gruppe meines Gruppendynamik-Seminars gab dem Leiter dieser Autoreparaturwerkstätte den Rat, die fünf Meister doch alleine entscheiden zu lassen. Ein halbes Jahr später, als er zu einem Fortsetzungskurs kam, erzählte er, dass dieses System sehr gut funktionierte. Er hatte zu den Leuten gesagt: „Zwei Stunden habt ihr Zeit, euch zu einigen, wer heuer das neue Auto bekommt. Werdet ihr euch nicht einig, ist das kein Problem, denn ich selber brauche dieses Jahr auch ein neues Auto, dann wird keiner eines bekommen." Zwei Stunden wurde gestritten und die verschiedensten Varianten wurden diskutiert. Dann gab es eine Konsenslösung, mit der alle einverstanden waren: der, dem es der Chef auf keinen Fall gegeben hätte, hat es bekommen, zwei haben die Autos getauscht, eines musste repariert werden usw.

Aus dieser Geschichte wird zweierlei deutlich. Erstens, der Chef hätte gar keine Möglichkeit gehabt, diese Entscheidung vorauszusehen und auf die Bedürfnisse sozusagen der einzelnen Personen abzustimmen. Zu anderen Zeiten oder nach drei statt zwei Stunden Diskussion hätte die Lösung möglicherweise anders ausgesehen. Zweitens aber, selbst wenn er ein Hellseher gewesen wäre und diese Entscheidung angeordnet hätte, wäre sie von der Gruppe nicht akzeptiert worden, weil die einzelnen Personen nicht in der Lage gewesen wären, den Entscheidungsprozess nachzuvollziehen, den die Gruppe durch die Konsensfindung durchmachen musste. Man kann daraus wohl ableiten, dass in Fragen von Gruppenbedürfnissen eine zentrale Entscheidung, also eine Expertise des Vorgesetzten im Sinne des Wahrheitskontinuums der Hierarchie (je höher jemand in der Hierarchie ist, über desto wichtigere Informationen verfügt er und desto bessere Entscheidungen kann er treffen) nicht die beste Lösung sein kann.

Anders ist die Lage, wenn es um Konflikte geht, die sich auf Leistung beziehen. Leistung ist messbar, sie ist rational verständlich, Bedürfnisse sind hingegen irrational, emotional, und es besteht hier die große Gefahr, dass in einem leistungsorientierten, rationalen Gesamtklima emotionale Interessen oder Bedürfnisse unerwünscht sind und daher gar nicht geäußert werden, und als Folge davon auch eine eventuelle Bedienung von Bedürfnissen nicht als Leistung anerkannt wird.

Man muss dann für die Anstrengungen zur Aufrechterhaltung des guten Klimas und der Zusammenarbeit oft Rationalisierungen erfinden und sie in messbare Fakten kleiden. So wird oft unter falschem Titel für die nicht anerkannten Werte gekämpft.

Leistung ist zentral verwaltbar, Bedürfnisse sind nur dezentral für jeden Einzelnen zu befriedigen. Viele Hierarchien werden verleitet, die zentrale Verwaltbarkeit von Leistung, nämlich die Bündelung verschiedener Arbeitsleistungen zu effizienten, vernetzten Systemen auf einen ähnlichen Versuch der Bündelung von Bedürfnissen zu übertragen. Dies funktioniert nicht, im großen Stil wäre das die falsch verstandene sozialistische Idee, Bedürfnisse zentral zu verwalten. Es funktioniert aber nicht nur im großen nicht, sondern es funktioniert auch im kleinen nicht, weil der Demotivierungseffekt der zentralen Bedürfnisverwaltung vor allem Widerstand gegen die Zentrale erweckt und Lernprozesse, insbesondere dort, wo sie notwendig sind, nicht möglich macht.

Es gibt also „nicht-zentralisierbare" Funktionen. Emotionen lassen sich auch nicht delegieren wie Sachentscheidungen, Emotionen lassen sich auch nicht zentralisieren, so wie Informationen. Es ist sicher eine der Schwächen unserer Kultur, dass für den emotionalen und den sozialen, bzw. „politischen" Bereich bisher wesentlich weniger Denkmodelle entwickelt wurden als für Sachbereiche. Viele Äußerungen von Managern oder Politikern lassen vermuten, dass sie die sachlichen und emotionalen Dimensionen nicht wirklich unterschiedlich behandeln. (Als Beispiel etwa: Zielsetzungen ohne Absprachen, Lob als Fehlen von Tadel, fehlende Transparenz bei Sparmaßnahmen etc.)

Im Folgenden werden einige der Unterschiede aufgezeigt, mit deren Hilfe man die Sachebene und die emotionale bzw. soziale Ebene identifizieren und beschreiben kann. Es sind dies sozusagen erste Ansätze für eine Affektlogik, die unbedingt Voraussetzung dafür sind, einen Lernprozess im emotionalen Bereich zu steuern. Lernprozesse im emotionalen Bereich unterliegen eben anderen Regeln als im Sachbereich.

1. Erster wichtiger Unterschied ist, dass im rationalen Bereich wesentlich mehr Aspekte berücksichtigt werden können und auch müssen als im affektiven Bereich. Diese Vielfalt der Aspekte führt von einem bestimmten Punkt zu einem Zweifel an nur einer „absoluten" Wahrheit. Im affektiven Bereich werden die verschiedenen Aspekte selektiv wahrgenommen, speziell nach angenehm oder unangenehm bewertet, wobei bei zunehmender affektiver Aufrüstung die angenehmen oder

unangenehmen Dinge jeweils weggelassen werden. Man findet dieses Phänomen natürlich auch im Alltagsbereich, es gibt hier die Redewendung „Auf dem Ohr hört man schlecht". Es ist tatsächlich so, dass wir unangenehme Dinge nicht hören wollen, und auch wenn wir darauf angesprochen werden, fallen uns solche nicht ein. Chronische Pessimisten etwa sehen gar nicht mehr die positiven Seiten einer Sache, bei „Feinden" findet man keine positiven Dimensionen usw.

Interessant sind hier auch immer die Steigerungen. Steigert sich im Sachbereich die Komplexität, so führt das eher zu einem Zustand des Zweifels. Augustinus hat dies sogar zum Prinzip der Philosophie erhoben: „dubito ergo sum". Im affektiven Bereich kann eine undurchsichtig werdende Komplexität rasch steigende Gefühle von Hilflosigkeit, Angst und Wut erzeugen, deren Ausmaß und Wucht die Persönlichkeit in ihrer subjektiven Wahrnehmung zu überfluten droht. Im Extrem gibt es hier im Panikbereich einen vollständigen Kontrollverlust.

Diese Bedrohung – nämlich Kontrollverlust und Ausschaltung höherer Hirnfunktionen – stellt für die Persönlichkeit ein Problem höchster Aktualität dar, das sofort und mit allen Mitteln bewältigt werden muss. Ein Mittel zur Bewältigung ist die Beseitigung der Ursache dieser emotionellen Überflutung – die unübersichtlich gewordene Komplexität. Diese wird sozusagen reduziert, indem die Entscheidung für „das Richtige" gefällt wird. Tatsächlich ist damit ein Problem gelöst, allerdings das der emotionellen Überflutung. Für das ursprüngliche komplexe Problem ist die gefundene Lösung eine Scheinlösung, an der jedoch festgehalten werden muss, da sonst eine neuerliche Überflutung droht. Man kann diese Komplexitätsreduktion an sich selber erleben, wenn man einen beliebigen Streit, der in seinem Verlauf zu stärkerer Emotionalisierung führt, auf Tonband aufnimmt und hinterher, wenn man sozusagen seine komplexen Gehirnfunktionen wieder zur Verfügung hat, noch einmal anhört. Man wird feststellen, dass die differenzierte Argumentation, die anfangs bei beiden Konfliktpartnern vorhanden ist, mit zunehmender affektiver Aufladung immer simpler wird und zum Schluss brüllt man einander manchmal nur noch – unartikuliert – an.

2. Ähnlich ist es mit der Aufnahme von Inhalten. Im rationalen Bereich werden Inhalte leicht und schnell aufgenommen, aber auch wieder vergessen. Merken kann man sich Inhalte umso besser, je mehr sie auch (positiv oder negativ) emotional besetzt sind. Dann allerdings unterliegen sie den biologischen Gesetzen der Sättigung.

Im Prinzip sollte jeder vom Organismus her etwa das Phänomen der Überfütterung kennen. Wer versucht, ein Kind zu füttern, wird feststellen, dass bei einem bestimmten Punkt die Sättigung eintritt. Es ist zu diesem Zeitpunkt völlig sinnlos, dem Kind mit erhöhter Frequenz einen Löffel nach dem anderen in den Mund zu stecken, es wird höchstens umso heftiger die Nahrungsaufnahme verweigern. Dies ist der Grund, warum so viele Versuche, in einer emotional aufgeladenen Situation weiterhin „sachlich" zu argumentieren, nicht von Erfolg begleitet werden.

Die Aufnahme von affektgeladenen Inhalten vollzieht sich bei Menschen ähnlich den Gesetzen der Nahrungsaufnahme, also biomorph, und nicht nach physikalischen Gesetzen, wie etwa die Ladung einer Computerplatte mit Informationen.

Wie heute die Gehirnphysiologen behaupten, werden rationale Inhalte immer von Emotionen begleitet – allerdings von unterschiedlicher Stärke. Auch die Mathematiker unterscheiden „elegante" und „nicht elegante" Ableitungen für Formeln oder Beweise.

3. Im rationalen Bereich versucht man nach der Logik, die in unserem Abendland üblich ist und die sich allgemein durchgesetzt hat, nach Ursachen zu suchen und Ursachen für einen bestimmten Zusammenhang zu finden. Die gesamte Naturwissenschaft und in ihrem Zuge die Technik beruhen auf der Fin-

dung der Ursachen, wobei die komplexen Ursachen, etwa die vier Gründe, die bei Aristoteles noch angeführt werden, im Rahmen der modernen Wissenschaft weitgehend auf die so genannte causa efficiens, auf die Wirkursache reduziert sind. Zweckursache, Formursache und Materialursache gelten nur sehr eingeschränkt, wenn überhaupt, nebenbei als Ursachen.

Im emotionalen (oder affektiven) Bereich sucht man nie Ursachen, sondern Schuldige. Man fragt hier nicht: „Was ist passiert?", sondern: „Wer ist schuld?" Dementsprechend delegiert man diese Ursachensuche im rationalen Bereich an Systeme und Strukturen, im emotionalen Bereich aber an Personen. Wir stellen daher in Sozialgebilden oft so genannte Führungsduale fest, die, wenn sie gut kooperieren, sehr erfolgreich sind, indem nämlich der tüchtigste Fachmann und der Beliebteste zusammengehen und beide gemeinsam Entscheidungen treffen und durchsetzen. Gibt es aber zwischen dem Tüchtigsten und dem Beliebtesten Konflikte, wird die Gruppe in ihrer Arbeit erheblich behindert. Wir versuchen dann oft, den beiden ihre unterschiedliche Funktion zu verdeutlichen und die Zusammenarbeit wieder neu zu starten.

Interessant ist hier vielleicht auch die Geschichte der alten Germanen, die bei Tacitus überliefert ist, dass die alten Germanen die Regel hatten, Entscheidungen grundsätzlich zweimal zu diskutieren, um emotionale und rationale Gesichtspunkte zu vereinen. Tacitus schreibt in „Germania", Kapitel 22:

„Doch auch wenn Verfeindete miteinander ausgesöhnt oder Ehen geschlossen werden sollen, wenn jemand unter die Edelinge aufgenommen, ja sogar wenn über Krieg und Frieden beraten werden soll, so geschieht das zumeist bei Becherklang, als wenn der Mensch gerade dann besonders offenherzig und für edle Gedanken empfänglicher wäre. Dieses Volk, nicht verschlagen noch durchtrieben, gibt in ausgelassener Fröhlichkeit auch heute noch die sonst tief in der Brust gehüteten Geheimnisse preis; daher liegt die Meinung aller unverhüllt und offen da. Am nächsten Tag wird die Beratung noch einmal wieder aufgenommen. Die

Behandlung der gleichen Sache zu zwei so ganz verschiedenen Zeitpunkten hat ihren guten Grund: Man hält Rat, wenn man sich nicht verstellen kann; man trifft die Entscheidung, wenn man nicht irren kann."

4. Im rationalen Bereich gibt es differenzierte Unterschiede zwischen richtig und falsch, zwischen positiv und negativ. Im affektiven Bereich polarisiert man nach gut und schlecht, nach Freund und Feind. Dementsprechend ist im rationalen Bereich nach den Gesetzen der Logik 2 x 2 = 4 als Aussage entweder wahr oder falsch. Es können nicht zwei einander widersprechende Aussagen gleichzeitig wahr sein, darauf beruht ja unter anderem die Ausschließlichkeitslogik der gesamten Mathematik. Bei affektiver Aufrüstung kann etwas von angenehm in unangenehm umschlagen – aus Liebe wird Wut oder sogar Hass, aus Freude Ärger, aus Vertrauen Misstrauen etc. Man denke nur daran, wie es gar nicht schwer fällt, dieselbe Person innig zu lieben und sie gleichzeitig für etwas zu hassen, zum Beispiel den Ehepartner oder Kinder. Es ist außerdem so, dass im affektiven Bereich etwas zugleich wahr und falsch sein kann. Auch hier finden wir übrigens in der Mythologie interessante Parallelen dazu (siehe die Geschichte von Eros und Eris).

Im rationalen Bereich fragt man bei einer Entscheidung: „Was spricht dafür, welche Argumente dagegen?" Im emotionalen Bereich steht an dieser Stelle die Frage: „Was will ich? Was ist mir lieber? Was habe ich davon? Wovor habe ich Angst?" Im sozialen Kontext steht die Frage: „Wer ist dafür? Wer ist dagegen?"

5. Die Weiterverarbeitung im rationalen Bereich geschieht über Verstand, Erklärung und logische lineare Gedankengänge. Im Bereich von Stimmungen gibt es eine Ansteckung – etwa bei Lachen, Traurigkeit oder auch Ärger – über eine Art emotionaler Partizipation. Das heißt, an die Stelle linearer Gedankengänge treten einander aufschaukelnde Rückkoppelungseffekte. Diese kann man auch bei Konflikten beobachten, etwa wie es zu einer Schlägerei kommt oder auch zu kriegerischen Ausein-

andersetzungen. Dieses affektive Aufschaukeln mit Wegkoppeln des rationalen Denkvermögens ab einem bestimmten Grad hat natürlich stammesgeschichtlich einen sehr starken selektiven Wert. Durch den Kampf zwischen Rivalen oder Konkurrenten zum Beispiel um bestimmte Territorien, die Führerschaft oder um Weibchen stellt sich heraus, wer der Stärkere ist und in der Lage ist zu überleben, daher das Territorium für sich zu besiedeln, die Gruppe zu führen oder Nachkommen zu zeugen. Wichtig war hier, dass der Kampf der Rivalen für den Schwächeren tödlich endet, damit die Führung der Herde durch eine Alpha-Position gewährleistet ist. In der Zivilisation, in der differenziertere Selektionssysteme entwickelt wurden, hat man daher mit Recht auf Überwindung dieser Aufschaukelungssysteme allergrößten Wert gelegt. So wird heute in Schulungen der Polizei versucht, den Teilnehmern Methoden zu vermitteln, wie sie solche Aufschaukelungen verhindern oder wieder reduzieren können. Sogar bei wissenschaftlichen Konferenzen habe ich solche Prozesse beobachten können. In der Gruppendynamik wurde für die Beherrschung dieser Prozesse ein eigenes Moderatorentraining entwickelt.

6. Im rationalen Bereich bleibt man im Zuge einer Argumentationskette in der Theorie, man kommt im Allgemeinen nicht zur Anwendung und kann sich daher gefahrlos irren. Im affektiven Bereich tritt dagegen das Gefühl auf: „Es muss was geschehen", man kann sich nicht gefahrlos irren. Entscheidungen haben Motivations- und Aufforderungscharakter, bei Fehlern leidet man.

7. Im rationalen Bereich sind Normabweichungen sehr oft mit Lust verbunden, zum Beispiel Hypothesenbildungen bei Wissenschaftlern: „Angenommen, es passiert ...", „Angenommen, wir verändern diese Parameter und berechnen dann durch ...". Im affektiven Bereich sind Normabweichungen mit Angst verbunden. Schon geringe Normverletzungen führen zu Stress. Wenn man zum Beispiel als Einziger mit Anzug und Krawatte auftritt, die anderen aber alle locker gekleidet sind (oder auch

umgekehrt), kann das Anlass für Unbehagen aller sein. Oder bei Verletzung einer unausgesprochenen Gruppennorm, wie zum Beispiel eine Veränderung der Sitzordnung es darstellt – führt mitunter zu beträchtlichen Irritationen. Man spricht daher auch im rationalen Bereich von der „lustvollen Neugierde", im affektiven Bereich von der „Angst vor Neuem".

8. Im rationalen Bereich wird zwischen wahr und falsch unterschieden, im affektiven Bereich zwischen anständig und unanständig. Manchmal sieht man auch im Rahmen der Wissenschaft, dass ein Irrtum als unanständig angesehen wird. Dieser Punkt ist eine abstrakte Weiterentwicklung des Punktes 3, in dem wahr und falsch nach Freund und Feind unterschieden wird. Im Bereich der Moral ist diese Unterscheidung dann moralisch und unmoralisch. Dabei findet wieder eine Reduktion auf archaische Muster statt, die als die steinzeitliche Moral: gut = bekannt = Freund, böse = unbekannt (= nicht dem eigenen Clan angehörend) = Feind, im Rahmen jeder Kulturentwicklung überwunden wurde. Die bisher weiteste Entwicklung weg von diesem (affektiven) steinzeitlichen Muster ist sicher die Forderung des Jesus von Nazareth: „Liebet eure Feinde." Ein Programm, das sich bis jetzt jedenfalls noch nicht im großen Stil durchgesetzt hat. (Zum Sinn dieser paradoxen Intervention siehe auch Kapitel 4, Abschnitt über Konsens.)

9. Im rationalen Bereich muss man die Sprache, oft sogar die Geheimsprache, die Fachsprache einer Wissenschaft oder Branche, verstehen, um mitreden zu können. Im affektiven Bereich ist Mimik und Gestik international verständlich und sozusagen für den gesamten Bereich des homo sapiens brauchbar.

10. Im rationalen Bereich hat der Mensch die Möglichkeit, ein komplexes Phänomen in analytische Teilaspekte zu zerlegen und Abstraktionen zu vollziehen, das heißt, für die Teilaspekte jeweils bestimmte Gesetzmäßigkeiten zu entwickeln, unter Umständen formalisieren. Im emotionalen Bereich ist immer ein ganzheitlicher Aspekt vorhanden. Es wird sozusagen alles in einem gesehen und alles miteinander in Zusammenhang ge-

bracht. Das Sprichwort: „Wer einmal lügt, dem glaubt man nicht, selbst wenn er auch die Wahrheit spricht" trifft diese Gefühlsebene sehr genau. In diesem Zusammenhang ist auch der berühmte Prozess gegen Galilei zu sehen, der bei seinem Verhör den Ausspruch getan hat „Euer Problem, Eminenz, ist es, wie die Menschen sich dem Himmel zu bewegen, mein Problem ist, wie die Himmel sich bewegen", das heißt, weil Galilei „nur" den Umlauf der Gestirne unter Himmel verstanden hat, war es ihm möglich, den damals neuen Algorithmus anzuwenden, und mit Hilfe dessen stellte er fest, dass das kopernikanische Weltsystem mit der Sonne im Mittelpunkt und der sich drehenden Erde wesentlich einfacher zu berechnen ist als das Ptolemäische mit den vielen Epizyklen. Die Voraussetzung aber für dieses Weltbild war natürlich der Ablösungs- und Abstraktionsprozess aus der ganzheitlichen Sicht der Kirche, die den Himmel mit Hölle und Fegefeuer in einen Heilszusammenhang gebracht hatte, aus dem Galilei den Himmel (als Umlauf der Gestirne) herauslösen musste (vgl. dazu auch Versachlichungskonflikte, Seite 147).

11. Im rationalen Bereich kann man sehr gut quantifizieren, etwas in Zahlen ausdrücken, etwas definieren. Im emotionalen Bereich spielen Qualitäten eine Rolle: man vergleicht einen Zustand mit einem anderen – es ist etwas besser oder schlechter – immer sind es Relationen zu einer nicht genau definierbaren Größe. Durch Bilder ist es oft möglich, nicht quantifizierbare Größen wie es Gefühle oder Stimmungen sind, auszudrücken und so besprechbar zu machen. „Ein Bild sagt mehr als tausend Worte".

12. In Märchen werden die handelnden Personen sehr oft durch alte archaische Muster – der sozial-strukturellen Ebene entsprechend – zu ihren Handlungen veranlasst. So erfährt zum Beispiel der Gute die Belohnung und der Böse die Bestrafung, was durch einen gemeinsamen Lernprozess aller beteiligten Personen möglich wird. Oder das Fremde, das als störend erscheint, gewinnt Bedeutung – wie das zum Beispiel im Mär-

chen „Der Froschkönig" oder im „Rumpelstilzchen" dargestellt wird. Das heißt, dass die Individuen in ihrer sachlichen
und emotionalen Entscheidung auch von der sozialen, struktu-
rierenden Ebene der archaischen Muster beeinflusst werden.

Die Verflechtung von rationalen, emotionalen und sozial gesteuer-
ten Elementen erzeugt eine große Komplexität unserer Kommuni-
kationsprozesse und bewirkt daher auch eine Vielfalt an Interventionsmöglichkeiten bei der Bearbeitung von Konflikten.

Die „doppelte Wahrheit"

Was bedeutet nun dieser Unterschied von rational und emotio-
nal-sozial für die Praxis des Managements bzw. für die Praxis von
Entscheidungsfindung?

Wenn Konflikte dazu dienen, die Realität besser zu bewältigen,
dann dürfen die verschiedenen Ebenen der kommunikativen Wirklichkeit nicht vernachlässigt werden.

Seit der Antike, das heißt seit Platon und Aristoteles, gibt es die Erkenntnis, dass es entsprechend den beiden Bereichen zwei Arten
von Problemen gibt. (Das Wort „Problem" kommt übrigens vom
griechischen „probalestei": Die griechischen Rübenbauern hatten
manchmal den Wagen zu hoch aufgeladen, sodass das eine oder
andere Ladegut bei den auch damals schon nicht guten Straßen
verloren ging. In diesem Fall mussten sie stehen bleiben und das
Ladegut wieder aufheben. Die Heruntergefallenen hießen die „ta
problemata". Das hat Aristoteles dazu angeregt, dieses Wort in die
Philosophie einzuführen und alle Dimensionen und Aspekte, die er
nicht in seinem System unterbringen konnte, am Ende seiner Werke immer unter dem Titel „ta problemata" zusammenzufassen.)

Nun stimmen die zwei Ebenen nicht immer überein. Im Falle eines
Konfliktes entsteht hier meist eine Differenz. Platon hat dafür ein
sehr schönes Bild gefunden:

Ein Streitwagen mit zwei Pferden, eines davon zieht hinauf und eines hinunter. Platon meint damit, dass es im Prinzip zwei Arten von Problemen gibt. Eine Art, bei der aufgrund einer feststehenden Wahrheit eine Entscheidung für Handeln und Leben getroffen werden kann. Dies wäre das eine Pferd, das rationale sozusagen. Daneben gibt es aber noch eine zweite Art von Problemen, nämlich solche, bei denen erst durch die Entscheidung eine Wahrheit entsteht. Zu dieser zweiten Art von Problemen gehört das Beispiel vom Dienstwagen (siehe Seite 51). Hier steht die Wahrheit nicht von vornherein fest, sondern wird durch einen Reifungs- und Entscheidungsprozess der fünf Meister überhaupt erst konstituiert. Hier muss also zuerst entschieden, gelebt und gehandelt werden, damit man hinterher von einer „Wahrheit" sprechen kann.

Diese beiden Arten von Problemen zu verwechseln ist sehr ungünstig, denn für den ersten Fall gibt es eine ganz bestimmte Logik respektive Judikatur; hier gibt es Gesetze, hier gibt es Regeln, im Rahmen der Wissenschaft, im Rahmen der Moral, im Rahmen der Legalität der Gesetze, im Rahmen der Tradition, aufgrund derer mit bestimmten Deduktionsvorgängen die jeweils richtige Entscheidung getroffen werden kann. Bei dieser Art von Problemen handelt es sich, konflikttheoretisch gesehen, nur um Pannen im System, die durch bewährte Ordnungsmaßnahmen wieder ins Lot gebracht werden können.

Für die Betroffenen freilich fühlen sich solche Systemwidersprüche aus dem „oberen" Bereich mitunter ebenfalls wie Konflikte an, auch wenn sie formal-juristisch entscheidbar sind. So können beispielsweise Erbstreitigkeiten, Eigentumsdelikte oder Verstöße gegen die Verkehrsordnung zu „Konflikten" führen – die die Betroffenen zwar zu einem Lernprozess in Bezug auf das Formalsystem veranlassen (man „lernt" etwas über das Erbrecht, über Eigentumsrecht oder über die Verkehrsordnung), das System selbst ändert sich jedoch dadurch nicht.

Ganz anders sieht es im zweiten Bereich aus. Hier hat es keinen Sinn, eine Entscheidung aufgrund einer vorhandenen Wahrheit zu treffen, weil die Wahrheit eben noch nicht vorhanden ist. Zu diesem Bereich gehören Widersprüche, Emotionen, Unberechenbares, Veränderungen, neue Situationen – alles, was noch nicht festgelegt ist. Diese Konflikte sind sinnvoll und müssen gepflegt werden, denn sie erweitern den Handlungsspielraum, verändern Festgelegtes, das sich nicht mehr bewährt. Zu diesen Konflikten zählen zum Beispiel alle Konflikte, die unter dem Titel der Unvereinbarkeit von „Theorie und Praxis" laufen, oder auch Kompetenzkonflikte, jeder Wettbewerb – vom Assessment angefangen bis zur Konkurrenz der Unternehmen am Markt.

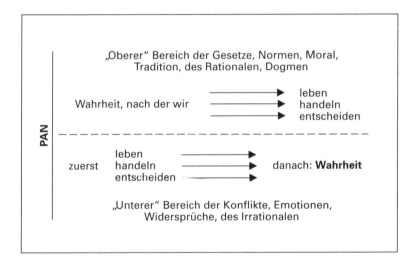

Platon nennt die Methode, wie man im „oberen Bereich" von einer Wahrheit zur richtigen Entscheidung kommt, „logike techne"; hier geht man also deduktiv nach den Regeln der Logik vor. Die Art und Weise, wie man im „unteren Bereich" zu einer neuen Wahrheit kommt, nennt er „dialektike techne", das heißt, es handelt sich hier um eine Methode, mit der man erst durch Auseinandersetzung (Dialektik heißt wörtlich „durcheinander reden"), durch einen Lernprozess zu einer Wahrheit kommt.

Praktisch heißt das, dass bei allen Problemen, die man lösen muss, die grundsätzliche Frage zu stellen ist: Gehört das Problem in den oberen Bereich? Dann suche ich die vorhandenen Gesetze, die entsprechenden Regeln und entscheide aufgrund dieser Gesetze, Regeln oder Berechnungen, etwa wenn es sich um Optimierungsprobleme handelt. Es handelt sich hier um Entscheidungen, bei denen es möglich ist, ein bestimmtes Ergebnis vorauszusagen und die unsicheren Faktoren durch Annahmen zu beseitigen (zum Beispiel Geldanlage, Investitionsergebnis).

Gehört aber das Problem in den unteren Bereich, dann hat es überhaupt keinen Sinn, vorschnell Entscheidungen zu treffen, auch dann nicht, wenn man als Entscheidungsbevollmächtigter meint, dafür delegiert zu sein, denn diese Art von Entscheidungen lässt sich nicht delegieren. Es bleibt in solch einem Fall nichts anderes übrig, als einen Lernprozess in Gang zu setzen und zu steuern. Gehört ein Problem in den unteren Bereich, ist es zweckmäßig, die betroffenen Gruppen entscheiden zu lassen.

Die Anregung zu diesem Denkmodell hatte Platon aus einem alten griechischen Mythos: die Geschichte vom Hirtengott Pan. Pan heißt auf Deutsch wörtlich: „alles" oder „das Ganze". Als Teil eines Wortes kommt es relativ häufig vor, wie etwa Pantheismus = alles ist voller Götter, oder im Pantheon, einem Gebäude, in dem die Römer alle Götter aufstellten.

Dieser Hirtengott Pan war – natürlich – ein Vierbeiner. Er hatte – so der alte Mythos – eine glänzende und schöne Oberseite „herrlich anzusehen". Seine – normalerweise – unsichtbare Unterseite war aber erschreckend hässlich. Die Menschen sahen im Allgemeinen nur seine geordnete Oberseite. Manchmal aber richtete Pan sich auf und zeigte auch seine hässliche, schreckliche Unterseite. Die Menschen, die das sahen, liefen dann meist schreiend davon. Sie reagierten panisch bzw. gerieten in Panik, weil sie es nicht aushielten, die ganze Wahrheit zu sehen. Platon interpretierte diesen Mythos so, dass er sagte, man sollte den Menschen normalerweise auch nicht die ganze Wahrheit zumuten. Die halbe – nämlich die schöne – Wahrheit sei besser, und niemand brauche eine Panik. Man sage daher den Menschen das, was sie gerne hören wollen, und vermeide damit Schwierigkeiten.

Im unteren Bereich sind auch die Aporien angesiedelt (siehe Seite 285).

Originalton Platon (Dialog Kratylos 408 c)

Sokrates: Und dass Pan, der Sohn des Hermes, so zwitterhaft ist, das lässt sich auch sehr gut begreifen, Freund.
Hermogenes: Wieso?
Sokrates: Du weißt doch, dass die Rede alles (pan) andeutet und immer umher sich wälzt und geht und dass sie zweifach ist, wahr und falsch?
Hermogenes: Allerdings.
Sokrates: Also das Wahre an ihr ist glatt und göttlich und wohnt oberhalb unter den Göttern, das Falsche aber unterhalb unter dem großen Haufen der Menschen und ist rau und böckisch, was tragisch auch bedeutet, wie denn auch die meisten Fabeln und Unwahrheiten sich finden auf dem Gebiete des Tragischen.
Hermogenes: Freilich.
Sokrates: Mit Recht also ist der alles Andeutende und immer Wandelnde (aei polon) pan aipolos genannt worden, der zwitterhafte Sohn des Hermes, oberhalb glatt, unterhalb aber rau und bocksähnlich.

Es gibt allerdings eine Gruppe von Menschen – so Platon –, die müssten, um ihren Job zu erfüllen, die ganze Wahrheit kennen, inklusive der schrecklichen Unterseite, und sie müssten lernen, nicht in PANik zu geraten, wenn Widersprüche auftreten und sich die Wirklichkeit ändert. Nach Platon sind das die Herrschenden, die Entscheidungsträger. Sie müssen die ganze Wahrheit wissen, weil ihre Entscheidungen sonst realitätsfern wären. Es war dies die eigentliche Zielgruppe seiner „Akademie" in Athen, an der viele Söhne von Fürsten und Herrschern studierten. Platon hielt seine Lehren auch weitgehend geheim.

Wie Recht Platon mit seinem Denkmodell hat, kann man in jeder Hierarchie täglich beobachten. Realitätsverlustkonflikte könnte man es nennen, wenn Mitarbeiter einem Chef nur das sagen, was dieser auch hören will, und die ganze Wahrheit verschweigen. Dass bestimmte Entscheidungen des Vorstandes oder der Verantwortungsträger nicht durchführbar sind, dass die Fehlerquote höher ist, als man angenommen hat, dass die Zustimmung bei den Mitarbeitern nicht vorhanden ist, usw. Irgendwann allerdings kommt die Wahrheit an den Tag, und dann wird das Versagen den Entscheidungsträgern angelastet. Sie haben es nicht verstanden, den Konflikt im unteren Bereich rechtzeitig zu erkennen und Maßnahmen für einen Lernprozess einzuleiten.

Auch auf individueller Ebene existiert gelegentlich der Wunsch nach der halben Wahrheit. Welcher Ehemann möchte wirklich genau wissen, was seine Ehefrau über ihn denkt? Welche Ehefrau möchte wirklich genau wissen, was der Ehemann immer macht? Wenn sich dann Pan erhebt und die ganze Wahrheit sichtbar wird, laufen die Beteiligten in Panik davon und bekommen die Krise oft nicht mehr in den Griff.

Diese Art von Konflikten gehört übrigens zu den Identitätskonflikten (Urvertrauen gegen Urmisstrauen; siehe auch Seite 122).

Dieses Denkmodell gibt auch noch einiges für die geschichtsphilosophische Zeitdiagnostik her. In Zeiten großer Veränderung wird die Anzahl der Konflikte aus dem unteren Bereich zunehmen. In Zeiten der Ruhe und Stabilität werden die meisten Streitfälle eher Pannen sein, die dem oberen Bereich zuzuordnen sind, die also mit bewährter Wahrheit und Logik zu bewältigen sein werden.

Gruppenentscheidung oder Einzelentscheidung

Die beste Möglichkeit, einen Konflikt zu analysieren, besteht darin, eine Gruppe dafür einzusetzen – sofern das möglich ist. Schon im Sprichwort: „Vier Augen sehen mehr als zwei" – oder sinngemäß: „Sechs Augen sehen mehr als vier usw." – zeigt sich der Gruppenvorteil. Dieser Vorteil ist umso größer, je mehr die von einem Konflikt Betroffenen dabei sind – sie sitzen sozusagen „an der Quelle".

Aber nicht nur für eine gute Analyse und danach eine fundierte Diagnose sind Gruppen brauchbar, sondern natürlich besonders für die Durchführung einer beschlossenen Konfliktlösung. Manchmal ist sogar die Ursache des Konfliktes darin zu sehen, dass nicht eine Gruppe, sondern nur ein Einzelner eine Entscheidung getroffen hat.

Konflikte gehen in ihrer Entstehung oft auf falsch getroffene Entscheidungen zurück. Grundsätzlich sind Einzelentscheidungen „konfliktanfälliger" als gemeinsam getroffene Entscheidungen.

Gruppenentscheidungen bieten die Möglichkeit, in einem Meinungsbildungsprozess die individuellen Entscheidungen, Wünsche und Bedürfnisse mit einzubeziehen. Dass die individuelle Selbstbestimmung dergestalt nicht außerhalb des Systems der Entscheidungsfindung bleibt, hat nun zusätzlich noch einen Aspekt für den Einzelnen: Die Abwehrhaltungen müssen nicht verstärkt werden.

Die normale Struktur der autoritären Entscheidung ist durch eine sich selbst verstärkende Angstabwehr gekennzeichnet. Je weniger man auf meine Wünsche und Bedürfnisse Rücksicht nimmt, desto mehr Abwehr und Angst habe ich gegen eine mich betreffende Entscheidung. Je mehr Abwehr ich gegen eine Entscheidung habe, desto unsinniger und dümmer scheint sie zu sein. Je mehr Widerstände nun seitens der Untergebenen einem Chef aber entgegengebracht werden, desto mehr muss er auf seiner Autorität beharren – jedenfalls im hierarchischen Führungsmodell. Je autoritärer, man könnte auch sagen, je sachlicher oder theoretischer der Chef aber seine Entscheidungen durchsetzen will, ohne die „Sache" der Durchsetzenden mitzubedenken, desto mehr Widerstand wird er hervorrufen.

Der Mitarbeiter kann aufgrund der dauernden Abwehrstellung auch zu seinen eigenen Ideen und Emotionen keine Distanz gewinnen. Diese ihm aufgezwungene fremde Entscheidung, mit der er sich nicht identifizieren kann, die er innerlich (und je nach Situation auch äußerlich) kritisiert, gibt auch den Untergebenen kein

Feedback. Es ist gar nicht selten, dass sich Chef und Untergebener in einen Konflikt hineinsteigen, der bei Gruppenentscheidungen gar nicht zustande gekommen wäre oder doch bearbeitet werden könnte.

Die Beteiligung aller Betroffenen an der Entscheidungsfindung gibt somit jedem die Chance, auch seine eigenen Wünsche und Bedürfnisse einer kritischen Prüfung zu unterziehen, so dass er von Meinungen in der Gruppe leicht Abstand nehmen kann, die er einem Vorgesetzten gegenüber vielleicht bis zuletzt verteidigen müsste.

Die Zustimmung der Mitarbeiter zu den Entscheidungen ist für die Qualität der Entscheidungen nun aber von ausschlaggebender Bedeutung. Sehr oft werden theoretisch wunderbare Organisationsstrukturen auf dem Papier entworfen. Es lässt sich heute mit jedem Modell in fast jeder Organisation eine Verbesserung vorschlagen. Da eine Doppelgleisigkeit, dort eine Kompetenzüberschneidung – und schon hat man einen Verbesserungsvorschlag fertig. Schwierig wird es erst, wenn dieser theoretisch neue Organisationsplan dann in die Praxis umgesetzt werden soll. Da die Mitarbeiter dagegen sind – es ist ja nicht ihr eigenes Konzept –, wandert der Plan in die Schreibtischschublade. Es stellt sich heraus, dass ein zwar theoretisch schlechterer Organisationsplan in der Praxis besser funktioniert, wenn er von den Mitarbeitern auch akzeptiert wird. Am besten ist freilich ein eigenes Organisationskonzept, das heißt ein solches, das sich als Resultat eines Gruppenprozesses entwickelt hat. Gruppenentscheidungen bewähren sich also besser als Einzelentscheidungen, weil der Gruppenentscheidung mehr Beteiligte zustimmen und weil sich daher auch mehr für die Durchführung der beschlossenen Maßnahme einsetzen. Dass auch eine kleine Gruppe von Andersgesinnten bei der Durchführung den schönsten Plan zu Fall bringen kann, weiß jeder, der in Organisationen arbeitet.

Mit Gruppenentscheidung ist natürlich auch gemeint, dass nicht abgestimmt wird. Eine Entscheidung, die 51 Prozent gegen 49 Prozent treffen, krankt meist auch daran, dass die „49 Prozent" nicht selten alles daran setzen, um die Entscheidung der 51 Prozent noch nachträglich – nämlich bei der Durchführung – zu Fall zu bringen.

Ein weiterer Vorteil der Gruppenentscheidung liegt darin, dass die Gruppenmitglieder, die für die Entscheidung verantwortlich zeichnen, nicht nur die Sabotage unterlassen, sie würden ja nur sich selbst sabotieren, sondern auch eine bessere Kontrolle der Durchführung gewährleisten, als dies ein Chef kann. Die Kontrolle ist ja eine der aufwendigsten Zusatz- und Stützmaßnahmen des autoritären Pyramidenmodells. Auf ihr beruht zum Teil die von Parkinson errechnete Vervielfältigung der jeweiligen Administration. Je autoritärer der Führungsstil, desto mehr Kontrolle ist notwendig; je mehr Kontrolle notwendig ist, desto mehr Menschen braucht man, um kontrollieren zu können. Diese Kontrolleure müssen nicht nur verwaltet werden, sondern auch selber wieder kontrolliert. Der Apparat wird größer, ohne deswegen mehr zu leisten.

Kontrolle wird von einer Gruppe viel gründlicher und weniger aufwendig durchgeführt als von einer Hierarchie. Die Bearbeitung von neuen Problemen bei gemeinsamer Entscheidung – sowie die Identifikation der einzelnen Gruppenmitglieder mit ihr – führt schließlich auch zu einer vergrößerten Belastbarkeit des Systems und seiner Entscheidungen. Bei Einzelentscheidungen, die nur von einem oder einigen getroffen wurden, sind, sobald Schwierigkeiten auftreten, sofort die anderen zur Stelle: „Ich hab' es ja gleich gesagt", „Ich war ja dagegen, aber auf mich hört man nicht", „Jetzt haben wir die Bescherung" …

Neben dem Vorteil auf rationaler und emotionaler Ebene haben Gruppen auch noch die Möglichkeit, die Übersetzung der Bereiche ineinander besser zu bewältigen. Es kann das emotionale Feld des Einzelnen durch Gruppen besser erfasst, ausgelotet und ausgenützt werden als durch Einzelpersonen, die noch dazu in übergeordneter Stellung sind.

Ich habe schon oft erlebt, dass Gruppenmitglieder bestimmte Schwierigkeiten etwa mit der Kommunikation oder in Konflikten selber nicht oder nur ungenügend reflektieren und ausdrücken konnten. Manchmal konnte ich dabei auch nicht helfen. Dann habe ich jeweils die Gruppe bewundert, wie sie langsam, aber konsequent dem betreffenden Mitglied Hilfestellung gab; lange, oft sehr lange, bis es selber in der Lage war, seine Schwierigkeiten einzusehen und Feedback zu akzeptieren. Die Hilfestellung war dabei immer eine Teamleistung. Wenn der eine zu dieser Situation ein klärendes Wort sagen konnte, so war es ein anderer, der auf die Voraussetzung aufmerksam machen, und wieder ein anderer, der Beispiele aus der Gruppengeschichte beibringen konnte. Nur die Gruppe war in der Lage, das emotionale Feld des Mitglieds – seine Hemmungen und seine Vorzüge – wirklich auszuloten und zu respektieren.

Deswegen sind Gruppen auch bei rationalen Problemen in der Lage, die Übersetzung vom Rationalen ins Emotionale zu leisten, etwa: Was bedeutet das für uns? Umgekehrt können sie aus den emotionalen Bestimmungen wieder rationale Beschlüsse und Handlungsmaximen (zum Beispiel Prioritäten festlegen) ableiten. Die Treffsicherheit in diesem Stufenbau zu der Entscheidungsfindung ist bei der Gruppe höher. Zu den Vor- und Nachteilen von Gruppen- und Einzelentscheidungen siehe auch „Die ‚Heilige' Ordnung der Männer", 3. Auflage, Seite 137–144.

Gesagt – gemeint – angekommen

Würde man in einer konfliktträchtigen Diskussion ein Tonband oder Videoband mitlaufen lassen, könnte man an vielen Stellen beim Wiederabspielen eine Differenz von dem, was einer sagt, und dem, was er meint, und außerdem noch dem, was dann tatsächlich ankommt, feststellen.

Das häufigste Beispiel ist dabei die Floskel: „Ich will Ihnen ja nicht widersprechen, Herr Kollege, aber ...", und dann kommt etwas, was dem Vorredner völlig widerspricht. Sehr viel häufiger ist das, was gemeint wird, stärker verklausuliert als das, was gesagt wird. In Einzelfällen geht es bis zum Gegenteil: Wenn jemand sagt, er stimme zu, lehnt er manchmal in Wirklichkeit ab; wenn er sagt, er lehne ab, stimmt er in Wirklichkeit zu usw. Meist sind die Betroffenen beim Replay sehr wohl in der Lage, diese Differenz zwischen dem, was einer sagt, und dem, was er damit gemeint hat, auch wenn es ihn selber betrifft, anzugeben. Dies ist ein wichtiger Schritt, um Konflikte überhaupt als Konflikte zu erkennen und anerkennen zu können.

Ein Beispiel: Wenn in einer Runde immer dann, wenn sich Person A zu Wort gemeldet hat, die Person B ein Statement abgibt, und wenn die Analyse dieses Statements ergibt, dass es immer dem A widerspricht, dann kann dieser Befund dazu führen, den Konflikt für die Betroffenen als einen solchen anerkennbar zu machen, auch wenn sie diesen vorher geleugnet haben sollten. Ferner gibt diese Feststellung wichtige Hinweise auf die Art und den Inhalt des Konfliktes.

Eine der Funktionen eines externen (nicht am Konflikt beteiligten) Moderators besteht auch darin, den Unterschied zwischen dem, was einer sagt, und dem, wie es ankommt, festzustellen. Hier gibt es die bekannten Hürden zwischen „Sender" und „Empfänger" einer Botschaft:

Gesagt	— ist noch nicht gehört.
Gehört	— ist noch nicht verstanden.
Verstanden	— ist noch nicht einverstanden.
Einverstanden	— ist noch nicht durchgeführt.
Durchgeführt	— ist noch nicht erfolgreich durchgeführt.
Einmal erfolgreich	— ist noch nicht auf Dauer erfolgreich.

Prototyp des kommunikativen Realitätsverlustes wäre also ein Chef (oder Politiker), der sich etwas denkt, vielleicht gelegentlich erwähnt und sich der Illusion hingibt, dass es damit dauerhaft und erfolgreich installiert sei.

Was wird verschwiegen?

Manchmal erfährt man das Wesentliche des Konflikts erst durch die Frage: Worüber wird in diesem Konflikt nicht geredet? Wer hat vor wem und mit wem welche Geheimnisse?

Konflikte haben in einem Sozialgebilde einen oft wesentlich größeren Wirkungsradius, als die Betroffenen annehmen. Dennoch wird gerne versucht, so zu tun, „als wäre nichts".

Beispiel:

In einer Organisation, die rund 1 000 Menschen umfasst und in der zwei Chefs von Betrieben eine sehr konfliktreiche Beziehung miteinander hatten, habe ich eine Konfliktintervention durchgeführt. Bei dem ersten Interview, das die beiden mir gaben, verloren sie über den Konflikt kein einziges Wort. Erst aus dem Umkreis der beiden erfuhr ich von einem Konflikt. Sowohl ihre unmittelbaren Kollegen wie die höchsten Vorgesetzten als auch ihre Mitarbeiter, die Abteilungsleiter in den Betrieben, sprachen davon, wie die beiden gegeneinander arbeiten würden und wie viel dieser Konflikt das Unternehmen schon gekostet habe.

Beim zweiten Interview sprach ich die beiden auf den Konflikt an, sie leugneten aber, dass sie überhaupt einen Konflikt miteinander hätten. Erst in einem dritten Interview gaben sie Unterschiede zu, baten mich aber, dies geheim zu halten, da dies außer ihnen beiden niemand wisse. Sie waren einigermaßen erschüttert, als ich ihnen mitteilte, dass sozusagen das erste, was man mir erzählt hatte, ihr Konflikt war.

Ich habe dann gemeinsam mit meinem Team, um bei diesem Beispiel zu bleiben, von deren Kollegen, deren Mitarbeitern, deren Vorgesetzten, aber auch von scheinbar Unbeteiligten, die ganz anderen Bereichen, etwa dem Finanzbereich angehörten, die einzelnen Dimensionen dieses Konfliktes wie Mosaiksteinchen zusammengetragen. Dabei hat es sich als sehr nützlich erwiesen, wiederum sowohl die sachlichen Dimensionen des Konfliktes zu erheben als auch zu fragen: Was für eine subjektive Befindlichkeit haben die betroffenen Personen, und wie kommt den Betroffenen und Nicht-Betroffenen dieser Konflikt jeweils vor? Auf der sachlichen Seite musste erhoben werden: Wieso stehen die beiden Betriebe im Unternehmen miteinander in Konkurrenz? Wie wirkt sich die Tatsache auf die betroffenen Personen aus, dass der eine Betrieb zu bestimmten Zeiten mehr Geld bringt, während in den anderen investiert werden muss?

Es ist bei Sozialinterventionen oft sehr hilfreich, auch scheinbar ganz belanglose, subjektive Befindlichkeiten, Erlebnisse, Einstellungen und Gefühle zu erheben. Man kann vorher nie sagen, wie wichtig die einzelnen Aussagen sind. Es ist sicher besser, zu viele Aussagen zu haben als zu wenige.

Mir ist es öfter passiert, dass in dem Mosaikbild wichtige Dimensionen fehlten, weil die Betroffenen – absichtlich oder unabsichtlich – Sachverhalte oder wahre Gefühle verschwiegen. Dies ist insbesondere dann der Fall, wenn die wahren Gefühle von der Gesellschaft nicht erlaubt werden. Viele „lügen" unbewusst, weil sie ihre unerlaubten Gedanken und Gefühle sogar sich selbst nicht eingestehen.

In Konfliktinterventionen ist es daher sehr wichtig, eine Atmosphäre größter Toleranz und gegenseitiger Akzeptanz herzustellen. Es gibt keine Gefühle, die nicht erklärbar und damit nicht auch erlaubt wären. So wird zum Beispiel die Ablehnung gegenüber einem Neuen in einer Abteilung erst dann besprechbar – sozusagen „salonfähig" –, wenn die Aufnahme eines Neuen in eine bestehende Gruppe als eine grundsätzliche Schwierigkeit deklariert wird. Der Neue hat ja die Funktion, aus der alten Gruppe eine neue zu machen, indem er Altes übernimmt und gleichzeitig Neues einbringt. Dies erfordert viel Feingefühl und Geschick und gelingt nicht automatisch. Die „alte" Gruppe reagiert sozusagen „richtig", wenn sie dem Neuen zunächst Widerstand entgegensetzt. Die

Sichtung der prinzipiellen Hürden, die bei der Integration eines Neuen eingebaut sind, entlastet von persönlichen Schuldgefühlen und eröffnet ein freieres Umgehen mit „verbotenen" Gefühlen.

Die Erhebung der subjektiven Befindlichkeit ist – wie gezeigt – mitunter ein sehr mühevolles Unterfangen. Sie ist dennoch die unabdingbare Voraussetzung für jede Konfliktanalyse. Erst danach kann erkannt werden, worum es wirklich geht und wo daher auch der Ansatzpunkt für eine Lösung liegt. Eine Lösung, die sich nur auf Ordnung rationaler organisatorischer Aspekte beschränkt und die Emotionen und Interessen nicht berücksichtigt, wird nicht haltbar sein.

Erforschung der Konfliktgeschichte

Wenn man einen Konflikt von seiner Geschichte her betrachtet, ist es oft leichter, ihn und seine Bedeutung anzuerkennen. Oft hat es diesen Konflikt unter einem anderen Namen schon früher gegeben. Er tritt plötzlich wieder neu auf, er wurde früher auf andere Weise bearbeitet oder verdrängt.

In Organisationen stellt sich zum Beispiel manchmal bei genauerer Analyse heraus, dass bestimmte, angeblich durch Notwendigkeit begründete Strukturen eigentlich nur deshalb installiert wurden, um bestimmte historische Machtverhältnisse oder Bedürfnisse zu befriedigen. Später versteht niemand, wieso es hier eine Abteilung gibt oder dort einen extra geschaffenen Dienstposten, der eigentlich in den Gesamtzusammenhang gar nicht wirklich hineinpasst.

Diese Art Konfliktgeschichtsforschung hat auch entlastende Funktion. Die Beteiligten merken, dass sie hier oft nur stellvertretend für bestimmte Strukturen stehen und nicht persönliche Schuld daran haben. Dies wiederum heißt, den Konflikt als solchen besser akzeptieren zu können.

Einige bewährte Methoden zur Erhebung der Konfliktgeschichte seien hier angeführt:

1. Die Schilderung *typischer Ablaufmuster* wie zum Beispiel:
   - „Beim ersten Auftreten eines Widerspruchs greift der Chef ein und ermahnt alle zur Zusammenarbeit."
   - „Der Konflikt tritt nur dann auf, wenn der Kollege F außer Haus/im Haus ist."
   - „Zuerst sind immer die Kunden schuld, dann der Außendienst."
   - „Der schlechten Stimmung geht immer eine Weisung von XY voraus."

2. In Gruppen, die schon gelernt haben, über ihre Konflikte zu sprechen, ist es meist hilfreich, *eine Chronik der Erwartungen und Enttäuschungen* aufzustellen. Ursprünglich hätte man wohl dies oder jenes erwartet – es natürlich nicht ausgesprochen –, sei aber dann in diesem und jenem enttäuscht worden. Auch und gerade dann, wenn diese Erwartungen zumindest teilweise realitätsfern waren (oder noch sind), müssen sie ausgesprochen werden, damit sie bearbeitet werden können. Lösungen setzen meist auch emotionale Lernprozesse voraus, die nur möglich sind, wenn das Problem von allen anerkannt wird.

3. Die Darstellung der drei oder fünf wichtigsten Szenen der Konfliktgeschichte auf ein *Plakat zeichnen* zu lassen ist ebenfalls eine Methode, der Geschichte des Konflikts auf den Grund zu gehen. Wenn dies in einer Gruppe bei einem Workshop am Abend (open end) geschieht, hat man am nächsten Morgen einen guten Einstieg, indem man die Gruppe bittet, ihre Plakate (die sie natürlich nicht schon nachts in der Bar einander zeigen dürfen) zu präsentieren.

Empfehlenswert ist es, zuerst die Nicht-Zeichner aus der jeweils anderen Gruppe die Fremdplakate interpretieren zu lassen, bevor die „Täter" sagen, was sie damit eigentlich meinten. Auf dem Wege der „Projektion" in nonverbalen Kommunikationsprozessen, kommen oft mehr Wahrheiten heraus als durch direkte verbale Analyse. Ich habe oft erlebt, dass die gegenseitigen Mitteilungen über die Darstellungen einen tieferen Einblick in das Konfliktszenarium gaben – gegenseitige Verdächtigungen und Vorurteile etwa konnten damit angesprochen werden. Oft sind auch die Zeichner selbst überrascht, was alles in ihren Zeichnungen steht beziehungsweise „herausgelesen" oder „hineininterpretiert" werden konnte.

4. Die *Pantomime* kann ebenfalls als nonverbales Instrument eingesetzt werden, wenn die Beteiligten dazu bereit sind. Der Vorteil der pantomimischen Darstellung einer Konfliktsituation liegt in der Übertreibung und damit in der Verdeutlichung mancher Haltungen und Störungen. Der Nachteil dieser Methode besteht in dem Risiko, zu sehr zu vergröbern, sodass auch Kränkungen passieren können.

5. Die „Skulptur"
    Eine gemilderte Form der Pantomime stellt die Skulptur dar. Die beteiligten Personen richten ihre Haltungen und Positionen zueinander solange ein, bis sie finden, dass es für die darzustellende Situation passt. Hier ist es besonders günstig, wenn auch Unbeteiligte an dem Prozess teilnehmen, die die Skulptur betrachten und Rückmeldung geben können.

6. Das Rollenspiel
    Die Schlüsselszene eines Konfliktes wird mit verteilten und vertauschten Rollen vor einer Videokamera aufgeführt und hinterher von allen gemeinsam analysiert. Das Rollenspiel verfremdet die Situation so sehr, dass man die Feedback-Möglichkeiten ausschöpfen kann, ohne die Toleranzgrenzen der Beteiligten zu überschreiten. Alles was nicht akzeptabel ist oder auch wirklich nicht die Situation trifft, ist Verfremdung durch das Rollenspiel. Einiges ist aber meist übertragbar, und auf diese Weise lässt sich der Konflikt besser verstehen.

7. Das Abwechseln von verbaler und nonverbaler Darstellung der Konfliktsituation sowie auch der Wechsel von Vergangenheit und Gegenwart, von Standpunkten und Rollen usw. ist fast immer für die Analyse des Konflikts hilfreich.

8. *Theatermethoden*

Seit kurzem wird eine der ältesten Formen der Darstellung von Konfliktthemen auch von der Wirtschaft genutzt, nämlich die Methode des Theaterspiels. Das Rollenspiel hat innerbetrieblich dort seine Grenze, wo Tabuthemen rational nicht ansprechbar sind oder die Mitarbeiter schwierige Rollen nicht darstellen oder durchhalten können. Diese Kompetenz bringen Profi-Schauspieler mit.

Daher ist der Einsatz von Schauspielern und von Techniken des Improvisationstheaters eine besonders wirksame Analysemethode. Die von den Mitarbeitern gewählten Konfliktsituationen werden in Theaterszenen umgesetzt. Die Schauspieler schlüpfen in die Rollen von Kunden, Kollegen und Vorgesetzten. Die Zuschauer können nun interaktiv in das Spielgeschehen eingreifen, Sätze und Emotionen vorgeben, nachfragen, was die Schauspieler denken, welche Ängste und Wünsche sie in dieser Situation haben. Durch die Distanz zum Geschehen ist die Beobachtungs- und Reflexionsfähigkeit der Zuschauer geschärft, die Schauspieler bieten ihnen eine Projektionsfläche und durch Verfremdung, zum Beispiel Traumwelten, Überhöhung, Personifizierung von Begriffen etc. können Tabus angesprochen werden. Die Schauspieler sind frei, etwas auszusprechen, was die Betroffenen nicht können.

Nach einer Einführung in die grundlegenden Techniken des Theaterspiels können die MitarbeiterInnen auch selbst Regie führen oder eine der Rollen übernehmen, allerdings sollte das professionelle Theaterteam den interaktiven Prozess steuern und zwischen Bühne und Zuschauern moderierend vermitteln. Die Spielsituationen können auch zum Ausprobieren alternativer Gesprächsverläufe genutzt werden.

Theatermethoden eignen sich auch zur mentalen Vorbereitung auf schwierige Konfliktgespräche, indem man fähig wird, in Rollen zu schlüpfen, die "Spielsituation" des Konfliktpartners zu verlassen und seine eigene "Bühne" zu gestalten, die Aggression zu kontrollieren und damit die Lösung zu verbessern.

Seelenkonto

Die Analyse eines Erlebnisses, das ich vor etwa 20 Jahren hatte, hat mir eine Einsicht in eine Gesetzmäßigkeit verschafft, die ich seither bei Konfliktinterventionen oft erfolgreich verwenden konnte.

Die Story:

Ich betrat eine Tabaktrafik in der Wiener Innenstadt, um einige Zeitungen zu kaufen. Gleich hinter mir betrat ein Polizist den Kiosk. Ich dachte schon, er hätte mich im Visier, da ich falsch geparkt hatte – in Wien konnte man damals nicht vorschriftsmäßig parken – aber er beachtete mich nicht, sondern er wandte sich an den Trafikanten. Dieser begrüßte ihn zu meiner Überraschung ganz freudig und sagte: *„Jö, Herr Inspektor, ich freu mich, dass Sie kommen!"* Mir fiel auf, dass der Polizist eine Liste in der Hand hatte. Wie sich herausstellte, kam er, um für den Polizeiball zu sammeln. Der Trafikant war sehr begeistert von dem Besuch und teilte dem Polizisten mit, er habe vor, dieses Mal 2 000 österreichische Schilling für den Polizeiball zu spenden. Das Gesicht des Polizisten zeigte deutliche Züge der Freude. Dann griff der Trafikant in die Lade und zog einen Zettel heraus, ein Strafmandat über 150 Schilling. Er sagte, *„2 000 Schilling natürlich abzüglich des Strafmandats."* Dann zog er einen weiteren Zettel heraus: *„abzüglich des Strafmandats 50 Schilling",* und noch einen Zettel: *„abzüglich der Anzeige 300 Schilling."* Und dann zog er immer wieder neue Strafmandate aus einer Lade heraus – das Gesicht des Polizisten wurde länger und länger, bis der Trafikant zum Schluss seine Hand auf die Zettel legte und sagte: *„Das alles zusammen macht 1 950 Schilling aus, da ich 2 000 Schilling spende, bleiben also 50 Schilling übrig."* Er zog 50 Schilling aus der Kassa, legte sie dem Polizisten hin und nahm die Liste, die dieser mit sich führte, um zu unterschreiben. Der Polizist zog mit der Liste und den 50 Schilling wieder ab. Der Trafikant wendete sich triumphierend an mich – ich war das einzige Publikum – und sagte: *„Die Hunde sollen lernen, sie strafen nur sich selber, wenn sie mich strafen."*

Ich bin dann sehr nachdenklich aus dieser Trafik mit meinen Zeitungen wieder hinausgegangen und habe aus der Analyse dieses Erlebnisses einiges gelernt. Ich stellte fest, dass es sich hier zunächst um eine aufgestaute Frustration des Trafikanten handelte, der ein Jahr lang, vermutlich seit dem letzten Sammeln für den Polizeiball, alle Strafmandate gesammelt hatte, Strafmandate, gegen die er offensichtlich im Augenblick keine Möglichkeit hatte zu protestieren, er war ihnen ausgeliefert. Die Sammelaktion für den Polizeiball aber drehte die Machtverhältnisse um. Hier war plötzlich der sammelnde Polizist vom Trafikanten abhängig. Und diese Umkehrung der Machtverhältnisse nützte der Trafikant schamlos aus, um alle Leichen aus dem Keller zu holen, nämlich die Strafmandate und Anzeigen, um sie nun dem Polizisten zu präsentieren.

Ich glaube, dass es sich hier um eine allgemeine Gesetzmäßigkeit handelt:

Überall dort, wo asymmetrische Machtverhältnisse existieren, wird von denjenigen, die sich in der Untertanensituation befinden, alles, was ungerecht ist oder als ungerecht empfunden wird, aufgrund der Machtverhältnisse im Augenblick aber nicht geäußert werden kann, keineswegs vergessen, sondern auf eine Art „Seelenkonto" abgespeichert. Für den Fall, dass sich die Machtverhältnisse in einer Situation einmal ändern, müssen diese unbeglichenen Rechnungen zuerst bezahlt werden, bevor der oder die Unterdrückte bereit ist, sich wieder für die Autorität des asymmetrischen Machtverhältnisses zu engagieren. Wenn es also heißt, „Jetzt brennt der Hut" oder „Alle Mann an Deck" oder „Jetzt müssen wir wirklich in die Hände spucken, ordentlich arbeiten" usw., dann ist sozusagen Zahltag. Wenn also zum Beispiel in einer Ehekrise einer ein Argument bringt und der andere sagt: „*Was hat das eigentlich damit zu tun?*" – dann ist offensichtlich, es hat zwar mit dem aktuellen Streit möglicherweise wirklich nichts zu tun, aber das Seelenkonto ist schon eine Weile nicht ausgeglichen worden, und daher kommen plötzlich auch Dinge hoch, die mit dem aktuellen Konflikt nichts zu tun haben, außer dass sich die Machtverhältnisse umgekehrt haben.

Bei vielen Konfliktanalysen ist es deshalb empfehlenswert, auch einen Blick auf das Seelenkonto zu werfen und nachzusehen, was sich dort angesammelt hat. Erst nach einer Aufarbeitung dieses „Sollstandes" ist es sinnvoll, nach weiteren Lösungsmöglichkeiten zu suchen. Vorher blockiert der Sollstand oft den notwendigen Lernprozess. Natürlich kann auch das Gegenteil gelten: Hat die Gruppe das Problem schon überwunden, dann ist ein Aufwärmen des „Schnees von gestern" unter Umständen kontraproduktiv. Es gibt – wie gesagt – keine Analysemethode, die immer und überall anwendbar wäre.

Konfliktlandschaft

Jede Analyse dient dem Ziel, den „wahren" Konflikt herauszufinden, den wir Kern des Konflikts nennen, und nicht nur seine verschiedenen Erscheinungsweisen („Symptome") zu bearbeiten. Ähnlich sollte der Arzt nicht nur Symptombehandlung betreiben, sondern am Ausgangspunkt der Krankheit ansetzen. Manchmal allerdings ist es auch angebracht, zunächst nur Symptombekämpfung zu betreiben, um in einer etwas beruhigteren Situation dann zum Kern der Spannung vorzudringen.

Alle bisher angeführten Analysemethoden sollen zum Kern des Konflikts vordringen.

Die Methode „Konfliktlandschaft" eignet sich besonders für Konflikte, die sich rund um eine Personengruppe häufen. Der in vielerlei Gestalt auftretende Konflikt weist auf einen Kern hin und hier kann eine Visualisierung helfen.

Beispiel:

In einer Familie gibt es Streit um die Bearbeitung des Gartens. Der Vater ist beruflich sehr ausgelastet und möchte nach Büroschluss nicht auch noch im Garten arbeiten. Der pubertierende 16-jährige Sohn möchte nicht „Sklave" seiner Eltern sein. Die Mutter, die seit einigen Wochen ihren Beruf wieder aufgenommen hat, schafft neben Beruf und Haushalt die Gartenarbeit nicht mehr. Der Großvater, der den Garten vor Jahren betreut hat, kann die schwere Arbeit nicht wieder aufnehmen.

Die genaue Analyse ergibt, dass der Streit um den Garten nur ein Symptom ist. Das eigentliche Problem ist die Auflösung der Familie. Der Mann hat nur halbherzig der Wiederaufnahme der Berufsarbeit seiner Frau zugestimmt. Auch der Großvater findet das nicht nötig, und der Sohn nimmt dies zum Anlass, der Familie noch mehr fernzubleiben, wo es im „Hotel Mama" nun nicht einmal mehr im Garten gemütlich ist.

Der Kern des Konfliktes, die notwendige Neudefinition der Familienstruktur anlässlich der Berufstätigkeit der Frau, kann vorläufig nur am Symptom „Gartenarbeit" diskutiert werden. Statt über den Garten könnte man auch über die Schulnoten des Sohnes oder die Wochenendtennisverpflichtung des Vaters streiten.

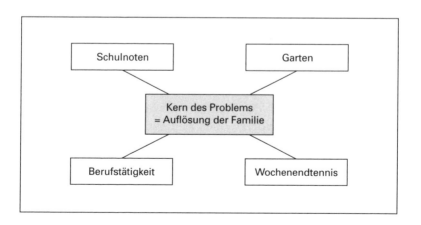

Mit Hilfe einer solchen Konfliktlandschaft sieht man oft, dass verschiedene Streitereien eigentlich nur die Front eines Krieges darstellen. Der Konflikt ist erst dann gelöst, wenn man den Kern des Problems findet und bearbeitet. Viele neigen dazu, in das Symptom „hineinzulösen", das heißt, den Konflikt durch Arbeit am Symptom beseitigen zu wollen (Frau soll Berufstätigkeit aufgeben zum Beispiel). Meist dauert es nicht lange, bis dann derselbe Konflikt unter einem anderen Namen (neues Symptom!) wieder auftritt.

Konfliktgewinn

Eine wichtige Dimension der Konfliktanalyse ist die Untersuchung der Frage: Wem nützt der Konflikt in welchen Punkten und Zeiträumen?

So wie es immer auch „Kriegsgewinnler" gibt, so gibt es auch bei Konflikten oft jemanden, der aus dem Konflikt einen gewissen Nutzen zieht. Das kann zum Beispiel eine Form von erhöhter Aufmerksamkeit sein oder auch der Nutzen des so genannten Dritten, der sich freut, wenn zwei sich streiten.

Daher ist es immer auch von Interesse, sich die Fragen zu stellen: Wer hat Interesse, den Konflikt aufrechtzuerhalten? Wer hat Interesse, ihn zu beenden?

In diesen Zusammenhang gehört wohl auch die Analyse der Machtverteilung. Wer hat in diesem Konflikt wodurch Macht, und wer würde durch welche Lösung Macht gewinnen oder verlieren? Wer hat überhaupt auf den Konflikt welche Einflussmöglichkeiten? Wer kann einem anderen einen Konflikt aufzwingen? Ich erlebe zum Beispiel an der Universität öfter Studenten, die gerne mit mir streiten würden. Ich habe aber manchmal keine Zeit oder Lust dazu. Die Machtverhältnisse an der Universität (ich bin dort Privatdozent) erlauben es mir, diese Konflikte mit Studenten gelegentlich dann anderen Kollegen zu überlassen.

Konfliktanalyse und Gruppendynamik

Es war einer der ganz großen Fortschritte im Zuge der Erfindung der Hierarchie, dass Konflikte zwischen zwei Parteien (zum Beispiel Nachbarn) mit Hilfe unbeteiligter Dritter ausgetragen werden können. Darauf gehe ich später noch ein (siehe auch ausführlich dazu „Die ‚Heilige Ordnung' der Männer").

Wird aus der dritten Instanz aber durch Entwicklung von Abhängigkeitsverhältnissen ein „Vorgesetzter", dann führt dies in der Praxis eher zur Vermeidung von Konflikten als zu ihrer Pflege. Die Funktion des außenstehenden Dritten übernehmen daher in Hierarchien heute schon oft professionelle Konfliktmanager, die alle in irgendeiner Weise eine gruppendynamische Ausbildung haben (sollten). Die Kunst der Gruppendynamik, die man allerdings nicht von selbst lernt, besteht im Wesentlichen in der richtigen Steuerung des Analyseprozesses in einer Konfliktsituation. Initiiert wird ein Lernprozess, der mit Hilfe der genannten oder auch anderen weiteren Analysemethoden (zum Beispiel Soziogrammen, Rollenspielen) zu einem gemeinsamen – oft neuen und unerwarteten – Konfliktverständnis führt.

Die deutlich gemachte Struktur wird von den Betroffenen mit Hilfe des Trainers interpretiert und damit verifiziert, falsifiziert oder modifiziert.

Indem die Betroffenen zu der Situation Stellung beziehen, wird der Konflikt gleichzeitig verändert. Konflikte bestehen ja gerade darin, dass die Interpretation des Sinnes bestimmter Verhaltensweisen kontrovers ist. Eine Lösung führt daher immer zu Verhaltensmodifikationen. Damit ist eine neue Situation entstanden, für die die ursprüngliche Analyse nicht mehr gilt. Man muss nun neuerlich analysieren, interpretieren und entscheiden. Dieser Prozess wird in der Gruppendynamik „Gruppenprozess" genannt. Ihn zu steuern ist die Kunst des gruppendynamisch ausgebildeten Trainers oder eben das Vermögen der Gruppe, wenn sie reif ist.

Ziel einer gruppendynamischen Konfliktintervention ist neben der Lösung für den oder die aktuellen Konflikte immer auch das Reifwerden einer Gruppe, wodurch sie ihren Gruppenprozess in Zukunft selbst steuern kann.

Solche sich selbst steuernden Gruppen stellen im Übrigen eine Weiterentwicklung des hierarchischen Systems dar. Die Repräsentanten dieser Gruppen können ohne weiteres in einer arbeitsteiligen, zentralistischen Organisation kooperieren, worin der ursprüngliche Sinn der Hierarchie besteht, zum Beispiel in Projektgruppen.

Erleichtert wird die gruppendynamische Prozessanalyse im Rahmen einer Konfliktintervention durch die Soziodramatisierung eines Konfliktes (s. Rollenspiel im Kap. Konfliktgeschichte). Man hat damit meist einen schönen Einstieg für weitere gruppendynamische Prozessinterventionen.

Beispiel:

In einem Unternehmen gibt es einen Konflikt mit dem Betriebsrat, der sich gegen die Freistellung eines (angeblich unfähigen) Mitarbeiters wehrt. Die Schlüsselszene wird soziodramatisiert. Der Abteilungsleiter spielt seinen „Gegner", den Betriebsrat. Der Freizustellende spielt seinen Chef. Der Betriebsrat spielt den Freizustellenden. Einige andere spielen Kollegen. Eine kurze Sitzung, in der das Problem diskutiert wird, wird auf Video aufgezeichnet. In der Analyse hinterher stellt sich heraus, dass der angeblich unfähige Mitarbeiter nur Symptom eines unbrauchbaren Feedback-Systems im Unternehmen ist. Jahrelang hat er gute Beurteilungen bekommen, weil man nie den Konflikt ausgetragen hat. Was er kann und was er nicht kann, ist ihm selbst nicht, aber vor allem nicht seinen Vorgesetzten klar geworden. Man wollte die deutliche Aussprache über die gesamte Problematik mit der Versetzung oder Freistellung dieses einen Mitarbeiters wieder einmal vermeiden.

Die Analyse hat nicht nur zur Folge, dass der Mitarbeiter nicht frei-gestellt wird, sondern auch dass er seinen Fähigkeiten entsprechend besser eingesetzt wird. Vor allem aber hat man in diesem Unternehmen ein neues Beurteilungssystem entwickelt, das in Zukunft solche Konflikte dadurch vermeidet, dass rechtzeitig über tatsächliche oder vermeintliche Leistungsmängel zwischen allen Betroffenen verhandelt wird.

Das erfordert eine gepflegte Feedback-Kultur, die auf einer reifen gruppendynamischen Leistung aufbaut.

Eine auf der Dynamik einer Gruppe fußende Analysemethode ist das Einsetzen einer so genannten „reflecting group". Die betroffene Personengruppe unterwirft sich einer strukturierten Arbeitsteilung: ein Teil der Gruppe (reflecting group) fungiert als Berater und Beobachter, den anderen Teil der Gruppe bilden die in den Konflikt Involvierten. Diese stellen zunächst ihre Sichtweise dar, danach hören sie zu und diskutieren nicht mit, wenn die reflecting group an der Analyse des Konflikts arbeitet. Erst wenn eine Diagnose erstellt ist, äußern sich die Konfliktbringer. Diese Methode funktioniert nur in relativ „reifen" Gruppen, die eine hohe Konfliktfähigkeit mitbringen. Dann ist diese Methode sehr effektiv. Die Betroffenen erfahren in ihrer passiven Zuhörphase vieles über ihre Wirkung und sehen die Dinge dadurch in neuen Relationen.

Durch eine solche Struktur profitiert die gesamte Gruppe, da sich das Beraterteam mit den Konfliktbringern in gewisser Weise identifizieren muss und dadurch eine höhere Konflikttoleranz aufbringt.

Wenn die Gruppe nicht imstande ist – aufgrund der Konfliktschärfe oder der ungeübten Zusammenarbeit –, ist die Beiziehung eines gruppendynamisch geschulten Außenstehenden zu empfehlen.

Bei allen Konfliktinterventionen, die die Betroffenen nicht selbst vornehmen können oder wollen, ist die Funktion und die Fähigkeit eines außenstehenden Trainers gefordert. Dieser hat die Aufgabe, ein Klima der gegenseitigen Akzeptanz zu schaffen, um aus der Gruppe verschiedene Interpretationen herauszuholen und sie möglicherweise aus eingefahrenen Ritualen und „Konfliktrillen" (in denen die Argumentation wie bei einer Schallplatte stecken bleibt) herauszuführen.

Einer der wichtigsten Vorteile der gruppendynamischen Prozessanalyse scheint es mir auch zu sein, dass damit die Last des Konfliktes von den einzelnen Personen weggenommen wird und auf die Sozialstruktur verlagert werden kann. Zur Lösung müssen sich daher auch nicht die Personen ändern, sondern nur die Art der Kommunikation. Dies ist viel leichter und auch viel effizienter. Ich vermute, dass man in Zukunft in vielen Bereichen bei therapeutischen Maßnahmen (aller Art) vom Individuum wegkommen wird und viel mehr die Beziehungen, das Umfeld und die Systeme betrachten wird.

Zusammenfassung der Analysemethoden

Die Analysemethoden, die in den vorangegangenen Kapiteln dargestellt wurden, sind die gängigsten und die erprobtesten. Es gibt noch eine Reihe anderer Verfahren – der Kreativität sind keine Grenzen gesetzt. Für die Anwendung der Analysemethoden möchte ich nochmals die wichtigsten Punkte hervorheben:

▶ Analyse findet zwischen Auftreten und Lösen eines Konfliktes statt.

▶ Analyse bedeutet, innere Distanz gewinnen, sich auf die Metaebene des Geschehens einzulassen.

▶ Wichtigstes Analyseinstrument ist Fragen und Zuhören aus einer die Konfliktsituation akzeptierenden Haltung heraus.

▶ Mehrere Analysemethoden ausprobieren, um den Kern des Konflikts herauszuarbeiten.

Hier eine Auswahl möglicher Fragestellungen zu den einzelnen Denkmodellen für die Analyse:

1. **Denkmodell 3 Ebenen: rational – emotional – sozial/strukturell:**
   – Was ist der Sachinhalt?
   – Welche sachlichen Auswirkungen hat der Konflikt?
   – Was ist der emotionale Anteil?
   – Welche subjektiven Befindlichkeiten gibt es?
   – Was ist der soziale Anteil? Gegen welche (Gruppen-)Normen wird verstoßen?
   – Welche Rolle(n) hat jemand aufgrund seiner Zugehörigkeit?
   – Welche Interessen vertritt jemand aufgrund seiner Herkunft/Zugehörigkeit/Geschichte?
   – Was wird/wurde gesagt – was wird/wurde gemeint – und was kommt/kam tatsächlich beim „Empfänger" an?

2. **Fragen zum Modell der „doppelten Wahrheit":**
   – Handelt es sich um logisch lösbare Faktoren?
   – Ist es eine Panne, die beseitigt („repariert") werden könnte?
   – Handelt es sich um Widersprüche, wo ein jeder in gewisser Weise „Recht hat"?
   – Welche Wünsche und Erwartungen hat man aneinander?
   – Welche Motive und Interessen werden vertreten?

3. **Fragen zur Konfliktgeschichte:**
   – Welche Konflikte gibt es außerdem?
   – Gibt es in der Vergangenheit ähnliche Konflikte?
   – Welche Erscheinungsweisen des Konflikts gibt es noch? Symptom oder Kern? (→ Konfliktlandschaft zeichnen!)
   – Welche Entscheidungen gingen diesem Konflikt voraus? (Einzel- oder Gruppenentscheidung?)
   – Welche „typischen" Muster weist die konfliktäre Situation auf?
   – Gibt es alte Kränkungen, für die man sich jetzt rächt? („Seelenkonto"!)
   – Was wird möglicherweise geheimgehalten?
   – Was gilt in dem zu besprechenden Zusammenhang als „peinlich", „verboten", als „tabu"?
   – Wer zieht aus dem Konflikt möglicherweise Nutzen?
   – Wem schadet der Konflikt?

Hinweise zur *Fragehaltung und Fragetechnik* gibt es in vielen Kommunikationsseminaren. Sicherheitshalber führe ich hier die wichtigsten an:

Zur Fragehaltung:
– „Ich bin interessiert."
– „Ich weiß noch gar nichts."
– „Der Befragte hat mit seiner Sicht der Dinge recht."

Zur Fragetechnik:
– Offene Fragen „öffnen". (Wie, was, welche, warum? ...)
– Nachfragen – sich nicht mit Allgemeinplätzen zufrieden geben.
– Frage möglichst an den geäußerten Inhalt (sachlicher oder gefühlsmäßiger Art) anschließen.

Diagnose von Konflikten

Nach erfolgter Analyse ist es möglich, den Konflikt beim Namen zu nennen – ihn zu diagnostizieren, indem man ihn einer Konfliktart zuordnet. Nicht immer ist für jeden Konflikt ein eigener Name möglich – es ist dies auch nicht unbedingt erforderlich. Manchmal jedoch kann es hilfreich sein, den Konflikt genau zu identifizieren, denn ein und dasselbe Symptom kann auf ganz verschiedene Konflikte hinweisen. Auch die jeweils geeigneten Maßnahmen zur Lösung des Konfliktes können durch die Diagnose der Konfliktart beeinflusst werden. So sehen die Symptome für einen Konkurrenzkonflikt etwa zwischen Vorgesetztem und Mitarbeiter und einem Reifungs- und Ablösungskonflikt ähnlich aus. In beiden Fällen wird Autorität aggressiv in Zweifel gezogen. Handelt es sich um einen Konkurrenzkonflikt, dann ist er durch Einlenken zum Beispiel des Vorgesetzten rasch zu entschärfen. Handelt es sich aber um einen Konterdependenzkonflikt, würde dies die Aggressivität nur verschlimmern und das Problem nicht lösen.

Im folgenden Kapitel nehme ich eine Einteilung der Konfliktarten vor.

3 Konfliktarten

D ie Konflikte nach ihren vielfältigen Arten einzuteilen ist ein sehr schwieriges Unterfangen. Ein Einteilungsprinzip hat wenig Sinn, wenn es nicht durchgehalten werden kann und verschiedene Einteilungsprinzipien unterlegt werden müssen.

Die in der Literatur bekannten Einteilungsprinzipien stellten mich nicht zufrieden. Ich habe vor Jahren auf Anregung von Bernhard Pesendorfer ein Einteilungsprinzip publiziert (in: „Von der Gruppendynamik zur Organisationsentwicklung", hrsg. von H. Rosenkranz/R. Breuel, Seite 51–62), das auf der Konstellation der Personen beruht, die an einem solchen Konflikt beteiligt sind. Das Echo zu diesem Einteilungsvorschlag war immerhin so positiv, dass ich glaube, dieses beibehalten zu können. Es sieht zwar auf den ersten Blick sehr formal aus, es wird sich aber herausstellen, dass in diesem Einteilungsprinzip eine Systematik zum Verständnis der Konfliktarten enthalten ist.

Darüber hinaus scheint in der Reifeentwicklung des einzelnen Menschen die Anzahl der Personen, mit denen er in Kommunikation treten und somit auch Konflikte haben kann, eine immer größere zu werden. Von der ursprünglichen Mutter-Kind-Symbiose muss der Schritt gemacht werden über die Familienmitglieder zur Gruppe, etwa durch Eintritt in den Kindergarten oder in die Schule, ferner über die anonymen Organisationsstrukturen von öffentlichen Institutionen und Arbeitsbereichen bis schließlich zu gesellschaftspolitischen Problemen und Wirtschaftssystemen. In diesem Fortschreiten scheint sich ein kontinuierlicher Reife- und Entwicklungsprozess zu vollziehen.

Ein „Schönheitsfehler" dieses Einteilungsprinzips besteht sicher darin, dass ich von dem Begriff des Individuums ausgehe, das Individuum selber aber weder in der Weltgeschichte noch in der Entwicklung des einzelnen Menschen wirklich am Anfang steht. Das Individuum ist das Produkt einer Abstraktionsleistung, die die europäische Kultur stärker hervorgebracht hat – im Gegensatz zur asiatischen Kultur etwa, wo das Individuum weniger in dieser Begrifflichkeit existiert. Ursprünglich lebten die Menschen sicher nicht als Einzelne, sondern in Gruppen. In den Erlösungsreligionen ergab sich aus dem zugrundegelegten Autonomiebegriff notwendigerweise das Individuum. Vermutlich ist das Individuum aus der Notwendigkeit von Doppel- oder Mehrfachmitgliedschaften in Gruppen entstanden und sicher in der Geschichte erst später aufgetreten. Ich verwende dennoch für meine Systematik den Aufbau der sozialen Welt vom Individuum zur Gruppe über Organisation bis zu Systemen.

Ein Teil der Konflikte ist schon allein vom Einteilungsprinzip her verständlich, weil etwa Individuum und Paar in sich Gegensätzlichkeiten enthalten, die im Leben eines Menschen, der sowohl Individualität entwickeln muss als auch in einer Paarbeziehung leben will, ausbalanciert werden müssen. Ähnliches muss man zum Verhältnis von Paar- und Dreiecksbeziehungen (zum Beispiel Vater-Mutter-Kind) sagen. Auch hier neigen Paare dazu, Dreiecksbeziehungen zu stören, und umgekehrt stören Dreiecksbeziehungen Paarbeziehungen.

Auch an der Schnittstelle zur nächsthöheren Struktur gibt es vom Einteilungsprinzip her verständliche Konflikte: Paare und Dreiecke stören Gruppen, Gruppen wiederum neigen dazu, sich in Paar- und Dreiecksbeziehungen einzumischen. Auch die Schnittstelle zwischen Gruppe und Organisation ist konfliktreich. Gruppen entwickeln gerne einen „Abteilungsegoismus" und setzen sich dann über gemeinsame Organisationsprinzipien hinweg. Daher müssen Organisationen Gruppen (Abteilungen) in gewisser Weise zur Kooperation zwingen.

Ich werde daher diese Konflikte jeweils als wichtigste Konfliktart an den Anfang der Einteilung stellen, die sich aus den Schnittstellen des Einteilungsprinzips durch Übergreifen auf die jeweils größere soziale Einheit ergeben. Ansonsten ist die Reihenfolge der Aufzählung allenfalls von der Häufigkeit der aufgetretenen Konflikte bestimmt und relativ willkürlich. Am Ende der Reihenfolge jeder Konfliktart führe ich jene Konflikte an, die schon auf das nächste Einteilungsprinzip hinweisen. So sind zum Beispiel die Verteidigungskonflikte bei den Gruppenkonflikten an letzter Stelle gereiht, weil sie schon zu den Organisationskonflikten überleiten, die Konflikte zwischen verschiedenen Gruppen beinhalten.

Im ersten Teil, den ich *„Persönliche Konflikte"* nenne, sind daher auch die Grundkonflikte der Kindheit angeführt. Auch die Konflikte der Zweisamkeit, die *„Paarkonflikte"*, bewegen sich immer noch weitgehend innerhalb des familiären Rahmens. Erst mit *„Dreiecks- und Gruppenkonflikten"* werden weitere Entwicklungsstufen angesprochen. *„Organisations-, Institutions- und Systemkonflikte"* schließlich kennzeichnen im Wesentlichen bereits das Erwachsenendasein. So kann man die Abfolge der angeführten Konflikte von ihrer Einteilung her gleichzeitig auffassen als Konflikte, die die Stadien eines Lebensweges betreffen.

Ich erhebe für die von mir vorgelegte Liste der Konfliktarten keinen Anspruch auf Vollständigkeit. Vielfach ist die Nennung einer Konfliktart schon ein Schritt zu seiner Systematisierung. Angesichts der allgemeinen Sprachlosigkeit gegenüber Konflikten ist der Versuch einer Namensgebung für einen Konflikt schon oft der erste Schritt zu dessen Diagnose. Nach mehr als 25 Jahren Konfliktmanagement stoße ich noch gelegentlich auf Konflikte, die diese Liste vervollständigen. Für Anregungen bin ich hier jederzeit dankbar. Einige Konfliktarten habe ich auch der Literatur entnommen.

Persönliche Konflikte

Persönliche Konflikte können als *das* „Lebenselixier" der Persönlichkeitsentwicklung angesehen werden. Ohne persönliche Konflikte durchgemacht zu haben, wird niemand zu einer „Persönlichkeit". „Persönlichkeitsentwicklung" ist ein lebenslanger Prozess. Die Konflikte, mit denen sich jeder auseinandersetzen muss, möchte ich als Grundkonflikte zunächst aus der Perspektive ihrer ersten Bewältigung in der Kindheit genauer darstellen. Dies bedeutet aber nicht, dass damit diese Konflikte bereits bewältigt sind. Im Gegenteil – sie legen die Basis für die Sichtweise der Konfliktlandschaft, in der ein jeder lebt.

Ich habe die relativ häufige Aussage im Ohr: „Er hätte wohl keine Konflikte, wenn er sie nicht hauptsächlich mit sich selber hätte." Sehr oft stellt man fest, dass jemand aufgrund seiner inneren Spannungen, die sich im Allgemeinen auf seine persönliche Entwicklung zurückführen lassen, Konflikte in sich trägt, die sich auf die Umgebung auswirken. Natürlich gibt es auch viele Menschen, die ihre inneren Konflikte nicht oder nicht deutlich „nach außen" tragen.

Zu den inneren Konflikten, die jeder aus der individuellen Vergangenheit mit sich herumträgt, kommen diejenigen dazu, die sich aus der Funktion, die man in der Arbeitswelt oder im privaten Bereich innehat, ergeben. Wahrscheinlich hängt das jeweilige individuelle Konfliktpotenzial auch damit zusammen, welche Geschichte man hat und mit welchen Konflikten man sozusagen aufgewachsen ist. So wird im Allgemeinen etwa ein Einzelkind zunächst mehr Konflikte in der Kooperation mit Gleichaltrigen haben als etwa ein Kind aus einer größeren Geschwisterreihe. Umgekehrt wird ein Kind, das mit Geschwistern aufgewachsen ist, vielleicht mehr Konflikte damit haben, alleine eine Aufgabe zu bewältigen und sich alleine zu behaupten. Hat man als Kind schon gelernt, verschiedenen (vielleicht sogar zu einander feindlichen) Gruppen anzugehören, wie das etwa für Kinder mit geschiedenen Eltern oft der Fall ist, kann man im Berufsleben mit diesem Konflikt vielleicht schon besser umgehen.

Vielleicht ist das, was wir Persönlichkeit nennen, überhaupt zu einem Großteil als das Resultat ausgestandener Konflikte zu verstehen. Trotz vieler Forschungen auf diesem Gebiet wissen wir nicht genau, welche Rolle die Prägungen der Kindheit für das spätere Konfliktverhalten haben.

Bei einer Übung, die auf Alfred Adler zurückgeht, stellen wir immer wieder fest, dass bei vielen Menschen die Konflikte, in die sie am häufigsten verwickelt werden, etwas Gemeinsames haben. Wir nennen das auch den „roten Faden", der sich durch die Konfliktgeschichten zieht. Dieser rote Faden ist sehr oft aus der Verarbeitung von Erlebnissen der Kindheit verständlich.

Die Erkenntnis, dass die eigene Konfliktgeschichte einem unbewussten „Muster", eben einem solchen „roten Faden" folgt, birgt die Chance, dieses sich bewusst machen zu können, um allmählich freier darüber verfügen zu können. Dadurch erweitert sich der Handlungsspielraum – man ist seinen Prägungen nicht mehr bedingungslos ausgeliefert.

Das eigene Muster kennen zu lernen löst oft Erstaunen und Verwunderung aus. Warum habe ich nicht schon früher erkannt, dass ich besonders dann Probleme bekomme, wenn ...

▶ es zum Beispiel um die Anpassung in einer Gruppe geht – oder

▶ wenn es um eine Dreier-Konstellation geht, aus der ich ausgeschlossen bin,

▶ oder wenn eine Anordnung erfüllt werden muss

▶ wenn jemand ungerecht behandelt wird oder

▶ wenn Loyalität verletzt wird.

Ein jeder hat seinen spezifischen „roten Faden" – manchmal auch mehrere. Wir kennen bestimmte Grundmuster, die sich wiederholen, jedoch treten sie jeweils in besonderer Spezifizierung auf. Die

Erforschung der Konfliktneigung und Konfliktmuster ist auch für Gruppen und Organisationen möglich und sinnvoll, zumal auch hier die Sichtweise von gegenwärtigen Konflikten verändert werden kann.

Die vier Grundkonflikte und ihre Prägungen

Die Zuordnung von Persönlichkeitstypen zu bestimmten Prägungen und damit auch zu bestimmten Konfliktneigungen hat die Menschheit immer schon beschäftigt. Man hat etwa bemerkt, dass der eine mehr unter Unordnung leidet, während dem anderen die vielen Regeln auf die Nerven gehen, dass der eine mehr Nähe braucht, die dem anderen aber schon zu viel wird. Im Altertum wurden diese „Charaktere" nach der Mischung ihrer „Körpersäfte" in Sanguiniker, Melancholiker, Choleriker, Phlegmatiker eingeteilt – oder man teilte sie den Elementen Luft – Wasser – Erde – Feuer zu. Auch die Astrologie versucht hier Zuordnungen zu treffen.

Verschiedene Autoren, die der Psychoanalyse nahe stehen, (E. H. Erikson, Riemann, Bräutigam) haben Zusammenhänge der frühkindlichen Prägungen auf die Entwicklung der Erwachsenenpersönlichkeit erforscht. Sie unterscheiden vier Entwicklungsabschnitte, die mit vier Grundkonflikten einhergehen.

So kann eine einseitige Bearbeitung eines Grundkonflikts bzw. Grundwiderspruchs zu Verhaltenseinseitigkeiten und daraus folgend zu bestimmten Konfliktneigungen führen.

Die Entwicklungsphasen im Körperlichen (Atmung, Nahrungsaufnahme, Ausscheidung, Fortpflanzung – um die wichtigsten zu nennen) haben ihre Entsprechung auch im Psychischen. Durch das Öffnen und Schließen der Köperöffnungen setzen wir uns mit unserer Umwelt ebenso auseinander wie durch das Öffnen und Abschließen in der Kommunikation mit anderen Menschen. Die Entwicklungspsychologie und die Psychoanalyse gehen beide von der Bedeutung der Sexualität aus, besonders die der frühkindlichen Ausprägung. Mit dem Wechsel der wichtigsten erogenen Zonen (oral, anal, genital) sind jeweils Entwicklungsschübe verbunden, denen unterschiedliche Konfliktbewältigungen zugrunde liegen. Die jeweilige Konfliktbewältigung prägt, was zu den im Folgenden darzustellenden vier Grundprägungen führt.

Grundsätzlich handelt es sich dabei nicht um Typen verschiedener Menschen, sondern um verschiedene Verhaltensweisen, die – mehr oder weniger ausgeprägt – bei jedem Menschen vorkommen. Metaphorisch gesprochen gehen wir in unserer Entwicklung der Reihe nach (und später immer wieder) durch diese vier Räume, halten uns unterschiedlich lang in ihnen auf und nehmen uns aus jedem Raum unterschiedlich viel mit. Was wir dort erfolgreich oder nicht erfolgreich erleben, prägt unsere künftigen Verhaltensweisen. Wir sind daher alle Mischtypen mit mehr oder weniger starker Ausprägung der einen oder anderen Entwicklungs- und damit auch Konfliktphase. Neue Situationen oder Partner können jedoch bisher wenig geweckte Verhaltensweisen aktivieren und so die Mischung des Gesamtverhaltens verändern. Jeder Verhaltenstyp hat seine Stärken und Schwächen, seine Ängste und Sicherheiten, seine bevorzugten Formen des Zusammenlebens.

Reifes Verhalten kennt und akzeptiert die eigenen Stärken, aber auch die eigenen Beschränkungen und sieht im Anders-Sein der Anderen Chancen und Möglichkeiten zur Weiterentwicklung. Je unterschiedlicher die Verhaltensweisen sind, die in einer Beziehung, in einer Arbeitsgruppe etc. repräsentiert sind, desto komplexer und desto reicher wird die Wirklichkeit und deren Gestaltung sein, allerdings auch reicher an Konflikten.

Interessant ist es, diese vier Entwicklungsschritte mit den vier Grundwidersprüchen der Menschheit in Verbindung zu bringen. In meinem Buch über „Die ‚Heilige Ordnung‘ der Männer" publizierte ich erstmals diese vier Grundunterschiede, die nicht aufeinander reduzierbar sind und mit denen alle Menschen konfrontiert sind.

Diese vier Grundwidersprüche sind:

1. Leben versus Tod
2. Individuum versus Gruppe
3. Junge versus Alte
4. Männliches versus weibliches Prinzip

Einem jeden dieser Grundkonflikte oder Grundwidersprüche entspricht eine der vier Grundprägungen, die ich im Folgenden darstelle.

1. Grundkonflikt:
Leben versus Tod / Urvertrauen versus Urmisstrauen
Die verstandesbetonte Prägung

▶ **Zum physiologischen Aspekt**

Die erste Konfliktstufe betrifft den Zeitpunkt von der Geburt bis etwa zum 3. bis 4. Lebensmonat. Das „Auf-die-Welt-Kommen" ist ein organischer wie psychischer Prozess, der Abtrennung und Selbstwerdung bedeutet. Die Ablösung von der Mutter vollzieht sich in mehreren Stufen. Die bedeutendste ist die Geburt selber mit der Übernahme der Atmungsfunktion.

Luft ist daher auch das Element, das für die erste Phase des Lebens Pate steht. Auch das Organ Haut und die Sinnesorgane Augen und Ohren treten erstmals in Funktion. Der Übergang vom Medium Wasser (Fruchtblase) zum Medium Luft wird durch die Lunge bewältigt, die Abgrenzung wird durch die Haut vollzogen. Durch ihre Funktionalität gelingt die Abgrenzung zur Außenwelt wie auch die Verbindung zu ihr. Atmung, Haut und Sinnesorgane sind die „Fenster", aus denen der neue kleine Erdenbürger in die „Welt" schaut.

Der Austausch mit der Umwelt ist organbezogen und kommunikativ zugleich. Über die Haut wird das Bedürfnis nach Körperkontakt, Wärme, Trockensein erlebt und jeder erlebte Mangelzustand wird mit Hilfe der Funktion der Lunge und der Stimmbänder durch Schreien und Luftanhalten ausgedrückt. Schemenartig – wahrscheinlich mehr fühlend als wahrnehmend – sieht und hört das Neugeborene, wie es in dieser Welt aufgenommen wird. Reaktionen auf optische und akustische Reize werden möglich, die Bezugspersonen nehmen ein „erstes Plaudern" mit Freude zur Kenntnis, denn es bedeutet soviel wie, dass das Kind tatsächlich in dieser Welt „gut" angekommen ist und dass diese erste Phase gut gelungen ist. Eine ruhige Atmung und eine Lautgebung, die Lust und Unlust signalisieren, sind Endpunkte dieser ersten Entwicklungsstufe.

Entsprechend der zu bewältigenden Abtrennungsproblematik sind die Körperregionen Haut, Atmung, die Sinnesorgane Hören, Sehen, Fühlen besonders beteiligt – und daher für die Menschen dieser Prägung auch später eher problembehaftet (Asthma, Bronchitis, Hautallergien), während Seh- und Hörkraft bei diesen Menschen eher überdurchschnittlich gut entwickelt ist.

Dazu fehlen allerdings umfangreiche Studien, um diese Zusammenhänge sicher behaupten zu können.

▶ Zum entwicklungspsychologischen Aspekt:

Die Trennung von der Mutter bewirkt große Ängste. Man könnte sie folgendermaßen formulieren:

1. Werde ich überleben? (Leben oder Tod?)
2. Ist diese Welt mir zugetan? (Urvertrauen oder Urmisstrauen?)
3. Worauf kann ich meine Sicherheit bauen? (Verstand oder Gefühl?)

Die Geburt als Eintritt ins Leben definiert sich immer erst im Nachhinein – das Leben könnte ja auch nicht gelingen. Die Geburt ist ja tatsächlich lebensbedrohlich – übrigens für beide Teile.

Das Neugeborene erlebt die Welt zunächst vermutlich bedrohlich, weil einschneidend „anders". Es „weiß" noch nicht, ob es in dieser „anderen" Welt überleben wird. Bisher nicht gekannte Mangelzustände plagen es: Kälte, Nässe, Licht, Dunkel, neue Geräusche, Atemnot, Hunger etc. Damit ergeben sich die Bedürfnisse nach Wärme, nach Hautkontakt, nach Trockensein, nach Sättigung etc. Dies alles kann nur von anderen befriedigt werden. Gefühle der Abhängigkeit, des Ausgeliefertseins und der Hilflosigkeit stehen im Vordergrund.

Der Prozess der Individuumswerdung geht von einem grundsätzlichen Zweifel aus: kann ich vertrauen oder muss ich misstrauen? Welche Erfahrungen sind eher dazu geeignet, mich als willkommen, als o. k. fühlen zu können – welche bedeuten, ich sei nicht willkommen, nicht o. k.? Daher bedeutet alles, was das Neugeborene in den ersten Lebensmonaten erfährt, erste „Welt-Erfahrung". Fällt sie positiv aus, dann heißt das: ich bin erwünscht, ich werde aufgenommen – ich kann vertrauen. Fällt sie hingegen eher negativ aus, dann heißt das: ich weiß nicht, ob ich überleben werde – vielleicht bin ich nicht erwünscht – ich kann nicht auf die Umwelt vertrauen, ich misstraue. Ich bin mit meinen Ängsten allein. Werden die Bedürfnisse gar nicht befriedigt, stirbt das Kind.

Die Erfahrung von Bedürfnis und dessen nachträglicher Befriedigung muss jedes Kind machen. Indem das Kind einen Mangelzustand erlebt, den es vorher nicht gekannt hat, misstraut es eine Zeitlang, fühlt sich nicht erwünscht, „nicht o. k.". Indem es daraus befreit wird, ist es wieder „o. k.", fühlt sich willkommen. Diese Befreiung kann entweder als ausreichend oder als unzureichend empfunden werden, was nicht allein die Intensität der Zuwendung der Bezugspersonen bewirkt, sondern auch zu einem nicht so geringen Teil von dem mitgebrachten genetischen Erbe mitbestimmt wird. Zwillinge, die getrennt voneinander aufwachsen, haben ähnliche Einstellungen, und umgekehrt haben Kinder, die denselben Erziehungsstil erlebten, dennoch oft ganz unterschiedliche Charaktere.

Werden die Erfahrungen beider Zustände vom Kind bewältigt, dann wird sich ein ausgeglichenes Verhältnis von Vertrauen und Misstrauen einstellen. Überwiegt allerdings eine einseitige Erfahrung, indem entweder nur Urvertrauen oder nur Urmisstrauen entwickelt wird, kann dies zu Störungen im späteren Bezug zur Umwelt führen.

▶ **Zur Konfliktprägung des „Verstandesbetonten"**

Der Mangel an Urvertrauen kann zeitlebens die Sehnsucht nach einer besseren Welt bewirken. Diese Sehnsucht findet in der Gleichsetzung des Zustandes vor der Geburt und nach dem Tode ihren kulturgeschichtlichen Ausdruck. Der Überhang des Vertrauens führt zu einer gewissen Distanzlosigkeit zur Umwelt und stellt insofern ein gewisses Überlebensrisiko dar. Der Überhang an Misstrauen verursacht massive Unsicherheiten und Ängste.

Die Hypothese lautet, dass der Mensch seine Unsicherheiten kompensieren lernt – dass er seine Ängste mit Hilfe verschiedener Abwehrstrategien bewältigt. Je höher der Angstpegel, desto stärkere Abwehrmechanismen müssen eingesetzt werden – oder je häufiger eine Angstsituation auftritt, desto öfter wird eine erfolgreiche Abwehrstrategie angewendet. Desto höher ist dann die Wahrscheinlichkeit, dass sich dies als Verhaltensmuster einprägt.

(An dieser Stelle sei nochmals darauf hingewiesen, dass es zwischen Erziehung und Prägung kein lineares Verursacher-Wirkungsprinzip gibt. Es kann ein und dieselbe Erziehungshaltung bei dem einen Kind mehr, bei einem anderen Kind wenig Angst auslösen.)

Der ersten intensiv durchlebten Entwicklungsphase können etwa folgende Haltungen zugeschrieben werden:

▶ Eine ausgeprägte Tendenz zur Individualisierung oder Abgrenzung von anderen: Etwa nach dem Motto: „Sich nicht in der Masse verlieren! Nicht so sein wie die anderen!"

▶ Die Erfahrung, auf sich selbst gestellt zu sein, bewirkt eine Neigung zu mehr Misstrauen als Vertrauen.

▶ Gleichzeitig bewirkt diese Erfahrung auch Selbständigkeit, Selbstbewusstsein, Unabhängigkeit und Entscheidungsstärke.

▶ Eine vorwiegend misstrauische Haltung wirkt sich in Distanziertheit aus, was einen kühlen, versachlichten, nüchternen Umgang mit der Umwelt nach sich zieht.

Diese durchaus als Stärken zu bezeichnenden Haltungen entsprechen der gelungenen Abwehr verschiedener Ängste:

▶ der Angst vor zu viel Nähe und damit sich nicht ablösen und individuell unterscheiden zu können,

▶ der Angst vor Bindung und damit Abhängigkeiten einzugehen,

▶ vor einer gewissen Angst, sich selbst zu verlieren in der anonymen Masse,

▶ Angst vor Vereinnahmung, vor Zurückweisung, vor Gefühlen insgesamt.

Wenn Verstand und Gefühle als zwei Pole aufgefasst werden, dann hat hier der Verstand das Übergewicht. Gefühle machen vom anderen abhängig und sind mit bedrohlicher Nähe verbunden. Das bringt einige Schwachstellen mit sich:

▶ Die Abwehr von Nähe zu den Mitmenschen geschieht durch Versachlichung der Beziehungen. Damit kann Distanz aufrecht erhalten werden.

▶ Abwehr von Einfühlung in das, was emotional vorgeht, verstärkt die Distanz zusätzlich.

▶ Verstandesbetonte Überlegungen über die Mitmenschen und die Umwelt treten an die Stelle von Einfühlung und gefühlsmäßiger Nähe. Der analytische Verstand dominiert im Gegensatz zum Gefühl.

▶ Gefühle zuzulassen oder anzusprechen fällt eher schwer.

Daraus ergibt sich naturgemäß eine bestimmte Konfliktneigung und ein spezifisch gefärbtes Konfliktpotenzial:

▶ Distanziertes Verhalten wird von der Umwelt oft ebenfalls mit Zurückhaltung oder auch Misstrauen beantwortet: die Person erscheint unnahbar, überheblich, arrogant, gefühlskalt, nüchtern.

▶ Die Unsicherheit im Gefühlsbereich bewirkt mitunter unangemessen starke bis panikartige Reaktionen auf Kränkungen. In Konflikten gibt es eine Neigung zu Flucht vor der Situation oder auch zu Ironie und Zynismus.

▶ Kommunikationsvermeidung in Bezug auf die zwischenmenschliche Ebene verursachen Vorbehalte *auf beiden Seiten* und erschwert die Kooperation.

So stellt man sich auf beiden Seiten etwa Fragen wie:

▶ Kommt er/sie sich vielleicht zu gut (für mich) vor?
▶ Warum geht er/sie nicht auf mich ein?
▶ Worauf bildet er/sie sich eigentlich so viel ein?
▶ Warum sieht er/sie auf mich so herunter?
▶ Er/sie ist offenbar nicht an mir interessiert – es geht ihm/ihr bloß um die Sache – ich bin nur Mittel zu seinem/ihrem Zweck.
▶ Wann kann ich mich für die Zurückweisung rächen?
▶ Wie kann ich ihm/ihr zeigen, dass ich gekränkt bin?

Es entsteht ein sich selbst verstärkender Zirkel: Je weniger Vertrauen man entgegenbringt, desto weniger bekommt man auch zurück. Dasselbe gilt für die Gefühlsdimension: Je kühler jemand ist, desto undurchsichtiger sind seine Handlungen, desto weniger Herzlichkeit erfährt derjenige dadurch. Bei extremer Ausprägung und dementsprechend ablehnender „Antwort" aus der Umgebung steigert sich dieser Zirkel und kann möglicherweise die Flucht in selbstkonstruierte Wirklichkeiten, in „Scheinwelten" auslösen, die als Ausweg aus der angstmachenden Misstrauenssituation angesehen werden (schizoide Persönlichkeit).

Die Griechen haben dieser Prägung aufgrund des geringeren Realitätsbezugs, der Leichtigkeit und Unverbindlichkeit, mit der mit Beziehungen und Sachthemen angegangen werden, das Element *Luft* zugeordnet.

Zusammenfassung:

Einerseits bedeutet dieses „Konflikttrauma" eine

▶ größere Selbst-Gewissheit und stark ausgeprägte Individualität,

▶ eine deutliche Fähigkeit zur Unabhängigkeit im Handeln und im Denken,

▶ eine sehr gute Beobachtungsfähigkeit, die dem kritischen Verstand Beurteilungskriterien für Menschen und Dinge liefert,

▶ Neigung zu Pioniertum, Forschertum, Erfindergeist, Einzelkämpfertum.

Andererseits bringt dies mit sich

▶ Abgrenzung, Absonderung, Distanziertheit,

▶ wenig Vertrauen in die Umwelt, eher Misstrauen,

▶ Bindungsängste, Flüchtigkeit in Beziehungen,

▶ Kontaktschwierigkeiten, „Gefühlskälte",

▶ möglicherweise Realitätsverlust.

**Zum menschheitsgeschichtlichen Grundwiderspruch:
Leben versus Tod**

Überträgt man die Problematik der Individualentwicklung auf die Entwicklung der Menschheit, dann ergeben sich hier interessante Parallelen, die – wenn sie auch möglicherweise nur als spekulativ gelten können – ein tieferes Verständnis auch für die Konfliktproblematik und Konfliktneigung der einzelnen Prägungen ermöglichen.

Freud vermutet, dass die Sehnsucht nach dem verlorenen Paradies, die sich bei allen Völkern in irgendeiner Form findet, individualgeschichtlich mit dem Verlust der symbiotischen Einheit mit der Mutter zusammenhängt. Man könnte diesen Gedanken noch erweitern und damit in Zusammenhang bringen, dass sehr viele Menschen eine Zeit nach dem Tod etwa als Himmel analog der Zeit vor der Geburt ansetzen. Das Paradies wäre die Einheit mit dem Mutterleib, die Geburt wäre die große Trennung, die dann nach dem Tod wieder in eine ähnliche oder dieselbe Einheit zurückgeführt werden kann. Hier wäre der Unterschied von Leben und Tod als Grundmuster für das Verständnis der Menschwerdung überhaupt angesetzt.

Die erste Phase der Menschheit besteht also in dem „Hinausgeworfensein" aus dem Paradies und dann in ein „Geworfensein" in die Natur.

Sich in ihr auf- und eingerichtet zu haben ist die eigentliche Geburt der Menschheit. Konkret betrifft dies das Aufrichten des Menschen auf zwei Beine und damit die Möglichkeit des Gebrauchs der Hände. Die wichtigste Leistung dieses Abschnitts war vermutlich der Gebrauch und die Bewahrung des Feuers – möglicherweise auch schon die Erfindung des Feuermachens.

2. Grundkonflikt:
Individuum versus Gruppe / Zugehörigkeit versus Trennung
Die gefühlsbetonte Prägung

▶ Zum physiologischen Aspekt

Der zweite Entwicklungsschub erfolgt etwa ab dem 4. bis 5. Lebensmonat bis Ende des zweiten Lebensjahres. Die markanten Punkte sind die Aufnahme von fester Nahrung – die Entwöhnung von der Mutterbrust – und die Entwicklung der Motorik. Das Kind kann sich im zweiten Teil dieser Phase, mit etwa 14 bis 16 Monaten, selbständig fortbewegen.

Dementsprechend sind bei dieser als *oral* bezeichneten Prägung auch der Aufnahmetrakt (Mund, Mandeln, Rachen, Magen) Schwachpunkte.

▶ Zum entwicklungspsychologischen Aspekt

Nach Bewältigung der selbständigen Atmung und der Abgrenzung durch die Haut folgt nun die Problematik der selbständigen Nahrungsaufnahme. Bis zum 3. bis 4. Lebensmonat etwa regelte der Saugreflex die Nahrungsaufnahme. Wie von selbst fließt die Nahrung in den Mund, es scheint „automatisch" zu funktionieren.

Mit wachsender Wahrnehmungsfähigkeit und der Entwicklung der ersten Zähne wird aus dem Trinken ein Essen — es wird daraus ein „Spiel" veranstaltet: der Vorgang der Nahrungsaufnahme wird vom Kind her lustvoll oder weniger lustvoll erlebt. Es entdeckt, dass es sich durch den Mund die Außenwelt aneignen kann, dass es so die „Welt" erfahren und besitzen kann. Wenn das Kind in die Mutterbrust beißt, dann ist das der Versuch, sie sich ganz einzuverleiben, die Trennung von ihr zunichte zu machen, sie sich anzueignen.

Es ist dies noch nicht als Beziehungswunsch zu verstehen, sondern eher als Versuch, dieses andere zu erfahren. Es gibt noch nicht das Bewusstsein des anderen, der Schmerz oder Freude empfindet.

In dieser Phase macht auch die Entwicklung der Motorik große Fortschritte: das Kind lernt laufen. Sobald es sich selbständig bewegen kann, experimentiert es mit dem Wechsel von Entfernung und Annäherung an Dinge und an Menschen, die es erfahren möchte, denen es nahe sein möchte.

Dies äußert sich in den beliebten Weglauf- und Versteckenspielen: Wie weit kann ich weglaufen, ohne verloren zu gehen? Gerät die Mutter oder Ersatzmutter außer Sichtweite, dann bedeutet das Gefahr, es tritt die Angst auf, verlassen zu werden oder hilflos der „Welt" ausgeliefert zu sein.

Das Hauptlernfeld dieser Phase bewegt sich auf der emotionalen Ebene: Wie kann ich und die Welt zueinander in Beziehung sein? Wie viel Nähe brauche ich – wie viel Nähe bekomme ich? Wie weit darf ich mich entfernen – dürfen sich die anderen entfernen –, ohne dass die Beziehung gefährdet ist.

Das Maß für die „richtige" Nähe oder Entfernung bestimmen jeweils die Einzelnen an der Beziehung Beteiligten. Das Du tritt in dieser Phase einmal als eine zu erprobende „Außenwelt" auf – ein andermal erlebt das Kind durch die Reaktion der Bezugsperson, dass hier ein Gegenüber mit anderen Empfindungen, einem anderen Willen gegenübersteht. Die Durcharbeitung dieser Problematik verweist schon in den dritten Entwicklungsschritt.

▶ **Zur Konfliktprägung des Gefühlsbetonten**

Die Prägung in dieser Phase betrifft den Umgang mit Nähe und Trennung. Sich von der Mutter zu weit wegzubewegen ist genauso gefährlich und entwicklungshemmend wie immer nur bei der Mutter zu verharren und nicht von ihr wegzukommen.

Auch für die orale Seite dieses Konflikts gibt es zwei Extreme: Sich alles einverleiben zu wollen ist genauso funktionsstörend wie sich nichts einverleiben zu können.

Die Beziehung zur Umwelt nur aus dem Blickwinkel des Eigennutz und der Abhängigkeit von ihr zu gestalten (ich brauche dich, um überleben zu können) ist genauso einseitig, wie das Eigeninteresse an der Beziehung zu verleugnen („nur du bist wichtig – ich lebe für dich"). Beide Pole sind in dieser Phase erlebbar.

Wird die Balance durch bestimmte Umstände nicht oder nicht vollständig erreicht, dann bedeutet das für später „Nacharbeit", der spätere Erwachsene wird wahrscheinlich mehr von Abhängigkeit halten, auf Gefühlsnähe und Beziehung Wert legen und unter Verlassenheitsängsten und Distanz leiden. Er stellt insofern die komplementäre Prägung zum Verstandesbetonten dar.

Die Griechen haben für diese zweite Entwicklungsphase das Element *Wasser* zum Symbol genommen. Das Wasser zeigt sehr plastisch die Problematik des Eintauchens und wieder Auftauchens als Symbol für das Verlorensein in der Gefühlswelt. Umgekehrt wäre es die andere Seite der Funktionsstörung, wenn man sich nicht in das Wasser hineintraut, sich nicht eintauchen lässt. Wer nicht eintaucht, kann nicht auftauchen. Das Wasser ist daher auch immer Symbol für die Erneuerung des Menschen, wie zum Beispiel in der Taufe.

Seine Haltungen können ungefähr so beschrieben werden:

▶ Lieber viel Nähe als Distanz,
▶ Kontaktfreude, Hilfsbereitschaft, Harmoniestreben überwiegt,
▶ Konflikten wird lieber aus dem Weg gegangen,
▶ hohe Identifikation mit dem Du und
▶ wenig Abgrenzung zu anderen macht Einfühlung möglich.
▶ Zurückweisung wie zum Beispiel Neinsagen fällt schwer,
▶ Abhängigkeiten werden in Kauf genommen, weil sie Nähe garantieren.
▶ Hilfsbereitschaft bis zur Selbstaufgabe ist möglich.
▶ Geduld und Hingabe sind in hohem Maß vorhanden.

Das bedingt bestimmte Schwierigkeiten im zwischenmenschlichen Umgang:

▶ Die starke Orientierung auf das Du kann auch belasten. Es kommt zu Reaktionen wie: „Lass mich doch endlich in Ruhe!" „Kannst du nicht einmal allein sein?" „So viel Zuwendung erdrückt mich!"

▶ Die Abhängigkeit, in die sich diese Menschen begeben, verhindert Weiterentwicklung. Sie engen sich und ihre Umwelt ein, ohne es zu merken.

▶ Die Hilfsbereitschaft schafft Abhängigkeiten und kann auch bei den anderen Schuldgefühle verursachen. Selbst fühlen sich die Menschen ebenfalls an vielem, wenn nicht an „allem" schuldig.

▶ Der hohe persönliche Einsatz, der bis zur Opferbereitschaft reichen kann, wird mitunter nicht so bedankt, was zu Enttäuschungen oder Zerwürfnissen Anlass gibt.

▶ Aggressionen werden zurückgehalten bzw. gelten als „verbotene" Gefühle.

In Konflikten neigt diese Prägung zu Resignation, zum Nachgeben oder zu „faulen" Kompromissen. Um „des lieben Friedens willen" wird der eigene Standpunkt relativ schnell geopfert.

Die extreme und damit krankhafte Ausprägung verkörpert der Depressive.

Er leidet an der „Gefühlskälte" dieser Welt so sehr, dass er in Schwermut versinkt und einer unstillbaren Sehnsucht nach Nähe nachhängt.

Zum menschheitsgeschichtlichen Grundwiderspruch: Individuum versus Gruppe

Die Menschheit – um im Bild des religionshistorischen Ablaufs zu bleiben – hat im ersten Schritt den Hinauswurf aus dem Paradies erlebt, ihn überstanden und mit einer Mischung von Vertrauen und Misstrauen sich in der Natur als willkommen – nämlich überlebensfähig – erfahren. Die Erkenntnis, von der übrigen Natur – von den Tieren und Pflanzen – unterschieden zu sein, ist der Menschheit zur Aufgabe geworden, die es nun zu bewältigen gilt.

Im zweiten Schritt vollzieht sich nun eine erste Aneignung der Natur. Dies geschieht dadurch, dass die Natur als Mittel zum Zweck des Überlebens genützt wird. Dies geht mit der Entwicklung von Werkzeugen – vor allem der Entwicklung des wichtigsten Werkzeugs der Menschheit – nämlich der Sprache – Hand in Hand.

Individualgeschichtlich ist die Zurückweisung oder der Verlust der Mutterbrust – je nachdem, von welcher Seite man es betrachtet – mit der Suche der Menschheit nach Nahrung zu vergleichen. Das Individuum, auf sich allein gestellt, wäre genauso nicht überlebensfähig wie es die Menschheit ohne die Natur als Nahrungsquelle wäre. Die natürliche Nahrungsquelle des Kleinkindes, die Mutterbrust, geht in dieser Phase ja verloren. Für die Menschheit ging das Paradies („wo Milch und Honig fließt") verloren.

So wie sich nun das Individuum innerhalb der sozialen Einheit bewegen und zurechtfinden lernt und sich so die Umwelt erobert, so machten sich ebenfalls die Stämme der Urgeschichte auf den Weg, immer mehr und immer neue Nahrungsquellen zu erschließen, immer mehr Land in Besitz zu nehmen, immer mehr und bessere Werkzeuge herzustellen, die der Ernährung und dem Überleben nützen. Der erste Zweck der Werkzeuge – und der anderen Mitmenschen – war die Sicherung des Überlebens. Durch Werkzeuge konnte die Funktionalität der Hände und Beine erhöht werden: Beile, Nadeln, Ösen, Klingen, Speere, vielleicht gehört auch die Erfindung des Rades hierher.

Um sich Essbares zu verschaffen, war es notwendig, sich von dem unmittelbaren paradiesischen, aber naiven Zustand zu lösen und auf „Entdeckung" zu gehen: Was gibt es alles, was mir/uns nützen kann?

Dies alles gelang nur innerhalb der Gruppe – in der das Individuum zunächst nur als Teil eines Ganzen, noch nicht als Individualität existiert – und mit der Entwicklung einer gemeinsamen Sprache.

Menschheitsgeschichtlich hat die Gruppe Vorrang vor dem Individuum – und so ist es auch individualgeschichtlich: In der zweiten Entwicklungsphase ist die Abhängigkeit von der Nahrungsquelle noch so stark ausgeprägt, dass auch hier das Du als Person noch nicht wirklich existiert. Durch die Erfahrung der Abhängigkeit von den anderen ergibt sich jedoch eine Bewegung in Richtung des Du.

3. Grundkonflikt:
Junge versus Alte /
Selbstbestimmung versus Fremdbestimmung
Die ordentliche Persönlichkeit

► **Zum physiologischen Aspekt**

Diese dritte Phase wird etwa vom 2. bis 4. Lebensjahr angesetzt. Da das Kleinkind nun feste Nahrung zu sich nimmt und bereits weitgehend mobil ist, steht als nächster Entwicklungsschritt die Kontrolle über die Körperfunktion Ausscheidung an – das Sauberwerden. Kontrolle über das Körperinnere des Kindes zu erlangen ist sowohl eine Leistung der Bezugsperson als auch eine Leistung des Kindes. Das Kind leistet Gehorsam, ordnet sich unter die Norm unter, indem es sein Körperinneres in seine Verfügbarkeit bekommt.

► **Zum entwicklungspsychologischen Aspekt**

Da nun das Kind zu den Personen seiner Umwelt bereits Vertrauen gefasst, erste Beziehungen geknüpft hat und auch über motorische Fähigkeiten verfügt, sich auf jemanden (oder etwas) zu- oder wegbewegen zu können, ist es nun reif, sich der Norm gemäß zu verhalten. Es soll ein eigenständiges Mitglied der Gemeinschaft werden.

Das Problem der Selbstbestimmung, das Werden des eigenen Willens gegenüber der zunächst notwendigen Fremdbestimmung durch die Eltern oder Alten tritt in unserem Kulturkreis im Allgemeinen das erste Mal am Problem des Sauberwerdens in Erscheinung.

Es lernt im Zuge des Sauberkeitstrainings, sein „Produkt" zur richtigen Zeit zu geben oder es zurückzuhalten. Es gewinnt Kontrolle über sein Körperinneres, und stellt es – der Norm entsprechend – in Gehorsam seiner geliebten Bezugsperson zur Verfügung. Das Lob dafür bestätigt und festigt die Aufnahme des Kindes in die soziale Gemeinschaft. Im übertragenen Sinn lernt das Kind mit dem Sauberwerden, etwas herzugeben – später sind es seine Taten, sein Eigentum etc. Der Gegenpol dazu ist Zurückhaltung, Bewahrung, Besitz festhalten. Die Sandspiele, die Kinder in dem Alter des Sauberwerdens besonders bevorzugen, sind – insbesondere wenn der Sand mit Wasser vermischt wird – eine erlaubte Form, sich mit dem Kot zu beschäftigen. Diese Phase wird daher auch als *anale* Phase bezeichnet.

Nicht nur die Körperfunktionen des Festhaltens und Loslassens müssen geübt werden, sondern auch der Umgang mit „Gehorsam" oder „Ungehorsam" – oder anders ausgedrückt: Die Differenz von eigenem und fremdem Willen zeigt sich erstmals in dieser Phase. Dies geschieht, indem die Beziehung zum Du differenziert wird, indem das Kind überhaupt unterschiedliche Qualitäten von Beziehungen erfährt und gestalten lernt. Solange nämlich der Wille des Kindes immer mit dem der Mutter übereinstimmt, eine Differenz zwischen beiden Willen nicht auftritt, kann das Kind nicht feststellen, wer es selbst ist und wer die andere Person ist. Erst die Differenz zwischen dem eigenen und dem fremden Willen gibt Identität.

Die Trotzphase ist ein typisches Symptom dieser Ichfindung des Kindes. Protest gibt Macht über andere. Aggressionen gegen die Eltern, Geschwister, Gleichaltrige, Jüngere oder Ältere sind Signale des Widerstands gegen die abverlangten Gehorsamsleistungen, die allesamt „Kontrolle" und Unterordnung unter einen fremden Willen bedeuten. Manche Kinder schlagen auf andere ein, nehmen ihnen alles weg, erwarten auch, dass man ihnen selbst alles wegnimmt, verteidigen dies mit mehr oder weniger Vehemenz, andere Kinder zwicken wieder Gleichaltrige oder Ältere.

Das Kind erlebt seine Macht gegenüber der Bezugsperson in beiden Haltungen: Im Protest erlebt es sich als mächtig: es kann durch sein Neinsagen die Umwelt manipulieren, blockieren, tyrannisieren, erpressen. Oder es erlebt seine Macht auch so, dass es umgekehrt die Umwelt in die Pflicht nimmt und Gebote und Verbote errichtet, nach denen sich alle zu halten haben. Mindestens die engsten Bezugspersonen, die Spielkameraden, aber sicher die Spieltiere wie Teddys und Puppen haben oft strenge Regeln zu erdulden. Das Kind erlebt sich in seinem Reich voller Gebote, Regeln und Riten als mächtig und „übt" auf diese Weise Macht aus.

Dabei kann es phasenweise zu Einseitigkeiten kommen: einmal sehr viel Umständlichkeit, weil jede Norm eingehalten werden muss (zum Beispiel besonders genau beim Anziehen oder Schlafensrituale, bestimmte Reihenfolgen müssen eingehalten werden etc) – einmal wieder ist es sehr aggressiv, wenn es um „Artigsein" im Sinne der Eltern geht.

Ein Kind, das grundsätzlich keinen Zwang anerkennt, würde ein Mensch, der sich nicht als soziales Wesen definieren kann. Umgekehrt würde sich ein Mensch, der jeden Zwang annimmt, nicht als ein freies Wesen definieren können. Das Einpendeln zwischen den Extremen sollte bis zum 4. bis 5. Lebensjahr abgeschlossen sein – ansonsten können spätere Fixierungen in Bezug auf Zwanghaftigkeit oder Aggressivität die Persönlichkeitsentwicklung hemmen.

Weitere Pole, zwischen denen das Kind seine Balance finden muss, bilden den instrumentellen Charakter der Beziehung zur Umwelt versus einer emotionalen Differenziertheit, oder anders ausgedrückt: Einordnung aus Angst versus Freiwilligkeit, Unterordnung versus Autonomie. Es ist dies die Durcharbeitung der Dialektik von Ordnung und Freiheit.

Das Kind lernt, dass es etwas anderes bedeutet, aus Angst und Abhängigkeit zu gehorchen, oder aus Freiwilligkeit – sei es aus Einsicht oder sei es der Person „zuliebe". Das Kind erfährt Anerkennung von seinen Bezugspersonen, wenn es „brav" ist und sich in die vorgegebenen Normen einordnet. Damit eignet es sich das Normensystem an und macht es zu einem Stück eigener Identität.

Das Kind lernt dabei Dreierlei:

▶ erstens, dass Leistung („Triebverzicht", Gehorsam) notwendig ist, um in der Gemeinschaft einen Platz zu bekommen (das „schlimme" Kind wird ausgesperrt),

▶ zweitens, dass es durch sein Verhalten die Beziehung zu seinen unmittelbaren Bezugspersonen beeinflussen kann. „Bravsein" macht das Du zufrieden, „Schlimmsein" kränkt es. Damit erfährt es, dass Beziehung gegenseitig abhängig macht: es ist auch die Bezugspersonen in ihrer Befindlichkeit vom Verhalten des Kindes abhängig.

▶ Damit wird eine Beziehungsdifferenzierung möglich. Das Kind erfährt unterschiedlich viel Nähe und Vertrauen zu mehreren Personen (Familie, Freunde, Nachbarn, Kindergarten, Gäste ...) und gestaltet diese Beziehungen jeweils unterschiedlich. Hier machen sich bereits die Entwicklungsschritte der ersten und zweiten Phase bemerkbar: das Kind kann mit Selbstbewusstsein sich nähern oder entfernen.

▶ **Zur Konfliktneigung der „ordentlichen Persönlichkeit"**

Menschen der Prägung „Ordnungsorientierung" reagieren auf die Polaritäten von Halten versus Loslassen, von Anpassung versus Auflehnung, von Sicherheit versus Freiheit – um nur die wichtigsten dieser 3. Entwicklungsstufe zu nennen – besonders sensibel.

Sie lieben die Ordnung, die Dauer, brauchen feststehende Wahrheiten, „objektive" Maßstäbe. Sie haben grundsätzlich mehr Angst vor Chaos, vor Unsicherheit, vor Kontrollverlust. Sie brauchen klare Richtlinien, an denen sie sich festhalten können. Sie haben Angst vor Strukturlosigkeit, vielleicht auch vor der Möglichkeit ihrer eigenen Freiheit.

Als Abwehr gegen diese Angst entwickelt der Ordnungsorientierte eine große Fähigkeit zu organisieren und zu planen, zu systematisieren und zu ordnen. Seine Korrektheit und Verlässlichkeit, Genauigkeit und Pflichtbewusstsein, Sparsamkeit, Selbstbeherrschung, Disziplin und Leistungsbereitschaft und vieles mehr sind als Folge davon wertvolle Eigenschaften. Er schätzt klare Hierarchien und fühlt sich darin wohl.

Schwachpunkte dieser Prägung sind alle Situationen, in denen die Unsicherheit, die Veränderung, das Unvorhergesehene überwiegt.

So leiden diese Menschen oft unter der Unsicherheit, im ständigen Veränderungsprozess keine Struktur und kein System zu finden, sie klagen, dass sich alles zu schnell verändert und nichts mehr Gültigkeit hat. Sie streben nach Dauer und „ewiger" Wahrheit und wollen bewahren anstatt verändern. Das schafft Konflikte mit dem „Verändern".

Konflikte bekommen diese Menschen

▶ oft auch durch ihren ausgeprägten Gerechtigkeitssinn. Ungerechtes – oder das, was sie dafür halten – bekämpfen sie mit großem Einsatz. Aus Gerechtigkeitssinn wird manchmal Starrsinn, der sie auch oft streng erscheinen lässt. In ihrer Konsequenz können sie hart und unerbittlich sein. Sie sind die so genannten „Law-and-order-Menschen".

▶ In Beziehungen sind diese Menschen korrekt und verlässlich, doch ist ihr Zugang zum Nächsten stark von ihrem Wertesystem geprägt: Dies kann zum Beispiel ein materielles sein („Wer Geld hat, zählt"), ein hierarchisches (Wer jemanden unter sich hat, dem wird eher geglaubt als einem, der ganz unten ist), ein religiöses oder ein ideologisches. Nach dem jeweiligen Wertesystem werden die Menschen dann eingeordnet und die Beziehungen demnach gereiht.

▶ So entsteht ein System, das Richtlinien zur Beziehungsgestaltung aufstellt, manchmal einengende Rahmenbedingungen schafft. Das gibt ordnungsorientierten Menschen Sicherheit und ermöglicht Kontrolle über das so unsichere Feld der Begegnung und Kommunikation mit unterschiedlichen Menschen.

▶ Tritt etwas Unerwartetes oder auch Unerwünschtes ein, so fällt diesen Menschen ein flexibles Anpassen an die Situation eher schwer. Sie halten nichts von Improvisation, sondern leiden eher darunter. Sie stellen an sich und die Umwelt einen hohen perfektionistischen Anspruch. So sind ihnen auch unvorbereitete und (scheinbar) willkürliche Aktionen verhasst – besonders von Autoritäten, denen sie ausgeliefert sind.

▶ Sie fühlen sich schnell bevormundet, wo sie doch das Meiste selbst besser wissen. Manchmal macht dieses Besserwissen Probleme im zwischenmenschlichen Bereich, denn der Ordnungsorientierte lässt sich nicht so leicht von seiner Meinung abbringen.

▶ Andere Sichtweisen lässt er nicht gerne gelten, denn er braucht klare Verhältnisse: für ihn gibt es oft nur ein Entweder-Oder, ein Ja oder ein Nein – nur Schwarz oder Weiß. Zwischentöne sind nicht seine Sache.

Extrem einseitige Entwicklungen in dieser Phase führen zu übermäßigem Kontrollbedürfnis bis zu Zwängen. In der pathologischen Ausprägung sind die Menschen gefangen in ihrem eigenen Regelwerk. Rituale und Gebote engen sie ein – mitunter bis zur neurotischen Fixierung und damit zur Handlungsunfähigkeit.

Zum menschheitsgeschichtlichen Grundwiderspruch: Junge versus Alte

Im Anschluss an die „Entdeckung" des Individuums, wo es um die Polarität von Individuum und Gruppe ging, ist der dritte große Entwicklungsschritt der Menschheit, ein Reglement der Beziehungen von Individuen *in* den sozialen Einheiten herzustellen. Ein Normensystem wird entwickelt, Kriterien der Zugehörigkeit und der Rangordnung werden festgelegt, Verbote werden erlassen usw. Mit dem Normensystem identifizieren sich immer die „Alten" mehr als die Jungen.

Das Normensystem macht nur Sinn, wenn es auf Dauer gestellt wird und seine Gültigkeit sozusagen „ewig" Bestand hat. Dafür musste die Schrift entwickelt werden, überlieferte Codici alter Kulturen bezeugen diese Ära. Schrift stellt Vergängliches auf Dauer, macht umgekehrt Totes wieder lebendig.

Der Unterschied von Alt und Jung, hat auch einen Bezug zur Unsterblichkeit, wenn auch nicht explizit, so doch indirekt durch die Teilhabe an Regeln und Normen, die ein Leben überdauern und dadurch Sicherheit auch vor dem Tod geben, ja Unsterblichkeit vermitteln. Freiheit ist sterblich, Dependenz ist unsterblich. Der Unsterblichkeitsgedanke ist ein Benefiz der Fremdbestimmung. Extreme Fremdbestimmung wäre übrigens wiederum der Tod, weshalb nur Tote unsterblich sein können. Alles Lebende muss sterben.

In unserer Kultur wird mit der Norm des Sauberwerdens der Vorrang des Leistungsprinzips über das Bedürfnisprinzip exekutiert. Die Zivilisation und Sozialisierung des Menschen ist als ein Balanceakt zwischen diesen beiden Grundprinzipien zu verstehen. Wenn der Mensch sich nur nach seinen Bedürfnissen gerichtet hätte, wäre er vermutlich verhungert. Durch seine Leistung (als „Triebverzicht" zu verstehen) wie etwa durch Vorratswirtschaft erst ist es möglich, das Bedürfnis nach Sättigung zu erfüllen. Wird allerdings das Leistungsprinzip extremiert, dann kann Bedürfnisbefriedigung nicht mehr stattfinden. Beispiele dafür sind die in der Geschichte immer wiederkehrenden Zusammenbrüche von Hochkulturen oder auch die Extremanwendungen neuer Technologien (Waffentechnologie, Mobilität etc.)

Die Erziehungsleistung besteht – so könnte man sagen – in der Anpassung der Jungen an das tradierte Normensystem. Dass hier Konflikte vorprogrammiert sind, leuchtet ein.

Das Element, das die Griechen dieser Entwicklungsphase zuordneten, ist die *Erde*. Die Erde steht in der Analogie für Festes und Dauerhaftes, aber auch in der Analogie für den Kot.

Ein kulturgeschichtlich interessanter Aspekt scheint mir die Tatsache zu sein, dass in den westlich-europäischen und amerikanischen Kulturkreisen – das heißt in den im Wesentlichen vom Christentum beeinflussten Kulturen – das Normensystem mit dem Sauberwerden verknüpft wird. Dies macht insofern auch Sinn, dass jemand, der keine Selbstkontrolle hat – zum Beispiel über Kot und Urin – auch wohl für Fremdkontrolle durch die Normen der Gesellschaft weniger ansprechbar ist. Selbst wenn er die Normen befolgen will – er kann es nicht – mangels Selbstkontrolle.

Die Koppelung von Sauberwerden und Moral hat aber einige gravierende Nachteile. Wenn gut gleichgesetzt wird mit sauber und schmutzig mit böse, dann stehen wir permanent mit „Dreck" auf Kriegsfuß und entwickeln vielleicht einen Sauberkeitswahn. „Schmutzige" Gedanken oder „schmutzige" Geschäfte sind unmoralisch. Nur wer eine „saubere Weste" hat, wird anerkannt. Liegt hier vielleicht der Grund für unseren überdimensionierten Gebrauch an Waschmitteln oder für unsere große Anfälligkeit für Allergien?

Geradezu dramatisch aber ist diese Schaltung im Bereich der Sexualität, vor allem wegen der räumlichen Nähe von Ausscheidungs- und Sexualorganen. Ich habe darüber an anderer Stelle ausführlich berichtet (vgl. mein Buch über die archaischen Muster, Westdeutscher Verlag 2004).

4. Grundkonflikt:
Selbstverehrung gegen Liebe /
Männliches versus weibliches Prinzip
Der Wagemutige

▶ Zum physiologischen Aspekt

Der letzte Grundkonflikt im Rahmen des kindlichen Entwicklungszyklus schließt an das vierte Lebensjahr an und endet etwa mit dem Beginn des siebenten. Bei diesem Grundkonflikt geht es um die Identitätsfindung mit dem eigenen Geschlecht.

Das Kind beschäftigt sich mit dem Unterschied von männlichen und weiblichen Geschlechtsmerkmalen. Es interessiert sich für die Genitalzone des eigenen Körpers und für die anderer. Das Kind identifiziert sich nun als Junge oder als Mädchen. Es spielt mit sich selbst und entdeckt an sich eine neue Lustquelle, die es zu gebrauchen lernt.

Freud hat diesen Lernprozess als *genitale* Phase bezeichnet. Danach folgt die so genannte Latenzzeit, in der diese einmal bearbeiteten Konflikte teilweise ruhen, teilweise wird an den bisher gefundenen Lösungen festgehalten.

Die Griechen sehen als Symbol für diese Phase das Element des *Feuers.* Die „brennende" Liebe ist in der Weltliteratur auch immer wieder in Bildern für die Beziehung zwischen Mann und Frau herangezogen worden.

▶ Der entwicklungspsychologische Aspekt

Um sich als Geschlechtswesen gegenüber dem anderen Geschlecht definieren zu können, sind die bewältigten Konflikte der ersten drei Phasen unumgängliche Voraussetzung.

▶ Das Kind hat Vertrauen zu sich und den anderen, der Welt gefasst. (Konfliktstufe 1)

▶ Es akzeptiert und erkennt seine Abhängigkeit von anderen und erlebt sich dennoch als eigenständiges Wesen. Es kann sich bereits nähern oder entfernen. (Konfliktstufe 2)

▶ Es ist Mitglied der sozialen Gemeinschaft durch Einordnung in das Normensystem geworden. Es zeigt Leistungswillen und identifiziert sich mit seinen Bezugspersonen. Für Triebverzicht, Kontrolle über das Körperinnere bekommt es Lob und Anerkennung. (Konfliktstufe 3)

▶ In der vierten und letzten Phase werden die bisher erworbenen Fähigkeiten und Verhaltensweisen noch weiterentwickelt: Das Kind kann sich jetzt sicher und geschickt bewegen. Kinder können meistens auch erst in dieser Phase wirklich gut laufen, weil das Erfühlen des eigenen Schwerpunktes und die Kontrolle über den Körper das Kind überhaupt erst reif macht für die Konfrontation mit anderen. Der Gleichgewichtssinn ist ausgereift, die Feinmotorik befähigt das Kind zu Handarbeiten (Zeichnen und Basteln) und zu Geschicklichkeitsspielen (Ball, Schnur etc.) Es kann sich sprachlich gut ausdrücken. Es ist geistig und körperlich wendig. Es hat sich einen Platz in der Gemeinschaft erobert.

Dass der Mensch nicht gleich nach dem ersten Durchlaufen dieser Grundkonflikte geschlechtsreif wird, wie dies bei unseren nächsten Verwandten im Tierreich der Fall ist, ermöglicht dem Menschen die Verlängerung seiner Entwicklung. Der Mensch hat die Chance, diese Konflikte in seinem Leben noch öfters durchzuarbeiten. Ein zweites Mal geschieht dies bis zu etwa 12 Jahren, mit dem Eintritt der Geschlechtsreife, der Pubertät.

Das 4- bis 6-jährige Kind fragt sich aus der bereits gewonnenen Reife heraus: Warum bin ich nicht so wie die Großen? Wie kann ich so sein wie sie? Der Wechsel vom geschlechtslosen „Neutrum" (Klein-)Kind zum Geschlechtswesen Junge oder Mädchen beschäftigt das Kind auf allen Ebenen. Es gerät in inneren Aufruhr, neue und intensive Gefühle überschwemmen es.

Es identifiziert sich mit dem gleichgeschlechtlichen Elternteil und liebt ihn – und gleichzeitig „verliebt" es sich in den andersgeschlechtlichen Elternteil. Der kleine Junge will so wie sein Vater die Mutter „besitzen" – und gerät in Rivalität mit diesem. Genauso umgekehrt: das kleine Mädchen will so wie die Mutter vom Vater geliebt werden, und so ist die Mutter auch Rivalin.

Die frühkindliche Rivalität mit dem gleichgeschlechtlichen Elternteil (bzw. mit der Bezugsperson) fördert einerseits die Geschlechtsidentität, macht aber gleichzeitig auch Angst. Einerseits liebt das Mädchen die Mutter, andererseits möchte es über die Mutter triumphieren, ist die Mutter verhasste Rivalin. Genauso der Junge: einerseits möchte der Junge so sein wie der Vater – in Bezug auf die Mutter aber hasst er ihn. Liebe und Hass zugleich – das führt zu Ängsten, zum Schuldgefühl, „schlecht", „böse" zu sein. Die Empfindungen von sexueller Lust mit der gleichzeitigen Tabuisierung dieser Gefühle löst ebenfalls Konfusion aus.

Die Abwehrleistung dieser Ängste besteht zum Beispiel in Anstrengungen, sich der Liebe der geliebt-gehassten Personen zu versichern. Das Kind bemüht sich in vielen und immer wieder neuen Aktivitäten, seinen Gefühlsüberschwang auszudrücken, die geliebten Personen an sich zu binden und von ihnen Aufmerksamkeit zu bekommen. Es erprobt seine Wirkung, indem es sich selbst als Junge oder als Mädchen präsentiert. Meist hat es mit der Imitierung der Erwachsenen, besonders aber durch typisch weibliche bzw. typisch männliche Verhaltensweisen den meisten Erfolg.

Das kleine Mädchen gibt sich als süßes Prinzesschen und erntet dafür Beifall und Bewunderung. Ebenso werden die männlichen Attribute wie Mut, Durchsetzungskraft und Galanterie des kleinen Jungen von den weiblichen Bezugspersonen genossen und von den männlichen gelobt. Die positive Wirkung regt das junge Kind zu weiteren Formen der Selbstpräsentation an. Das Kind probiert verschiedene Spiele mit Spielgefährten beiderlei Geschlechts. Es lernt, dass es manchmal Anerkennung bekommt, manchmal aber Missfallen erregt. Es lotet die Grenzen aus bei beiden Eltern und findet damit ein Ventil für seine Liebe und auch seinen Hass.

▶ Konfliktneigung der „Wagemutigen Persönlichkeit"

Hegel definiert die Liebe als „im anderen bei sich sein", und beschreibt damit sehr gut den Konflikt, um den es hier geht. Es geht darum, seine eigene Geschlechtsidentität im anderen zu finden und sich dennoch vom anderen als anderes Geschlecht abzugrenzen. Man könnte auch hier sagen: der Konflikt besteht zwischen Narzissmus einerseits und Selbstaufgabe bis Selbstverleugnung andererseits. Erikson nennt diesen Grundkonflikt „Initiative gegen Schuldgefühl".

Die beiden Extrempositionen, die hier vermieden werden müssen, sind die Polarisierung auf das eigene Geschlecht (Narzissmus), das intensive Aufgehen in Leidenschaft und Fantasie auf der einen Seite und die Polarisierung auf das andere Geschlecht auf der anderen Seite, was die Selbstentwertung und Selbst-Aufgabe alles „Eigenen" zur Folge hat.

Sicher hat die Rolle, die Vater und Mutter, Mann und Frau in der Gesellschaft haben, eine große Bedeutung für die Balance dieses Widerspruchs. Gewisse Tendenzen in die eine oder andere Richtung sind kulturspezifisch bedingt.

Bei übermäßiger Selbstaufgabe (was Rückzug und Verschlossenheit bedeuten kann, aber auch hysterische Zuwendung) wird Kontakt zum anderen Geschlecht genauso schwierig wie bei „Selbstverehrung". Die einseitige Entwicklung führt zu Störungen. Gibt es auf der einen Seite den kränkbaren Narzissten, dem es auch in der Sexualbeziehung nicht gelingt, sich auf den anderen einzulassen – er hat es immer nur mit sich selber zu tun –, so steht auf der anderen Seite der disziplinierte Selbstverachter, der den anderen in hysterischen Fantasien, nicht aber in einem Realitätsbezug erreicht.

Es erscheint plausibel, dass diese letzte Phase der Genitalität sehr stark von dem Bewältigen der analen Phase beeinflusst wird. Hat man dort etwas mehr in Richtung Anpassung an das Normensystem erreicht, dann wird man hier etwas weniger Initiative entwickeln. Hat man etwas weniger Anpassung, sodass man eher unter Ordnung leidet als unter Unordnung, dann wird man mehr zu den hysterischen Formen dieser Konfliktbewältigung neigen. Das bedeutet möglicherweise in konkreten Situationen Stärken wie Schwächen:

▶ Flexibilität, Bereitschaft zur Veränderung – aber auch Unbehagen bei allem, was festgelegt und auf Dauer gestellt ist.

▶ Begeisterungsfähigkeit, rege Fantasie und Enthusiasmus bringen Abwechslung und viel Dynamik. Allerdings führt die Lust auf Sensationen auch zu viel Unruhe. Der Wagemutige verliert rasch das Interesse an routinemäßigen Abläufen und Gewohnheiten.

▶ Intensität im gegenwärtigen Erleben kann andere Menschen in den Bann ziehen und sie begeistern – sie verhindert andererseits eine Verbindlichkeit für Zukünftiges, bewirkt Sprunghaftigkeit.

▶ Entscheidungen werden schnell getroffen – werden aber nur als vorläufig definiert. Endgültigkeit widerspricht dem Prinzip des Wandels, dem sich der Wagemutige verpflichtet fühlt.

▶ Die Fantasie regiert mitunter über die Realität, verschafft dem Publikum Illusionen – führt aber andererseits zu Realitätsverlust.

▶ Die Welt als Bühne kennt nur einen Hauptdarsteller: den Wagemutigen. Er benötigt Publikum, das ihn bewundert. Bleibt dieses aus, dann leidet er unter Weltschmerz und Selbstzweifeln.

▶ Tritt ein Zweiter – eine Zweite – auf die Bühne, dann gilt er oder sie als Rivale und es wird heftig um die Gunst (einer Person –der/des Geliebten –des Publikums etc.) konkurriert. Diese Konkurrenzkämpfe können mitunter in dramatische Szenen münden.

▶ Das Leben als Spiel ist so faszinierend, dass auch hohe Risiken eingegangen werden. Der Blick auf die Zukunft verspricht dem Wagemutigen Sonnenschein und Siege. Sein Motto: Wer wagt, gewinnt!

Zum menschheitsgeschichtlichen Grundwiderspruch: Frauen versus Männer

Die vierte Entwicklungsstufe des Kindes findet in den ersten großen Umwälzungen der jeweiligen Normen ihre menschheitsgeschichtliche Entsprechung. Anstoß dafür waren möglicherweise: Konfrontation mit anderen Kulturen und damit anderen Normen, Verknappung mancher natürlicher Ressource wie etwa Jagdtiere und Wasser, Wald. Dies hat einen Wechsel und Wandel von bisher Bewährtem notwendig gemacht.

Der Paradigmenwechsel der neolithischen Revolution, nämlich der Wechsel vom Jäger- und Sammlertum zu Ackerbau und Viehzucht sei als Beispiel angeführt. Weitere Revolutionen und Umwälzungen in der Geschichte folgten. Sicher können auch kriegerische Aktivitäten als „wagemutiger" Aufbruch in andere Gefilde, als Eroberung und Wechsel in neue Territorien in diesem Zusammenhang genannt werden. Jede dieser „Revolutionen" legt auch die Arbeitsteilung zwischen Mann und Frau neu fest.

Paarkonflikte

Paarkonflikte möchte ich in diesem Zusammenhang etwas weiter fassen. Freilich ist das Paar der Mann-Frau-Beziehung das grundlegende Paar in unserem Leben – dennoch gibt es auch Paarbeziehungen, die im privaten wie beruflichen nicht an die Geschlechterdifferenz gebunden sind. Auch hier gibt es meines Erachtens Paar-Konflikte, die sich von anderen Konflikten unterscheiden (zum Beispiel Funktionär und Stellvertreter, Job-Sharing-Partner, Fahrer und Beifahrer).

Paarkonflikte resultieren im Wesentlichen aus dem notwendigen Widerspruch zwischen Individuum und Paar. Die Notwendigkeit des Konfliktes lässt sich wiederum an den Extremsituationen demonstrieren. Geht Individualität in einem Paar völlig auf, dann besteht die Gefahr der Zerstörung der mühsam entwickelten Persönlichkeit. Beharrt umgekehrt das Individuum andererseits auf all seinen entwickelten, individuellen Differenzierungen, besteht die Gefahr der Zerstörung oder der mangelnden Entwicklung einer Paarbeziehung. Die Paarbeziehung ist dabei ursprünglicher als die Individualität. Wir kommen sozusagen als „Paar" auf die Welt – in der Symbiose der Mutter-Kind-Beziehung. Jeder Erwachsene hat eine mehr oder weniger gelungene Mutter-Kind-Symbiose hinter sich und insofern auch das Muster einer Paarbeziehung erlebt.

Identitätskonflikte

In der Symbiose der Mutter-Kind-Beziehung sind wir an das „Paaren" gewöhnt – wir sind sozusagen unfreiwillig hineingeboren in ein Paarverhältnis, ohne erst einmal einzelner Mensch zu sein. Beim Verlassen der Symbiose müssen wir lernen, uns zu „entpaaren", und erst dann können wir eine frei gewählte Paarbeziehung eingehen. Dieser Prozess ist mit einer Reihe von Konflikten verbunden. Hierher gehören alle Ablösungskonflikte, die sich auf eine Person beziehen: Vater, Mutter, Lehrer usw. – zwischen Jugendlichen und Erwachsenen. Beginnend mit der Trotzphase bis zur

Konterdependenz in der Pubertät, die bei bestimmten Personen sich über einen längeren Zeitraum auch noch bis ins hohe Alter hineinziehen kann.

Beispiel:

Ein Beispiel für einen Identitätskonflikt bzw. Ablösungskonflikt aus dem beruflichen Alltag: Ein junger Assistent der Geschäftsleitung hat eine besondere Identifikation mit dem Vorsitzenden der Geschäftsleitung, dem Generaldirektor. Aufgrund dieser hohen Identifikation lernt er zunächst viel von diesem. Irgendwann einmal aber will er sich profilieren und trifft eine selbständige Entscheidung. Er versucht, sich von dem Vorsitzenden, der ihn auch sehr stark vereinnahmt, zu distanzieren. Er möchte seine eigene Identität entwickeln. Dies gefällt dem Vorsitzenden jedoch gar nicht.

Langwierige Identitätskonflikte finden in Partnerschaftsbeziehungen statt. Dort steht etwa zur Diskussion, wie weit die Entscheidungen den Interessen beider Partner entsprechen bzw. welchen Einfluss jeder Einzelne nehmen kann. Beharrt der eine zu sehr auf seiner Identität, wird die Paarbeziehung unter Umständen darunter leiden; gibt der andere seine Identität auf, dann gibt es eigentlich keine *gemeinsame* Entscheidung mehr – es sind *Einzel*-Entscheidungen. Phänomene der Hörigkeit stören die Paarbeziehung genauso wie Tyrannei des Einzelnen.

Dieser Konflikt gehört zu den unbedingt notwendigen Konflikten einer Paarbeziehung. Das geht schon daraus hervor, dass die völlige Unterwerfung des einen Partners unter den anderen diesem sehr oft die Attraktivität nimmt, sodass sich der überlegene Partner dann meist anderen Partnern zuwendet, die Neues einbringen und damit interessanter sind. Das heißt, das Aufgeben der Identität im Rahmen einer Paarbeziehung zerstört die Paarbeziehung genauso wie das Beharren auf der eigenen Identität. Die Identität ist offensichtlich eine sehr sensibel auszutarierende Qualität, die vermutlich auf dem Wege der Identitätskonflikte im Rahmen einer Paarbeziehung immer wieder neu gefunden werden muss.

Distanzkonflikte (Nähe – Ferne)

Verschiedene Personen brauchen offensichtlich zu unterschiedlichen Entwicklungszeiträumen ihres Lebens unterschiedliche Distanz zu anderen Personen. Stimmen die Distanzwünsche zweier Partner zu einem bestimmten Zeitpunkt nicht überein, entsteht aus diesem Grund eine Reihe von Konflikten. Für dieses Distanz-Nähe-Bedürfnis wird auch in hierarchischen Systemen gesorgt, indem das Vorgesetzten-Mitarbeiter-Verhältnis auf eine sehr individuelle Basis gestellt wird. Alle Mitarbeiter pflegen einen persönlichen Kontakt zum Vorgesetzten. Der Chef bespricht mit ihnen die wichtigen Dinge persönlich und nicht nur in der großen Gruppe. Damit kann ein Vorgesetzter die jeweils unterschiedlichen Distanz- bzw. Nähebedürfnisse der Mitarbeiter auch unterschiedlich handhaben.

Wir haben öfters festgestellt, dass der Vorgesetzte beim Übergang von einer kleinen zu einer großen Gruppe diese unterschiedlichen Distanzbedürfnisse nicht mehr befriedigen kann. Unter Umständen beklagen sich dann Einzelne über zu viel Nähe (zu unerwünschten Personen), andere wieder über zu große Distanz.

> In einem mir bekannten Fall scheiterte die Zugehörigkeit einer Mitarbeiterin einer Abteilung daran, dass der Chef nun nicht mehr fragte: „Wie geht es Ihnen? Was haben Sie am Wochenende gemacht?", sondern sich auf das Grüßen und die sachlichen Probleme beschränkte.

In einer ehelichen Partnerbeziehung ist die Frage von Nähe und Distanz auch auf die körperliche Nähe zu beziehen. Hier gibt es sowohl individuelle als auch möglicherweise geschlechtsspezifische Unterschiede, die gemeinsam zu bewältigen sind. Schon im „Kamasutra" wird die Problematik angeführt, dass Männer nach dem Geschlechtsakt nicht dasselbe Bedürfnis nach körperlicher Nähe empfinden wie Frauen. Der gute Liebhaber zeichnet sich laut Kamasutra daher dadurch aus, dass er nach dem Geschlechtsakt eine besondere Form körperlicher Zuwendung für die Frau findet.

Die körperliche Nähe wird bei pubertierenden Kindern oft von einem Tag zum anderen abgelehnt. Die Erwachsenen sehen darin oft eine Art von Beziehungsindikator und sind enttäuscht, zurückgewiesen zu werden. Der Jugendliche jedoch empfindet nun die körperliche Nähe, das Anfassen und Küssen der Familienmitglieder beim Kommen und Weggehen als aufgezwungen und zu nah. Eine einmal aus- und eingeübte Nähe zu einem Partner zu verlassen und stattdessen in Distanz zu verwandeln, das geht immer mit Konflikten einher. Nicht nur Pubertierende wandeln sich und verändern somit ihr Bedürfnis nach Nähe und Distanz; dies geschieht in allen Paarbeziehungen, in denen sich ein Rollentausch abspielt.

So ist etwa eine „Hauskarriere" – im gleichen Betrieb vom Untergebenen zum Vorgesetzten aufsteigen oder die Berufung eines Universitätsprofessors aus der Reihe der Kollegenschaft (Dozenten oder Assistenten) – immer mit solchen Nähe-Distanz-Konflikten gepaart. Der bisherige Kumpel und Mitarbeiter, zu dem man eine große Nähe hatte, wird nun plötzlich Chef. Als solcher wünscht er sich mehr Distanz, weil er sonst oft glaubt, seine Führungsfunktionen nicht in der richtigen Weise wahrnehmen zu können, während die anderen die alte Nähe vermissen. „Dienst ist Dienst und Schnaps ist Schnaps."

Entwicklungskonflikte

Der eben geschilderte Fall der Karriere eines Kollegen aus einem gut funktionierenden Zweierteam könnte auch hier genannt werden. Der eine entwickelt sich weiter, nutzt die ihm gebotenen Chancen, der andere nicht oder in eine andere Richtung. Plötzlich „passen" die beiden Kollegen arbeitsmäßig nicht mehr zusammen – sie haben sich auseinanderentwickelt. Man kann sich ausmalen, dass viele Auseinandersetzungen aufgrund dieses Entwicklungskonfliktes zwischen beiden geführt werden müssen, sollen die beiden weiterhin in einer Paarbeziehung bleiben.

Der häufigste Fall unterschiedlicher Entwicklungen tritt in Ehen auf, in denen die klassische bürgerliche Arbeitsteilung zwischen

Mann und Frau vereinbart ist: der Mann verdient das Geld in der Öffentlichkeit, die Frau macht „Karriere" als Mutter. Mit den Kindern verändert die Frau ihren Beruf, wie wenig sie sich beruflich vorher unter Umständen vom Mann auch unterschieden hat. Ihre Karriere als Mutter und die des Mannes in der Öffentlichkeit führen dazu, dass sich beide in anderen Bereichen jeweils ganz unterschiedlich entwickeln. Dies wiederum führt sehr oft zu einer immer schmäler werdenden Gemeinsamkeit. Diese Konflikte entstehen ja insbesondere dadurch, dass die beiden in unterschiedlichen Bereichen intensive Erlebnisse haben, die dem anderen auf dem Wege einer bloßen Mitteilung nicht zugänglich gemacht werden können. Es gibt nicht nur Konflikte aus unterschiedlichen Entwicklungsrichtungen wie in den angeführten Fällen, sondern auch aufgrund unterschiedlicher Entwicklungsgeschwindigkeit und unterschiedlicher Entwicklungsintensität.

Clankonflikte: „Schwiegermutterkonflikte"

Am deutlichsten wird der Clankonflikt beim Ehepaar. Die beiden Ehepartner gehören verschiedenen Herkunftsgruppen an, mitunter völlig verschiedener Geschichte und Tradition. Diese beiden „Clans" haben an ihnen noch einen Anteil, sie „zerren" mit den unterschiedlichsten Ansprüchen und Erwartungen an den beiden Partnern. (Am seltensten treten solche Konflikte auf, wenn zwei Waisenkinder einander heiraten.) Diese Konflikte dienen zur weiteren Ablösung der Kinder von den Eltern, die diese Ablösung gelegentlich nicht so schätzen. Gleichermaßen können diese Konflikte stellvertretend für Konflikte stehen, die die beiden Partner tatsächlich miteinander hätten. So wird beispielsweise darum gestritten, zu welcher Verwandtschaft das junge Paar am Sonntag essen geht – in Wirklichkeit wissen die beiden Jungvermählten nicht, was sie am Sonntag miteinander anfangen sollen. Die nicht vollzogene Ablösung der Kinder von den Eltern bedingt ein Clandenken; umgekehrt nehmen die Eltern dies zum Anlass in diese Ehe hineinzuregieren.

Die Schwiegermutter, die insbesondere ihren Sohn noch als Sohn betrachtet und nur Teile ihrer Mutterfunktionen an die neue Frau des Mannes abzugeben bereit ist, bekommt mit der Schwiegertochter immer mehr Konflikte, was das Wahrnehmen dieser Funktionen betrifft. „Du musst zu mir halten und nicht zu deiner Mutter", verlangt die Frau von ihrem frisch angetrauten Ehemann. „Du musst doch verstehen, dass ich meine Mutter nicht so kränken kann", meint der Mann zu seiner Ehefrau. Nestroy hat ja, vermutlich mit einem Seitenblick auf die Schwiegermutter, den Satz geprägt: „Verwandte sind Bekannte, mit denen man nicht befreundet ist." Die mangelnde Akzeptanz der Frau im Clan des Mannes und die des Mannes im Clan der Frau ist für viele Paare eine starke Belastung und oft Anlass zu Konflikten.

Dieser „Schwiegermutterkonflikt" steht modellartig für all die Paarkonflikte, die aufgrund von mitgebrachten Unterschieden in der Zusammenarbeit zwischen zwei Menschen entstehen. So hat der „Naturwissenschaftler" mit dem „Geisteswissenschaftler" Konflikte, die aus solchen Zugehörigkeiten resultieren, oder ein neu „eingekaufter" Direktor eines Konzerns wird immer noch als Vertreter seiner Herkunftsfirma gesehen und nicht wie einer, der dem „Mutterclan" entstammt.

Transaktionskonflikte: Kommunikationskonflikte

Transaktionskonflikte ergeben sich bei „gestörten" Kommunikationsabläufen zwischen zwei Menschen (siehe Berne, „Spiele der Erwachsenen"). Vereinfacht kann man sagen: Die Störung kommt dann zustande, wenn Transaktionen (oder Kommunikationsvorgänge) an eine der drei Ich-Instanzen (Kind-Instanz, Erwachsenen-Instanz, Eltern-Instanz) gerichtet und vom Empfänger von einer anderen Ich-Instanz aufgenommen werden.

In Ehekonflikten entscheidet die Rollenverteilung zwischen Mann und Frau sehr oft darüber, welche der drei Ich-Instanzen bei den Transaktionen gewählt werden.

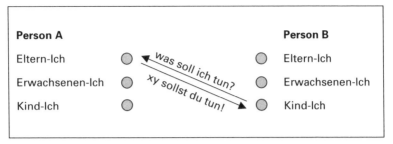

Gelungene Transaktion

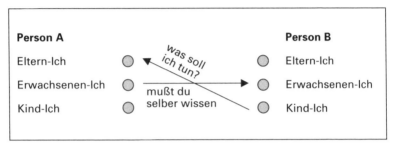

Misslungene Transaktion

Diese Rollenaufteilung bedeutet häufig, dass sich der Mann um die Belange der Öffentlichkeit kümmert, wozu zum Beispiel Geldverdienen und die Vertretung der Familie nach außen gehören. Die Frau ist zuständig für die Belange der Intimsphäre. Das heißt, der Mann ist zu Hause in der Rolle des Kindes und erwartet mütterliche Betreuungsfunktionen, die Frau ist in der Öffentlichkeit in der Rolle des Kindes und erwartet väterliche Betreuungsfunktionen. Für den Fall, dass diese Betreuungsfunktionen ausbleiben oder dass es doch eine Art der Weiterentwicklung auf der einen oder anderen Seite gibt, kann es zu Konflikten kommen.

„Wieso erwartest du immer, dass ich dir die Hemden einpacke? Pack dir deinen Koffer in Zukunft selber!", meint die Frau zum Ehemann, der unzufrieden ist, weil sie ihn ohne Manschettenknöpfe auf die Reise hat fahren lassen. „Wieso muss ich immer den Reisepass für dich und die Kinder besorgen, du hast mehr Zeit und könntest das ruhig übernehmen", sagt der Ehemann zur Ehefrau, die festgestellt hat, dass die Pässe abgelaufen sind.

Außerhalb dieser Privatsphäre sind überall dort Transaktionskonflikte vorprogrammiert, wo zwischen Erwachsenen die Kind-Eltern-Projektion nahe liegt. Die Hierarchie setzt klassischerweise das Verhältnis zwischen Vorgesetzten und Mitarbeiter als Verhältnis zwischen Vater und Sohn oder Eltern und Kindern an. Der Vorgesetzte weiß alles, kann alles und trifft auch die wichtigsten Entscheidungen. Der Mitarbeiter ist vom Vorgesetzten abhängig. Solange diese tatsächliche Eltern-Kind-Relation existiert, sei es durch Bildungsprivileg, sei es durch Informationsmonopol, sei es durch eine höhere Reife des Vorgesetzten, solange passen die Transaktionen vom Kind-Ich zum Eltern-Ich und umgekehrt. Dieses Verhältnis kann konfliktfrei existieren.

Häufig müssen aber die Transaktionsebenen gewechselt werden. Wird das klassische Chef-Mitarbeiter-Gefälle beispielsweise durch Teamarbeit einmal unterbrochen, passt es nicht mehr, wenn die bisher erfolgreiche Transaktionslinie vom Eltern-Ich zum Kind-Ich und wieder zurück beibehalten wird. Idealerweise sprechen Vorgesetzte und Mitarbeiter beide auf der Ebene des Erwachsenen-Ichs.

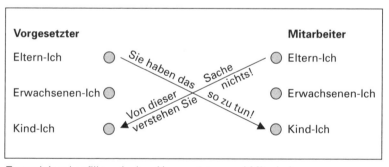

Transaktionskonflikt zwischen Vorgesetztem und Mitarbeiter

Heutzutage aber kehrt sich manchmal das Verhältnis noch weiter um: Es ist nicht nur der Mitarbeiter vom Vorgesetzten abhängig, sondern der Vorgesetzte ist selbst auch von seinem Mitarbeiter abhängig. Dies ist insbesondere im sachlichen Bereich der Fall. Sehr oft verstehen die Mitarbeiter von einer Sache mehr als ihre Vorgesetzten. Ein guter EDV-Spezialist wird eingestellt, weil er mehr von der Sache versteht als sein Vorgesetzter. Im Konfliktfall hat der eine von der Sache her recht, der andere vom System her. In den Konflikten erleben sich meistens die Mitarbeiter sehr viel mündiger, als sie von ihren Vorgesetzten gesehen werden. Umgekehrt gibt es auch den Konflikt, dass Mitarbeiter lieber die Kindrolle einnehmen, ihre Vorgesetzen sie aber für reifer halten, als sie tatsächlich sind.

Rollenkonflikte

Jeder Mensch erfüllt innerhalb der Gesellschaft bestimmte Aufgaben und Funktionen. Diese Aufgaben werden teilweise zugeteilt und erwartet, teilweise selbst gewählt. Wir werden auf die „Bühne des Lebens" gestellt und haben – ob wir wollen oder nicht – bestimmte Rollen inne. Diese Rollen sind durch Geschlecht, Alter, Fähigkeit, Familienstand etc. vorbestimmt –, werden dann vom Einzelnen jeweils in der ihm adäquat erscheinenden Weise angenommen, gestaltet oder abgelehnt.

Rollenkonflikte innerhalb von Paarbeziehungen können durch verschiedene Umstände entstehen, zum Beispiel:

▶ Die gegenseitigen Rollenerwartungen stimmen nicht überein (Kooperation ist dann schwierig, sie ergibt sich dann „nicht von selbst"). Extremfall: Rollenverweigerung.

▶ Die einmal eingeübte Rollenaufteilung wird einseitig verändert: der Partner muss daher auch eine neue Rolle übernehmen, was normalerweise nicht ohne Konflikte abgeht.

▶ Ein Sonderfall der vorigen Rollenveränderung ist der Rollentausch, wie dies etwa beim „Hausmann" der Fall ist.

▶ Die Rollenzuweisung stellt sich als Konfliktstrategie heraus: „Himmelfahrtskommando".

▶ Rollenkonflikte entstehen auch aufgrund von mangelnder „Rollenkongruenz". Dies hat mehrere Facetten:
  – man ist mit der zugewiesenen Rolle nicht einverstanden (zu eng oder weit gefasst, motiviert nicht etc.),
  – man ist über- oder unterfordert,
  – man stimmt mit den Rollenzielen nicht überein,
  – man ist sich über die Rolle überhaupt im unklaren, die Aufklärung wird behindert.

Unkonventionelle Rollenaufteilungen zwischen Mann und Frau etwa ziehen oft Rollenkonflikte bei anderen Paaren nach sich. Die traditionelle Rollenaufteilung wird dadurch relativiert. Rollenkonflikte müssen demnach nicht unbedingt nur innerhalb der Rollenträger auftreten, sie ziehen oft weitere Kreise.

Ein sehr unauffälliger Rollentausch – vielleicht ist es auch der häufigste – geht zwischen Eltern- und Kindrolle vor sich. Sind die Eltern naturgegeben in der Älteren-Rolle und übernehmen dadurch die Schutz- und Sorgefunktion für ihre Kinder, so kehrt sich das mit dem Altwerden der Eltern oft um: die Eltern sind in einigen oder vielen Belangen in der Kindrolle, die ehemaligen Kinder übernehmen für ihre alten Eltern sozusagen die Elternrolle. Dieser Rollenwandel bringt notgedrungen Konflikte mit sich. Übernehmen die Kinder die Elternrolle, so entmündigen sie die Eltern, machen sie ungewollt zu „Kindern"; übernehmen die Alten die Kindrolle, so überfordern sie die Jungen, die in den Eltern nicht die hilflosen „Kinder" sehen. Dieser Konflikt ist nicht identisch mit dem so genannten Generationenkonflikt, in dem es um eine Rollenaufweichung zwischen Eltern und Kindern geht und dessen Ziel eine gleichberechtigte Position der Generationen ist.

Ein nicht familiärer, aber ebenso unkonventioneller Rollentausch kann mitunter zwischen Chef und Mitarbeiter vor sich gehen: der einstige Mitarbeiter steigt in der Karriereleiter steil auf und wird Chef seines ehemaligen Chefs. Aber selbst wenn die beiden Betreffenden mit dieser schwierigen Situation gut umgehen können (ihren Nähe-Distanzkonflikt bewältigt haben) – möglicherweise haben deren Frauen einen „Rollenkonflikt".

Symmetrie versus Komplementarität

Hier gibt es zwei einander widersprechende Sprichwörter. Auf der einen Seite heißt es „Gleich und gleich gesellt sich gern", auf der anderen Seite heißt es „Gegensätze ziehen sich an." Dies sind zwei Extrempositionen, in denen sich zwei Partner gegenüberstehen können. Damit ist gleichzeitig ein Prozess angedeutet, den die beiden durchmachen müssen, um als Paar eine Identität zu erhalten.

Die einander „Gleichen" bekommen den Konflikt dadurch, dass sie in zu große Entgegensetzung mit der Umwelt kommen. Die Symmetrie ist für das Paar die Versuchung, sich einseitig von der Realität wegzubewegen: Die Partner sind sich in allem so einig, dass sie die Distanz zur Umwelt, die sie dadurch aufbauen, übersehen. Dies führt zu dem Phänomen des „Egoismus zu zweit".

Die andere Ausgangsposition, die der Gegensätze, muss erst durch Konflikte zu einem gemeinsamen Nenner finden. Die einander „Gegensätzlichen" reiben sich sofort aneinander. Einigungen, die auf dem Wege von Konfliktlösungen entstanden sind, sind dann wie wertvolles Kapital, auf dem diese Partnerschaft aufbaut. Diese durch Gegensätze entstandenen Einigungen werden von dem Paar auch nicht so leicht auf das Spiel gesetzt. Hier passt ein neues Sprichwort: „Durch Streiten kommen die Leute zusammen."

Komplementarität bedeutet Ergänzung im Gegensatz. Das zeigt sich in Partnerschaften – gleichgültig ob aus „Gleichen" oder „Ungleichen" zusammengesetzt –, in denen sich letztlich eine Komplementarität ergibt: nicht die Eigenschaften eines Partners scheinen starr zu sein, sondern eine Paarbeziehung scheint eine Ergänzung der Eigenschaften zu fordern. Beim Wechsel der Partner zeigt sich sehr oft, dass zum Beispiel der ehemals „sparsame" Pol geradezu zum Verschwender wird, wenn in der neuen Partnerschaft der andere nun die Rolle des Finanzhüters übernimmt.

Zwischen Gleichheit (Symmetrie) und Gegensatz (Komplementarität) das Maß zu finden ist das Motto dieses Paarkonfliktes, den jedes Paar für sich ausbalancieren muss.

Konkurrenz: Wer ist besser?

Konkurrenzkonflikte habe ich lange Zeit zu den Gruppenkonflikten gezählt. Für die präzise Definition von Konkurrenz genügt es, festzustellen, wer von zweien, die um die Wette laufen, schneller ist. Sobald eine dritte Person dazukommt, um deren Gunst gekämpft wird, spreche ich von Rivalität. Diese „dritte Person" kann auch eine Gruppe oder Publikum sein.

Konkurrenz ist ein notwendiger Konflikt einer arbeitsteiligen Gesellschaft. Man muss herausfinden, wer wofür geeignet ist. Wenn man für eine Funktion jeweils den auswählt, der dafür am geeignetsten ist, kann insgesamt durch die Arbeitsteilung eine Arbeitserleichterung und eine Verbesserung des Ergebnisses erreicht werden. Konkurrenzkonflikte sind daher prinzipiell etwas sehr Positives. Sie werden oft sogar als angenehm erlebt, weil durch unsere Logik suggeriert wird, dass von zwei einander widersprechenden Behauptungen eine falsch sein muss. Damit ist der Anreiz, „recht zu haben", also der Bessere zu sein, noch größer. Deswegen hat der, der siegt, recht und der, der verliert, unrecht.

Eigentlich sind aber beide zum Beispiel sehr gute Läufer, die sich nur geringfügig voneinander unterscheiden. Deshalb müsste nicht notwendigerweise der Sieger über den Verlierer auch im Sinne des Rechthabens triumphieren. Durch diese Kombination mit der Logik ist das Konkurrenzprinzip einerseits notwendig, andererseits aber in unserer Kultur in Misskredit geraten.

Was der Konkurrenz im Bereich der Dreieckskonflikte entspricht, nenne ich Rivalität; was der Konkurrenz im Bereich der Gruppenkonflikte entspricht, nenne ich Rangkonflikte. Ich schlage vor, von Konkurrenz nur dann zu sprechen, wenn ausschließlich zwei Personen oder Gruppen um die Entscheidung kämpfen, wer von ihnen beiden „besser" ist. Die Grundsatzfrage des Maßstabes des „Besseren" oder „Schlechteren" stellt sich innerhalb von Konkurrenz nicht, über den Maßstab sind sich beide einig. Wenn das nicht der Fall ist, dann handelt es sich um einen Bewertungs- oder Normkonflikt.

Dreieckskonflikte

Mit einer dritten Person kommt ein sehr explosiver Sprengstoff und neues Konfliktpotenzial in eine Paarbeziehung. Das Grundmuster des Wandels vom Paar zum Dreieck findet für das Paar bei der Geburt eines Kindes statt.

Das Dreieck von Vater – Mutter – Kind ist das klassische Urmuster für die Dreiecksbeziehung. Aus dem Paar wird das Dreieck – der Gegensatz liegt zwischen zwei unterschiedlichen Konstellationen: der Ehe und der Familie. Sie stehen zueinander in einem Widerspruch: Ehe wird durch Kinder bereichert – Ehe wird durch Kinder gestört. Umgekehrt genauso: Familie wird durch Ehe gesichert, Familie ist gegen die Ehe gerichtet.

Biographisch gesehen tritt dieser Widerspruch von Ehe und Familie zunächst immer dann auf, wenn die Frau ein Kind zur Welt bringt, um das sich beide zunächst einmal intensiver kümmern müssen als bisher umeinander. Ein Teil der mütterlichen Betreuungskapazitäten, von denen wir unterstellen, dass sie, bevor es Kinder gab, auch dem Mann zugute gekommen sind, werden nun von diesem abgezogen und dem Kind zugeführt. Dieser Verlust kann für manche Männer einen schmerzlichen Lernprozess darstellen. Umgekehrt erlebt die Frau in gewisser Weise eine Enttäuschung, als sie nun vorwiegend als Mutter „funktionieren" muss und mitunter nur noch so von ihrer Umgebung wahrgenommen wird.

Unter Ehe verstehen wir im herkömmlichen Sinn die dauerhafte, auf eine Liebesbeziehung aufbauende Verbindung zwischen Mann und Frau. In dem Augenblick, in dem ein Kind dazukommt, ändert sich nicht nur die Anzahl der beteiligten Personen, sondern es ändert sich vieles auch an der Beziehung zwischen Mann und Frau, sie stehen nun auch als Vater und Mutter zueinander in Beziehung.

Was ein Dreiecksverhältnis gegenüber dem Paar kennzeichnet, ist die *Dimension der Beziehungen*, die zueinander in Interaktion treten. Im Paar treten Personen zueinander in Interaktion. Zwischen dem Individuum A und dem Individuum B gibt es eine zwischen diesen beiden definierbare Beziehung. Diese Beziehung kann die unterschiedlichsten Qualitäten haben, kann sich im Laufe der Zeit ändern, enthält eine Reihe von oben schon angeführten Konflikten usw. Im Dreieck ist es nicht bloß die Addition von nunmehr drei Personen, die miteinander in Aktion treten, sondern es kommt eine neue Qualität hinzu: es entwickeln sich Beziehungen von Beziehung. Dies ist etwas anderes als die Beziehung von Personen.

Der Unterschied vom Paar zum Dreieck entspricht in der Quantität einer *Verdreifachung* der Beziehungen:

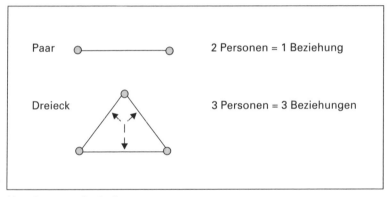

Vom Paar zum Dreieck

Schon diese quantitative Überlegung zeigt, dass sich die Probleme des Dreiecks weg von den Personen auf die Ebene der Beziehungen verlagern müssen.

Dies wird in der Literatur an dem klassischen Thema des Hausfreundes häufig dargestellt. Nehmen wir an, ein Ehepaar – wir unterstellen, dass es zwischen beiden Liebe gibt – wird bekannt mit einem Freund des Mannes. Auch zwischen dem Mann und seinem Freund gibt es eine sehr positive Beziehung, eine Freundschaft, und wir unterstellen nun, dass sich auch zwischen der Frau des Mannes und dem Freund des Mannes eine positive Beziehung entwickelt, unter Umständen sogar eine sexuelle.

Rein additiv müsste man sagen, Liebe zwischen Ehemann und Frau plus Liebe zwischen Freund und Frau plus Freundschaft zwischen Mann und Freund müsste dreimal mehr Liebe ergeben als ohne Dreiecksbeziehung. Dies ist gelegentlich sicher der Fall; nicht auszuschließen ist jedoch, dass es innerhalb dieses Dreiecks zu Konflikten kommt. Diese Konflikte zeigen ein grundsätzlich neues Problem gegenüber der Paarbeziehung. Was hier miteinander in Widerspruch gerät, sind nicht die Personen, weil ja alle drei jeweils einander paarweise akzeptieren, sondern die Beziehungen.

Die Beziehung zwischen dem Freund und der Ehefrau kann einen Widerspruch zur Beziehung zwischen Ehemann und Ehefrau enthalten, wenn hier Exklusivitätsansprüche vorhanden sind und Eifersucht auftritt. Wir werden im Rahmen der Koalitionskonflikte auf dieses Thema von Paar versus Dreieck noch genauer zurückkommen.

Das systematisch Interessante ist hier, dass in Dreieckskonflikten immer Beziehung mit Beziehung konfrontiert wird, was mit einem neuen, sehr wichtigen Lernfeld verbunden ist, nämlich dem sozialen Beziehungslernen. In einer Zweierbeziehung kann grundsätzlich nicht gelernt werden, wie sich Beziehungen zueinander verhalten, wie eine Beziehung vor einer anderen abgegrenzt oder auf die andere abgestimmt werden kann beziehungsweise wie eine Beziehung verteidigt oder geschützt werden kann und vieles mehr.

In diesem Sinn besteht also für jeden Beteiligten die Anforderung, aus dem Widerspruch zwischen der Zweierbeziehung (zum Beispiel Ehe) und einer Dreierbeziehung (zum Beispiel Familie) seine eigene Position zu finden und seinen jeweiligen Bedürfnissen anzupassen. Beides, Ehe wie Familie, kann eine Zeitlang miteinander bestens harmonieren, sie können aber zu anderen Zeiten zueinander in Widerspruch stehen.

Koalitionskonflikte: Paar versus Dreieck

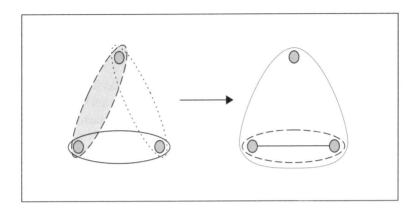

Dreiecksbeziehungen bergen in sich sowohl interpersonelle als auch strukturelle Konflikte. Dreiergruppen wurde in der Wissenschaft eine größere Autorität zugemessen als einer Einzelperson oder einem Paar. Im Mittelalter gab es die Regel, dass erst drei zusammen eine Gruppe ausmachen: „Tres faciunt collegium". In den Platonischen Dialogen diskutiert Sokrates selten mit seinem Partner allein, meist ist mindestens eine dritte Person noch beteiligt.

Auch in der Literatur gibt es viel häufiger Dreieckskonflikte als Paarkonflikte. In Wien gibt es einen Schüttelreim:

„Liebling, ohne Dritten samma (sind wir),
zu wenig für ein Sittendrama."

Die Sozialpsychologie hat herausgefunden, dass durch das Hinzukommen eines Zweiten zu einer Einzelperson der Zuwachs von Erfahrung und Entscheidungsfähigkeit relativ gesehen am größten ist. Allein ist man im sozialen Bezug unverhältnismäßig stärker exponiert als zu zweit. Auch hat man als Einzelner eine viel geringere Trefferquote, als zwei oder gar drei sie haben. Ebenfalls sehr hoch ist der Zuwachs an sozialer Potenz, wenn zu einem Paar ein Dritter dazukommt. Mit drei Personen ist die Kompetenz einer Gruppe schon zu einem hohen Prozentsatz erreicht; ein Vierter, Fünfter, Sechster kann vergleichsweise keinen so großen Qualitätszuwachs erbringen.

Wie die Kleingruppenforschung ergeben hat, nimmt die Konflikt-bearbeitungs- und Konfliktlösungskompetenz einer Gruppe nicht linear mit der Anzahl ihrer Mitglieder zu. Es hat sich aber herausge-stellt, dass Gruppen mit fünf, mit acht, mit zwölf Personen jeweils in besonderer Weise für bestimmte Leistungen geeignet sind. Gruppen über zwölf Mitglieder zeigen bereits deutliche Zerfalls-tendenzen.

Der Zuwachs von eins auf zwei ist auch in der Natur sozial bedeut-sam. Ich habe sehr oft erlebt, dass bei einer Wanderung durch die Wildnis in Afrika eine Gruppe von mehr als drei Personen – sind sie auch noch so leise – ganz selten Tiere sieht. Die Tiere haben meistens schon vorher die Flucht ergriffen. Zwei Personen sehen wesentlich mehr Tiere flüchten. Wenn ich hingegen als Einzelner durch die Gegend wanderte, ist es sogar passiert, dass ich von so genannten Fluchttieren, also zum Beispiel von Antilopen oder Af-fen, angegriffen wurde. Eine Einzelperson signalisiert in der Wild-nis offensichtlich Schwäche, ein Grund für Angriff. Viele Tiere tre-ten nur in Gemeinschaft auf, fühlen sich auch nur in der Gruppe si-cher und verlassen diese nur bei Schwäche und Krankheit.

Ich habe sogar erlebt, dass Löwen einen einzelgängerischen Ele-fanten angriffen und töteten und dass Hyänen einen einzelnen Lö-wen erbeuteten, ein Vorgang der bei einer Elefantenherde oder ei-nem Löwenrudel wohl sehr selten vorkommt.

Nicht nur von der Sozialpsychologie her, sondern offensichtlich auch schon von den biologischen Verhaltensmustern scheint es so zu sein, dass die Stärke von eins auf zwei sehr stark zunimmt und von zwei auf drei wiederum. Die Tatsache, dass bei drei Personen eine höhere Trefferquote bei Entscheidungen – sowohl vom Typus des Suchens als auch vom Typus des Bestimmens (Hofstätter) – vorhanden ist, hat mehrere Gründe:

1. Der Hauptgrund dürfte wohl darin liegen, dass in einem Konfliktfall zwischen zwei Personen die Möglichkeit besteht, auf einen Dritten auszuweichen, der hier sozusagen von einem bereits „objektiveren" Standpunkt den Streitfall entscheiden kann. „Wenn sich zwei streiten, freut sich der Dritte." Er bekommt auch von beiden mehr Zuwendung, weil sie hoffen, in ihm einen Partner gegen den anderen zu finden.

2. Ein zweiter Grund liegt darin, dass sich drei Personen nicht so schnell einigen wie zwei Personen. Sie bearbeiten ein Problem länger und ausgiebiger. Im Zuge dieses Bearbeitungsprozesses werden natürlich auch mehr Informationen ausgetauscht, die Problematik wird differenzierter gesehen, und die Entscheidung, die zum Schluss getroffen wird, ist aufgrund der verschiedenen Konfliktlösungen stärker der Realität angepasst.

3. Was zu einer Verbesserung der Leistung innerhalb von „Dreiecken" gegenüber Paaren oder Individuen führt, ist die Tatsache, dass bei unterschiedlichen Problemen unterschiedliche Konstellationen vorhanden sind.

Dies führt zu den so genannten Koalitionskonflikten. Das Hauptproblem von Koalitionen in Dreiecken bedeutet: zwei gegen einen. Dieser eine ist ausgeschlossen, und dieser Ausschluss führt automatisch und notwendig zu Kränkungen. Der eine fühlt sich gegenüber den beiden unterlegen; die beiden, die in diesem einen Fall eine Koalition gebildet haben, fühlen sich stärker. Es bilden unter Umständen Vater und Mutter eine Koalition gegen das Kind, wenn dieses sich schlecht benommen hat und Zurechtweisung verdient, aber keine Möglichkeit auf Geschwistersolidarität hat. Es bilden Mutter und Kind eine Koalition, wenn Betreuungsnotwendigkeiten anfallen, die der Vater nicht wahrnehmen kann. Es bilden unter Umständen Vater und Kind eine Koalition, wenn die Mutter andere Tätigkeiten verrichten muss und der Vater die Betreuung des Kindes übernimmt.

Eifersuchtskonflikte

In allen geschilderten Fällen kann neben dem Gefühl des Ausschlusses auch das Gefühl von Eifersucht aufkommen. Interessant ist auch, dass kleine Kinder nicht nur als Säuglinge durch ihre symbiotische Koalition mit der Mutter, sondern auch später noch allzu intensive Kooperationen zwischen Vater und Mutter zu stören versuchen.

Wenn sie zum Beispiel zu den Eltern ins Bett kommen, etwa weil sie sich fürchten, dann legen sie sich zumeist zwischen die beiden Ehepartner. Dazwischen, das heißt also, wenn die Koalition der Eltern gestört ist, fühlen sie sich (oder sind sie auch?) am sichersten, da sind sie nicht ausgeschlossen, die Aufmerksamkeit ist auf sie gerichtet. Die Angst des Kindes, in diesem Dreieck ausgeschlossen beziehungsweise unterlegen zu sein, ist ja auch objektiv berechtigt, weil Kinder eben Betreuung brauchen. Der Verlust der Betreuungsperson ist mit Todesängsten verbunden. Der Mensch als soziales Wesen ist auch im Erwachsenenalter immer noch auf die Kommunikation mit anderen angewiesen. Ausschluss von Kommunikation mobilisiert diese für das Überleben notwendigen elementaren Ängste.

Das mag einer der Gründe sein, warum die Eifersucht ein so starkes Gefühl ist und viele Menschen bis ans Lebensende nicht loszulassen scheint. Statistiken entsprechend werden die meisten Morde innerhalb der Familie begangen, und hier wiederum ist das Hauptmotiv Eifersucht. Die Frage drängt sich auf: Welcher ist der positive Sinn dieses existentiellen Grundkonfliktes?

Konflikte treten nach der hier vorgetragenen Grundannahme immer dann auf, wenn Menschen, Gruppen oder Organisationen sich weiterentwickeln müssen. Der Entwicklungsschritt, der mit Hilfe der Sollbruchstelle „Eifersucht" gemacht werden soll, ist der Übergang von der symbiotischen Zweierbeziehung zur Dreierbeziehung beziehungsweise zur Gruppe.

Der Mensch lernt, die für die Entwicklung ursprünglich notwendige „Hilfskonstruktion" namens Symbiose wieder zu überwinden. Überwunden muss die Symbiose werden, weil es sonst keine Selbständigkeit gibt.

Eine dritte Person „stört" deshalb grundsätzlich jede Zweierbeziehung, weil sie zwingt, die Zweierbeziehung zu reflektieren. Damit wird so etwas wie der Verlust eines Paradieses eingeleitet. Das Eintreten einer dritten Person in eine intime Zweierbeziehung relativiert das Paar.

Die symbiotische Paarbeziehung ist weitgehend unreflektiert. Auch die Bedeutung, die die beiden Partner füreinander haben, ist unbekannt und selten Thema der Reflexion. Symbiose (hier im weiteren Sinne verstanden) bedeutet, dass etwas nicht als getrennt, sondern in seinen Grenzen verschwimmend als einheitlich mit mir erlebt wird. Ich bin ich, und es ist unklar, wo die andere Person oder gelegentlich sogar eine Sache (zum Beispiel ein Auto, ein Spielzeug) beginnt und aufhört. Eine dritte Person stört diese Identität zweier Personen dadurch, dass die Beziehung überhaupt als Beziehung reflektiert werden muss.

Diese Reflexion wird durch das Setzen von Unterschieden eingeleitet. Man kann zum Beispiel ohne zu schielen nur mit einer Person sprechen und ihr dabei in die Augen sehen. Sind zwei Personen anwesend, muss man sich für eine entscheiden – wodurch die andere schon vom Blickkontakt her ausgeschlossen ist.

Zu zwei Personen kann man als Dritter nie die gleichen oder gar identischen Beziehungen haben, sondern man muss Unterschiede machen. Diese Unterschiede zerstören automatisch die symbiotische Identität einer Zweierbeziehung. Man kann also sagen: Jede dritte Person zwingt ein Paar dazu, vom Zustand der Identität der beiden zur Reflexion der Unterschiede zwischen den beiden überzugehen.

Die negative Seite der Eifersucht sind die Schmerzen, die mit Identitätsverlust verbunden sind. Eifersucht nennt man das Gefühl dieser notwendigen Identitätsveränderung aufgrund der Vorstellung eines neuen anderen Paares. Quälende Fragen tauchen auf: Wieso will man mich nicht mehr? Was alles kann/ist/bedeutet der Dritte, was ich nicht kann/bin/bedeute? Wieso bin ich plötzlich nicht mehr so wichtig? Die negative Seite oder die „Qual der Eifersucht" besteht also in der Wiederbelebung alter Trennungsängste (die man eigentlich schon überwunden hatte).

Die positive Seite der Eifersucht ist das Gewinnen einer neuen Identität, die den Dritten mit einbezieht. Der Dritte, der dazukommt, macht also den Unterschied zwischen den beiden deutlich und ergänzt somit die Paarbeziehung um die Differenz.

Das Erleben des Wechselspieles von symbiotischer Einheit mit einer anderen Person und Differenz zu dieser anderen Person ist auch eine wichtige Voraussetzung für die Fähigkeit, in Gruppen zu leben. Gruppe wäre von hier aus gesehen ein eifersüchtiges Dreiecks-, Vierecks-, Mehrecksverhältnis ohne Eifersucht. Man hat dann gelernt, die Differenz zu anderen nicht mehr als Gefährdung der eigenen Identität zu erleben.

In allen jenen Fällen (zum Beispiel Verliebtheit), in denen allerdings im Erwachsenendasein sich wiederum dieses (schöne, paradiesische, glückliche) Gefühl der Identität mit einer anderen Person einstellt, kommt bei Hinzutreten einer dritten Person sofort wieder das Gefühl von Eifersucht auf. Deshalb halten viele die Eifersucht für das eigentliche Kennzeichen der Liebe. Paulus, der das Christentum ja als Freiheitslehre verstanden wissen wollte, sagt dagegen im Korintherbrief (13, 4): „Die Liebe ist nicht eifersüchtig" (etwa im Unterschied zur Verliebtheit?).

Diese Sollbruchstelle „Eifersucht" hat also vermutlich den Sinn, die Teilbarkeit der Liebe realisieren zu lernen und die Menschen auf sinnvolles Gruppenverhalten vorzubereiten. Der Leidensdruck, der dabei auftritt, ist die Energie für die Weiterentwicklung der Persönlichkeit. Schmerzen haben ja immer auch für den Organismus den Sinn, einen Zustand, der schädlich ist, zu verändern.

Man könnte die Eifersucht somit auch unter „Paarbeziehungen" abhandeln. Denn Eifersucht entsteht, wenn die Beziehungen zwischen drei Personen gerade nicht miteinander harmonieren und das Dreieck in ein Paar und ein Individuum zerfällt. Die gelungene Harmonisierung der drei Beziehungen bildet die (kleinste) Gruppe.

Dem Feststellen von Unterschieden dienen daher vermutlich auch die Rivalitätskonflikte:

Rivalität: Zwei kämpfen um die Gunst eines Dritten

Vermutlich nur ein Sonderfall eines Koalitionskonfliktes ist die Rivalität. Ich schlage vor, von Rivalität immer nur dann zu sprechen, wenn die Koalitionen nicht mehr symmetrisch sind, sondern sich auf einen asymmetrischen Zustand eingependelt haben. Das heißt, wenn die Beziehung zwischen zwei Personen, nämlich den Rivalen, deutlich schlechter ist als die Beziehung der beiden zu einem Dritten. Wenn also beispielsweise von zwei Mitarbeitern eines Vorgesetzten ein jeder versucht, ein engeres Nahverhältnis zum Vorgesetzten zu haben als zum Kollegen, den Kollegen sogar unter Umständen beim Vorgesetzten schlecht macht, seine Leistungen herabsetzt, die eigenen Leistungen betont, um das Verhältnis zwischen sich und dem Vorgesetzten jeweils besser zu gestalten. Selbstverständlich können das auch zwei Männer sein, die um die Gunst einer Frau werben, oder zwei Frauen, die um die Gunst eines Mannes rivalisieren.

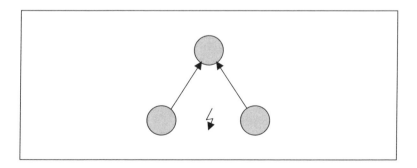

Bei verschiedenen Konfliktinterventionen habe ich immer wieder festzustellen können, dass viele Konflikte, die wie Konkurrenz erscheinen, etwa Wetteifer auf sachlicher Ebene, im Kern des Konfliktes Rivalitäten waren. Bei näherer Analyse stellte sich heraus, dass es im Grunde genommen um die Nähe zu einer dritten Person ging und gar nicht so sehr um die Sache. Ein Kennzeichen für eine Rivalität ist, wenn die beiden Personen in jeder beliebigen anderen Sache genauso miteinander „konkurrieren". In diesem Fall spricht man dann besser von Rivalität. Die Unterscheidung von Rivalität und Konkurrenz ist wichtig, weil Rivalitäten anders zu bearbeiten sind als Konkurrenzen. Konkurrenzen können durch Formalisierungen (zum Beispiel Kompetenzabgrenzungen) oder durch Ritualisierungen (zum Beispiel Kegelabende) sinnvoll stabilisiert werden. Es hat aber keinen Sinn, etwa die Rivalität, die als Konkurrenz ausgetragen wird, zum Beispiel mit Kompetenzabgrenzungen zu bearbeiten oder zu lösen zu versuchen, denn wird in einem Fall eine sachliche Kompetenzabgrenzung durchgeführt, wird die Rivalität selbstverständlich sofort einen anderen sachlichen Punkt ihrer Auseinandersetzung gefunden haben. Es ist also notwendig, Rivalität und Konkurrenz zu unterscheiden und im Einzelfall auch zu identifizieren.

Beispiel:

Ein klassisches Beispiel sind die so genannten „Doppelvorzimmer" in Chefetagen. Die Rivalität von zwei Sekretärinnen, die demselben Chef zugeordnet sind, ist schon vorprogrammiert. Die „sachlichen" Bemühungen einer jeden, es jeweils „am besten" zu machen, konzentrieren sich ja auf die Anerkennung des Chefs und werden daher gleichzeitig als Konkurrenz und Rivalität erlebt.

Delegationskonflikte

Diese Art von Konflikten entsteht immer dann, wenn die direkte Kommunikation zwischen zwei Menschen unterbrochen ist und über eine dritte Person läuft. Dies kann von großem Vorteil sein, wenn direkte Kommunikation aus technisch-organisatorischen oder sonstigen Gründen nicht möglich ist, da damit immerhin noch eine Kooperation – wenn auch auf indirekte Art und Weise – erreicht werden kann. Es ist aber natürlich ein Nachteil, weil es auf diesem Wege über die dritte Person fast immer zu „Übermittlungsfehlern", zu Missverständnissen, zu unterschiedlichen Interpretationen und oft zu einer Verstärkung des Konfliktes kommt. Dies gilt insbesondere dann, wenn diese dritte Person oder Instanz ein Interesse daran hat, dass die Kommunikation über sie läuft.

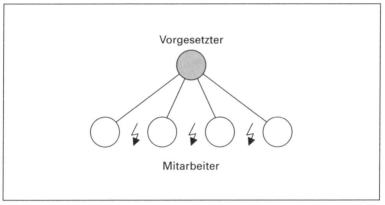

Konflikte zwischen Mitarbeitern stärken die Position des Vorgesetzen

Dieses Muster wird von vielen Vorgesetzten ausgenutzt und heißt in der klassischen Hierarchie „divide et impera". Viele Vorgesetzte sind gar nicht daran interessiert, dass sich ihre Mitarbeiter allzu gut verstehen, denn dann würde die Kommunikation nicht mehr grundsätzlich über ihn laufen, was für ihn einen beträchtlichen Machtverlust bedeutet.

Der Generaldirektor, der nur Gespräche unter vier Augen führt

Ich kannte einen Generaldirektor in Österreich, der nie eine gemeinsame Konferenz mit seinen Direktoren abhielt. Folgendes war üblich: Wer etwas will, geht zu ihm, wird stets freundlich angehört, bekommt das Versprechen, dass sein Anliegen mit den anderen besprochen und innerhalb einer Woche die Entscheidung getroffen wird. In einem neuerlichen Vieraugengespräch nach einer Woche hört er dann entweder: „Ihr Vorschlag ist sehr gut, die anderen sind auch dafür" – oder: „Leider sind Sie mit Ihrem Vorschlag der Zeit voraus, er ist gut, aber wir können das im Augenblick nicht machen, auch die anderen Herren sind dagegen." Damit der Kollege nun aber nicht hinausgeht und zu seinen anderen Vorstandskollegen sagte: „Wieso bist du dagegen?", bemerkt der Generaldirektor noch: „Und noch etwas, der Herr Sowieso hat mir über Ihren Bereich gesagt, es sei ihm zu Ohren gekommen, dass ... Wir können ja offen darüber reden – was ist bei Ihnen los?"

Damit ist genügend Misstrauen erzeugt, dass der betreffende Mitarbeiter über wichtige Dinge mit jenem Kollegen bestimmt nicht mehr sprechen wird. Das erste Zeichen von Misstrauen ist immer der Entzug von Information.

Das Prinzip von „divide et impera" ist nicht nur eine Lösung von Konflikten, sondern gleichzeitig auch eine Quelle von neuen Konflikten. Als Lösung von Konflikten hat es sich in der Geschichte sehr bewährt (siehe Kapitel 4, Konfliktlösungen). Es ist historisch bekannt, dass verschiedene Stämme, die ursprünglich miteinander verfeindet waren, über eine zentrale Instanz zu einer funktionierenden Kooperation gelangen konnten. Bis heute kann es zum Beispiel in manchen Ehesituationen ganz praktisch sein, etwa ein befreundetes Ehepaar zu haben, über die bestimmte Kommunikationen laufen können, wenn die direkte Ansprache gerade nicht oder nicht mehr funktioniert.

Man kann auch vermuten, dass der über „divide et impera" zu Einfluss Gelangende das Prinzip der Konkurrenz und Eifersucht konsequent handhabt. Er stellt jedes Mal (wenn auch oft nur zum Schein) eine exklusive Zweierbeziehung her und animiert damit den ausgeschlossenen Dritten, dies ebenfalls zu tun. Das dadurch entstehende Misstrauen bewirkt seinen „Machtzuwachs".

Versachlichungskonflikte

Die Verdinglichung von Kommunikation scheint eine immer deutlichere und gravierendere Konfliktart zu sein. Das Dreieck lautet Mensch – Sache – Mensch. Als Sache können auch Formulare, Maschinen oder Regeln angesehen werden. Zwischen zwei Menschen steht als Drittes eine bestimmte Sache, die die Kommunikation einschränkt, in eine bestimmte Richtung lenkt oder im Extremfall sogar verhindert.

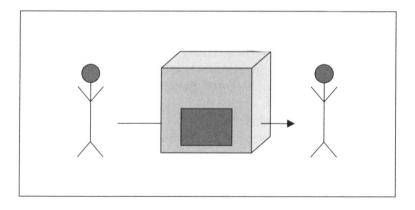

In einer Firma, die ich beraten habe, herrschte das Prinzip, dass die Leistungsmessung, nach der zum Beispiel das Gehalt festgesetzt wurde und Beförderung erfolgte, nach der Gaußschen Wahrscheinlichkeitsverteilung zu erfolgen hatte. Dies ist bis auf kleine Abteilungen hinunter spezifiziert worden und hatte oft paradoxe Situationen zur Folge. So musste zum Beispiel ein Vorgesetzter, der fünf Mitarbeiter hatte, nun einen mit „sehr gut", einen mit „gut", zwei mit „befriedigend" und einen mit „genügend" beurteilen. Selbst für den denkbaren Fall, dass alle fünf ungefähr ähnliche, vergleichbare Leistungen hatten, musste einer davon mit „genügend" und mindestens einer mit „befriedigend" beurteilt werden. Zwischen dem Vorgesetzten, der mit dem Betreffenden sprach und sagte „Ihre Leistung ist eigentlich kaum schlechter als die der anderen", und dem beurteilten Mitarbeiter stand die Regel, nach der der Vorgesetzte gezwungen war, die Gaußsche Verteilungskurve anzuwenden.

Ich selbst habe an der Universität einen ähnlichen Konflikt, weil meine Benotungen nicht der Gaußschen Kurve genügen. Es überwiegen die Noten „gut" und „sehr gut". Meine Kollegen vermuten als Gründe: ich prüfe zu leicht, ich kontrolliere zu wenig gegen „Schwindeln" usw. Möglich ist natürlich auch, dass die „Genügend"- und „Nicht-genügend"-Kandidaten gar nicht zur Prüfung antreten. Ausschließen kann man natürlich als Grund, dass die guten Noten Folge meiner pädagogischen Fähigkeiten sind, den Stoff in der Vorlesung verständlich aufzubereiten ...

Andere Beispiele für Verdinglichung oder Versachlichung von Konflikten treten branchenspezifisch auf, wie etwa bei Versicherungsgesellschaften. Dort müssen zunächst die individuellen Bedürfnisse des Kunden in statistische Risiken übersetzt werden, die dann im Schadensfall wieder auf die konkrete Situation projiziert werden, um eine Leistung der Versicherung zu bekommen.

▶ **Ohne „Lebensbestätigung" keine Pension!**

Beispiel:

Eine Tante von mir hatte in der Zwischenkriegszeit mit einem Beamten der Rentenversicherung einen Konflikt, der darin bestand, dass der Versicherungsbeamte ihr die Pension nicht auszahlen wollte. Sie musste, um die Pension zu erhalten, jedes Monat eine Bestätigung des Hausarztes beibringen, dass sie noch lebt. Diese „Lebensbestätigung" hatte sie, da sie im Urlaub war, nicht im Juli, sondern erst wieder für den August gebracht. Nun weigerte sich der Beamte, ihr die Rente für den Juli auszuzahlen, da ja die Lebensbestätigung, die aber Bedingung für die Auszahlung war und dem Akt beigelegt werden musste, dafür nicht vorlag.

Hier ist in der Relation zwischen zwei Menschen die abstrakte Regel die Konfliktursache.

Der häufigste Anlass für Versachlichung dürfte heute die Kommunikation über den Computer sein. Hier müssen Kommunikationen extrem vergegenständlicht, digitalisiert werden, was dazu führt, dass wesentliche Elemente der zwischenmenschlichen Kommunikation verloren gehen.

Gruppenkonflikte

▶ Grundmuster: Jagdgruppe – „Gang"

Die Jagdgruppe spielte in der Entwicklung der Menschheit eine wichtige Rolle. Ich habe mich darüber ausführlich in dem Buch „Die ‚Heilige Ordnung' der Männer" geäußert. Vermutlich hat die Gruppe ihren Ursprung in der männlichen Jagdgruppe. Heute können sich Männer noch in viel höherem Maße mit Männergangs identifizieren, als es Frauen etwa mit Frauengruppen tun, wobei wir feststellen müssen, dass Frauengruppen ganz selten eine große Bedeutung in der Geschichte hatten oder auch in der Gegenwart haben.

Männergangs gibt es vom Fußball bis zur Arbeitswelt, vom Kloster bis zum Militär. Gruppen gibt es als Montagegruppen oder als Vorstand eines Unternehmens, als Gruppe in einem Krankenhaus oder im Rahmen einer Konferenz, als Freizeit- und Urlaubsgang. Überall spielen Gruppen eine große Rolle. Man kann auch Familien, wenn sie mehrere Mitglieder umfassen, als Gruppen ansehen.

Wir erleben heute einen Prozess, in dem Konflikte immer mehr auf die Organisationsebene verlagert werden. Trotzdem scheint mir ein Großteil der Konflikte noch innerhalb von Gruppen zu existieren. Die Gruppendynamik versucht die Gesetzmäßigkeiten, nach denen Gruppen funktionieren, zu erforschen, weil ihre Handhabung, insbesondere die Steuerung des Gruppenprozesses, eine der Voraussetzungen für die Einführung moderner Führungs- und Managementmethoden darstellt. Den Gruppenprozess steuern zu können ist auch die einzig wirksame Möglichkeit, in der Gruppe Konflikte zu bearbeiten und zu lösen.

Ein wesentliches Kennzeichen von Gruppen ist die „emotionale Partizipation". Darunter verstehe ich den Versuch, die Mitglieder der Gruppe im Bereich des Emotionalen mehr oder weniger gleichzuschalten und auf eine gemeinsame emotionale Einstellung zu bringen. Nur im Rahmen dieser emotionalen Einstellung sind die einzelnen Probleme der Gruppe sinnvollerweise zu bearbeiten. Gruppen beschäftigt meist unausgesprochen zuerst die Frage der Gemeinsamkeit, der Loyalität ihrer Zugehörigkeit. Wer gehört dazu, wer gehört nicht dazu? Wenn sich Gruppen einen Namen geben, bestimmte Rituale entwickeln, ein Belohnungs- und Strafesystem festlegen, dann dient dies vor allem dem Zweck der emotionalen Einigung und Bestätigung der äußeren wie inneren Zugehörigkeit.

Gruppen arbeiten sehr selten wirklich arbeitsteilig. Da sie aus der Jagdgruppe entstanden sind, war ursprünglich wichtig, dass alle alles können und jeder jeden ersetzen kann. Besondere Genies sind daher immer Einzelkämpfer und ganz selten im Rahmen einer Gruppe anzutreffen. Die Gruppe hat auch in diesem Zusammenhang gleichmachende Tendenzen, sie feuert den Langsameren an und bremst den Schnelleren, so dass eine gemeinsame Leistung – hier: ein vergleichbares, ähnliches Tempo – zustande kommt. Auf der anderen Seite erbringen gut funktionierende Gruppen, insbesondere wenn sie aus Spezialisten bestehen, Leistungen, die weit über das mögliche Maß von Einzelleistungen hinausgehen.

Wir haben bei unseren Recherchen insgesamt neun verschiedene Konflikte gefunden, die innerhalb der Gruppe auftreten:

Untergruppenkonflikte, Territorialkonflikte, Rangkonflikte, Normierungskonflikte, Zugehörigkeitskonflikte, Führungskonflikte, Reifungs- und Ablösungskonflikte, Substitutionskonflikte, Verteidigungskonflikte.

Untergruppenkonflikte

▶ **Paar oder Dreieck versus Gruppe**

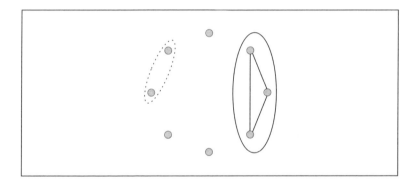

Die Schnittstelle zwischen kleineren sozialen Einheiten und der Gesamtgruppe ist eine Quelle häufiger Konflikte. Gruppen fühlen sich durch andere Formen der Zugehörigkeit, insbesondere durch Paare oder Dreiecke, bedroht. Diese bekommen abwertende Bezeichnungen wie „Pärchen", „Klüngel", „Clique", „Bande" und bedrohen die emotionale Sicherheit der Gruppe, weil in ihnen grundsätzlich etwas Konspiratives vermutet wird. Gruppen betrachten Subkommunikationen daher immer mit Argwohn. Und die Erfahrung bestätigt dies: Dem Zerfall einer Gruppe geht fast immer Untergruppenbildung voraus. Intuitiv werden Untergruppen daher immer als Bedrohung der Gruppe erlebt, und die Gruppe versucht, diese nach Möglichkeit zu zerstören.

Eine neue Abteilung zum Beispiel, die aus mehreren ehemaligen Abteilungen zusammengelegt wurde, ist häufig bestrebt, Beweise der Loyalität ihrer einzelnen Mitglieder, insbesondere der Untergruppen, zu verlangen. Bei Zusammenlegung mehrerer Abteilungen zu einer stellen wir immer wieder den Argwohn fest, dass bei vielen Entscheidungen – seien sie längerfristig wie etwa im Rahmen des Personals oder kurzfristig wie etwa die Urlaubseinteilung – vermutet wird, dass Mitglieder ehemaliger Untergruppen einander bevorzugen, einander helfen und so die neue Gruppe selber wieder in Frage stellen. Manchmal bestehen solche Untergruppierungen innerhalb von Gruppen ganz „offiziell" in Form von gemeinsamer Freizeitbeschäftigung. Sie spielen miteinander Tennis oder Tarock, um zumindest auf diese Weise die alte Zugehörigkeit zu pflegen. Hier ist immer mit Argwohn der Nichtbeteiligten zu rechnen.

Aus diesem Zusammenhang ergibt sich eine klassische Konfliktsituation, die man zum Beispiel als „Sand im Getriebe" eines Unternehmens bezeichnen kann. Man stellt fest, dass sich Mitglieder von Untergruppen vor einer Sitzung der Gruppe getroffen haben. Haben sie etwas außerhalb abgesprochen? Haben sie etwas abgemacht? Werden bestimmte Informationen nicht in die Gesamtgruppe eingebracht? Sicher ziehen diese daraus einen Vorteil! Sonderinformationen und Absprachen gehören zum klassischen Repertoire der Untergruppenkonflikte. Besonders unzugänglich für die Gesamtgruppe sind Paare. Heterosexuelle Kontakte einzelner Gruppenmitglieder können die Gruppe relativ rasch zerstören oder zumindest gefährden. Insofern ist das Beschäftigungsverbot eines Ehepaares innerhalb einer Abteilung gruppendynamisch gesehen durchaus verständlich.

Natürlich wird die Gruppe auch vom Individuum als solchem gefährdet. Sie hat aber ein großes Repertoire an Möglichkeiten, Individuen solange unter Druck zu setzen, bis sie sich an die Gruppe anpassen. Ich habe selten erlebt, dass Personen sich nicht angepasst haben. Die Alternative für das Individuum ist dann, aus der Gruppe auszuscheiden. Paare oder „Dreiecke" haben eine wesentlich höhere Resistenz gegen Gruppendruck, wobei drei Personen bereits eine so starke Untergruppe bilden können, dass der Konflikt mit der Spaltung der Gruppe, das heißt oft auch mit der Zerstörung der Gruppe endet.

Vielleicht ist es sinnvoll, an dieser Stelle die generelle Gesetzmäßigkeit des Widerspruchs noch einmal zu reflektieren: Paare und „Dreiecke" haben die Tendenz, Gruppen zu (zer)stören. Gruppen ihrerseits versuchen, Paare und „Dreiecke" zu (zer)stören. Dennoch sind sie aufeinander angewiesen. Das Konfliktmanagement besteht also in der Kunst, diese Widersprüche dem jeweiligen Problem adäquat auszubalancieren und nie eine dieser Konstellationen vollständig zugunsten der anderen zerstören zu lassen.

Wer sich von Untergruppen oder von Einzelpersonen eine Gruppe zerstören lässt, wird sie bei anderer Gelegenheit, bei der sie dann notwendig wäre, in ihrer Funktionsfähigkeit genauso vermissen wie jemand, der einer Gruppe erlaubt, alle anderen Strukturen vollständig zu vereinnahmen. Diese Konflikte treten oft auf oder laufen aus dem Ruder, wenn man zum Beispiel versäumt, bei „sachlich" notwendigen Entscheidungen (zum Beispiel Einführung eines konkurrenzfördernden Prämiensystems) die Auswirkung auf die Balance dieses Widerspruchs zu berücksichtigen. Ich kenne Manager, die sozusagen wild und dilettantisch mit irgendwelchen Entscheidungen in Sozialgebilde hineinfahren und sich später wundern, wieso sie damit keinen Erfolg haben oder sogar das Gegenteil von dem erreichten, was sie wollten.

Territorialkonflikte

Sowohl Individuen als auch Gruppen oder Stämme brauchen für ihre Sicherheit und Stabilität, für ihre Einheit und ihre Identität so etwas wie einen festgelegten Einfluss- oder Wohnbereich, ein Territorium. Dieses Territorium muss nicht unbedingt räumlich definiert sein, es kann auch durch Kompetenzen und Kompetenzabgrenzungen im Rahmen eines Einflussbereiches oder durch bestimmte Arbeitsstrukturen festgelegt sein. Es definiert aber die Einheit der Gruppe und wird nach außen von dieser Gruppe verteidigt.

Die Territoriumskonflikte sind neben den Rangkonflikten nach meinen Erfahrungen die stärksten innerhalb einer Gruppe. Sie lösen die größten Emotionen aus, und die Diskussionen über Territorien dauern sehr, sehr lange. Wie lange man sich um die Größe eines Zimmers, um die Ausstattung mit Tischen und Sesseln oder um die Ausrüstung von gemeinsamen Räumen streiten kann, in übertragenem Sinn: wie sehr man um die Kompetenzen, um den Zuständigkeitsbereich feilscht und streitet, dies ist für einen Außenstehenden oft sehr verwunderlich.

Ein klassischer Fall ist hier etwa der Gebietsschutz im Verkaufsbereich. So sind bei einer Versicherung, bei der wir Interviews machten, auf die Frage nach der Konkurrenz zunächst einmal der Kollege derselben Firma im nächsten Ort oder Stadtteil und danach erst der Vertreter anderer Gesellschaften genannt worden.

Um diese Territorialkonflikte zu kanalisieren oder womöglich überhaupt zu vermeiden, werden in Hierarchien daher genaue Regeln aufgestellt: Wie groß soll der Schreibtisch eines Ministerialbeamten sein, wann bekommt er einen Vorhang, wie groß ist das Zimmer, wie groß der Teppich?

▶ Je mehr Fenster, desto mehr Ansehen

Als ich in die Universität einzog, hatten die Assistenten normalerweise ein Zimmer mit einem Fenster, ein Professor hatte ein Zimmer mit zwei Fenstern. Durch Zufall ergab es sich, dass ein Professor ein Zimmer mit drei Fenstern bekam, weil es ein Eckzimmer war. Er verkündigte nun überall, er sei besser und man habe ihm deshalb ein größeres Zimmer eingeräumt. Der akademische Senat beschloss daraufhin, mit Hilfe einer Mauer dieses eine Fenster vom Raum abzuteilen und noch ein kleines Sekretariat daraus zu machen, so dass auch dieser Professor ein Zimmer mit nur zwei Fenstern bekam.

Territorialkonflikte sind vermutlich auch deshalb notwendig, weil ohne Festlegung eines wenn auch noch so geistigen Territoriums Sicherheit und Identität einer Gruppe auf die Dauer nicht gewährleistet werden kann. Dies gilt vermutlich auch für größere Bereiche, etwa für Stämme, für Länder, für Völker und Nationen. Nicht umsonst sind Territorialkonflikte meist der Hintergrund von Kriegen. Der Ausgang solcher Territorialkonflikte in Unternehmen ist oft dadurch gekennzeichnet, dass manche Mitarbeiter bereit sind, auf einen Teil des Gehalts zu verzichten, um dafür lieber in einem größeren Zimmer zu „residieren". Ein Zimmer zu verlieren bedeutet für viele Menschen soviel wie den Job in der Firma zu verlieren.

Wichtig ist in diesem Zusammenhang auch, wer wen in dessen Zimmer besucht. Zum Chef geht man hin, man betritt sein Zimmer, man muss einige Schritte bis zu seinem Schreibtisch gehen. Kommt der Chef zum Mitarbeiter, verzichtet der Vorgesetzte auf diesen territorialen Vorteil, der darin besteht, dass sich der andere im Raum eines Höhergestellten oder auch eines Fremden viel unsicherer fühlt. Besucht er den Mitarbeiter in dessen Zimmer, dann muss er sich selber sicher fühlen. Die Größe des Zimmers, des Schreibtisches, also die Größe des Territoriums eines Mitarbeiters wird also nicht nur nach dem funktionalen Bedarf ermittelt, sondern vor allem nach der hierarchischen Rangposition. Diese beiden Entstehungskriterien korrelieren aber immer weniger positiv.

Das Territorialverhalten ist für den Menschen offensichtlich so wichtig, dass viele Produkte darauf aufbauen. Als mobiles Territorium können in unseren Zeiten Schiffe oder Autos gelten. Das Auto ist auch Prestigesymbol und charakterisiert Rangkonflikte, der Parkplatz in einem Haus ist sehr oft der Grund für die Kombination von Rang- und Territorialkonflikten.

Ich bin im Rahmen meiner Produktforschungen immer wieder darauf gestoßen, dass Produkte, die sich am Markt durchsetzen, den Konflikt eines uralten Widerspruchs für die Menschen lösen. Ich werde darauf noch im Kapitel 6, Produktwidersprüche und Organisationskonflikte, zurückkommen.

Rangkonflikte

Rangkonflikte sind vermutlich neben den Territoriumskonflikten in einer Organisation die häufigsten. Es ist einer der Gründe für die Stabilität von Hierarchien, dass sie mit ihren Superpositionsritualen an die Rangkonflikte des Tierreichs anschließen. In jedem Stamm, auch bei Tierpopulationen, gibt es Festlegung von Rangpositionen. Diese Rangpositionen werden nach der Wertigkeit der Funktionen festgelegt, die ein bestimmtes Individuum für die Gruppe wahrnehmen kann. Wenn es für die Gruppe ganz wichtig ist, sich zu verteidigen, dann wird der Stärkste, der sie am besten verteidigen kann, auch die höchste Rangposition haben. Ist es wichtig, sehr gut zu hören, um die Gruppe zu warnen, dann wird der, der am besten hört, diese Dominanzposition innehaben.

Die Alpha-, Beta-, Gammapositionen haben erstens einen sehr viel stärkeren Überlebenswert, das heißt, die Alphaposition hat bevorzugten Zugang zur Nahrung, und zweitens einen Selektionswert, denn die Alphaposition hat bevorzugten Zugang zu den Fortpflanzungsaktivitäten. Der bevorzugte Zugang sowohl zur Nahrung als auch zu den Fortpflanzungsaktivitäten sichert dem Tier in Alphaposition und seinen Fähigkeiten größere Überlebenschancen als denen, die in der Rangposition die untersten Plätze einnehmen. Durch dieses Selektionsprinzip kann sich eine Population immer besser an ihre Umwelt anpassen.

Auch bei den Menschen genießen jene Gruppenmitglieder, deren Verhalten der ganzen Gruppe den meisten Erfolg bringt, die größte Autorität. Erfolgreiche kommen in die Alphaposition, die Inhaber der Beta-, Gammaposition sind weniger erfolgreich. Dies geht soweit, dass Erfolge, die ein Gruppenmitglied niedrigeren Ranges erreicht, nicht selten von der Gruppe dann den oberen Positionen zugeschrieben werden. „Ein Inhaber einer niedrigen Rangposition hat keine vernünftige Meinung. Hat er doch eine, ist sie sicher nicht von ihm." Mit diesem Vorurteil stabilisiert die Gruppe ihre Rangordnung.

In der Zivilisationsentwicklung der Menschheit hat dieser Konfliktbereich durch die Arbeitsteilung noch zusätzlich an Bedeutung gewonnen. Die Festlegung von Rangpositionen bringt Ordnung in ein Sozialgefüge. Man sieht das vor allem, wenn neue Gruppenmitglieder hinzukommen und zunächst einmal ein Kampf um die Rangpositionen entbrennt. Erst wenn festgelegt ist, welche Rangposition der Neue einnimmt, so dass er also gegen den Nächsthöheren verloren und den Nächstniederen gewonnen hat, zieht wieder Ruhe in die Gruppe ein.

In Gruppendynamik-Seminaren können wir oft beobachten, dass die ersten zwei bis drei Sitzungen der Auseinandersetzung um Rangpositionen gewidmet werden. Man ist sehr vorsichtig mit Äußerungen anderer Personen gegenüber, solange man noch nicht weiß, welche Rangposition diese innehaben.

Die festgelegten Rangpositionen werden durch äußere Zeichen deutlich gemacht. Beim Militär geschieht dies durch die Anzahl der Sterne, im übrigen Geschäftsleben kann es auch ein Dienstwagen, ein blauer Anzug mit Krawatte oder auch ein bestimmter Titel sein, womit Rangpositionen sichtbar werden.

Titel und Orden sind ein bekannter Ausdruck von Hierarchien. Wie schon bei der Konkurrenz im Paarkonflikt erwähnt, sind Konkurrenzkonflikte ein Hilfsmittel der differenzierten Arbeitsteilung. Ohne sie wäre es nur schwer möglich, den jeweils Geeignetsten für die Wahrnehmung einer bestimmten Funktion herauszufinden. Die Rangordnung legt die Arbeitsteilung fest. Sie stimmt in einem hierarchisch geordneten Unternehmen nicht unbedingt mit der Leistungsskala überein – so dass zwei nebeneinander bestehende Ordnungen existieren können: die Rangordnung, die sich im Leistungswettkampf ergibt, und die durch Regeln festgelegte hierarchische Rangordnung (Alter, Ausbildung, Zugehörigkeit etc.).

Rangkonflikte gibt es praktisch in jedem Sozialgebilde. Nimmt man ganz sachlich erscheinende Diskussionen, etwa um Entscheidungsfindungen in einem Vorstand oder einer Abteilungsleiterbesprechung, auf Video auf und lässt sie nachher durch die Beteiligten analysieren, dann erkennen diese, dass Beiträge oft weniger einen sachlichen Sinn haben als einen Sinn bezüglich der Rangordnung. Hier werden Territorien und Rangpositionen bekräftigt oder verteidigt. Mancher nimmt dazu Stellung, weil er aus seiner Position dazu Stellung nehmen muss, selbst wenn er nichts weiß, wenn es ihn nicht viel angeht usw. Umgekehrt erwartet man auch von dem „Alpha-Tier", dem Leiter der Gruppe, dass er dazu Stellung nimmt. Tut er das einmal nicht, fühlen sich die anderen dadurch verunsichert.

Sehr positiv auf das Konfliktverhalten in einer Gruppe wirkt sich ritualisiertes Konfliktagieren wie zum Beispiel Kegeln, Tennis- oder Kartenspielen aus. Hier ist neben der Geschicklichkeit auch oft dem Zufall überlassen, wer „die besseren Karten hat", so dass sich Rangpositionen ändern. Mit dem 18er sticht man den 17er, eben weil es der 18er ist – unabhängig von sonstigen Qualitäten. Die oberste Karte ist immer Trumpf. Solche Spiele machen großen Spaß, weil hier ein Gegengewicht zu sonstigen Hierarchien gesetzt wird. Sie bieten Gelegenheiten, auch Rangpositionen wenigstens „spielerisch" zu relativieren, und machen deutlich, dass sie nichts Allgemeingültiges und „Ewiges" sind.

Die Variationen für die Kreativität im Festlegen von Ranking sind fast unbegrenzt und natürlich kultur- und stammesspezifisch. Der hierarchische Rang ist meist durch Kompetenz, Titel, Geld und Territorium definiert. Es gibt aber auch einen Expertenrang. Die Fachsprache dient oft dazu, diesen Rang abzusichern. In vielen Organisationen, besonders politischer Art, dominiert „Beziehungsrang". Aber auch Herkunftsrang kann eine Rolle spielen.

Ich hatte einmal die Aufgabe, vor einer Organisation, die stark vom Adel dominiert wurde, einen Vortrag zu halten. Die ersten Reihen waren sehr spärlich besetzt. Sie waren den Fürsten vorbehalten, von denen aber nur zwei anwesend waren, dahinter saßen die Grafen usw. Auch die Reihenfolge der Wortmeldungen in der anschließenden Diskussion folgte der traditionellen Rangordnung des Adels.

Meist drückt sich wie bei Kirche oder Militär der Rang auch in der Kleidung aus. Aber auch das Fehlen von Kleidung kann Rangbedeutung haben. Ich bin einmal mit Konrad Lorenz mit einem Boot zu einem von ihm gegründeten FKK-Strand an der Donau nördlich von Wien gefahren. Wir unterhielten uns über Rangkonflikte, und er erzählte, dass er lange nicht daraufgekommen sei, dass auch Nacktheit ein Statussymbol sein könnte. Er unterhielt sich öfter mit einer Familie, die meist ein Kindermädchen mitbrachte. Dieses Mädchen behielt die Kleider an, während die ganze Familie nackt baden ging. Konrad Lorenz erzählte, dass er ursprünglich meinte, dies sei wohl der Wunsch des Mädchens, bis es eines Tages um die Erlaubnis bat, sich auch ausziehen zu dürfen. Es hatte Angst, durch Nacktheit den Rang ihrer Herrschaft zu gefährden.

Normierungs- und Bestrafungskonflikte

Das Normensystem beinhaltet alle jene Regeln, die die Menschen zum Überleben in ihrer Umwelt brauchen. Der Mensch als Freigelassener der Schöpfung ist ja nicht mehr durch die Erbkoordinationen oder Instinkte an bestimmte Reaktionen auf Reize gebunden beziehungsweise gezwungen, vielmehr kann er in vielen Fällen seine Reaktionen auf bestimmte Reize nach seiner eigenen Entscheidung treffen. Solche Entscheidungen werden allerdings durch das jeweilige Normensystem vorgeformt. Dieses Normensystem kann man als allgemeinen Anpassungsindex an die jeweilige Umwelt verstehen. Was erlaubt und was verboten ist, wird durch dieses Regelsystem definiert.

Es ist selbstverständlich, dass sich im Laufe der Geschichte sowohl durch Umweltänderungen Modifikationen der Regeln ergeben mussten als auch durch lokale Differenzierung. Was im einen Fall gelernt werden muss – also etwa Schiffe bauen, wenn man am Wasser lebt –, ist im anderen Fall unnötig, wenn man im Landesinneren lebt – dort braucht man vielleicht Fuhrwerke.

Die Einhaltung dieser Regeln muss nun von den einzelnen Gruppenmitgliedern durch Sanktionen erzwungen werden. Regeln richten sich grundsätzlich gegen die Natur des Menschen. So gibt es etwa kein Gebot: „Du sollst nicht das Atmen vergessen", wohl aber gibt es ein Gebot: „Du sollst nicht stehlen" – wenn die Eigentumsverhältnisse in einem Sozialsystem so wichtig sind, dass Verstöße gegen die Eigentumsordnung die Gruppe gefährden können.

Normierungs- und Bestrafungskonflikte treten somit immer dann auf, wenn ein Mitglied der Gruppe gegen die Spielregeln verstoßen hat. Durch Bestrafung des Gruppenmitglieds soll die Norm wieder hergestellt und das betreffende Gruppenmitglied wieder in die Gruppe integriert werden.

Sehr schön schildert etwa Peter Rosegger in seinen autobiographischen Notizen „Als ich noch ein Waldbauernbub war", wie er unter der Strafe für das Zerschlagen einer Uhr auf der einen Seite zwar litt, sie auf der anderen Seite aber genoss, weil dadurch die Ausschließung aus der Gruppe wieder rückgängig gemacht wurde.

Früher gab es den Ausdruck „vogelfrei" für diejenigen, die zu keiner Gruppe mehr gehörten; diese konnten jederzeit von jedem ohne Konsequenzen getötet werden. Im übertragenen Sinn gilt dies heute noch. Daher ist der Ausschluss aus der Gruppe mit Sicherheit die härteste Bestrafung für das Individuum.

In der konkreten Situation der Unternehmungen zeigt sich nun, dass es immer ein offizielles und ein inoffizielles Normensystem gibt. Unter Umständen können die beiden Normensysteme sogar einander widersprechen.

▶ Überstunden

Ich hatte einen Konfliktfall in einem Unternehmen, in dem es üblich war, Überstunden aufzuschreiben und anschließend abzurechnen. Nun gab es aber auch eine inoffizielle Regelung, dass ab einem bestimmten Level Überstunden nicht mehr bezahlt werden. Eine Frau, die das trotzdem tat und dem Vorgesetzten ihre Überstunden offiziell in Rechnung stellte, wurde nach einiger Zeit – natürlich aus anderen Gründen – entlassen. Es war aber ganz deutlich, dass dieser Verstoß gegen die inoffizielle Regel der eigentliche Ausgangspunkt war.

▶ Inoffizielle Regeln bei Brokern

Ähnliches wird von Brokern im Aktien- oder Terminhandelsgeschäft berichtet, die nach bestimmten inoffiziellen Regeln, die sehr streng sind, ihre Geschäfte abwickeln. Diese aufzuschreiben und zu überprüfen, das ist ein Ding der Unmöglichkeit. Die einzige Handhabe gegenüber jemandem, der sich nicht an diese Regeln hält, besteht daher im Ausschluss von der weiteren Kommunikation.

Das Normensystem entscheidet also hier eigentlich zwischen Tod und Leben, wobei man unter Tod nicht unbedingt das Absterben des Organismus verstehen muss. Tod kann auch den sozialen Tod, den Verlust einer Bezugsgruppe meinen.

In der Masai Mara habe ich beobachten können, dass im Tierreich sozialer Tod und physischer Tod noch insofern kombiniert sind, als dasjenige Tier, das aus einer Herde von einem Raubtier als Opfer ausgesucht wird, nicht selten vorher von der Herde selbst definiert wurde. Ein bestimmtes Tier, von dem sich alle anderen abwenden, wird dadurch dem Gerissenwerden durch das Raubtier ausgeliefert. Es ist möglicherweise nicht einmal das schwächste, sondern dasjenige Tier, das die anderen loswerden wollen. Psychisch bedingter Tod, tiefsitzende Kränkungen durch die Trennung von Bezugspersonen oder Bezugsgruppen sind auch bei Menschen Folgen von Bestrafungs- und Normierungskonflikten.

Es ist oft schwer zu verstehen, warum ein bestimmtes Gruppenmitglied plötzlich von der gesamten Gruppe bekämpft und schließlich ausgeschlossen wird. Die Schilderung des Vergehens, dessen sich dieses Gruppenmitglied schuldig gemacht hat, ist einem Außenstehenden oft überhaupt nicht einsichtig. Man bedenke nur die klassischen Fälle der Weltgeschichte. So konnte etwa Pontius Pilatus die Schuld überhaupt nicht verstehen, die Jesus von Nazareth auf sich geladen hatte, weswegen er dem Tode überliefert werden sollte („Ich finde keine Schuld an ihm.").

Für die Lösung von Normierungskonflikten ist sehr genau die Konfliktebene zu beachten. Interventionen auf anderen Abstraktionsebenen sind meist nicht erfolgreich. Ich hatte in Afrika einmal eine Diskussion mit einem Arzt, der einen Fall eines Voodoo-Todes erzählte. Mit dem Tode bedacht werden Tabuverletzer. Eine Massai-Frau, die einige erfolgreiche Entbindungen im Spital des weißen Arztes hinter sich hatte, erschien eines Tages beim „doctor" und erzählte ganz verzweifelt: sie habe von einem Feld Früchte genommen, das der (neue) Medizinmann für Tabu erklärt hatte. Sie habe das nicht gewusst, aber der Medizinmann habe gesagt, sie müsse nun innerhalb von drei Tagen sterben. Sie wolle aber nicht sterben, und so machte sie sich eine Tagesreise weit zum weißen Doktor auf in der Hoffnung, er könne ihr helfen. Der Arzt erzählte, dass er alles, was in seinem medizinischen Können liegt, getan habe (Röntgen, EKG, herzstärkende Mittel etc.), die Frau sei aber plötzlich am dritten Tage an vagovasalem Herzversagen verstorben.

Hier handelte es sich meiner Meinung nach nicht um ein medizinisches Problem, das mit den Mitteln unserer Organmedizin gelöst werden könnte, sondern um die somatischen Auswirkungen eines sozialen Konfliktes, nämlich einer Normverletzung. Die Intervention des Arztes hätte meines Erachtens daher auch auf dieser Ebene erfolgen müssen. Ob es erfolgreich gewesen wäre, die Frau in einen Landrover zu setzen und mit ihr zum Medizinmann zu fahren, mit diesem zu verhandeln (ihn zu bestechen), dass er den „Zauber" wieder von der Frau nimmt, weiß ich nicht. Jedenfalls hätte man auf dieser Ebene intervenieren müssen und nicht auf der Ebene der medizinischen Befindlichkeit. So wie in der Medizin gibt es auch bei Konflikten sehr häufig die (natürlich erfolglose) Symptombekämpfung.

Normierungskonflikte kann man auch als „Wertkonflikte" oder „Bewertungs- oder Beurteilungskonflikte" bezeichnen. Aus jedem Normensystem kann man eine Wertrangfolge ableiten. Daraus ergibt sich, dass unterschiedliche Normensysteme ein und dieselbe Situation unterschiedlich bewerten können. Darüber hinaus stellt die Entwicklung eines individuellen Gewissens, wie sie von den Erlösungsreligionen gefordert wird, den Menschen vor die Notwendigkeit, die Anwendbarkeit eines (internalisierten) Normensystems in der augenblicklichen Situation vor diesem individuellen Gewissen zu überprüfen (kategorischer Imperativ). Diese Überprüfung führt notwendig immer wieder zu den so genannten „Gewissenskonflikten", die ich zu den Normierungskonflikten zähle. Auch der immer wieder von den Philosophen betonte Unterschied zwischen Legalität und Moralität gehört hierher. Denn wenn jemand aus Gewissensgründen gegen ein Gesetz verstößt, dann ist die Tat zwar „moralisch" gerechtfertigt, wird aber trotzdem „legal" bestraft, wenn er sich erwischen lässt.

Zugehörigkeitskonflikte: Membership, Außenseiter und Neue, Mobbing

Diese Konfliktart steht in engem Zusammenhang mit den eben referierten Normierungs- und Bestrafungskonflikten. Denn normiert und bestraft kann nur ein Mitglied der Gruppe werden, das gegen die Gesetze der Gruppe verstoßen hat. Die Grundfrage, die sich daher ergibt, ist: Wer gehört zur Gruppe mit dazu? Diese Konflikte sind sehr intensiv und für jede Gruppe von enormer Wichtigkeit. In den Gruppenkonstitutionsdiskussionen wird diesem Thema allergrößter Raum gewährt. Auch die Initiationsriten, die sich damit beschäftigen, ein neues Mitglied in die Gruppe aufzunehmen, sind von sehr intensiven Diskussionen und Gefühlen aller Gruppenmitglieder begleitet.

In der Gruppendynamik, die sich mit dem Herbeiführen von Gruppen, mit der Teambildung beschäftigt, haben wir sehr oft die Erfahrung gemacht, dass bei neugebildeten Gruppen erst ab einem bestimmten Intensitätsgrad der Kooperation jener Punkt auftritt, an dem fast alle Mitglieder der Gruppe das Gefühl haben: jetzt sind wir eine Gruppe. Dies ist gleichzeitig der Beginn der Möglichkeit von Zugehörigkeitskonflikten, wenn der eine oder andere sich noch nicht so intensiv zur Gruppe zugehörig fühlt wie andere Mitglieder.

Während des Prozesses der Gruppenkonstitution hat jeder die Möglichkeit, im inoffiziellen Normensystem der Gruppe seinen Einfluss geltend zu machen, so dass er sich schließlich voll mit den Gruppenzielen identifizieren kann. Hat man einmal dem Gruppengeschehen zugestimmt, ist es sehr schwer, dieses Normensystem zu verändern. Dann nämlich wird der Verstoß gegen die Gruppennorm als Illoyalität empfunden, insbesondere wenn der Betreffende womöglich noch darauf hinweist, dass er nie so wirklich dafür war.

Das unterscheidet ja in der Effizienz auch Gruppenentscheidungen von Einzelentscheidungen. Die Einzelentscheidung wird von einem Vorgesetzten ohne Übereinstimmung der Gruppenmitglieder getroffen. Wenn die Entscheidung sich als nicht sehr sinnvoll erweist, kann die Gruppe nachher sagen, dass sie ja nicht dafür war. Bei Gruppenentscheidungen geht das nicht. Jemand, der zugestimmt hat, kann hinterher seine Zustimmung nicht mehr zurückziehen, oder wenn er es tut, riskiert er damit Konflikte, die seine Position in der Gruppe in Frage stellen können.

Zugehörigkeit zu einer Gruppe bedeutet, der Gruppe verpflichtet zu sein. Der Sinn der Zugehörigkeitskonflikte besteht darin, die Einheit der Gruppe zu gewährleisten und damit auch ihre Handlungsfähigkeit. Ein aus dem Standard der Gruppe ausbrechendes Gruppenmitglied gefährdet die Einheit und damit die Entscheidungsfähigkeit und Effizienz der Gruppe.

Ein besonderes Problem der Gegenwart besteht darin, dass in den meisten Unternehmungen und Organisationen die explizite Thematisierung dieses Problems der Zugehörigkeit und damit der Gruppenverpflichtung noch nicht üblich ist. Man braucht oft längere Zeit, um das Belohnungs- und Bestrafungssystem einer

Gruppe zu verstehen. Selten bekommt man darüber Aufklärung – und wenn überhaupt, dann oft nur von Einzelpersonen, fast nie wird in den Gruppen offen darüber diskutiert.

In der gruppendynamischen Praxis versucht man, dieses Belohnungs- und Bestrafungssystem und die damit auftretenden Zugehörigkeitskonflikte direkt zu thematisieren, um so einen schnelleren Gruppenintegrationsprozess herbeiführen zu können, als dies sonst der Fall wäre. Ich schätze, dass man normalerweise ein halbes Jahr dazu braucht, um Mitglied einer Gruppe zu werden, das alle Regeln und Problemstellungen kennt. Dies kann man im Zuge eines Teamtrainings auf ein bis zwei Wochen oder sogar Wochenenden reduzieren, wenn man es explizit zum Thema macht.

Der klassische Fall eines Zugehörigkeitskonfliktes stellt sich beim Problem der Integration eines Außenseiters oder eines Neuen. Die Überlegungen der Dreieckskonflikte können helfen, diese Problematik besser zu verstehen. Wir haben festgestellt, dass mit dem Hinzukommen einer dritten Person zu der vorhandenen Beziehung zwischen zwei Menschen

zwei neue Beziehungen dazukommen.

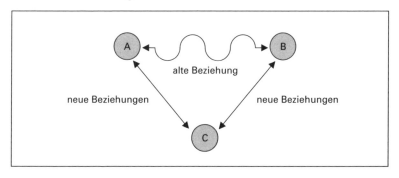

Diese neuen Beziehungen kommen aber nicht einfach additiv dazu, sondern beide Beziehungen *verändern* die erste Beziehung. Es muss sich die Zweier-Beziehung neu definieren. Dieser Akt der Neudefinition ist eine Zeit der Krise (siehe auch Eifersucht, Seite 140).

Auch eine Arbeitsbeziehung tritt in eine krisenhafte Veränderung ein, wenn ein dritter Mitarbeiter zu einem bestehenden Arbeitsduo hinzukommt.

Diesen Gedanken kann man nun weiterführen. Sollte zu einer Dreiergruppe eine vierte Person dazukommen, hat dies natürlich Auswirkungen auf die vorhandenen drei Beziehungen. Es kommen immerhin drei neue Beziehungen dazu.

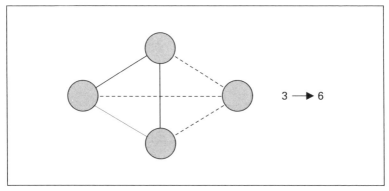

Eine vierte Person bedeutet drei neue Beziehungen

Die vorhandenen „alten" Beziehungen müssen sich neu definieren: Welche Rollen beziehungsweise Funktionen will/kann der/die Neue übernehmen? Macht er/sie das besser oder schlechter als die bisherigen Mitglieder dieser Gruppe? Wird er/sie aktiver/passiver in welchen Punkten sein? Welche Vorurteile und Normen bringt er/sie mit? Mit welchen Vorurteilen wird er/sie zu kämpfen haben? Wird eine der neuen Beziehungen vielleicht sogar in der einen oder anderen Dimension besser funktionieren, als die alte Beziehung funktioniert hat? usw.

Die Neuformierung der Gruppe durch das Ausbalancieren oder Neudefinieren der Beziehungen ist eine ziemlich schwierige Arbeit, man nennt sie Integration eines Neuen. In vielen Organisationen wird übrigens diese Arbeit nicht als „Arbeit" anerkannt. Man reserviert dafür weder Zeit noch Energie. Das hat zur Folge, dass viele sachlichen Arbeiten in dieser Zeit leiden, die Integration viel länger dauert, als sie eigentlich dauern müsste, oder manchmal sogar misslingt.

Nur wenige Führungskräfte haben gelernt, wie man Außenseiter oder Neue in eine Gruppe integriert. Viele nehmen einfach den durch mangelnde oder falsche Integration entstandenen „Sand im Getriebe" mit Bedauern in Kauf. Viele verstehen oft gar nicht, dass diese Arbeit an den Beziehungen beziehungsweise an der Kommunikationsstruktur sehr schwierig ist – meist viel schwieriger als die „fachliche" Arbeit, in die daher auch viele flüchten, wenn ihnen die kommunikativen Prozesse „aus dem Ruder laufen".

In vielen Organisationen, in denen es keine Übung gibt, solche Prozesse über die Metaebene zu steuern (also zum Beispiel einen Workshop zur Integration eines Außenseiters anzusetzen, in dem direkt über Vorurteile, Gefühle und Veränderungen von Beziehungen gesprochen werden kann), wird die fachliche Ebene zur Auseinandersetzung herangezogen. Dabei geht es eine Zeitlang nicht primär um die Sache, sondern eben um die sozialen Integrationsprozesse. Jeder Vorschlag, den etwa der/die Neue macht, wird nicht nur als fachlicher Beitrag gesehen, sondern auch als Vorwand, sich eine Rolle in dieser Gruppe zu geben. Er wird etwa als Dominanzversuch bekämpft oder als Anpassungsversuch abgewertet werden. Erst wenn die Integrationsphase vorbei ist, ist die neue Gruppe wieder voll arbeitsfähig.

Von hier aus wird übrigens ein sehr häufiger Führungsfehler verständlich. Wenn man etwa noch vor Beendigung eines solchen Integrationsprozesses (der sich verzögern oder beschleunigen lässt) wieder eine Person aus einer Gruppe herausnimmt oder eine neue hineinsetzt, beginnen die Prozesse neu. Macht man dies öfter, kann man Gruppen jahrelang an effizienter Arbeit hindern. Dies ist das

Schicksal so mancher Projektgruppen oder Gruppen von rasch wachsenden Unternehmen.

Wie komplex eine solche Arbeit ist, kann man sich auch vorstellen, wenn man die Anzahl der Mitglieder vergrößert. Zum Beispiel gibt es in einer Gruppe, die aus vier Personen besteht, sechs Beziehungen. Wenn eine Person dazukommt, gibt es bereits zehn Beziehungen, wobei die vier neu dazukommenden Beziehungen natürlich Auswirkungen auf die sechs vorhandenen Beziehungen haben und sie dadurch verändern.

Man kann verstehen, dass hier Ängste auftreten müssen: Denn es ist keineswegs sicher, dass die fünf Personen mit den zehn Beziehungen die ihnen gestellten Aufgaben genauso gut oder besser lösen als die vier Personen mit ihren sechs Beziehungen. Jedenfalls hat man auch Angst vor der schwierigen Arbeit des Neuausbalancierens des Beziehungsgeflechtes. Daher auch die instinktive Ablehnung von Neuen beziehungsweise von Außenseitern. Außenseiter ist jeder Neue zunächst auf jeden Fall. Ob er es bleibt, hängt davon ab, wie gut die Integrationsarbeit durchgeführt wird. Wenn von dieser Gruppe viel abhängt, empfiehlt es sich, für solche Integrationsarbeit professionelle Hilfe in Anspruch zu nehmen. Die Notwendigkeit gruppendynamischer Ausbildung von Führungskräften, die häufiger an ihrer mangelnden Sozialkompetenz scheitern als an ihrer Fachkompetenz, ist heute weitgehend anerkannt.

Ein Spezialfall einer Integrationsarbeit ist die Integration von Frauen in Männergruppen. Es ist in der Gegenwart so, dass in den meisten Gruppen des Berufslebens Frauen in der Minderheit sind. Ihre Gruppenzugehörigkeit ist eine ganz andere als die der Hierarchie. Frauen verhindern durch ihre Anwesenheit im Allgemeinen das kumpelhafte Zusammenschließen der Männer zu einer Gang im Rahmen einer emotionalen Partizipation. Frauen bleiben in diesem Punkt bis zu einem gewissen Grad fast immer Außenseiter. Auch wenn sie wichtige Funktionen in der Gruppe haben, suchen sich die Männer der Gruppe einen Weg, wie sie ohne die betreffende Frau oder ohne Frauen kooperieren können – unter Umständen sogar außerhalb des Arbeitsbereiches.

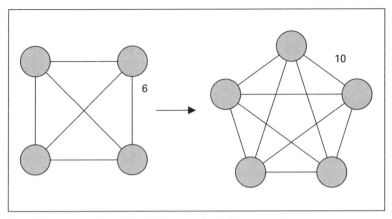

Bei 4 Personen gibt es 6 Beziehungen, bei 5 Personen 10

Hier ist noch keine – auch im Rahmen der Gruppendynamik – brauchbare Methode bekannt, wie man Frauen in Männergruppen so integriert, dass die Unterschiedlichkeit der Geschlechter die bislang gleichgeschlechtliche, einheitsstiftende Gangbildung nicht stört. Überhaupt muss der Verschiedenartigkeit von Gruppen aufgrund des Geschlechterverhältnisses sicher in Zukunft mehr Augenmerk gewidmet werden als bisher.

Frauen und Männer arbeiten in zunehmendem Maß in gemischtgeschlechtlichen Berufsgruppen zusammen. Wieweit die unterschiedliche Geschlechtszugehörigkeit Konfliktstoff für die Gruppe oder aber wertvolles Potenzial für die Zusammenarbeit bedeutet, ist derzeit noch eher dem persönlichen Geschick der Einzelnen und damit dem Zufall überlassen, als dass es für eine gelungene Integration bereits eine gesellschaftlich anerkannte Methode gäbe (siehe dazu: „Die ‚Heilige‘ Ordnung der Männer“, 3. Auflage, Seite 150–157, Männer und Frauen im Gruppenverhalten).

Führungskonflikte: Leadership

Führungskonflikte beschäftigen sich nur mit der Alphaposition einer Rangreihe. Die Frage „Wer führt eigentlich die Gruppe?" wird häufig auch dann gestellt, wenn die Gruppe seitens der Hierarchie einen offiziellen Vorgesetzten hat. Denn dieser offizielle Vorgesetzte nimmt nicht immer alle Führungsfunktionen tatsächlich wahr.

Bei den Gruppenfunktionen (siehe auch „Die ‚Heilige Ordnung' der Männer", Seite 129 ff.) unterscheidet man zielorientierte und gruppenorientierte Funktionen. Zu den zielorientierten Funktionen gehören neben der Setzung des Ziels auch Beiträge, Informationsgabe, Koordination der Beiträge, Kontrolle usw. Zu den gruppenorientierten Funktionen gehören die Pflege der emotionalen Befindlichkeit der Gruppe, die Konfliktbearbeitung, das Sich-Wohlfühlen, jemandem in die Gruppe hineinhelfen usw.

Schon in der Familie hat der Mensch im Allgemeinen zwei Vorgesetzte, nämlich Vater und Mutter, die ganz unterschiedliche Funktionen wahrnehmen müssen, um eine vollständige Entwicklung der Persönlichkeit des Kindes fördern zu können. Schwierig wird diese Entwicklung, verfolgen beide Elternteile dasselbe Prinzip. Sind sowohl Mutter als auch Vater vorwiegend leistungsorientiert, werden die Entwicklung und soziale Integration des Kindes genauso schwierig wie bei einem Vater oder einer Mutter, die beide nur nach dem Bedürfnisprinzip vorgehen. Wir sprechen daher auch in einer Gruppe oft von „Führungsdualen".

In gut funktionierenden Gruppen werden beide Funktionen wahrgenommen, im Allgemeinen von verschiedenen Personen. Man könnte es auch die väterliche Leistungsforderung und die mütterliche Betreuungskapazität nennen. Die Engländer unterscheiden die beiden Typen des Führens als „follow me" und „go ahead". Die väterliche Variante wäre die „alle mir nach", die mütterliche versucht, den „Sohn" (seltener die „Tochter") in die richtige Position zu bringen. Allein von diesen beiden unterschiedlichen Arten der Gruppenführung und Wahrnehmung verschiedener Gruppenfunktionen ist ersichtlich, dass nicht nur ein Vorgesetzter oder immer nur *ein* Anführer in einer Gruppe existiert, wenn es auch offiziell so ist.

Probleme treten immer dann auf, wenn erstens die beiden Anführer der Gruppe – der für die gruppenorientierten Belange und der für die zielorientierten Zuständige – miteinander in Konflikt geraten, zweitens wenn bestimmte Führungsfunktionen vom Vorgesetzten nicht oder nur mangelhaft wahrgenommen werden, und drittens wenn einzelne Gruppenmitglieder durch einen Lernprozess in die Lage versetzt wurden, selbst Führungsfunktionen wahrzunehmen, die bisher dem Vorgesetzten oder einem bestimmten Gruppenmitglied vorbehalten waren.

Ein klassisches Führungsproblem in einer Gruppe ist die immer häufiger auftretende Differenzierung in Vorgesetzte und Spezialisten. Der Spezialist kann gemäß seiner Aufgabe in bestimmten Punkten mehr als sein Vorgesetzter und sollte in wichtigen Fragen, die sein Fachgebiet betreffen, nicht nur gefragt werden, sondern auch die letzte Entscheidung haben. Die Hierarchie verlangt aber, dass diese Entscheidung beim Vorgesetzten liegt. Es ist hier ein sehr komplexes Feld von Konflikten, in dem immer wieder die Kompetenz zur Diskussion steht. Ist der Chef der Vorgesetzte des Mitarbeiters – oder ist der Mitarbeiter, der ein Spezialwissen hat, Vorgesetzter seines Vorgesetzten? Ein klassischer Fall findet sich etwa in einer Versicherungsgesellschaft, in der der Versicherungsagent sich beim Spezialisten informieren muss, der über das nötige Fachwissen verfügt, der gleichzeitig aber sein Mitarbeiter ist, ihm unterstellt ist und auch weniger Gehalt bezieht als er.

Aus der Schifffahrt wird berichtet, dass kein Kapitän heute mehr über das Fachwissen verfügt, um Spezialistenentscheidungen zu umgehen. Gegen den Willen des Echomaates zum Beispiel kann kein Kapitän aus dem Hafen auslaufen. Wer ist hier nun der eigentliche Vorgesetzte?

Sehr häufig treten diese Konflikte bei der Bildung von Projektgruppen auf. Komplexe Problemstellungen können heute oft nicht mehr durch die Organisationsform der Hierarchie vernetzt werden. Man setzt Projektgruppen ein. Ihre Mitglieder verfügen dann über Informationen, die ihre Chefs in der Linie nicht haben. Wenn die Mitarbeiter dies ausnutzen (zum Beispiel für Konterdependenzaktionen; siehe nächste Konfliktart), kann es sehr leicht zu Führungskonflikten kommen. Projektgruppen funktionieren langfristig daher im Allgemeinen nur dann gut, wenn die Linienhierarchie die Bearbeitung der damit verbundenen Konflikte lernt. Meist ist dazu externe Hilfe nötig.

In diesem Zusammenhang gehören auch die Geßlerhut-Konflikte, die insbesondere darin bestehen, einen Gehorsamssprung absolvieren zu lassen. Es kommt vor, dass ein Vorgesetzter eine unsinnige Entscheidung trifft oder jedenfalls eine, deren Bedeutung fragwürdig ist, nur um festzustellen, ob die Mitarbeiter seine Autorität noch uneingeschränkt anerkennen.

Wenn eine Gruppe ihrem Vorgesetzten nachweisen kann, dass seine Entscheidung falsch war, versucht er im Falle einer Geßlerhut-Entscheidung, diese nachher noch umzudefinieren, auf stur zu schalten und die falsche Entscheidung durchzudrücken. Ab einem bestimmten Level „macht man keine Fehler mehr", kann man sich sozusagen keine Fehler mehr erlauben, ohne einen Autoritätsverlust zu riskieren. Existieren doch Fehler, müssen sie notfalls jemand anderem – auch anonymen Instanzen – zugewiesen werden. Das System funktioniert natürlich nur sehr eingeschränkt, weil diese Art von Führung zur Demotivation der Gruppe führt. Man denkt sich dann: „Der Vorgesetzte hat seine Entscheidung getroffen, aber ohne mich", und versucht, die Entscheidung auf dem Weg der Durchführung zu torpedieren, was oft ganz leicht ist. Hier gibt es dann, speziell wenn diese Konflikte unter den Teppich gekehrt werden, die berühmten Ja-Sager und Nein-Tuer. Man kann durch Dienst nach Vorschrift die Anordnungen des Vorgesetzten sehr oft ad absurdum führen. In manchen Fällen kann man einem Vorgesetzten sogar dadurch schaden, dass man seine (unsinnigen) Anordnungen tatsächlich buchstabengetreu durchführt. Anlässlich einer Konfliktintervention erlebte ich einen Mitarbeiter, der zu seinem Vorgesetzten sagte: „Wenn Sie mich noch lange ärgern, tu ich wirklich das, was Sie anordnen." Angeblich sagten die Wiener Philharmoniker in einer Streitsituation anlässlich einer Probe zu Herbert von Karajan: „Wenn Sie so weitertun, spielen wir wirklich einmal so, wie Sie dirigieren!"

Reifungs- und Ablösungskonflikte

Schon bei Primatenpopulationen, also bei unseren nächsten Verwandten im Tierreich, kommen die Jungen in eine aggressive Trotzperiode. Diese aggressive Trotzperiode hat den Sinn, Ablösungsvorgänge von den Alten zu erleichtern. Ich habe bei der Identitätsfindung schon über dieses Phänomen referiert.

Nun ist man aber nicht nur als Kind von anderen abhängig, wenn man von Erwachsenen betreut werden muss, sondern auch wenn man neu in eine Gruppe hineinkommt, zum Beispiel in eine Abteilung. Man ist angewiesen darauf, dass man gezeigt bekommt, was man hier zu tun hat, wie es hier zugeht, welche Regeln eingehalten werden müssen usw.

Die anfängliche – kindähnliche – Abhängigkeit muss in irgendeiner Form überwunden werden, soll der Betreffende vollwertiges Gruppenmitglied sein. Daher kommt es regelmäßig innerhalb von Gruppen zu Reifungskonflikten, in denen der Betreffende nach einer gewissen Eingewöhnungszeit um seine Identität kämpft. Es können sich auch ganze Gruppen gegenüber dem Vorgesetzten, dem Führer, in dieser Situation befinden. Es können aber auch Einzelpersonen gegen bestimmte Autoritäten in der Gruppe „konterdependent" sein, wenn sie sich von verschiedenen Abhängigkeiten lösen wollen. Oft sind es jüngere Mitarbeiter, um die sich eine bestimmte Vaterperson annimmt. Die betreffenden „Väter" sind von den Jungen enttäuscht, wenn diese irgendwann einmal zu rebellieren beginnen. „Ich war doch wie ein Vater zu ihm", hört man hier oft, und jetzt ist dieser „Sohn" so undankbar.

Gerade das Muster von Hierarchien, das Verhältnis von Vorgesetztem und Mitarbeiter analog dem Verhältnis von Eltern und Kindern zu gestalten, macht diese Verhältnisse so anfällig für Konterdependenz.

Konterdependenzkonflikte dürfen nicht mit Führungs- oder Konkurrenzkonflikten verwechselt werden. Die richtige Diagnose ist deshalb so wichtig, weil die Symptome durchaus ähnlich sein können, die Lösungen aber ganz unterschiedliches Verhalten verlangen. Bei Führungs- oder bei Rangkonflikten hilft zum Beispiel zur Entschärfung des Konfliktes, wenn der eine, der um eine Rangposition kämpft, gegenüber einem anderen nachgibt. Bei Führungskonflikten zwischen zwei Führungspersonen in der Gruppe hilft es, wenn einer sich dem anderen unterordnet. Bei Konterdependenzkonflikten dagegen hilft Nachgeben nichts, es verzögert hier nur die Ablösungszeit.

Gibt man in einem Konterdependenzkonflikt als Autorität nach, muss sich der Betreffende bei dem nächsten Konflikt mit um so größerer Energie in eine neue Konterposition werfen. Der Ablösungskonflikt zeigt sich im Allgemeinen dadurch, dass die Autorität in diesem Fall ganz besonderen Wert auf Unterwerfung legt. Hier signalisiert man gleichzeitig dem Abhängigen: Wenn er jetzt protestiert, hat er besonders gute Chancen, sich seine Eigenständigkeit zu erkämpfen. Erst wenn man als Konterdependenter in einem Ablösungskonflikt einmal gegen die Autorität gewonnen hat, ist man sicher, auch eigene Entscheidungen treffen zu können. Dieser Konflikt wird in allen Kulturen als unvermeidbare „Sollbruchstelle" individueller menschlicher Entwicklung angesehen (zum Beispiel Mythen vom Sündenfall, Prometheus usw.; siehe dazu auch „Die ‚Heilige Ordnung' der Männer", Seite 106–127).

Substitutionskonflikte

Viele Konflikte werden nicht direkt an der Problematik ausgetragen, aus der sie entstehen und die sie eigentlich betrifft, sondern werden auf einen anderen Konfliktgegenstand verschoben, der leichter zu diskutieren ist.

Der Nachteil dieser „Verschiebung" besteht darin, dass am Pseudokonfliktgegenstand das Problem natürlich nicht lösbar ist. Oft ist aber diese Verschiebung eine Zwischenetappe zur Identifikation des wahren Konfliktes. Der Vorteil dieser „Verschiebung" besteht also darin, dass der Konflikt überhaupt diskutierbar wird.

Wenn etwa ein Vorstand eines Industrieunternehmens zwei Stunden lang über die Aufstellung der Mülleimer im Hof streitet, kann man annehmen, dass es hier eigentlich noch ganz andere Probleme geben muss (Wer muss wessen Müll wegräumen? Gibt es hier in unserem Unternehmen etwas, was man als Müll identifizieren kann? Gehört gar jemand von uns dort hinein? usw.) und dass dieser Streit nur einen Ersatz für nicht diskutierbare Probleme darstellt. Bekannt sind die Ehekonflikte, bei denen ein Ehepaar um die Zahnpastatube streitet, ob sie in der Mitte oder am Ende ausgedrückt werden soll, weil der eigentliche Konflikt im Augenblick anders offensichtlich nicht besprechbar ist, zum Beispiel: Wer setzt hier die Normen? Wer muss sich wann worin unterwerfen? Was alles soll gemeinsam sein? oder einfach: Wie kann ich den/die anderen damit ärgern?

Substitutionskonflikte sind sehr häufig. Der wahre Konflikt wird ganz selten unmittelbar beim Namen genannt, und es ist Aufgabe der Konfliktintervention und des Konfliktmanagements, zunächst einmal den Konflikt sogar auf jenen Punkt zu bringen, an dem er existiert. Da in unserem Kulturkreis die Emotionen im Allgemeinen nicht direkt angesprochen werden dürfen, haben sehr viele Menschen, besonders in höheren Positionen, ein großes Training darin, die Interessen und Bedürfnisse zu rationalisieren. Das heißt etwa, dass ein Manager für die Erweiterung seines Territoriums natürlich einen sachlichen Grund anführt. Er wird nicht sagen „Ich komme mir beschnitten vor. Mein Einflussbereich ist zu gering, ich möchte mehr Macht", sondern er wird sagen „... – aus sachlichen Gründen, mit Gutachten belegbar, muss diese Abteilung mir unterstellt werden, sonst gibt es keinen synergetischen Effekt" usw. Diese Rationalisierungen zu hinterfragen, Interessen direkt anzusprechen, das ist eine der Voraussetzungen, damit der Konflikt gelöst werden kann.

Ich erinnere mich an einen Fall, in dem gegen einen Mitarbeiter sachliche Gründe gefunden wurden, um ihn zu entlassen. Erst nach langen Recherchen stellte sich heraus, dass alle „sachlichen" Gründe sich auf eine Tatsache zurückführen ließen: sein Vorgesetzter war auf ihn böse, weil er ein Verhältnis mit der Sekretärin einer anderen Abteilung hatte und der andere Abteilungsleiter die Entlassung dieses Mitarbeiters verlangte. Das direkte Ansprechen des Konfliktes ermöglichte eine Bearbeitung, und sowohl Mitarbeiter als auch Sekretärin arbeiten heute noch zur Zufriedenheit aller Beteiligten in dieser Firma.

Ähnlich sieht es mit Kränkungen aus. Kränkungen passieren relativ rasch, auch bei höher gestellten Persönlichkeiten. Viele können und dürfen vom Normensystem her ihre Kränkung aber nicht zugeben und müssen sachlich verpacken, warum sie jemandem eins auswischen wollen. Würde man das Thema der Kränkung direkt ansprechen, wäre der Fall oft mit einer simplen Entschuldigung bereinigt, und man müsste nicht Himmel und Hölle in Bewegung setzen, um Rachefeldzüge zu starten.

In vielen Organisationen gibt es daher Nachfolger/innen der Hofnarren oder ehemaligen Wahrsager und Hexen, die hinter vorgehaltener Hand bei Konflikten „die eigentlichen Gründe" nennen. Der Untergrundcharakter dieser Art von Realitätsbezug bringt es mit sich, dass diese oft genug eher der Fantasie als tatsächlichen Informationen entspringen, und so bleibt die Gerüchtebörse in Schwung.

Diese Gerüchtebörse hat darüber hinaus übrigens eine wichtige soziale Funktion: sie überbrückt die Differenz, die es in unserem Kulturkreis zwischen der rationalen Arbeitsteilung und der emotionalen Partizipation gibt. Viele Menschen interessieren sich nämlich für Dinge, die sie „eigentlich" gar nichts angehen. Das Problem wird hier im Wort „eigentlich" schon beschrieben. Sie sind aufgrund der Arbeitsteilung zwar nicht dafür zuständig, leben aber in irgendeiner Form emotional partizipativ mit den anderen Menschen mit und interessieren sich deshalb auch dafür. So gesehen geht also etwa das Privatleben von Repräsentationsfiguren sehr wohl alle etwas an, die irgendeine emotionale Beziehung zu dieser Repräsentationsfigur haben. Der soziale Kontext wird über die Neugier und die Teilnahme am „Tratsch" gewährleistet.

Loyalitäts- oder Verteidigungskonflikte

Loyalitäts- oder Verteidigungskonflikte treten dann auf, wenn ein Mitglied einer Gruppe von außen angegriffen wird und die übrigen Gruppenmitglieder nun vor der Wahl stehen, sich hinter dieses Mitglied zu stellen oder nicht. Dabei ist es üblich, dass die einzelnen Gruppenmitglieder, auch die, die sein Verhalten nicht billigen, dieses Gruppenmitglied trotzdem nach außen verteidigen. So wird ein Schüler, dem der Lehrer schlechte Noten gegeben hat, von seiner Mutter verteidigt werden, auch wenn diese dann zu Hause mit ihm sehr unsanft umgeht und ihn trotzdem bestraft. Polizisten halten zusammen, wenn gegen einen von ihnen Anzeige erstattet wird, und decken den Kameraden (manchmal sogar mit Lügen). Gruppenloyalitäten sind hier wohl wichtiger als das aktuelle Recht des Staates. Ohne dieses Muster der Verteidigung ihrer Mitglieder wären Gruppen auch nicht in der Lage, Druck von außen standzuhalten und weiter zu „leben". Kein Polizist könnte weiteren Dienst machen, wenn er nicht das Gefühl hätte, seine Kameraden halten auch dann zu ihm, wenn er sich einmal ins Unrecht gesetzt hat.

Der klassische Fall in Hierarchien findet sich dort, wo Vorgesetzte von Mitarbeitern begründet angegriffen werden, dies etwa an die übernächste Ebene oder noch höhere Stelle melden. Grundsätzlich ist das zwar in jeder Hierarchie möglich. Trotzdem — auch wenn intern Maßnahmen gegen den betreffenden Vorgesetzten ergriffen werden — wird dieser gegenüber den Mitarbeitern normalerweise in Schutz genommen: „Eine Krähe hackt der anderen kein Auge aus." In dem Fall ist die Einheit der Gruppe wichtiger als der Verlust, der durch das Fehlverhalten eines einzelnen Mitgliedes auftritt.

Die Einheit der Gruppe als höherer Wert hat natürlich den großen Nachteil, dass Fehlverhalten von Gruppenmitgliedern nicht so leicht abgestellt werden kann. Ein regelmäßiges Feedback einzuführen und Zeit und Ort zur Verfügung zu stellen, wo Konflikte ausgetragen werden können, auch zwischen verschiedenen hierarchischen Ebenen, würde diesen Nachteil des hierarchischen Systems beseitigen oder jedenfalls abmildern. Voraussetzung ist, dass nicht sozusagen der Dienstgrad oder die Einheit des Systems jedes Mal in Frage gestellt wird, wenn ein Vorgesetzter kritisiert wird.

Ohne diesen durch die Gruppendynamik vermittelten Lernprozess hat man nur die Wahl zwischen Gruppen oder Abteilungen, die die schwarzen Schafe oder Minderleister decken, und dem Kampf aller gegen alle in einem schlechten Betriebsklima, das zu Denunziantentum verleitet.

Organisationskonflikte

▶ Grundmuster: Stammesfehden

Die Organisationsform der Hierarchie (zu deutsch: „heilige Ordnung") ist vermutlich als Antwort auf einen relativ langwährenden Dauerkonflikt in der menschlichen Geschichte entstanden. Dieser grundlegende Konflikt ist auch heute noch zentraler Konfliktpunkt aller hierarchischen Systeme. Es ist der Konflikt zwischen Gruppen. Gruppen können sozusagen von „Natur aus" nicht kooperieren. Es gibt für Organisationen keine vorgegebenen Verhaltensmuster, wie sie etwa für Gruppen, „Dreiecke" und Paare existieren.

Ich vermute, dass die Hierarchie durch Mächtigwerden von zunächst machtlosen Zentren entstanden ist, in denen Gruppen, die arbeitsteilig unterschiedliche Produkte im Überschuss erzeugten, diese Überschussprodukte tauschten. Eine solche Tauschform oder Tauschorganisation kann es bei den Jägern und Sammlern nicht gegeben haben, weil ihre Produkte schnell verderblich waren und sie diese jeweils nur zum Überleben „erzeugten". Erst mit der Haltung von Vieh und dem Anbau von Feldfrüchten, die gelagert werden konnten und so also haltbare Produkte waren, gab es Überschussprodukte, die tauschbar waren.

Um tauschen zu können, musste man zentrale Orte aufsuchen, an denen Menschen aufeinander trafen. Solche Orte waren meist an der Mündung von Flüssen, am Zusammenlauf mehrerer Täler. Dort wurden die Überschussprodukte ausgetauscht und die Tauschprodukte wieder an den Ort des sesshaften Stammes gebracht. Durch die Differenzierung der ersten Ackerbau- und Viehzuchtkulturen bildeten sich sehr bald neben den Zentren Subzentren, Städte, Märkte und kleinere Tauschzentren, die miteinander vernetzt waren. Es entstand das, was die Soziologie heute indirekte oder anonyme Kommunikation nennt.

Sobald diese Zentren eine bestimmte Größe erreicht hatten, waren sie allerdings sehr gefährdet durch noch nicht sesshaft gewordene Jäger und Nomaden. Diese entdeckten nämlich, dass es möglich und auch sinnvoll ist, sesshafte Bauern nach der Ernte zu überfallen und ihnen den Ertrag der Ernte abzunehmen; im Extremfall wurden sie auch umgebracht. Wenn das Ergebnis des Raubes verzehrt war, wurde einfach die nächste Ansiedlung überfallen.

Auf diese Art sind die Zentren mit ihrer differenzierten Tauschorganisation immer wieder zugrunde gegangen. Nach einiger Zeit bildeten sich wieder Tauschzentren, und das ganze „Gesellschaftsspiel" ging von neuem los. War das Gebilde groß genug, so dass es für Nomaden und Jäger hinreichend attraktiv war, wurde es wieder angegriffen und vernichtet. Dies dauerte an, bis die Zentren eine Lösung für diesen Dauerkonflikt fanden, nämlich die Hierarchie.

Um überleben zu können, musste am Zentrum ein größerer Beitrag vom Tausch einbehalten werden, die Peripherie musste Tribut zahlen, und das Zentrum stellte professionelles Militär auf, das mit Hilfe von Informationssystemen jeweils rasch dort, wo Bedrohung von außen herankam, eingreifen konnte. Mit der Aufstellung von Militär an zentralen Orten aber hatte man plötzlich ein Instrument, unter Umständen auch Nicht-Tributwillige zur Abgabe zu zwingen oder, anders ausgedrückt: Nicht-Kooperationsbereite dennoch zur Kooperation zu zwingen, weil man im Zentrum die militärische Macht unter Umständen auch gegen die eigenen Leute einsetzen konnte. Bis heute hat vermutlich aus diesem Grund das Militär eine große Nähe zu Hierarchien. Militär, Hierarchien und Männer gehören seit damals zusammen.

Die hier zugrundeliegende Vermutung lautet: Gruppen kooperieren freiwillig nicht auf die Dauer, sie stehen zueinander in Konkurrenz. Immerhin bieten Gruppen ihren Mitgliedern alles, was man als Mensch zu seiner sozialen Existenz braucht. Es gibt daher kein Grundbedürfnis, Mitglied einer Organisation zu sein. Zur Kooperation auf Dauer können Gruppen nur durch eine übergeordnete Instanz mit Hilfe von Zwang gebracht werden. Ein Großteil der Organisationskonflikte ist daher bis heute auf Konflikte zwischen Subgruppen beziehungsweise zwischen Peripherie und Zentrum zurückzuführen. Dies ist sozusagen ein „Dauerbrenner" der Organisation.

Abteilungsegoismus: Gruppe versus Organisation

Oft wird diese Konfliktart auch unter dem Titel „Interessenkonflikt" abgehandelt. Die zentrale Frage lautet: Wer verfolgt hier welche Interessen?

Es gibt wohl kaum einen Inhaber von Führungsfunktionen in Organisationen, einen Manager, der nicht über Abteilungsegoismen ein Lied singen könnte. Das auf Individuen gemünzte Wort von Nestroy passt fast noch besser auf Gruppen in Organisationen: „Die Menschen sind schlecht, jeder denkt nur an sich, und nur ich denk' an mich."

In einem Geldinstitut zum Beispiel gibt es verschiedene Möglichkeiten, einen angesparten Geldbetrag anzulegen: man kann diesen auf ein Sparbuch übertragen, in festverzinslichen Papieren oder in Aktien anlegen usw. Je nachdem, an welchen Berater der Kunde gerät, wird er die eine oder andere Empfehlung erhalten. Jede dieser Abteilungen hat den Auftrag, möglichst viel Guthaben hereinzuholen, und jede konkurriert mit der anderen Abteilung um das Geld des Kunden. Ganz selten wird es vorkommen, dass die Sparbuchabteilung dem Kunden empfiehlt, das Geld bei einem anderen Anlagebereich, wie etwa in Aktien oder festverzinslichen Papieren derselben Bank anzulegen, und manchmal riskieren sie sogar, dass der Kunde zu einem Konkurrenzinstitut geht, weil innerhalb dieses Institutes so deutlich erkennbar Konkurrenz zwischen den Abteilungen herrscht.

Lässt sich ein Produkt nicht gut verkaufen, dann gibt es den Standardkonflikt zwischen Produktion und Verkauf, der stereotyp so ausgetragen wird:

▶ Die Produktion sagt, das Produkt ist gut und der Verkauf ist schlecht, weil die „anderen" nicht richtig verkaufen können. Man müsste den Verkaufschef auswechseln, vielleicht auch einige seiner Mitarbeiter, um eine effiziente Verkaufsmannschaft zustande zu bringen.

▶ Der Verkauf argumentiert dagegen, die Produktion sei schlecht, man habe das falsche Produkt entwickelt, es sei zu teuer, es sei qualitativ nicht hochwertig genug – und am besten wechselt man den Produktionschef samt seinen wichtigsten Mitarbeitern aus. Man müsste doch eine effiziente Mannschaft zustande bringen, damit man endlich wieder Produkte bekommt, die man auch verkaufen kann.

Das Problem liegt darin, dass beide Seiten vermutlich recht und unrecht zugleich haben, dieser Konflikt also ein notwendiger ist. Denn jeder „Abteilungsegoismus" hat natürlich innerhalb einer Organisation seine berechtigten Aspekte, sonst würden die Abteilungen ja keine produktive Leistung im Sinne ihrer abteilungsspezifischen Aufgabe erbringen. Genauso notwendig aber ist die Kooperation der Abteilungen. Zu diesem Zweck müssen die „Egoismen" in irgendeiner Form überwunden werden. Dies zu tun ist Aufgabe des hierarchischen Systems, das dazu Macht braucht und zuteilt. Mit Macht wird zwar das Problem der Koordination von Abteilungen gelöst, es entsteht aber ein neues Problem, nämlich:

Herrschaftskonflikte: Zentrale gegen Außenstellen

In den Herrschaftskonflikten zeigt sich am deutlichsten der starke Gegensatz zwischen Gruppe und Organisation. Zentrale Stellen glauben meist, dass die Koordination verschiedener Gruppen am besten dadurch geschieht, dass man Gruppen überhaupt auflöst und in einzelne „Atome" teilt; diese Atome stehen sozusagen unmittelbar unter Einfluss des Zentrums. Dieses Modell hieß bei den Griechen „Tyrannis".

Außenstellen oder Gruppen hingegen sind fast immer der Meinung, dass man am besten die Zentrale (den „Wasserkopf", die „Tintenburg" etc.) auflöst und die Macht dezentral auf die einzelnen Subsysteme verteilt.

Herrschaftskonflikte sind daher ein „Dauerbrenner" in allen Organisationen, in denen eine Zentralisierung von Funktionen durchgeführt wurde – und dies ist so gut wie in allen Organisationen der Fall. Wenn man die Organisationen der Gegenwart – insbesondere im Wirtschaftsbereich – betrachtet, gibt es auf der einen Seite Außenstellen, die jeweils als Verkäufer, als Dienstleister am Kunden oder als Produzenten an verschiedenen Stellen „der Front" die Anweisungen, Empfehlungen und mitunter „Befehle" des Zentrums durchführen; auf der anderen Seite gibt es ein Zentrum, das von der „Front", von den Außenstellen Informationen bekommt, diese Informationen zentral verarbeitet und als Marketingstrategien oder Produktionsanleitungen wieder an die Peripherie ausgibt.

Die Differenzierung, die jeweils an der Peripherie stattfindet, scheint im Zentrum nicht ebenbildlich auf. Darin besteht ja das Wesen der Zentralisierung: Die Zentrale betrachtet die Dinge von einer allgemeineren Ebene aus. Man kann die Zentralisierung auch mit Induktion und Deduktion vergleichen. Ich nehme von verschiedenen Informationen, die an der Peripherie vorhanden sind, nur jeweils ein allgemeines Zusammengefasstes.

Zentralisierung, die sicher mit einem umfassenderen Informationsstand arbeitet, hat auf der einen Seite zwar den Überblick, verliert auf der anderen Seite aber die Details. Die an der Peripherie haben zwar nicht den Überblick, dafür aber die Aufgabe, die allgemeinen Richtlinien im Konkreten und detailliert anzuwenden.

Dieser Konflikt ist ein klassischer dialektischer, da er mit dem logischen System nicht zu lösen ist. Man kann weder festlegen: die Peripherie hat sich grundsätzlich immer an die Anordnungen der Zentrale zu halten, noch kann man sagen: die Zentrale hat immer nachzugeben, wenn die Peripherie anderer Meinung ist. Es gibt ja an der Peripherie tatsächlich nicht die zentralen Informationen, und daher können dort gewisse Entscheidungen nicht getroffen werden.

Dieser Konflikt ist sehr früh reflektiert worden. Schon Platon hat in seiner Politeia im ersten Buch in der Diskussion zwischen Sokrates und Trasymachos den Widerspruch aufgezeigt, der darin besteht, dass der Herrschende auf der einen Seite das tut, was ihm zuträglich ist, und nicht das, was dem Beherrschten zuträglich ist. Auf der anderen Seite aber muss er unbedingt das entscheiden, was dem Beherrschten zuträglich ist und nicht nur dem Herrschenden, so dass also der Herrschende und der Beherrschte jeweils in einen Widerspruch geraten, der von beiden Seiten her gleichermaßen berechtigt ist.

Hegel hat in seiner Phänomenologie des Geistes in der berühmten Dialektik von Herr und Knecht die These vertreten, dass diese Widersprüchlichkeit zwischen Herrschenden und Beherrschten die Tendenz birgt, die Machtverhältnisse von Zeit zu Zeit umzukehren. Derjenige, der beherrscht wird, erwirbt aufgrund der differenzierteren Entwicklungsnotwendigkeit, die er darin hat, dass er die Befehle des Herrschers durchführen muss, ein Know-how, das ihn mit der Zeit in die Lage versetzt, mehr zu wissen und zu können als sein Vorgesetzter, sein Herrscher, der ihm das aufträgt. Der Sklave wird mit der Zeit „intelligenter" als der Herr und stellt sich irgendwann einmal die Frage: Wieso bin ich eigentlich der Sklave? Zu diesem Zeitpunkt gibt es die Tendenz, die Herrschaftsverhältnisse umzukehren, wobei es den neuen Herren mit der Zeit auch nicht besser geht als den alten.

Hegel sagt: „Der Herr aber, der den Knecht zwischen sich und dem Ding eingeschoben hat, schließt sich dadurch nur mit der Unselbständigkeit des Dinges zusammen und genießt es rein, die Seite der Selbständigkeit aber überlässt er dem Knecht, der es bearbeitet." In dieser Arbeit, so meint Hegel weiter, kann sich der Knecht (Mitarbeiter, Untergebener usw.) leicht so wiederfinden, dass sie sinnvoller wird als für den Herrn. „Es wird also durch dies Wiederfinden seiner durch sich selbst eigener Sinn, gerade in der Arbeit, worin es nur fremder Sinn zu sein schien."

Marx hat diese Dialektik von Herr und Knecht bei Hegel, die ja schon auf Platon zurückgeht, zum Anlass genommen, die Geschichte als Geschichte von Klassenkämpfen zu bezeichnen.

Versucht man, solche Konflikte durch Interviews mit den Beteiligten zu analysieren, beschweren sich die im Zentrum, dass die an der Peripherie nicht verstehen, was man im Zentrum anordnet, und es nicht oder nur schlecht durchführen. Ihrer Meinung nach müssten sie durch irgendwelche Maßnahmen dazu gebracht werden, dass sie auch durchführen, was im Zentrum beschlossen wird. Fragt man die an der Peripherie, dann sagen sie, dass die Entscheidungen des Zentrums am grünen Tisch getroffen wurden und nichts Schlimmeres passieren könnte, als diese Anordnungen tatsächlich durchzuführen. Das wäre der Ruin der Firma. Statt dessen können sie das nur als Anregung betrachten, was von der Zentrale kommt. „Der Kunde ist König", sagt der Außendienst, und: „Wir sind die, die Kontakte zum König haben, und die Zentrale ist eine Servicestelle, die uns mit den Informationen versorgen soll, die wir brauchen, um das Produkt zu verkaufen."

Aufgrund dieser Dialektik kann man sagen, dass es zwei verschiedene Herren und Knechte gibt. Auf der einen Seite sind die Herren die an der Peripherie, die zum Kunden Kontakt haben, und die Zentrale ist als Servicestelle „Knecht". Auf der anderen Seite aber werden die wichtigen Entscheidungen in der Zentrale getroffen, und die an der Peripherie sind eine zuarbeitende Servicestelle, die Informationen bringt und Befehle entgegennimmt.

Dieses Spannungsverhältnis muss jede funktionstüchtige Organisation aushalten können. Natürlich ist der politische Hintergrund der, dass asymmetrische Machtverteilung die jeweils Herrschenden dazu verleitet, wie Platon das nennt, eher „das ihnen Zuträgliche zu entscheiden und nicht das den Beherrschten Zuträgliche". Auf der anderen Seite muss die Koordination der Gruppen durch Zwang erfolgen, was nicht ohne asymmetrische Machtverteilung möglich ist.

In Organisationen, in denen dieser Konflikt ausgetragen werden kann, pendelt sich das sehr rasch ein, wenn asymmetrische Machtverteilung wirklich dazu führt, dass im Zentrum ungerechtfertigte Entscheidungen getroffen werden, die insgesamt nicht produktiv sind. Wo Privilegien und Privilegiendiskussionen jedoch grundsätzlich tabu sind, dort fehlt dieses Reinigungsinstrument des Konfliktes, des Austragens von Herrschaftskonflikten.

Eine sehr große Hilfestellung für das Austragen von Herrschaftskonflikten war in unserer Zeit die gesetzliche Verankerung der Interessenvertretung der Arbeitnehmer, die sozusagen grundsätzlich von Rechts wegen, von ihrer Funktion her sich um die Belange der Mitarbeiter, der Beherrschten gegen die Herrschenden kümmert. Dies geht sogar soweit, dass zum Beispiel bei multinationalen Unternehmen unsinnige oder nicht gewünschte Anordnungen eines internationalen Zentrums vom nationalen Betriebsrat zu Fall gebracht werden und auch das Management ihm dankbar ist, dass er gegen diese kontraproduktive Anordnung endlich protestiert hat. Nun kann man an das Zentrum melden: „Wir haben es probiert, sind aber am Betriebsrat gescheitert, hätten es selbstverständlich durchgeführt, wenn es zugelassen worden wäre." Eine Weiterentwicklung dieser Dialektik wäre sicher die Installation eines Konsumentenrates, der auch die Konsumenten in die Lage versetzt, ihre Interessen einzubringen. Auch die Funktion eines Ombudsmannes in Demokratien wäre hier verständlich.

Interessant sind alle Versuche, die Dialektik in Unternehmungen zu beseitigen, zum Beispiel die Arbeiterselbstverwaltung eines Unternehmens. Dies funktioniert entweder nicht, weil die zentralen unternehmerischen Funktionen nicht wahrgenommen werden und sich dieses Unternehmen daher im Markt nicht mehr behaupten kann, oder es funktioniert, weil einige der Arbeiter eben diese Rolle des Managements übernehmen und dies gut machen. Dann allerdings gibt es sofort wieder Herrschaftskonflikte mit den ehemaligen Kollegen. Solche Experimente funktionieren besser, wenn diese Zusammenhänge bekannt sind und auch organisationsöffentlich reflektiert werden können.

Der Konflikt, unter dem die Zentralpersonen jeweils leiden, ist der nächste, nämlich:

Doppelmitgliedschaftskonflikte

Doppelmitgliedschaft ist eine Erfindung der Menschen, über Gruppen- und Stammesgrenzen hinauszusehen. Die erste Form war sicher der Frauen- oder Männertausch, also die Exogamie, deren Sinn darin bestand, vom anderen Stamm sozusagen Geiseln im eigenen Stamm zu haben. Diese Geiseln verhindern, dass man mit dem anderen Stamm einen exzessiven Konflikt bekommt, dass es Krieg gibt, weil dann natürlich die Geiseln, also die Angehörigen des eigenen Stammes, im anderen Stamm hätten getötet werden können.

Diese Exogamie oder Geiselhaft hat sich im hierarchischen System dann zu einer prinzipiellen Doppelmitgliedschaft entwickelt, indem nämlich durch Über- und Unterordnung Vorgesetzte jeweils grundsätzlich Mitglied zweier Gruppen sind.

Im oberen Kreis der Abbildung auf der folgenden Seite ist ein Vorgesetzter Mitglied der Gruppe der „Abteilungsleiter", im unteren Kreis ist er als Leiter seiner Abteilung Mitglied dieser Abteilung.

In allen Bereichen, in denen es zwischen den Bedürfnissen der Menschen und den Interessen der Organisation zu Gegensätzen kommt, ist es Aufgabe des Vorgesetzten, diese Gegensätze auszugleichen. Denn auf der einen Seite erwartet die Organisation von ihm, dass er ihre Ziele, die er von höherem Ort vorgeschrieben bekommt, durchführt in der Zeit, die man erwartet, mit der Rentabilität, die man erwartet, und mit der Loyalität, die von Seiten der Organisation verlangt wird usw. Auf der anderen Seite sind diese Ziele aber nur durchzusetzen, wenn die Gruppe, die er zu führen hat, von ihm auch so geführt wird, dass die Menschen das Gefühl haben, ihre Bedürfnisse kommen dabei nicht zu kurz.

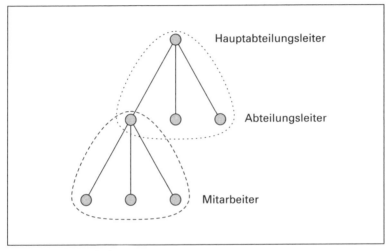

Doppelmitgliedschaft

a) Die Mitarbeiter erwarten daher zum Beispiel vom Vorgesetzten, dass
  – er ihre Bedürfnisse vertritt,
  – er dafür sorgt, dass sie entsprechende Entlohnung bekommen,
  – die Zeiten, in denen die Aufgaben durchgeführt werden, nicht zu knapp bemessen sind,
  – auch genügend Ressourcen an Material, an Geld, an Information etc. zur Verfügung gestellt werden.

Alles das erwartet die Gruppe von ihrem Vorgesetzten. Er muss sozusagen als Sprecher dieser Gruppe in der Hauptabteilungsleitergruppe auftreten.

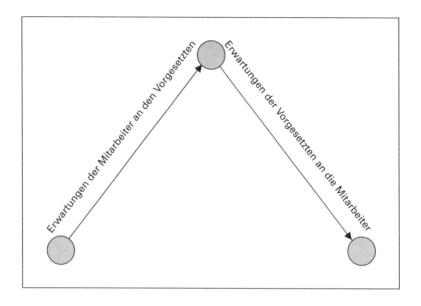

b) Dagegen erwarten die Vorgesetzten von den Mitarbeitern, dass sie
- ihre Aufgaben erfüllen,
- loyal sind,
- Gehorsam leisten,
- die Autorität des Chefs anerkennen,
- sich mit den Firmenzielen identifizieren.

In allen Situationen, in denen diese beiden Richtungen des Vertretens kontrovers sind, und das sind sehr viele, weil grundsätzlich die Zeit zu kurz ist, grundsätzlich die Ressourcen knapp sind, grundsätzlich zuwenig Informationen da sind usw., besteht die Tendenz, dass die Person, von der wir hier sprechen, als Mitglied zweier verschiedener Gruppen in beiden zum „Verräter" wird. Sie wird zum Verräter an der Gruppe, wenn sie Ziele akzeptiert, die in dieser Zeit, dieser Differenzierung nicht durchführbar sind; sie wird zum Verräter an der Organisation oder an der Gruppe der Abteilungsleiter, wenn sie die Ziele nicht genau genug, nicht mit der nötigen Geschwindigkeit etc. durchsetzen kann.

Zwei Arten von Vorgesetzten sind unbrauchbar:

▶ Diejenigen, die immer nur von einer Seite als Verräter betrachtet werden. Das können die sein, die grundsätzlich nur obrigkeitshörig denken und alle Probleme, die von oben kommen, an die Mitarbeiter weitergeben. Sie werden mit der Zeit die Loyalität der Mitarbeiter verlieren, von diesen grundsätzlich als Verräter angesehen werden, die Produktivität wird darunter leiden. Der betreffende Vorgesetzte wird irgendwann einmal unter dem Titel „Führungsschwäche" abgelöst werden.

▶ Grundsätzlich unbrauchbar für das System sind aber auch solche, die nur ihren Mitarbeitern gegenüber loyal sind, die bei allen Vorschlägen, die von der Zentrale kommen, dagegen protestieren, der Meinung sind, das ginge nicht, nicht in der Zeit, in der Qualität usw. Sie werden mit der Zeit abgelöst werden, weil sie dem System gegenüber nicht loyal genug sind. Auch ihnen wird man übrigens „Führungsschwäche" vorwerfen, da der Eindruck entsteht, dass sie nach unten nichts durchsetzen können.

Der wirklich brauchbare Vorgesetzte ist daher grundsätzlich ein „Doppelverräter". Er ist einer, der den Gegensatz zwischen den Interessen und Bedürfnissen der Gruppe und den Notwendigkeiten des Systems so gut auszubalancieren versteht, dass er immer von beiden Seiten des Verrates bezichtigt wird, aber trotzdem oder vielleicht gerade deswegen auch von beiden Seiten das Vertrauen genießt. Angeblich sind auch in der Spionage nur die Doppelspione auf Dauer erfolgreich.

In Doppelmitgliedschaftskonflikten musste ich immer nur dann intervenieren, wenn diese Balance einseitig gestört war, wenn es also in die eine oder andere Richtung zu einem Bruch kam und diese Doppelverräterschaft einseitig aufgelöst war. Man hatte in diesem Fall natürlich die Aufgabe, die Zweiseitigkeit wiederherzustellen, das heißt, diesen Widerspruch wieder zu installieren, der verloren gegangen ist. Große Schwierigkeiten haben hier Entweder-Oder-Denker, Leute, die sich auf den Standpunkt „stur" stellen und entweder alles für ihre Mitarbeiter herausholen oder umgekehrt der Meinung sind, dass die Mitarbeiter grundsätzlich alles durchzuführen hätten. Die Entweder-Oder-Denker, die Widersprüche nicht zulassen können, sind unflexibel und eben für Führungsaufgaben ungeeignet.

Sehr oft treten solche Konflikte auch bei Menschen auf, die den sachlichen Aspekt etwa gegenüber dem emotionalen Bedürfnisaspekt sehr stark bevorzugen. Der Gegensatz lässt sich auch als Bedürfnis oder Emotion seitens der Mitarbeiter und sachliche Notwendigkeit seitens des Systems darstellen.

Da diese Gegensätze immer wieder neu ausbalanciert werden müssen, ist diese Balance auch eine Möglichkeit, auf Veränderungen zu reagieren:

Veränderungskonflikte

Die Sozialstruktur, in der die Menschen zusammenleben, so wie das Normensystem, das diese Sozialstruktur reguliert, ist eine Antwort auf die Anforderungen der Umwelt. Ändert sich die Umwelt, dann muss sich auch dieses Normensystem ändern. Wenn also beispielsweise die Jäger durch besonderen Jagderfolg die Basis ihrer Existenz zugrunde gerichtet haben, indem die Savannen leergejagt wurden oder Tiere wie zum Beispiel das Mammut ausgerottet wurden, dann gab es für das Überleben nur noch die Möglichkeit, Tiere zu züchten.

Mit der Domestikation von Tieren muss aber eine völlig neue Sozialstruktur gefunden werden, die alten Werte und Normen gelten nicht mehr. Es darf zum Beispiel nicht mehr der aggressivste Jäger belohnt werden, sondern eher der, der mit der Fortpflanzung der Tiere Erfolg erzielt. Der Erfolg einer Sozialstruktur hängt also davon ab, wie gut sie als Antwort auf ihre Umwelt betrachtet werden kann und wie flexibel sie ist, ihr Normensystem und ihre Struktur jeweils an die Erfordernisse einer neuen Umwelt anzupassen.

Veränderungskonflikte sind daher etwas sehr Wichtiges und Notwendiges, denn nur mit Hilfe von Veränderungskonflikten gelingt es überhaupt, diese Anpassung zu erreichen. Die Art und Weise, Veränderungskonflikte zu bewältigen, ist somit gleichbedeutend mit der Frage, wie Systeme lernen.

Es gibt hier zwei große Gefahren:

▶ Die eine Gefahr besteht darin, dass die Normen nicht oder zu spät verändert werden. Normen richten sich ja meist gegen die Natur, sie werden oft mit einem gewissen Heiligkeitscharakter ausgestattet, so dass sie tabu sind, das heißt, nicht reflektiert werden dürfen, um unveränderlich zu sein. So gibt es quasi eine Garantie, dass sie eingehalten werden.

Ihre Unveränderlichkeit ist jedoch auch hinderlich. Wenn sich die Umwelt oder die ehemals gültigen Voraussetzungen ändern und man an Bestehendem festhält, so kann das äußerst kontraproduktiv sein. Zum Konflikt kommt es dadurch, dass zunächst nur einige, nämlich diejenigen, die am meisten unter der Situation des alten Systems leiden, vorschlagen, es anders zu machen, und die übrigen die Notwendigkeit zur Veränderung (noch) nicht einsehen oder (noch) nicht brauchen.

▶ Die andere Gefahr tritt viel seltener auf. Sie besteht darin, dass man die alten Normen zu rasch über Bord wirft. Würde man auf jede Umweltveränderung sofort reagieren und jeweils neue Normen einführen, so müsste man das ganze Sozialgebilde umstellen. Oder aber, wären alle sofort derselben Meinung, man müsse Altes abschaffen und Neues ständig einführen, wäre es genauso schlecht, wie wenn überhaupt niemand für Neuerungen wäre.

Eine Analogie zu dem Jägerbeispiel ist das Auto in der Gegenwart. Es soll den Menschen mobil machen. Je mehr Menschen von dieser Mobilität aber Gebrauch machen, desto immobiler werden alle, da sie immer mehr im Stau stecken. Hier wird nichts anderes übrig bleiben, als immer wieder neue Normen für individuelle und kollektive Mobilität zu entwickeln.

Veränderungskonflikte haben vor allem einen evolutiven Sinn. In der permanenten Auseinandersetzung von Veränderung oder Bewahrung kann sich das Sozialgebilde an neue Anforderungen anpassen. Es gibt sicher eine Obergrenze der Entwicklungsgeschwindigkeit, oberhalb der ein Sozialgebilde die Konflikte nicht mehr verkraftet, und es gibt sicher eine Untergrenze der Entwicklungsgeschwindigkeit, unter der das Sozialgebilde bürokratisch erstarrt und die Fähigkeit, sich wieder umzustellen, verliert. Die Anzahl der Konflikte, vor allem der Veränderungskonflikte, ist proportional zu den Notwendigkeiten, Sozialstrukturen zu verändern und an neue Situationen anzupassen.

Ich schlage vor, die Veränderungskonflikte in vier Untergruppen aufzuteilen:

▶ Auflösung und Neuformierung von Gruppen,
▶ Rollenänderungen,
▶ soziotechnische Änderungen,
▶ Norm- und Standardänderungen.

Auflösung und Neuformierung von Gruppen

Wenn beispielsweise ein Speditionsunternehmen, das bisher nach Branchen gegliedert war (eine Abteilung betreibt das Seegeschäft, eine andere das Luftgeschäft usw.), vor der Notwendigkeit steht, sich geographisch zu organisieren, weil die immer unterschiedlicheren und komplexeren gesetzlichen Regelungen, die Geldorganisation und vor allem die Sprachbarrieren es notwendig machen, sich zu spezialisieren, dann muss dieses Unternehmen neu organisiert werden, das heißt, eine Abteilung macht das Skandinaviengeschäft, eine das Amerikageschäft, eine das Afrikageschäft usw.

Hier tritt eine große Anzahl von Konflikten auf, weil bisherige Konkurrenten nun kooperieren sollen. Haben zum Beispiel zwei Abteilungen früher darum gewetteifert, dass ein bestimmter Transport besser per Seeweg statt per Luftweg erfolgt etc., so müssen sie nun in neuen Abteilungen zusammenarbeiten. Dadurch entstehen unter Umständen wieder neue Konkurrenzen zwischen den neu gebildeten Abteilungen.

Abteilungen kann man vergleichen mit Stämmen, sie sind etwas sehr Stabiles. Der Versuch, sie auseinander zu nehmen und anders wieder zusammenzusetzen, verlangt vom gesamten System einen großen Aufwand an sozialer Energie. Im Allgemeinen kommt man hier nicht ohne explizite Reflexion der Sozialstruktur aus. Insbesondere für die neu zu bildenden Gruppen müssen hier mit Hilfe gruppendynamischer Methoden Teamsitzungen abgehalten werden, damit diese ihren eigenen Prozess selbst zu steuern lernen. Nur durch Steuerung der sozialen Prozesse ist eine solche gravierende Veränderung überhaupt verkraftbar. Mit dem klassischen Instrumentarium der Mitarbeitermotivation kommt man hier nach unserer Erfahrung nicht mehr durch. Vorgesetzte benötigen neben der Fachkompetenz ein immer höheres Maß an Sozialkompetenz, wie bereits angemerkt wurde. Das richtige Diagnostizieren und das Steuern von Lernprozessen ist dabei eine der zentralen Fähigkeiten, die (weiter)entwickelt werden müssen. Die Sozialkompetenz der Vorgesetzten hat natürlich im Endeffekt das Ziel, die Kompetenz einer Gruppe soweit zu erhöhen, dass sie ihre Konflikte auch selber bearbeiten kann. Aus dem Vorgesetzten wird dann gelegentlich ein Moderator.

Rollenänderungen

Im Zuge von Strukturänderungen kommt es zur Verteilung neuer Kompetenzen, zum Hineinwachsen bestimmter Personen oder Personengruppen in Rollen, die sie bisher nicht hatten. Der klassische Rollenkonflikt ist wohl der, dass ein Kollege plötzlich Chef wird, als Chef eine ganz andere Rolle hat, als er als Mitarbeiter hatte, und nun mit dieser neuen Rolle große Schwierigkeiten verbunden sind. Oder ein Lehrer aus dem Lehrerkollegium wird plötzlich Direktor. Als Direktor steht er vor der Notwendigkeit, mit seinen bisherigen Kollegen anders umzugehen. Lehrer dürfen nicht wie Schüler behandelt werden. Es gibt eine Reihe von Konflikten, bis der Betreffende gelernt hat, mit der neuen Rolle fertig zu werden.

Auch hier genügt es im Allgemeinen nicht, die sachlichen Anforderungen der neuen Rolle zu definieren. Wer in das neue Sozialgebilde schlecht oder gar nicht eingeführt wird, verliert oft einen Teil des Erfolgs, der ihm aufgrund der sachlichen Qualifikation zustünde. Eine Rollenänderung eines Mitarbeiters zu bewerkstelligen ist grundsätzlich eine Konfliktsituation, in der entsprechend interveniert werden muss. Viele Vorgesetzte sehen aber entweder dieses Problem nicht, oder sie können damit nicht richtig umgehen.

Es ist notwendig, die auf beiden Seiten (auf Seiten der Gruppe und auf Seiten dessen, der eine neue Rolle erhält) unvermeidlichen Frustrationen und Fehlschaltungen aufzuarbeiten. Aufarbeiten heißt: Störungen müssen geäußert und Entwicklungen bewertet werden. Danach muss man überlegen, wie man in Zukunft vorgeht. Dies geschieht nicht nebenbei, sondern muss in irgendeiner Form organisiert werden (wöchentliche oder monatliche Sitzungen, die nur diesem Thema gewidmet werden, oder ähnliches). Siehe dazu auch das Kapitel 5, Konfliktinterventionen.

Soziotechnische Änderungen am Beispiel EDV

Ein klassisches Beispiel für eine solche Art von Konflikten ist die Installation eines neuen EDV-Systems in einem Unternehmen. Es kommen neue Informationsstrukturen zustande und dadurch auch neue oder zusätzliche Entscheidungsstrukturen. So kann sich auch die Abfolge von Informationen komplett ändern. Es ist ohne weiteres möglich, dass man in einer relativ untergeordneten Position nun wesentlich früher über bestimmte Informationen verfügt als an höhergestellter Position. Nicht selten ist das eine Quelle von Konflikten. Sehr oft verkaufen die EDV-Firmen in der Software bereits implizite Sozialstrukturen mit, die aber nicht mit der Sozialstruktur des Unternehmens übereinstimmen.

Ein Beispiel dafür ist etwa eine Telefonanlage, die Gruppenschaltungen vorsieht und von einem Unternehmen gekauft wird. Man hat sich dort jedoch noch nie den Kopf darüber zerbrochen, wer nun mit wem in einer Gruppenschaltung zusammenkommen sollte, wer also wen im Extremfall vertreten kann und wer mit wem nicht in einer Gruppenschaltung telefonisch zusammengekoppelt sein sollte. Aufgrund soziotechnischer Änderungen treten Konflikte zutage, die oft nur dadurch lösbar sind, indem man sich einem Reflexions- und gemeinsamen Meinungs- und Entscheidungsbildungsprozess unterzieht.

Viel zuwenig Aufmerksamkeit wird nach meiner Erfahrung der Wechselwirkung von Sozialstruktur und Technologie gewidmet. Sind neue Technologien eine Antwort auf veränderte Sozialstrukturen – oder ändern sich die Sozialstrukturen aufgrund neuer Technologien? Ohne Zweifel handelt es sich hier um eine Wechselwirkung. Technologien, die an keines der vorhandenen Muster, Rituale individueller oder kollektiver Bedürfnisse anschließen, werden auf Dauer nicht erfolgreich sein. Umgekehrt: Sozialstrukturen, die sich dauerhaft gegen neue Technologien wehren, kommen ins Hintertreffen und verschwinden langfristig.

Technologien und Sozialstrukturen müssen sich somit aneinander anpassen. Dieser Prozess ist allerdings sehr konfliktreich. Oft reflektieren wir erst anlässlich einer notwendigen Änderung den Sinn vergangener Strukturen.

Welche Konflikte ergeben sich aufgrund der neuen Informations- und Kommunikationstechnologien heute? Entscheidungen müssen oft an der ausführenden Stelle und nicht mehr an der hierarchischen Spitze getroffen werden. Es gibt daher in vielen Bereichen – wo die neuen Technologien eingesetzt werden – eine Kompetenzverlagerung. Das Sozialgebilde kann auf diese Kompetenzverlagerung in zweifacher Weise reagieren:

Wenn sachliche Information kein Monopol der Spitze mehr ist, kommt es entweder

▶ zur Aufgabe des Monopols und Umstrukturierung auf koordinierte Entscheidungsfindung oder

▶ zur Verlagerung des Monopols auf die soziale Ebene: Entwicklung einer Höflingsstruktur – dies ist unter dem Titel „divide et impera" immer schon, wenigstens ansatzweise, praktiziert worden.

Konflikte zwischen Mitarbeitern (Abteilungen, Bereiche) werden toleriert, gelegentlich sogar gefördert, um die zentrale Machtposition zu erhalten. Bisher transportierte die Sachdiskussion auch den Prozess der sozialen Auseinandersetzung. Jeder wusste, wenn sich der F zu Wort meldet, wird ihm der A widersprechen, egal um welches Thema es sich handelt. Auf dieses schöne Ritual wird man auch in Zukunft nicht verzichten – nur läuft es jetzt von Bildschirm zu Bildschirm.

Wo die Kommunikation aber tatsächlich versachlicht wird, müssen die emotionalen Prozesse gesondert bearbeitet werden. So haben wir von der Gruppendynamik her auch bisher schon interveniert. Wir versuchen Methoden für das direkte Ansprechen emotionaler Probleme (zum Beispiel von Konkurrenzen). Es dient dazu, die sachliche Arbeit von diesen Problemen freizuhalten. Eine bessere Trennung von Sachen und Interessen ist sicher dann ein Fortschritt, wenn man beiden Bereichen die nötige Aufmerksamkeit widmet. Viele Sachkoordinationen, die früher mühsam in Konferenzen geklärt werden mussten, sind heute durch die neuen Methoden schon am Beginn einer Sitzung bekannt. Man kann sich sozusagen den Problemen höherer Ordnung widmen.

Die durch die neuen Technologien gegebene bessere Transparenz der Fakten und die damit mögliche breitere Entscheidungsbasis betrifft nur die Insider. Mitarbeiter, die sich das Basiswissen der neuen Technologien nicht erwerben, „fallen heraus". Ihr Stellenwert innerhalb des Sozialgebildes ändert sich deutlich. Ob es allerdings berechtigt ist, von einem neuen „Analphabetismus" zu sprechen, wage ich zu bezweifeln. In einer gut funktionierenden Sozialstruktur gibt es genügend Übersetzungsmöglichkeiten. In einem Machtkampf allerdings haben diejenigen, die das Handwerk der neuen Technologien nicht beherrschen, die schlechteren Karten.

Wie bereits im Abschnitt über Veränderungskonflikte ausgeführt, gilt auch hier: Jeder Änderungsprozess braucht seine Zeit. Es gibt bei Änderungen aller Art in einem Sozialgebilde eine jeweilige Obergrenze, was Geschwindigkeit, Intensität, Breite und Tiefe eines solchen Änderungsprozesses betrifft. Oberhalb dieser Grenze schottet sich ein Sozialgebilde ab. Ob es sich um die Aufnahme neuer Mitarbeiter handelt oder um die Einführung neuer Arbeitsmaterialien, Zeiten, Räume, Abläufe etc. – immer muss man gewisse Gesetzmäßigkeiten bezüglich Dauer und Stärke eines möglichen Umstellungsprozesses beachten.

Umstellungen im Bereich der EDV überfordern häufig die Änderungskapazität eines Sozialgebildes, insbesondere dann, wenn sie sozusagen per Knopfdruck von oben eingeführt werden sollen. Hier erweisen sich kooperative Führungsstrukturen als wesentlich anpassungsfähiger als strenge Hierarchien. Gerade bei Umstellungsprozessen ist viel guter Wille notwendig. Denn ein Dienst nach Vorschrift kann so wirkungsvoll sein wie ein Streik.

Hier noch einige der seltener diskutierten Aspekte der neuen Technologie:

▶ Die Autorität des Computerausdrucks

Der Bildschirm bringt eine neue Art von Schreiben hervor. Schrift steht in der Dialektik von tot und lebendig – sie macht lebendiges Wort tot, indem sie es festschreibt. Sie macht aber auch Totes lebendig, indem sie es aufbewahrt und verfügbar macht. Totes hat grundsätzlich mehr Autorität als Lebendiges. Viele halten etwas schon deshalb für wahr, weil es schriftlich dargeboten, aufgeschrieben oder gedruckt ist. Viele halten etwas Gesagtes schon deshalb für unwahr, weil es noch nicht aufgeschrieben und gedruckt ist. Wer traut sich heute schon, gegen einen Computerausdruck etwas zu sagen? Sogar Ärzte werden – so hört man – in ihrer Diagnose beeinflusst, wenn der Computerausdruck eine bestimmte Therapie empfiehlt.

Auf der anderen Seite kann man mündlich Gesagtes eben nicht festlegen, nicht genau verstehen. Es muss unter Umständen noch interpretiert werden, es kann noch verändert werden. Der Bildschirm bringt eine neue Dimension in diese Dialektik. Was auf dem Bildschirm ist, ist noch nicht festgeschrieben, solange man es noch nicht ausgedruckt hat. Es ist nicht so fest wie das, was man von der Schrift her kannte, man kann es leicht ändern oder verwerfen. Erst wenn es ausgedruckt ist, bekommt es das bekannte Diktum des Geschriebenen. Es gibt Philosophen, die behaupten, dass durch die Graphikprogramme eine Rückkehr zu den archaischen Bildern stattfindet. Sie halten die Schrift gegenüber dem Bild für eine Fehlzündung der Kultur (vgl. Vilem Flusser, „Für eine Philosophie der Photographie").

▶ Eine neue Runde des Patriarchats

Die neuen EDV-organisierten Kommunikationssysteme werden von Männern deutlich stärker bevorzugt als von Frauen. Ein Mann, über seine Vorliebe zu Computer befragt, sagte uns: „Ein Computer ist perfekt und widerspricht mir nicht!" Für manche Menschen hat es den Anschein, als ob sie einer Reihe von alltäglichen Konflikten – besonders solchen zwischen den Geschlechtern – entkommen könnten, wenn sie sich überwiegend auf EDV-Kommunikation beschränken. Der Computer bietet eine intensive, jedoch abstrakte Kommunikationsmöglichkeit, die – so wird gesagt – die Männer gefunden haben, um einer ansteigenden Kommunikation mit den Frauen zu entgehen.

▶ Der Laplacesche Weltgeist

Von Laplace stammt die Fantasie, dass ein allmächtiger, allwissender Geist, der über alle Informationen verfügt, alles Geschehen beeinflussen kann, sogar die Zukunft vorauszusagen in der Lage wäre.

Viele sehen in den großen Computersystemen der Gegenwart die Inkarnation dieses Weltgeistes, von dem aus die gesamte Welt als rationales Gebilde steuerbar wäre. Das individuell verfügbare intelligente Terminal am Arbeitsplatz oder zu Hause würde dann die Funktion des Hausaltars haben, auf den man sich das gesamte Wissen der Zeit, je nach Wunsch und Bedarf, laden kann – so wie das beim Hausaltar durch die Anwesenheit des Allerhöchsten gewährleistet war. Ein fast perfektes System ohne Fehler, ein Superhirn, das in der Gegenwart wieder religiöse Fantasien zu mobilisieren vermag. Dieses Superhirn kreiert natürlich eine neue Priesterschicht – und wie immer schon genießt man als Angehöriger des „Bodenpersonals" besondere Privilegien seitens der Gottheit. Privilegien, auf die Nicht-Eingeweihte verzichten müssen.

Eine meines Erachtens von der Idee des Laplaceschen Weltgeistes inspirierte Institution ist das Internet. Hier werden – theoretisch – alle menschlichen „Geister" online vernetzt und könnten mehr oder weniger gleichzeitig kommunizieren. Der Anspruch jedenfalls lautet: Alle können alles wissen! Damit kommt dieses System auch schon dem Anspruch der Erlösungsreligionen sehr nahe. Diese verbinden ja mit der Zuschreibung der Göttlichkeit für jeden Einzelnen auch die Fähigkeit jedes Menschen, über sich selbst verfügen zu können und daher auch für seine Entscheidungen selber verantwortlich zu sein („Ens a se" wäre das göttliche Prädikat).

Wenn die für „Allwissenheit" notwendigen Informationen z. B. via Internet zur Verfügung gestellt werden, dann fällt damit – zumindest teilweise – das Informationsmonopol der Hierarchie. So gesehen wäre das Internet auch ein Fortschritt in der Selbstbestimmung der Menschen (vgl. dazu Schwarz „Was Jesus wirklich sagte", Edition Va Bene, Wien 2001).

Norm- und Standardänderungen

Norm- und Standardänderungen lösen innerhalb der Organisationen Konflikte aus, weil neue Regeln für die Kooperation sowohl nach innen als auch nach außen gelten. Diese müssen erst erprobt und das Sozialgebilde darauf adaptiert werden.

Normkonflikte

Ich habe bereits bei den Gruppenkonflikten Normierungs- und Bestrafungskonflikte beschrieben. Normkonflikte in Organisationen kann man in drei Gruppen einteilen:

▶ Normkonflikte zwischen Subgruppen,
▶ Konflikte durch Normendichte,
▶ Konflikte durch Normendauer.

Normkonflikte zwischen Subgruppen

Diese Konflikte treten dort auf, wo innerhalb einer Organisation für unterschiedliche Gruppen mit „unterschiedlichem Maß gemessen wird", wie es so schön heißt. So ist etwa ein Beispiel für einen klassischen Konfliktherd die Zeiteinteilung. Innendienst und Außendienst handhaben dies sehr unterschiedlich. Die Verkäufer müssen notwendigerweise eine freiere und flexiblere Zeiteinteilung haben als dies im Innendienst der Fall ist. Ein Innendienstler geht um 17 Uhr nach Hause, der Außendienstler macht unter Umständen abends noch Geschäfte, wenn er seine Kunden zu Hause besucht; auf der anderen Seite beginnt er dann am nächsten Tag vielleicht etwas später mit seiner Arbeit. Er hat insgesamt eine freiere Arbeitszeit. Ein und dieselbe Regel des Einhaltens von Zeiten wird in verschiedenen Gruppierungen ganz unterschiedlich gehandhabt.

Der größte Bereich dieser Konflikte liegt allerdings in den informellen Normen, die in allen Gruppen existieren und die als Identität von Gruppen angesehen werden können. Diese informellen Normen werden manchmal gar nicht reflektiert – oder wenn doch, dann werden sie nicht offiziell thematisiert, so dass man oft gar nicht so leicht dahinterkommt, was eigentlich gemeint ist, worüber gestritten wird. Wenn es zum Beispiel in einem Krankenhaus offiziell nur den Ärzten erlaubt ist, Injektionen zu geben, de facto aber auch Schwestern Injektionen geben müssen, dann liegt hier ein schwerer Normkonflikt vor.

Normendichte

In vielen Organisationen besteht die Tendenz, im Anschluss an einen Konflikt oder eine bestimmte Panne eine neue Regel zu erlassen. Das Management setzt sich zusammen, überlegt, was dagegen zu tun ist, und nun werden alle Fälle, in denen das in Zukunft passieren könnte, neu geregelt. „Aus gegebenem Anlaß" heißt es dann in dem Schreiben, „ist folgende Regel einzuhalten …". In sehr vielen Fällen, wird diese Regel aber nicht sinnvoll zur Anwendung kommen.

Beispiele dafür sind zahlreiche Verkehrstafeln, die jeweils nach einem Verkehrsunfall aufgestellt werden. Schließlich gibt es einen Schilderwald, in dem auch einander widersprechende Aussagen gemacht werden. Ab einem gewissen Maß an Normen beginnen die Menschen, diese grundsätzlich zu ignorieren. Autofahrer, die innerhalb von wenigen hundert Metern zwanzig Tafeln sehen, können diese nicht mehr beachten und fahren einfach an den Verkehrszeichen vorbei.

Dazu eine Anekdote von Ignatius von Loyola: Nachdem dieser seinen Jesuiten, die nach China reisten, ein dickes Buch mit Regeln für das Verhalten in China mitgegeben hatte, kamen ihm Zweifel an der „Normendichte". Er war ja selbst auch noch nicht in China gewesen. Und so schrieb er am Ende der vielen Regeln: Und sollte sich eine Situation ergeben, die mit diesen Regeln nicht zu bewältigen ist, dann tut das, was vernünftig ist, und nicht das, was in den Regeln steht.

Normendauer

Konflikte aufgrund der Dauer von Normen können dann auftreten, wenn eine Norm nicht außer Kraft gesetzt wird, obwohl sie sinnlos geworden ist. Das berühmte Beispiel – wieder aus dem Verkehr: Eine Autobahnbaustelle war mit einer Geschwindigkeitsbeschränkung von 30 Stundenkilometern abgesichert. Nach dem Ende der Bauarbeiten weist die nun wieder gut befahrbare Autobahn aber immer noch die 30 Stundenkilometern Geschwindigkeitsbeschränkung auf, an die sich aber – da man das Schild offensichtlich nur vergessen hat – niemand mehr hält. Würde sich doch jemand daran halten, würde er von den anderen Autofahrern angehupt.

Sehr anfällig für kontraproduktive Normendauer sind natürlich alle Tabus. Tabus schützen Autoritäten vor Konterdependenz. Man darf irgend etwas nicht reflektieren. Wer vom „Baum der Erkenntnis" isst, bekommt den vollen Ärger der Autorität zu spüren. Klassisches Beispiel ist dafür etwa das Tabu der Virginität (Jungfräulichkeit). Der berühmte „voreheliche Geschlechtsverkehr" war überall dort verboten, wo die Partnerwahl in der Kompetenz der Eltern der zu Vermählenden lag. Die Eltern beschlossen, dass ihre Sprösslinge heiraten sollten. Geschlechtsverkehr war verboten, weil er die Meinungsbildung der jungen Ehekandidaten herausforderte. So heißt es schon in der Bibel über die Sexualität zwischen Adam und Eva. „Sie erkannten einander" (Genesis 4,1). Eine solche Meinungsbildung sollte unterbleiben, da sie gelegentlich Anlass sein könnte, die „weise" Entscheidung der Eltern noch vor der Hochzeit in Frage zu stellen. Natürlich sollten auch die Kinder in gesellschaftlich geordneten Verhältnissen zur Welt kommen.

Mit der Übernahme der Partnerwahl in die Kompetenz des Liebespaares und der Verbesserung von Schwangerschaftsverhütungsmethoden wird das Tabu der Virginität natürlich kontraproduktiv. Denn nun sollten natürlich alle nur möglichen Informationen über die Harmonie der künftigen Eheleute für die Entscheidung zur Partnerwahl herangezogen werden. Dazu gehört auch die sexuelle Anziehung. Fehlentscheidungen schlagen sich im Unglück der Ehepartner und in der Scheidungsstatistik nieder. Dennoch gibt es immer noch das zumindest informell weiter tradierte Tabu der Virginität und die aus dieser Normendauer resultierenden Konflikte.

Andere Kulturen handhaben dieses Tabu übrigens noch viel rigoroser, etwa wenn die Frauen generell verschleiert gehen müssen oder künftige, von den Eltern für einander ausgewählte Brautleute sich vorher gar nicht kennen dürfen.

Strukturkonflikte

Ein Generaldirektor, der Vorsitzender eines siebenköpfigen Vorstandes ist, hat zugleich auch das Verkaufsressort übernommen. Erstens weil er ohnehin aus dem Verkauf kommt und sich dort gut auskennt, zweitens weil der Verkaufsmann gekündigt hat (oder wurde) und er nun dieses Ressort ursprünglich interimistisch, mit der Zeit aber dauerhaft – seiner Meinung nach – ohnehin besser leitet als jeder andere Verkaufschef.

In dieser Firma gibt es einen nicht zu bereinigenden Konflikt, der darin besteht, dass der Generaldirektor zwei verschiedene „Hüte" aufhat. Auf der einen Seite ist er als Verkaufschef in Konkurrenz und in ständigem Konflikt etwa mit der Forschung und Entwicklung, die für den Verkauf die richtigen oder falschen Dinge entwickelt, und mit der Produktion, die natürlich viel zu teuer produziert, so dass man das nicht gut auf dem Markt verkaufen kann. Darf man nur das produzieren, was man verkaufen kann, oder muss das verkauft werden, was produziert wird? Wenn etwas nicht verkäuflich ist, ist der Verkaufschef schuld, der nicht verkaufen kann, weil er eine schlechte Mannschaft hat und selber auch nicht sehr kompetent ist, oder es ist die Produktion schuld, die zu hohen Kosten und nicht in der richtigen Qualität produziert.

Dieser schon mehrfach erwähnte Konflikt ist in jedem Unternehmen ein Dauerbrenner. Um ihn zu schlichten, bedarf es eines über den Interessen stehenden Generaldirektors, der einmal dem einen und einmal dem anderen recht gibt – manchmal auch die Gruppe dazu führen kann, diesen Konflikt untereinander auszutragen. Nicht günstig für das Ausbalancieren dieses Konfliktes ist es, wenn dieser Generaldirektor gleichzeitig einer der beiden Betroffenen ist, nämlich der Verkaufschef, und für den Fall, dass er sich als Verkaufschef gegen den Produktionschef oder die Forschung und Entwicklung nicht durchsetzen kann, sich einfach den Hut des Generaldirektors aufsetzt und sagt: „So ist das, ich bestimme das". Dieses Unternehmen leidet unter einem Strukturkonflikt, weil die Struktur in sich es nicht möglich macht, sinnvoll zu produzieren, und den an sich notwendigen Konflikt zwischen dem Verkauf und den anderen Ressorts ständig konterkariert.

Der in jeder Hierarchie organisierte Gegensatz von horizontaler und vertikaler Arbeitsteilung ist ein weiterer Strukturkonflikt, der heute das System der Hierarchie dazu zwingt, sich weiterzuentwickeln. Denn nach dem Prinzip der Hierarchie soll der jeweils Vorgesetzte über mehr Informationen verfügen, die Informationen besser verarbeiten können, daher die wichtigeren Entscheidungen treffen können und über mehr Macht verfügen, um diese Entscheidungen auch durchsetzen zu können.

Einige dieser Voraussetzungen gelten heute nur noch zum Teil. So stimmt die Voraussetzung nicht mehr, dass Vorgesetzte grundsätzlich über bessere Informationen verfügen. Im Gegenteil, es ist aufgrund der Arbeitsteilung so, dass sehr oft an der Peripherie bei Spezialisten, zum Beispiel im Bereich Marketing, Kompetenzen entstehen, die an vorgesetzter und höherer Stelle nicht vorhanden sind. Dennoch muss die höhere Stelle entscheiden. Im Konfliktfall hat der eine dann von der Sache her recht, der andere vom System her.

Um dieses Problem in den Griff zu bekommen oder zumindest zu mildern, organisieren viele Unternehmen heute bewusst Matrixkonflikte. So wird zum Beispiel eine regionale Hierarchie beibehalten (also Zentrale, Ländergeschäftsleitung, Städte und Zweigstellenleitung), hinzu kommt aber „quer" eine Fachhierarchie (also etwa Verkauf oder Qualitätssicherung). Damit haben die meisten Mitarbeiter mindestens zwei Chefs: einen regionalen, der meist Disziplinarhoheit hat, aber nicht mehr das „Weisungsrecht" in Fachfragen. Dieses übt der zuständige „Fachvorgesetzte" aus. Damit wird auch möglich, was in der klassischen Hierarchie nur informell geübt wurde: gute Spezialisten in Entscheidungen höherrangiger Expertengruppen einzubinden und so die Qualität von Entscheidungen zu verbessern.

Ein weiterer Strukturkonflikt in der Hierarchie ist das Peter-Prinzip. Das Avancement nach dem Leistungsprinzip befördert oft eine Person in eine Führungsposition, die für diese nicht geeignet und auch nicht vorbereitet ist. Es ist eines der Probleme, dass sehr tüchtige Techniker oft als Abteilungsleiter jenen Erfolg nicht mehr haben, den sie als Techniker hatten. Plötzlich hat der Techniker Arbeit einzuteilen, Streit zu schlichten, Kontakte mit den anderen Abteilungen zu halten, er muss rhetorische Qualifikationen und Kompetenz im Führen haben. Das alles hat er nie gelernt und im Laufe seines Technikerlebens auch nicht entwickelt. Ähnlich geht es einem Arzt, der Institutsvorstand wird, oder einem Lehrer, der Direktor wird. In diesen Fällen kann es passieren, dass der Beförderte den Erfolg nicht hat, der ihm von seiner fachlichen Qualifikation her zustünde. Hier handelt es sich um einen klassischen Strukturkonflikt, weil man den Besten einer Abteilung, wenn man ihn zur Führungsperson macht, dazu zwingt, eigentlich seinen Job zu wechseln und in Managementfunktionen einzutreten, in denen er aber keineswegs der Beste sein muss.

Vertikale Arbeitsteilung kann zu einem Strukturproblem führen, wenn sich ein Bereichsleiter, als Vorsitzender einer Projektgruppe in den Bereich eines anderen Kollegen einmischen muss, obwohl diese Einmischung von dem anderen nicht gerne gesehen wird und unter Umständen sogar über diese Projektgruppe Territorial-kämpfe zwischen den beiden Bereichen oder Abteilungen ausge-tragen werden können. (Zu den Strukturkonflikten im Projektma-nagement siehe Heintel/Krainz, „Projektmanagement".)

Verfassungs-, Repräsentations- und Legitimationskonflikte

Es wurde schon erwähnt, dass das Problem der Kooperation von Stämmen ursprünglich durch Menschentausch gelöst wurde. Die eigentlich effiziente Form großräumiger Kooperation war aber die Hierarchie. Sie war deshalb effizient, weil sie nicht mehr auf Frei-willigkeit beruhte, sondern auf Zwang durch eine zentrale Instanz. Die peripheren Stämme waren tributpflichtig und mussten koope-rieren, wenn sie nicht Sanktionen seitens des Zentrums auf sich ziehen wollten. Diese Zwangskooperation war zwar in Bezug auf Kooperation ein Fortschritt. Der Preis, der für diesen Fortschritt bezahlt wurde, war die Installation von Herrschaftsstrukturen, die durch die zentralen Entscheidungen eben der Peripherie die Ent-scheidungsbefugnis wegnahm. Deswegen werden bis heute Men-schen, die in Hierarchien leben, von freilebenden Nomaden zum Beispiel als Sklaven angesehen. Auch bei Aristoteles heißt es, der Sklave habe keine Seele (= Freiheit), denn er hat um des Überle-bens willen auf seine freie Entscheidung verzichtet.

Die Entwicklung von Herrschaftsstrukturen mit asymmetrischer Machtverteilung als Preis für die Kooperation von verschiedenen

Gruppen und der damit möglichen Entwicklung des Systems zentraler Ressourcen – wie zum Beispiel die Entwicklung von Schrift oder Geldsystemen – hat eine ganz große Schwierigkeit: im Modell der Hierarchie können die Entscheidungen der einzelnen „Untertanen" nicht in die Entscheidungen des Zentrums (der „Obertanen") eingehen. Es werden zwar Informationen gesammelt, aber es gibt selten einen echten Meinungsbildungsprozess.

Versuchte man nun etwa nach der Französischen Revolution im politischen Bereich und später auch im Bereich von kleineren, mittleren oder größeren Organisationen einen solchen Meinungs- und Entscheidungsbildungsprozess zustande zu bringen, dann stellte man fest, dass ein solcher nur über Repräsentationssysteme möglich ist. Da nicht alle Menschen mit allen gemeinsam darüber diskutieren können, was zu geschehen hat, muss es eine Art von Delegation geben. Nun kann man aber sozusagen die eigene Entscheidung ganz schlecht an jemand anderen delegieren, oder anders gesagt: Herrschaft heißt ja, dass man seine Entscheidung an einen anderen delegiert hat. Ob dies nun freiwillig oder unfreiwillig geschieht, ändert sehr wenig an der Qualität dieser Entscheidung, insbesondere daran, dass sie nicht meine Entscheidung ist.

Gruppen, die aus irgendeinem Grund oder in irgendeiner Form einerseits verschiedene Interessen oder Zugänge zu einer Realität besitzen (zum Beispiel Einkauf und Verkauf), auf der anderen Seite aber kooperieren müssen (weil sie zum Beispiel ein gemeinsames Produkt erzeugen), können dies am besten mittels Delegierter.

Ein erster Konflikt besteht in der Klärung der Frage, wer am besten geeignet ist, die Gruppe zu vertreten. Soziotechnisch unterscheiden wir drei Arten von Gruppenmitgliedern: zentrale, normale und periphere Gruppenmitglieder.

Anhand dieser Unterscheidung lässt sich leichter ermitteln, welches Gruppenmitglied für eine Mission als Delegierter am besten geeignet ist. Treffen sich zentrale Mitglieder verschiedener Gruppen, dann wird es zunächst einmal zu keiner Einigung kommen, sondern die zentralen Mitglieder werden die Meinungen der Gruppen jeweils sehr stark repräsentieren und unverrichteter Dinge in ihre Gruppen zurückkehren. Nimmt man periphere Mitglieder, werden die sich unter Umständen sehr leicht einigen, aber die Schwierigkeit haben, bei der Rückkehr in ihre Gruppen das, worauf sie sich geeinigt haben, vertreten zu können, denn dies ist natürlich per definitionem des Gegensatzes, den wir ja unterstellen, ein Verrat an der eigenen Gruppe.

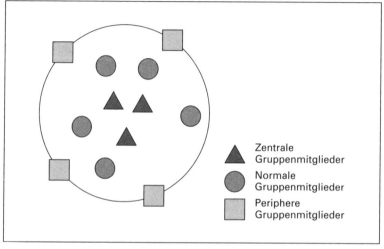

Zentrale, normale und periphere Gruppenmitglieder

Hier hat die Hierarchie ein System gefunden, einfach den Delegierten einer Gruppe mit soviel Macht auszustatten, dass die anderen von ihm abhängig sind. In diesem Fall ist eine Einigung sehr viel leichter, weil es seitens der Gruppe kaum eine Möglichkeit gibt, dem zu widersprechen.

Wie wir schon an einigen anderen Konflikten erläutert haben, funktioniert dieses System heute nicht mehr einwandfrei, da die Abhängigkeit sehr oft eine umgekehrte ist. Es gibt sehr viele Chefs, die von ihren Mitarbeitern abhängig sind, auf deren Goodwill, ob sie bereit sind, mitzutun oder nicht, angewiesen sind. Ein halbwegs komplexes System ist durch „Dienst nach Vorschrift" durchaus störbar.

Unterstellen wir einmal, in zwei Gruppen wäre der Konflikt, wer die Gruppe nun repräsentieren soll, in einer Verhandlung mit einer anderen Gruppe gelöst, man hätte sich auf eine bestimmte Person geeinigt. Dann muss diese Person sich mit dem Delegierten der anderen Gruppe treffen, und es entsteht die Frage nach der Legitimation. Wieweit ist sie berechtigt, legitimiert, für die andere Gruppe zu sprechen, welchen Spielraum hat sie, wie sehr kann man sich auf ihr Wort verlassen, und wie gut wird sie das, was sie in ihrer Gruppe ausgehandelt hat, unterbringen?

Zwei Arten von Delegierten sind hier wiederum für die Kooperation unbrauchbar:

▶ Erstens Delegierte, die mit der Meinung der Gruppe in die Verhandlung gehen und identisch mit derselben Meinung, mit der sie hineingegangen sind, zurückkehren. Sie werden zwar von der Gruppe begeistert empfangen werden, haben aber nicht zu einer Annäherung der Standpunkte beigetragen und daher keinen Nutzen erbracht.

▶ Ebenfalls unbrauchbar sind Delegierte, die mit ihrer Meinung weggehen und im Zuge eines Meinungsaustausches mit der Meinung des anderen Delegierten, der die andere Gruppe repräsentierte, zurückkommen. Sie werden in ihrer Gruppe sofort des Verrates bezichtigt und womöglich gleich an die andere Gruppe „ausgeliefert".

Sinn hat das ganze also nur, wenn beide sich in ihren Standpunkten annähern und diese gemeinsame Lösung nun in ihrer jeweiligen Heimatgruppe vertreten können. Der mit Macht ausgestattete Delegierte, also der Vorgesetzte in der Hierarchie, wird es hiermit am leichtesten haben. Es ist auch eines der großen Probleme der Gegenwart, wieweit es Sinn hat, immer wieder neue Delegierte als Repräsentanten in Verhandlungssysteme mit anderen Gruppen zu senden. Experimente mit Basisdemokratie sind aber hier noch nicht soweit gediehen, dass man schon sagen könnte, es gibt alternativ zur Hierarchie der festgelegten Repräsentanten ein funktionierendes System flexibler Repräsentation.

Konflikte dieser Art sind dann Verfassungskonflikte, weil das Festschreiben von Kooperationsmodi so etwas wie eine Gruppen-, Organisations- oder Firmenverfassung darstellt. Eine ideale Verfassung in der Form, dass ein effizientes Instrument gefunden wurde, mit dem alle Menschen ihre Meinung in zentrale Entscheidungen einfließen lassen können, gibt es noch nicht. In einer Reihe von Experimenten im Rahmen der Gruppendynamik oder der Organisationsdynamik wurden aber bereits ansatzweise in kleineren oder mittleren Unternehmungen oder Organisationen Systeme installiert, in denen es gelang, doch eine größere Anzahl von Personen in einen solchen Meinungsbildungsprozess mit einzubeziehen. Kern einer solchen Organisation sind fast immer gut funktionierende Delegiertensysteme, die aber zunächst einmal über eine dieser eben geschilderten Hürden von Verfassungs-, Repräsentations- und Legitimationskonflikten müssen.

Institutionskonflikte

Der größte Entwicklungsschritt in der Geschichte der Menschheit war der Übergang von der Stammesgesellschaft zur Bildung von Organisationen und Institutionen. Hier wurde das System der indirekten oder anonymen Kommunikation entwickelt, das nach völlig anderen Gesichtspunkten funktioniert als das System der direkten Kommunikation. In einigen Punkten muss man beim Umgang mit Institutionen sogar das Gegenteil von dem für richtig halten, was in der kleinen Gruppe gilt. Bis heute ist es für viele junge Menschen ein Schock, wenn sie das erste Mal mit Institutionen und ihren abstrakten Regeln in Berührung kommen (und auch manche Erwachsene haben sich immer noch nicht daran gewöhnt).

Institutionen entwickelten sich vermutlich durch den Versuch der Menschen, einmal gefundenen Lösungen für Grundwidersprüche des Lebens Dauerhaftigkeit zu verleihen. Die bereits (Seite 96 ff.) erwähnten Grundwidersprüche, mit denen der Homo sapiens von

Anfang an konfrontiert war, sind Unterschiede beziehungsweise Gegensätze zwischen:

▶ Lebenden und Toten,
▶ Individuen und Gruppen,
▶ Jungen und Alten,
▶ Männern und Frauen.

Diese vier Grundkonflikte haben nicht nur für das Individuum eine Bedeutung, sondern meines Erachtens auch in der Geschichte.

Alle weiteren und späteren Grundwidersprüche lassen sich nämlich aus diesen vier archaischen Gegensätzen ableiten. Jede Organisation des Überlebens muss funktionsfähige Antworten auf diese vier Grundwidersprüche entwickeln (vgl. dazu „Die ‚Heilige Ordnung' der Männer"). Wir finden daher in allen Steinzeitlogiken (soweit sie uns über Mythen oder durch Erforschung gegenwärtiger Steinzeitkulturen bekannt sind) diese vier Grundwidersprüche. Diese Grundwidersprüche eignen sich daher auch als Einteilungsprinzip für Institutionskonflikte.

Tote und Lebende

Die Bewältigung des Unterschiedes von Tod und Leben ist der wichtigste und sicher auch schwierigste. Er wird heute herangezogen, um den Homo sapiens zu definieren. Menschen, die ihre Toten bestatten, sind über den Naturzustand hinausgewachsen. Sie mussten in irgendeiner Form dem Leben auch über den Tod hinaus einen Sinn gegeben haben. Hier liegt meines Erachtens schon der Ansatz für die spätere Institutionalisierung.

Der Grundkonflikt lautet: Der Tote ist aus dem Kommunikationsgefüge herausgenommen, und die Gruppe muss sich ohne ihn neu konstituieren. Dies löst immer eine Krise aus. So wie wir gezeigt haben, dass ein Neuer es notwendig macht, alle Beziehungen neu zu definieren, so macht auch der Tod eines Mitglieds dies notwendig.

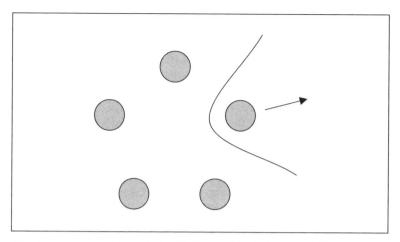

Eine Gruppe muss sich nach dem Tod eines Mitgliedes neu definieren

Da Kommunikation die Basis jedes Verständnisses darstellt, ist der Tod grundsätzlich unverständlich. Er macht daher in besonderer Weise angst. Um diese Angst bewältigen zu können, gab es schon sehr früh die kollektive Illusionsbildung, dass sich die Kommunikation mit den Toten in irgendeiner Form aufrechterhalten lassen könne. Man begrub die Toten am anderen Ufer eines Flusses oder Sees (jenseits) und nahm an, dass sie dort weiterlebten. Später baute man ihnen Wohnungen aus dauerhaftem Material (Stein), da sie ja nicht mehr sterben können. Die Toten sind als „unsterbliche" Ahnen die Vorformen der späteren Götter.

Neben das erste Problem, die Neukonstituierung der Gruppe ohne den Toten, trat die Frage, wie man das Know-how, über das der Tote verfügte, sichern könnte. Hier bildete sich heraus, dass dieses Wissen meist als „Geheimnis" in ritualisierter Form an die Nachkommen weitergegeben werden musste. Dies ging natürlich nur zu Lebzeiten des später Toten.

Es bestand also die Notwendigkeit, den späteren Tod zu Lebzeiten vorwegzunehmen und Vorsorge zu treffen, dass die „Geheimnisse" nicht verloren gingen.

Heidegger nennt das Problem des Todes daher auch sehr treffend das „Sich vorweg der Endlichkeit". Aber auch in den alten Mythen, zum Beispiel in dem vom Sündenfall, ist davon die Rede, dass erst mit dem Essen vom Baum der Erkenntnis der Tod in die Welt gekommen ist („Wenn ihr vom Baum in der Mitte des Garten esset, müsset ihr sterben" – werdet ihr auch den Tod erkennen). Gemeint ist nicht, dass Adam und Eva, hätten sie nicht vom Baum der Erkenntnis gegessen, ewig im Paradies gelebt hätten. Alles Lebende muss sterben, und Mythen sind im Allgemeinen kein Realitätsverlust. Gemeint ist, dass erst die Vorwegnahme des Todes durch den denkenden Menschen das Problem der Todesangst aufbringt. Auf der anderen Seite aber ermöglicht nun diese Vorwegnahme, das Wissen zu Lebzeiten weiterzugeben.

Es wurden diese Geheimnisse von der Mutter auf die Tochter, vom Vater auf den Sohn, von Medizinmann zu Medizinmann, von Häuptling zu Häuptling usw. weitergegeben.

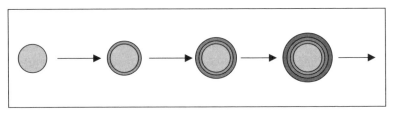

Durch Wissensvermittlung wächst der Wissensumfang

Diese lineare Weitergabe der Tradition führte zur Ansammlung eines großen Wissens über viele Generationen hinweg. Man kann diese Form der Weitergabe der notwendigen Tradition noch bei den heutigen Naturvölkern studieren. Ich habe im Amazonas einen Missionar kennen gelernt, dem es gelang, das Geheimnis eines Medizinmannes auf Tonband aufzunehmen (der designierte Nachfolger war nämlich in die Stadt abgewandert, und der Missionar versprach dem Medizinmann, sein Geheimnis via Tonband an ihn weiterzugeben). Die Analyse des Tonbandes (die Aufnahme dauerte eine Woche) ergab, dass immer wieder Krankheitssymptome abgefragt wurden. Verneinte der Betreffende das Symptom, dann ging der Medizinmann im „Besprechen" des Kranken weiter. Wurde das Symptom hingegen bejaht, erhob sich der Medizinmann und sprach die im Geheimnis vorhandene Therapieanweisung.

In diesem Beispiel sieht man die doppelte Linearität der steinzeitlichen Medizinmann-Tradition. Sie ist erstens entstanden aus dem Aneinanderreihen von Krankheiten und ihren Heilerfolgen. Sie wird zweitens reproduziert in Teilen ihrer gesamten Linearität anlässlich eines Krankheitsfalles und in ihrer Gesamtheit anlässlich der Weitergabe. Sicher werden gute Medizinmänner die eine oder andere Variante in dieses „Geheimnis" immer wieder eingefügt haben. Die Anpassung dieser „linearen Allgemeinheit" an die jeweilige Situation ist durch das Hersagen des gesamten Wissensschatzes gewährleistet, aber auch nur so möglich.

Die Antwort der Steinzeitmenschen auf den Grundwiderspruch Tote – Lebende lautet also: der Tote lebt weiter in dem überlieferten Know-how und in den ritualisierten Beziehungen, die Lebende mit Hilfe von Spezialisten (Totenpriestern) zu den toten Ahnen aufbauen (Ahnenkult).

Individuum und Gruppe

Eine völlig neue Antwort auf diesen Grundkonflikt wurde durch die Entwicklung der anonymen Kommunikation anlässlich des Zusammenschlusses mehrerer sesshafter Menschengruppen und der Bildung von Hierarchien möglich. In Hierarchien wird das Know-how nicht linear durch Traditionsbildung angereichert, sondern durch Zentralisierung akkumuliert und weiter verarbeitet.

Die Zentralperson, bei der alle Informationen zusammenkommen, die daher die richtigen und wichtigen Entscheidungen trifft, von der alle anderen abhängig sind, wird in besonderer Weise als Funktionsträger ausgezeichnet. Hier entsteht meines Erachtens auch der Unterschied von Individuum und Gruppe.

Funktionen überdauern die Individuen. Sie sind, solange das System bestehen bleibt, unsterblich. Hier entsteht erstmals ein Allgemeines, das raum- und zeitinvariant so etwas wie Unsterblichkeit darstellt. Zu verschiedenen Zeiten und an verschiedenen Orten gilt immer die gleiche Regel: unabhängig von den Individuen, die sie ausführen und repräsentieren.

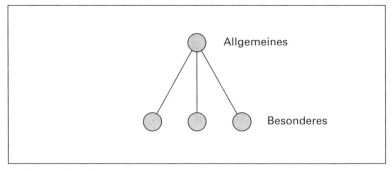

Zelle der Hierarchie

Solche Individuen, die unabhängig sind von lebenden Individuen, die sterben müssen, waren Kulminationspunkt der Unsterblichkeitshoffnungen der Menschen – nämlich Institutionen. Sie repräsentieren die über den Tod des Individuums hinausgehende Hoffnung. Institutionen brauchen natürlich eine konkrete Organisationsform. Dies ist meist ein hierarchisches System, in dem viele (beliebig viele) Zentralisierungen kombiniert werden.

Das Kennzeichen von Hierarchien ist daher das Prinzip von Über- und Unterordnung, wobei das Übergeordnete das jeweils Allgemeinere (= Unsterbliche) repräsentiert. Höhepunkt auch der denkerischen Bewältigung von hierarchischen Institutionen ist die aristotelische Logik, die als Prinzip von Wissenschaft in unserem Kulturkreis bis heute unbestritten gilt.

Die Antwort der Institutionen auf den Grundkonflikt *Lebende – Tote* lautet also: Wer sich unter das jeweils Allgemeine unterordnet, wird teilhaftig an dieser Unsterblichkeit. Der Preis ist die Aufgabe individueller Selbstbestimmung. Was er dafür erreicht, ist ein Sinn, der über das Hier und Jetzt und seine Individualität hinausreicht. Er wird Funktionär und damit unsterblich.

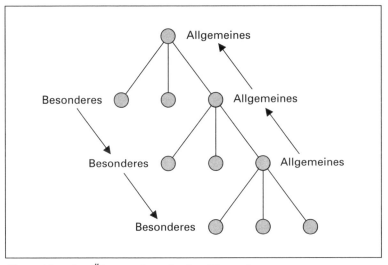

Hierarchien: Das Übergeordnete ist das Allgemeine, das Untergeordnete ist das Besondere

Die konkreten Organisationsformen der Institutionen variieren natürlich nach Zeit und Ort. Beispiele dafür sind:

▶ Recht als Institution findet die verschiedenen Formen der Gerichtsbarkeit,
▶ Geld als Institution findet Banken und Versicherungen,
▶ Staat als Institution findet politische Parteien oder diverse Funktionsträger.

Institutionskonflikte entstehen dann, wenn die Antwort der Institution den Grundkonflikt von tot und lebendig nicht ausbalancieren kann.

In den angeführten Beispielen ist dies etwa der Fall, wenn

- ▶ es Situationen gibt, für die die vorhandenen Gesetze nicht ausreichen,
- ▶ Geld in seiner Stabilität nicht garantiert werden kann (Inflation),
- ▶ Staaten zugrunde gehen und neue gegründet werden.

Funktionsträger in Hierarchien dürfen immer nur in der Einzahl vorkommen, da die Gefahr zu groß ist, dass zwei gleichberechtigte Träger derselben Funktion verschiedener Meinung sind. Unteilbar ist daher die Funktion, und ihr Träger hat daher vermutlich auch seinen Namen bekommen: Individuum = das Unteilbare. Irgendwann lernten die unteilbaren Amtsträger, sich gegen den Willen der Gruppe zu stellen, was durch ihre hierarchische Überlegenheit auch möglich war. Somit steht das Individuum ständig im Widerspruch, die eigene Meinung dem System oder der Gruppe unterzuordnen oder diesen die Meinung aufzuzwingen. Nicht selten wurden solche Individuen mit dem Tode bestraft, sind aber so „unsterblich" geworden.

Für die Ausbalancierung dieses Widerspruchs wurden im Rahmen unserer Kultur im Laufe der Jahrtausende immer wieder neue Rituale oder eben Institutionen gefunden. Wenn es also gilt, dem Augenblick Dauer zu verleihen, dann geht das nur um den Preis der Tötung. Ein Beispiel dafür ist die Schrift. Sie macht lebendiges Wort tot. Allerdings kann mit ihrer Hilfe Totes am Leben erhalten werden und ist dadurch späteren Generationen zugänglich. Dies ist aber schon der Übergang zum nächsten Konfliktring:

Alte und Junge

Ich halte den berühmten Generationenkonflikt für einen Institutionskonflikt, weil dieses Problem – das immer wieder auftritt, sozusagen bei jedem Menschen und bei jeder Gruppe neu – immer in irgendeiner Form geordnet, ritualisiert, organisiert und eben letztendlich institutionalisiert werden muss.

Das Problem liegt darin, das angesammelte Know-how der Generationen jeweils an die Jungen weiterzugeben. Der Konflikt besteht darin, dass die Jungen ihre Identität nur finden können, wenn sie die Erfahrungen selber machen. Überleben können sie aber nur, wenn das Know-how übernommen wird.

Die Allianz der Jungen in Konterdependenzkonflikten (wie sie schon beschrieben wurden) betrifft aber nicht nur Individuen, sondern auch Gruppen, Organisationen oder sogar Nationen. So bin ich der Meinung, dass die Entwicklung vom Feudalismus zur Demokratie bei verschiedenen Nationen, die in unserer Welt ja unterschiedlich weit entwickelt sind, immer wieder zu Reifungs- und Ablösungskonflikten führt. „Die Alten" sind in diesem Fall dominante Nationen oder in Zukunft vielleicht die UNO, die ja in der letzten Zeit sogar militärisch in solche Konflikte eingreift.

Grundprinzip dieses Institutionskonflikts Alte – Junge jedenfalls ist, dass Selbstbestimmung immer wieder neu erworben werden muss und nicht weitergegeben werden kann. Wie trotzdem die Tradition gesichert werden kann, ist die Kunst, diesen Konflikt in jedem Fall neu zu lösen (zum Beispiel durch einen gemeinsamen Lernprozess).

Männer und Frauen

Das Verhältnis von Männern und Frauen wird in allen Kulturen durch eine Art von Institution geregelt. Einmal heißt sie Ehe (Monogamie), dann wieder Polygamie oder Familie. Immer wurde die Sexualität und die Mann-Frau-Beziehung bestimmten Normen unterworfen. Das Problem besteht darin, dass Mann und Frau nur gemeinsam überleben können – über Kinder. Der Konflikt ist aktuell, weil bisher in der Geschichte noch nie eine gleichwertige Institutionalisierung des Gegensatzes gefunden wurde. Immer wurde, je nach Bereich, das eine Geschlecht dem anderen untergeordnet. Hier wird in Zukunft sicher in unserem Kulturkreis (ich glaube aber auch in anderen) viel Energie in die Weiterentwicklung dieses

Konfliktes und seiner Lösung investiert werden müssen (zum Beispiel Trennung von Sex und Fortpflanzung, neue Möglichkeiten der Gen-Technologie, der Befruchtung usw.).

Systemkonflikte

Paradox ist es sicher, wenn ich gestehe, dass ich kein System für Systemkonflikte habe. Ich kann sie hier nur referieren nach meinen Erfahrungen mit Konfliktinterventionen, bei denen ich Systemkonflikte als Hintergrund vermute.

Unter Systemkonflikten verstehe ich alle Konflikte, die auf unterschiedlichen vorausgesetzten Denksystemen beruhen. Aufmerksam auf diese Art von Konflikten wurde ich das erste Mal bei meiner Arbeit in anderen Kulturkreisen. Es handelt sich bei dem „cultural shock", den Europäer dort gelegentlich bekommen, um ein Infragestellen der in unserem Weltbild selbstverständlichen Voraussetzungen. Diese Voraussetzungen werden zwar meist im Rahmen der Philosophie reflektiert, aber ganz selten im Alltagsbewusstsein von Funktionären (Diplomaten, Ärzten, Technikern, Entwicklungshelfern etc.). Die Bearbeitung dieser Konfliktsituationen mit Europäern, die in anderen Kulturkreisen arbeiteten, führten mich auf die Spur dieser Systemkonflikte. Später lernte ich, dass es solche Konflikte auch innerhalb unseres (oder eines) Kulturkreises geben kann, dann nämlich, wenn verschiedene Konfliktpartner eben unterschiedliche Weltbilder voraussetzen. Dies kann sogar innerhalb einer Organisation stattfinden, wenn etwa Techniker und Kaufleute von unterschiedlichen Logiken ausgehen oder verschiedene Wissenschaften zum Beispiel über die Möglichkeit der Quantifizierung uneinig sind. Ich greife daher – als Beispiel – drei Systemkonflikte, an deren Lösung ich bisher arbeiten musste, heraus:

▶ interkulturelle Konflikte
▶ Konflikte der Qualität und Quantität
▶ virtuelle Konflikte.

Interkulturelle Konflikte

„Ein Mensch hat irgendwann und wo,
Vielleicht im Lande Nirgendwo,
Vergnügt getrunken und geglaubt,
Der Wein sei überall erlaubt.
Doch hat vor des Gesetzes Wucht
Gerettet ihn nur rasche Flucht.
Nunmehr im Land Ixypsilon
Erzählt dem Gastfreund er davon:
Ei, lächelt der, was Du nicht sagst?
Hier darfst Du trinken, was Du magst!
Der Mensch ist bald, vom Weine trunken,
An einem Baume hingesunken.
Wie? brüllte man, welch üble Streiche?
So schändest Du die heilge Eiche?
Er ward, ob des Verbrechens Schwere,
Verdammt fürs Leben zur Galeere
Und kam, entflohn der harten Schule,
Erschöpft ins allerletzte Thule.
Ha! Lacht man dorten, das sind Träume!
Hier kümmert sich kein Mensch um Bäume.
Der Mensch, von Freiheit so begnadet,
Hat sich im nächsten Teich gebadet.
So, heißts, wird Gastfreundschaft missnutzt?
Du hast den Götterteich beschmutzt!
Der Mensch, der drum den Tod erlitten,
Sah: andre Länder, andre Sitten!"

Eugen Roth (Werke, Band 1, Seite 163) drückt in diesem Gedicht ein häufig verbreitetes Vorurteil aus, dem auch viele Manager anhängen, dass es nämlich in der Kommunikation zwischen verschiedenen Kulturen nur um unterschiedliche Normen ginge.

In einer christlichen Kirche nimmt man den Hut ab, in einer jüdischen Synagoge bedeckt man sich das Haupt.

Es käme diesem Vorurteil zufolge nur darauf an, die jeweiligen Normen in ihrem Sinn zu begreifen, in ihrer Funktion zu verstehen und ineinander zu übersetzen.

So ist es etwa ganz verständlich, dass in den Trockenzonen der Welt von den Religionen meist ein Alkoholverbot ausgesprochen wird, da der Alkohol die Poren für die Verdunstung der Hautoberfläche so stark öffnet, dass ab einem bestimmten Alkoholgehalt mehr Flüssigkeit verdunsten kann, als die Magenschleimhäute aufnehmen können. Dies ist zwar subjektiv angenehm, führt aber meist zu einem Zusammenbruch des Kreislaufs. Daher ist Alkohol (am Tage) sinnvollerweise verboten. Solche Beispiele ließen sich sehr viele anführen.

Die Aufgabe des Managers oder eines Menschen, der in einem anderen Kulturkreis lebt, wäre es dann, möglichst viele der dort geltenden Normen zu kennen und sein Verhalten daran zu orientieren. Konflikte, so wird oft gesagt, entstehen durch unterschiedliche normative Regelung menschlichen Verhaltens. Dies scheint mir aber zu vordergründig zu sein. Ich habe gelernt, dass interkulturelle Konflikte tiefer gehen als Normkonflikte. Ich halte sie eben für Systemkonflikte.

Normen steuern das Verhalten des Menschen. Mit Hilfe der Normen erreicht der Mensch eine Anpassung an die jeweilige Umwelt.

Die Aufgabe interkulturellen Konfliktmanagements, die Normen eines Kulturkreises zu kennen und aus ihrem Hintergrund zu verstehen, erschöpft das Problem aber leider nicht. Auch bei solchen, die schon länger in einem anderen Kulturkreis leben, kommt es öfters zu einem Kulturschock. Manchmal nur in der abgeminderten Form, dass man dann hört: „Wirklich nahegekommen bin ich auch meinen Freunden in diesem Land nicht, wirklich verstehen kann ich die Menschen hier eigentlich nicht", manchmal aber auch in der krassen Form, dass man durchdreht, unbedingt einen Heimaturlaub braucht; in manchen Ländern und bei manchen Personen geht es sogar bis zum Selbstmord.

Interkulturelles Konfliktmanagement muss nicht nur die Normen, sondern auch ihr Ordnungsprinzip verstehen. Dieses Ordnungsprinzip der Normen ist unter dem Namen Logik in den verschiedenen Kulturkreisen explizit oder nicht explizit reflektiert.

Ich habe an anderer Stelle ("Die ‚Heilige Ordnung' der Männer", Seite 20 ff.) ein Modell für das Verständnis der Unterscheidung dieser verschiedenen Ebenen vorgeschlagen.

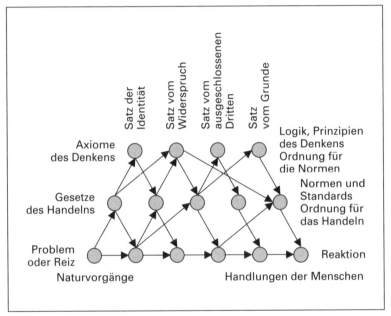

Ein Ordnungsprinzip für unterschiedliche Normen

Als unterstes gezeichnet ist die Ebene der Handlungen des Menschen beziehungsweise des unbewussten Naturgeschehens. Bei den Biologen unter dem Namen: Reiz-Reaktionsschema bekannt. Alle Organismen reagieren auf Reize. Der Mensch natürlich auf "höhere" Reize, auf Probleme, indem er nach Lösungen sucht. Hier gibt es auch beim Menschen sehr viele automatisch ablaufende Reaktionen, etwa im Bereich der Vitalfunktionen. Der so genannte Instinktverlust, worin die Freiheit des Menschen besteht, führt dazu, dass in sehr vielen Fällen nicht mehr die Reaktion auf einen Umweltreiz automatisch erfolgt, sozusagen durch die Steuerung des im Menschen vorhandenen, vererbten Programms, sondern mit Hilfe des Normensystems. Der Mensch als Freigelassener der Schöpfung kann sich dadurch besser an seine Umwelt anpassen. So löst etwa Feuer nicht mehr automatisch eine Fluchtreaktion aus, sondern bei Kindern sogar Neugier; der Mensch kann mit Hilfe des Feuers neue Gebiete für sich erobern.

Im Laufe der kulturellen Entwicklung, auf der zweiten Ebene eingezeichnet, entwickeln sich immer mehr Normen und Standards für die Ordnung des Handelns. Bevor der Mensch auf einen Umweltreiz reagiert, informiert er sich zunächst einmal über die Norm; er fragt Vater, Mutter, Lehrer, Vorgesetzte usw., internalisiert mit der Zeit die Normen und lernt, wie er auf einen bestimmten Umweltreiz zu reagieren hat.

In diesem Bereich sammeln sich nun in verschiedenen Kulturen unterschiedliche Normen an. In einem Kulturkreis bewährte sich besser der Gebrauch von Alkohol, in anderen Kulturkreisen bewährte sich besser das Verbot von Alkohol.

Nun gibt es darüber aber noch eine dritte Ebene, die sehr oft übersehen wird. Fast jede Kultur kommt relativ rasch an den Punkt, an dem ein differenziertes Normensystem selbst wieder einer Ordnung bedarf. In unserem Kulturkreis sind das die so genannten Axiome der Logik. Es sind vier, und sie besagen:

1. Alles, was im Rahmen einer Norm festgestellt wird, muss eindeutig sein (Satz der Identität).

2. Zwei Normen dürfen einander nicht widersprechen (Satz vom zu vermeidenden Widerspruch).

3. Bei Normen muss eine Über- und Unterordnung stattfinden (Satz vom ausgeschlossenen Dritten).

4. Ein einsehbarer Zusammenhang zwischen der Norm und der Anordnung, die sie verlangt, muss gegeben sein (Satz vom zureichenden Grunde).

Diese vier Prinzipien, die schon in der Sprache enthalten sind, wurden in unserem Kulturkreis das erste Mal von Aristoteles reflektiert. Man spricht daher auch von aristotelischer Logik.

Die Problematik der Begegnung mit anderen Kulturkreisen besteht nun darin, dass andere Kulturkreise meistens nicht nur andere Normen, sondern auch andere Ordnungsprinzipien für die Normen haben. Ordnungsprinzipien, die in verschiedenen Kulturkreisen unterschiedlich reflektiert sind. Hier unterscheiden sich ostasiatische – etwa die chinesische und japanische Kultur – sehr stark von afrikanischen oder südamerikanischen Kulturen. In ostasiatischen Kulturen wurde die implizite Logik, etwa im Tao-Te-King, ungefähr zur gleichen Zeit reflektiert, als es in Europa Aristoteles gab.

In anderen Kulturkreisen, besonders in nicht alphabetisierten Sprachen, ist diese Kulturleistung der Reflexion der Logik erst zum Teil oder womöglich überhaupt noch nicht vollzogen worden, wie etwa in vielen afrikanischen Kulturen. Auch in unserem Kulturkreis ist die Reflexion der Logik, und das unterscheidet unseren Kulturkreis wiederum vom asiatischen, nur zu einem kleinen Teil Allgemeingut. In Asien wird der Taoismus auch in der Schule gelehrt, die Kenntnis der aristotelische Logik und ihrer Axiome ist bei uns Spezialisten vorbehalten. Dies hat einen ganz wichtigen Sinn: da die Logik gleichzeitig das Organisationsprinzip der Gesellschaft darstellt, hat sich aus ihr die „Heilige Ordnung" oder griechisch die „Hierarchie" entwickelt. Die logischen Axiome außer Streit zu stellen wirkt stabilisierend auf die Gesellschaft.

Auch in anderen Kulturkreisen ist die jeweilige Logik aus dem Organisationsprinzip der Gesellschaft abgeleitet. Die Logik des Zusammenhanges der Gesellschaft öffentlich zu deutlich zu analysieren würde eine Instabilität bedeuten. Der Zugang zur Logik ist in Europa einem kleinen Kreis von Priestern, oder heute Wissenschaftlern, vorbehalten. Zu diesem Insiderkreis sollten aber auch alle jene gehören, deren Aufgabe es ist, ihre Tätigkeit in Berührung mit anderen Kulturkreisen durchzuführen. Die derzeitige Situation der touristischen und medialen Vernetzung der Kulturkreise wird uns zwingen, uns mehr mit den Voraussetzungen anderer Kulturen zu beschäftigen.

Meine These lautet nun: Zum interkulturellen Konfliktmanagement ist es notwendig, sich um die jeweiligen Logiken und jeweiligen Denkprinzipien der anderen Kulturen zu kümmern. Der Mensch einer anderen Kultur kann nur dann ganzheitlich erfasst werden, wenn seine Denkprinzipien miteinbezogen werden. Dies gelingt in der Praxis im Allgemeinen nur durch Einführen einer Metaebene, auf der die Hintergründe des Konfliktes gemeinsam analysiert werden können. Erst der dadurch erreichte gemeinsame Lernprozess ermöglicht es, eine Lösung des jeweiligen Konfliktes zu finden. Welche praktischen Auswirkungen auf das Konfliktmanagement hat es, wenn es gelingt, die Logik eines Kulturkreises zu verstehen? Die Logik eines Kulturkreises, das heißt, die Axiome des Denkens und nicht nur die Normen oder die Gesetze des Handelns müssen verstanden werden. Dazu einige Beispiele:

Beispiel:

„Dieser verdammte Lügner", mit diesen Worten stürzt ein europäischer Hauptabteilungsleiter ins Zimmer zu seinem Kollegen. Der schaut auf: „Was ist los?" „Mein Mitarbeiter, N. N., hat vor drei Wochen drei Tage freibekommen, weil sein Vater gestorben ist, nun will er nächste Woche schon wieder drei Tage frei haben, was glauben Sie, warum? Weil sein Vater gestorben ist! Wenigstens eine bessere Ausrede könnte er sich einfallen lassen."

Was der Hauptabteilungsleiter nicht weiß und was ihm dann sein Kollege vermutlich sofort erklären wird, ist, dass sein Mitarbeiter einer Gentilgesellschaft angehört, in der auch die Brüder des Vaters Väter und die Schwestern der Mutter Mütter genannt werden, in der die Cousins und Cousinen Brüder und Schwestern genannt werden, in der die Nichten und Neffen Söhne und Töchter genannt werden. Auch in unserem Kulturkreis gab es früher solche Einteilungsprinzipien. Wenn etwa in der Bibel von den Geschwistern Jesu die Rede ist, dann sind auch hier Verwandte der gleichen Generation gemeint und nicht Geschwister in unserem Sinn, die von einer Mutter oder einem Vater direkt abstammen. Da ein Mensch somit mehrere Väter hat, können auch mehrere sterben und ein Begräbnis erhalten.

Um die Loyalität des Mitarbeiters, der zum Begräbnis gehen muss, seinem Clan gegenüber zu verstehen, ist es aber viel zu wenig, dieses Einteilungsprinzip zu kennen. Dahinter steht nämlich eine von unserem Kulturkreis abweichende Auffassung von Kausalität. Letzte Ursache in einer solchen Stammesgesellschaft, deren Ordnungsprinzip auf Verwandtschaftsstrukturen beruht, ist nicht die Wirkursache (causa efficiens) wie im naturwissenschaftlichen Weltbild des Europäers, sondern die Abstammung eines Menschen von einem anderen Menschen.

Solche Kulturen übertragen die Prinzipien der Abstammung im Übrigen auch auf die Natur. Sie verstehen auch in der Natur alles als voneinander abstammend, und die Bestimmung der Herkunft übernimmt in dieser Gesellschaft die Rolle der Kausalität. Seinen Ursprung hat dies in nomadisch-viehzüchterischen Eigentumsverhältnissen, in denen die Abkunft eigentumsstiftend ist. Ein Tier gehört einem Viehzüchter, wenn auch die alten Tiere schon ihm gehört haben (oder wenn er es gekauft hat). Im Unterschied dazu wird bei jägerischer Provenienz das Eigentum an einem Tier durch den Tötungsakt gestiftet. Ein Tier gehört einem Jäger, wenn er es erlegt hat. Auch die Namensgebung folgt dieser „Logik". Ein Jäger heißt meist: N. N., der Tapfere, der Schnelle. Ein Viehzüchter heißt: N. N., der Sohn des N. N., usw.

Familienstrukturen sind daher, so könnte man formulieren, in dieser Gesellschaft die konstitutive Axiomatik, von der her erst die Gesetze des Handelns, die Ordnung der Normen, verständlich werden. Wenn ein Mensch einer solchen Kultur zum Himmel blickt und Sonne, Mond und Sterne sieht, dann sagt er ganz unwillkürlich: „Das sind Vater, Mutter, Kinder – man sieht es ja."

Konstitutiv für diese Logik und daher im Mittelpunkt des gesamten Loyalitätsdenkens stehen daher Geburt und Tod. Ereignisse, die bei uns im Normensystem eine eher untergeordnete Rolle spielen, ja zum Teil sogar aus dem öffentlichen Leben verdrängt werden. Die grundlegend andere Weltbildorientierung fremder Kulturen zeigt sich hier etwa im Nord-Süd-Gefälle an vielen Kleinigkeiten, die Europäern ungeheuer auf die Nerven gehen können. Wenn sie europäische Normen anlegen, greifen sie aber sehr stark in das logische Gefühl anderer Kulturen ein. Ein Beispiel dafür ist das Verhältnis zum Schmutz. In Europa, soviel mir bekannt ist als einzigem Kulturkreis, wird das moralisch Gute und Böse an das Sauberwerden des Kindes in der analen Phase geknüpft. Das Kind wird für die Kontrolle des Kotes belohnt und für die Nicht-Kontrolle, das Triebhafte, unkontrollierte Agieren beim Sauberwerden bestraft. Dies führt dazu, dass auch später normenkonformes Verhalten als anständiges, korrektes und sauberes Verhalten angesehen wird, der Verstoß gegen die Norm aber als unsauber, schmutzig gilt. Es gibt schmutzige Gedanken, die man nicht denken darf, es gibt schmutzige Geschäfte, die man nicht abschließen darf usw. Dadurch ist das Verhältnis von schmutzig und sauber gleichzeitig das von anständig und unanständig. Wer daher nicht ordentlich das Kinderzimmer zusammenräumt, wer später nicht ordentlich das Büro oder die Werkstatt sauber hält, der ist gleichzeitig moralisch verwerflich.

In unserer Logik ist daher Ordnung, etwa im Sinne des dritten Axioms, das genau weiß, welche Norm höher ist als die andere, die Ursache für moralisch gut, und Unordnung ist moralisch böse. Menschen, die unser Ordnungsprinzip in Frage stellen, werden daher auch oft als Chaoten, als unordentlich, als Anarchisten bezeichnet. Das Opponieren der Jungen richtet sich daher auch in Form von anderer Kleidung, anderer Haartracht etc. gegen dieses Sauberkeitsprinzip; sie wissen, dass sie damit die alten Normenhüter treffen können.

In einer Stammeslogik sieht die Sache völlig anders aus. Wenn Tod und Leben, Abstammung, Geborenwerden und Verlassen dieser Welt als eigentliche Kausalität angesehen werden, dann ist der Schmutz oder die Unordnung etwas, was zum Leben gehört, die Ordnung aber, das Festgelegtsein, das Saubersein etwas, was dem Tod zugerechnet wird. Nur der Tote muss sauber sein, der Lebende ist in irgendeiner Weise immer schmutzig.

Etwas im europäischen Sinn ordnen oder saubermachen heißt für Angehörige solcher Kulturen, es töten. Sie verstehen oft, dass Bakterien getötet werden müssen; weniger verstehen sie, dass Tiere, wie etwa Fliegen oder so genanntes Ungeziefer, getötet werden muss; sie empfinden die (saubere) Einstellung des Europäers oft als lebensbedrohend. Der Europäer empfindet die Unordnung und den Schmutz als moralisch verwerflich. Hier prallen zwei Axiomensysteme aufeinander, nicht aber zwei Normensysteme. Denn natürlich kennen auch zum Beispiel Afrikaner bestimmte Reinlichkeitsgebote.

Konflikte, die aus solchen grundlegenden Unterschieden kommen (und dies ist täglich öfter der Fall), lassen sich auf Dauer nur durch jene schon erwähnte Überhöhung in die Metaebene eines gemeinsamen Lernprozesses lösen.

Beispiel:

Es ist nicht das erste und dritte, sondern das zweite Axiom der Logik, das Europäer in ihrem Denken von Chinesen oder Japanern trennt. Europäer denken in Entweder-Oder-Schaltungen, von zwei einander widersprechenden Aussagen ist mindestens eine falsch. Liegt ein Widerspruch vor, dann muss ich als Europäer feststellen, wer von den beiden Seiten des Widerspruchs recht und wer unrecht hat. Asiaten kennen dieses Axiom der Logik nicht, im Gegenteil: Hier tritt die paradoxe Situation auf, dass im Tao-Te-King gerade dieses Axiom umgekehrt formuliert wird: die Wahrheit besteht darin, dass man zu einem bestimmten Aspekt immer gleichzeitig auch den gegenteiligen dazunimmt. Kennt man nur eine Seite einer Sache, hat man nie die ganze Wahrheit. Nur wer beide Seiten kennt, befindet sich ansatzweise im Besitz der Wahrheit. Europäer neigen daher immer dazu, die zweite Seite, die „falsche" Seite, zu eliminieren, Asiaten versuchen sie immer mit einzubeziehen. Gautama Siddharta, der unter dem Namen Buddha bekannte indische Philosoph, lehrte mehrere Möglichkeiten der Wahrheit bei zwei gegensätzlichen Standpunkten A und B zu gebrauchen:

1. A ist wahr,
2. B ist wahr,
3. beide, A und B, sind gleichermaßen wahr,
4. weder A noch B ist wahr.

In Konferenzen zwischen Asiaten und Europäern habe ich oft erlebt, dass die Europäer unruhig wurden, wenn eine Sache sich als widersprüchlich herausgestellt hat, sie drangen darauf, festzustellen, wer recht hat; die Asiaten lehnten sich gemütlich zurück und fühlten sich verstanden. Dagegen waren die Europäer zufrieden, wenn sie zu einem Schluss gekommen sind, dies ist wahr, das andere ist falsch. Die Asiaten wurden in dem Augenblick unruhig, sie fühlten sich unverstanden, weil ja nur die eine Seite der Sache deutlich wurde – wo bleibt die zweite Seite?

Diese Methode kann in Asien zu ganz groben Managementfehlern führen, etwa im Bereich der Ausbildung: Es gibt in vielen europäischen und auch amerikanischen Ausbildungsmethoden mehr oder weniger deutlich das Prinzip, jemanden durch Fehler lernen zu lassen. Man bringt etwa eine Gruppe durch eine schwierige Aufgabe auf eine falsche Fährte, der Teilnehmer an einem Seminar hat nicht richtig zugehört, er wendet das Vorgetragene nicht richtig an usw., man lockt ihn in eine bestimmte Richtung, um ihm dann nachzuweisen, dass er einen Fehler gemacht hat. In der Mathematik wird das so formuliert: *Das Ergebnis steht in einem Widerspruch zur Voraussetzung.* Dieser Widerspruch zur Voraussetzung gilt als Falsifikationskriterium. Der Europäer sieht ein, er hat einen Fehler gemacht und wird jetzt gezwungen zu lernen. Viele Europäer und Amerikaner nehmen einen Vortragenden, einen Trainer oft erst ernst, wenn es ihm gelungen ist, sie zu „legen". Widerspruch ist insofern lernkonstitutiv, als er jeden Europäer dazu zwingt, ihn zu eliminieren.

Asiaten haben ein völlig anderes Verhältnis zum Widerspruch. Für sie ist es so, dass dieser Widerspruch nicht eliminiert werden muss, sondern geradezu die Bestätigung ihres Verhaltens darstellt. Werden sie also in einem solchen Experiment „gelegt", dann haben sie in ihrem Denken einen grundlegenden Fehler gemacht und damit „das Gesicht verloren". Sie haben den Trick nicht durchschaut und sich auf eine einseitige Auffassung festlegen lassen. Der Ärger über den Verlust des Gesichtes erzeugt Widerstand und behindert den Lernprozess. Dieselben Trainingsprogramme, die in Europa und Amerika oft so gut funktionieren, können in Asien daher versagen.

Asiaten können in mehreren verschiedenen Logiken denken und sind dadurch den Europäern weit voraus. Man sieht dies auch etwa an der Flexibilität der Sprache. Wesentlich mehr Japaner können Englisch, Deutsch, Französisch, als Engländer, Franzosen oder Deutsche Japanisch können.

Gegenüber asiatischen Managern haben daher europäische einen sehr großen Aufholbedarf, die jeweiligen Logiken zu reflektieren und in ihrer Unterschiedenheit zu verstehen. Dass dies für Asiaten selbstverständlich ist, scheint mir einer der möglichen Hintergründe dafür zu sein, dass auch im wirtschaftlichen Bereich die Führungsrolle ein bisschen auf die asiatische Seite hinübergewandert ist. Wir nehmen das erst zur Kenntnis, wenn auch die ökonomischen Daten dies bestätigen.

Dass auch in unserer Tradition das Wissen um die „Wahrheit" von Widersprüchen nicht ganz verlorengegangen ist, zeigt ein Gedicht von Wilhelm Busch:

Nur eins erschien mir oftmals recht verdrießlich:
Besah ich was genau, so fand ich schließlich,
Dass hinter jedem Dinge höchst verschmitzt
Im Dunkel erst das wahre Leben sitzt.
(aus Dank und Gruß, 1907)

Es gibt in Europa einige Entwicklungen, die eine Annäherung der verschiedenen Weltbilder aneinander aufzeigen oder in weiterer Zukunft möglich erscheinen lassen. Dies ist etwa die Trennung von Autorität und Hierarchie. Autorität ist eine Notwendigkeit, die immer existieren muss, solange die Menschen nicht vollständig erwachsen sind – und das sind sie grundsätzlich nie. Autorität braucht daher nicht nur das Kind, dem man sagen muss, „wo es langgeht", sondern in irgendeiner Form jeder Mensch, der nicht alles für sich selbst entscheiden kann. Denn: *Autorität gibt Sicherheit.*

In Europa ist die Autorität an das hierarchische System der Über- und Unterordnung geknüpft. Diese Koppelung ist für viele andere Kulturen ebenfalls nicht notwendig.

Im Gegenteil: Die klassische Kombination von Autorität und Hierarchie passt nicht mehr, nicht nur nicht in unsere heutige Arbeitswelt, sondern sie passt vor allem auch nicht in die Verständigung mit anderen Kulturen. Insbesondere der Denkansatz der Über- und Unterordnung, also das dritte Axiom der Logik, wird heute als Kolonialismus verstanden. Unter Kolonialismus verstehen viele andere Völker den Denkansatz, den Europäer haben, indem sie sagen: „Wir haben etwas, was wir können, was ihr nicht könnt, wir bringen euch etwas, was ihr von uns lernen müßt." In den Logiken vieler anderer Kulturen aber ist Lernen nicht wie in Europa vom vierten Axiom der Logik her ein einseitiges Verhältnis, dass ein Lehrer einem Schüler etwas beibringt (alle Wirkung hat eine Ursache und die liegt bei der höheren Norm, das heißt beim hierarchischen Vorgesetzten), sondern Lernen ist ein gegenseitiger Annäherungsprozess.

Es kann also immer nur etwas akzeptiert werden vom anderen, wenn auch der Betreffende selber etwas von einem akzeptiert. Nur in dem Ausmaß wollen andere Kulturen oder auch Manager anderer Kulturen von Europäern etwas lernen, in dem Maße Europäer bereit sind, von Managern oder Menschen anderer Kulturen etwas zu lernen. Diese strenge Ausgeglichenheit im gegenseitigen Lernprozess ist eine der wichtigsten Voraussetzungen, die von der

Axiomatik anderer Kulturen an europäische Manager im interkulturellen Konfliktmanagement herangetragen werden.

Interkulturelle Konflikte sind also oft Systemkonflikte, deren Lösung voraussetzt, dass die Axiome reflektiert und die jeweiligen Grundwerte erklärt werden. Erst das wechselseitige Anerkennen dieser Axiome ermöglicht ein gemeinsames Verständnis unterschiedlicher Standpunkte und damit dann gemeinsames Handeln. Die Analyse interkultureller Konflikte wird (oder sollte jedenfalls) in den nächsten Jahren und Jahrzehnten zur Größe einer eigenen Wissenschaft werden.

Qualität – Quantität

Auf den Systemkonflikt Qualität – Quantität bin ich schon mehrmals gestoßen. Am deutlichsten zeigt sich obiger Konflikt bei:

Abstimmungen

Eine der berühmtesten Abstimmungen der Geschichte ist wohl die über den Tod des Sokrates. Über sein Todesurteil hatten alle Athener Bürger abzustimmen. Das Ergebnis war für Sokrates überraschend, wie er in seiner Rede danach zu erkennen gab: „Ich wundere mich über die sich ergebende Zahl der beiderseitigen Stimmen. Denn ich glaubte nicht, dass es auf so wenig ankommen würde, sondern auf sehr viel. Nun aber, wie man sieht, wenn nur *drei* Stimmen anders gefallen wären, so wäre ich entkommen" (Platon, Apologie 35c). Die auch schon für damalige Verhältnisse geringe Mehrheit von drei Stimmen (bei einigen hundert abgegebenen Stimmen) entschied über Tod und Leben des Sokrates. Der Qualitätsunterschied, der hier durch die Quantität realisiert wurde, ist deutlich. Ein wenig war diese Abstimmung vielleicht eine Revanche, denn Sokrates hatte zu Lebzeiten kein Hehl daraus gemacht, dass er dieses Instrument zur Definition von Qualität nicht für universell anwendbar hielt. Als die Athener anlässlich eines Feldzuges zu wenig Pferde hatten, schlug er vor, sie mögen doch die Esel zu

Pferden wählen. Unterschiedliche Qualitäten durch eine Quantität, also durch Wahl und Mehrheiten definieren zu lassen, ist ja das Prinzip der Demokratie geworden.

Zu Konflikten kommt es naturgemäß dann, wenn nicht alle der Meinung sind, dass die Mehrheit kompetent ist, die zur Abstimmung zu bringende Frage auch wirklich entscheiden zu können. In einer Weiterführung der (griechischen) plebiszitären Abstimmungsdemokratie hat man die repräsentative Demokratie entwickelt. Über Schuld und Unschuld eines Angeklagten entscheiden nicht mehr alle Bürger, sondern Spezialisten, also Gericht und Rechtskundige. Die Rolle des Volkes ist nur noch rudimentär gelegentlich in Form von Geschworenen anwesend. „Wahrheitsfindung", so lautet eine Variante des Konfliktes, ist dabei – damals wie heute – auf die Kunst reduziert, eine Mehrheit zu finden. Dies aber ist ein klassischer Systemkonflikt.

Ich habe in den letzten Jahren in der Schweiz und in Österreich an der öffentlichen Bearbeitung einiger solcher Systemkonflikte durch Ausarbeitung von Motivstudien teilgenommen. Der Konflikt lautete jeweils: direkte Demokratie, also Abstimmung gegen repräsentative Demokratie. In Österreich war es zuletzt die Volksabstimmung über den EU-Beitritt. Meist bilden sich wie in diesem Fall zwei Gruppen heraus: die Befürworter und die Gegner. Abgestimmt wird mit Ja oder Nein. Theoretisch entscheidet – wie immer betont wird – eine einzige Stimme über das abgefragte Politikum, in diesem Fall über den Beitritt Österreichs zur Europäischen Union.

Die Kunst, eine Mehrheit zu finden, setzt voraus, die Motive derer, die abstimmen, zu kennen – und in der Folge zu beeinflussen. Gegner wie Befürworter geben daher meist Meinungsumfragen in Auftrag, um die Gründe zu erforschen, die die Menschen haben, um mit Ja oder Nein zu stimmen.

Da die Synthese von Qualität und Quantität das Maß ist, versucht man nun die Motive in ihrer Stärke zu messen. Dies gelingt natürlich nicht beziehungsweise nur in der Form, dass man feststellen kann, für wie viele dieses oder jenes Motiv im Augenblick ausschlaggebend ist, mit Ja oder Nein zu stimmen. Die berühmte Sonntagsfrage der Meinungsforschung ist aber mit großen Ungenauigkeiten behaftet. Der Grund dafür liegt meines Erachtens in einem grundsätzlichen Fehler, nämlich der Voraussetzung der Messbarkeit von Motiven.

Die Theorie vom stärksten Motiv, nach dem der Mensch angeblich handelt, ist nur eine Tautologie. Das „stärkste" Motiv ist immer das, nach dem der Mensch gehandelt hat. Es ist nur im nachhinein zu definieren. Vorher weiß man es natürlich nicht, denn jeder, dem man vor einer Entscheidung sagen würde, welches sein stärkstes Motiv sei, könnte sich immer noch dagegen entscheiden. Dies gilt übertragen natürlich auch auf die Theorie, dass das stärkste Motiv wohl das sei, das die größte Anzahl von Personen zu einer Entscheidung treibt. Denn auch hier weiß man es erst im nachhinein, das heißt, nicht aus dem, was einer sagt, sind die wahren Motive zu erkennen, sondern nur aus dem, was jemand getan hat. Dies ist wohl einer der Gründe, warum Wahlergebnisse in vielen Ländern erst nach Schließung des letzten Wahllokales bekannt gegeben werden dürfen. Es gibt sogar Stimmen, die meinen, man solle Umfrageergebnisse knapp vor einer Wahl nicht mehr veröffentlichen.

Ich habe für die Analyse dieser Systemkonflikte das Denkmodell der „Motivschaukel" entwickelt. Motive sind nicht als „Ursache" für Entscheidungen zu verstehen (dies nenne ich ein technomorphes und damit falsches Verständnis von Motiven), sondern als Wahlmöglichkeit zwischen zwei oder mehreren Alternativen.

Nur Alternativen können einer Abstimmung unterzogen werden. Der Konflikt zwischen den jeweiligen Befürwortern und Gegnern einer zur Abstimmung gebrachten Frage hat den Sinn, die Motive in ihrer Gegensätzlichkeit einer öffentlichen Diskussion zugänglich zu machen. Welches der Motive und wiederum welche Seite jeweils der Motive sich ein Mensch bei seiner Entscheidung anlässlich einer Wahl zu eigen macht, ist nie genau vorauszusagen.

Daher schwanken auch die Werte der Meinungsforscher, und es ist möglich, dass sie ein falsches Ergebnis voraussagen.

Das Modell der Motivschaukel, das ich im Folgenden am Beispiel des österreichischen Beitrittswahlkampfes zur EU erläutere, lässt auch verstehen, warum es hier große Unsicherheiten bei der Voraussage geben muss. Jedem Vorteil, den die Befürworter anführen können, steht auf der anderen Seite ein Nachteil gegenüber. Wenn die Befürworter – man könnte auch sagen die Verkäufer eines Produkts – nur die Vorteile, in unserem Fall eines EU-Beitritts, vortragen, dann müssen sich die Gegner natürlich mit den Nachteilen beschäftigen. Für den Betrachter entsteht der Eindruck, dass beide nur die halbe Wahrheit sagen. Dieser Eindruck besteht zu Recht. Die einen verschweigen die Nachteile, die anderen verschweigen die Vorteile. So erkläre ich mir auch die großen Schwankungen, die oft von den Meinungsforschern registriert werden. Zum Zeitpunkt unserer Untersuchung, das war das Frühjahr 1992, schwankten die Daten der Meinungsforscher zwischen 38 Prozent und 45 Prozent für den Beitritt und 33 Prozent und 41 Prozent dagegen. Ich vermute, dass es nicht mehr als einen Kreis von 10 bis 20 Prozent fest Entschlossenen auf beiden Seiten gab, der Rest schwankte je nach Lage der Motivschaukel einmal mehr auf die eine, dann wieder auf die andere Seite. So gab es in den Wochen vor der Volksabstimmung in den Medien Jubel beziehungsweise Schreckensnachrichten. „Kippt die Mehrheit?" war eine Schlagzeile auf der Titelseite eines österreichischen Magazins noch eine Woche vor der Volksabstimmung. Diese ergab dann – nur eine Woche später – eine Zustimmung von 66,4 Prozent. Die Schaukel neigte sich – gut für die Befürworter – zu diesem Zeitpunkt aus verschiedenen Gründen gerade auf die positive Seite.

Ich glaube, dass dieses Denkmodell der Motivschaukel überall dort anwendbar ist, wo über eine politische Frage oder aber – etwa durch Kauf – über ein Produkt abgestimmt wird. Hier hat man die Vor- und Nachteile abzuwägen. Je größer der affektive Anteil bei dieser Entscheidung des Wählenden ist, desto unsicherer ist eine Prognose – beziehungsweise desto weniger wird diese Qualität quantifizierbar, das heißt messbar.

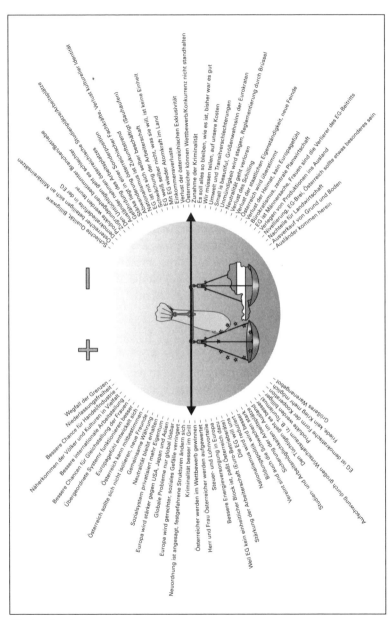

Motivschaukel

Die Ambivalenz der Motive führt dazu, dass eine positive Einstellung oft leicht und rasch in eine negative umschlagen kann und umgekehrt. Ein Beispiel für diesen Systemkonflikt zeigt sich in der Werbung. Hier gibt es oberflächlich den Streit um die Werbeerfolgskontrolle. Im Managervolksmund kursiert das Bonmot: „50 Prozent der Werbeausgaben sind umsonst, man weiß nur nicht welche 50 Prozent." Diese Vermutung belegt sehr deutlich meine Theorie von der Motivschaukel. Denn wenn die Werbung zum Beispiel allzu einseitig positiv ist und etwa Nachteile eines Produkts verschweigt, dann erzeugt sie bei den Umworbenen gelegentlich Widerstand, und man kauft das Produkt sozusagen „erst recht" nicht. Diese Erkenntnis wird auch in der Werbewissenschaft diskutiert. So sagte der oberste deutsche Werbefunktionär, ZAW-Präsident Schrader, anlässlich eines Kongresses: „Wenn wir in manchen Situationen zuviel Werbung anbieten, könnte das unterschwellig gegen das Produkt und gegen die Werbung insgesamt umschlagen" (zitiert nach „Psychologie heute", April 1993, 20. Jg., Heft 4, 34).

Die Werbewissenschaft zieht sich nun in diesem Konflikt mit dem Hinweis aus der Schlinge: Aufgabe der Werbung sei es nicht, aus einem schlechten Produkt eine gutes zu machen, sondern das Produkt bekannt zu machen. Die Werbeerfolgskontrolle misst daher nur den Bekanntheitsgrad eines Produkts, nicht aber den besseren Verkauf desselben. Meines Erachtens könnte man hier noch einen Schritt weitergehen und sagen: Werbung macht nicht nur ein Produkt bekannt, sondern schafft im Sinne der Motivschaukel für den Konsumenten die Wahlmöglichkeit. Hier muss man sicher wieder unterscheiden zwischen emotional und politisch sehr stark ambivalenten „Produkten", wie es etwa bei einer Volksabstimmung à la EU-Beitritt der Fall war, und weniger belasteten Produkten. Je ambivalenter ein Produkt ist, desto mehr müsste eine Werbung, wenn sie erfolgreich sein will, im Sinne der Motivschaukel beide Seiten referieren, also Vor- und Nachteile. Man müsste einmal untersuchen, ob nicht in einem solchen Fall diejenigen Werbemaßnahmen am erfolgreichsten waren, die eine solche Ambivalenz in der Aussage erkennen ließen, etwa nach dem Ausspruch von Nestroy: „Ein Junggeselle ist ein Mann, dem zum Glück die Frau fehlt."

Virtuelle Konflikte

> If it's there and you can see it – it's REAL
> If it's there and you can't see it – it's TRANSPARENT
> If it's not there and you can see it – it's VIRTUAL
> If it's not there and you can't see it – it's GONE

Im Augenblick besteht noch keine Klarheit darüber, wie „neu" virtuelle Realität eigentlich ist. Hier stehen einander – wie meist – zwei Meinungen gegenüber. Auf der einen Seite meinen die „Philosophen", dass virtuelle Realität immer schon in der Wirklichkeitskonstitution des Menschen vorhanden war und daher nur einen neuen Namen etwa für die „platonische Idee" darstellt. Auf der anderen Seite stehen die „Informatiker", die meinen, dass durch die „Simulation einer Sache mit Hilfe von Kommunikationsmedien" (Hutter, S. 10) – wie virtuelle Realität meist definiert wird – eine neue Ära der Kommunikation in Wirtschaft und Gesellschaft angebrochen sei. Selbst wenn das „Neue" an der virtuellen Realität philosophisch gar nicht wirklich so neu ist, hat es jedenfalls große Auswirkungen. Immerhin können zum Beispiel virtuelle Gruppen reale Bedürfnisse befriedigen. Denn das Mittel, mit dem heute Realität simuliert werden kann, ist Computersoftware. Mit ihrer Hilfe können auch komplexe Strukturen „abgebildet" werden. Eine Form der virtuellen Realität, nämlich die „Verdoppelung der Welt", tritt in der philosophischen Tradition schon bei Platon auf. Er beschreibt dies in seinem „Höhlengleichnis" folgendermaßen (Politeia):

> *Sokrates:* Nächstdem mache dir nun an folgendem Gleichnis den Unterschied des Zustandes klar, in dem sich unsere Natur befindet, wenn sie im Besitze der vollen Bildung ist, und andererseits, wenn sie derselben ermangelt. Stelle dir Menschen vor in einer unterirdischen Wohnstätte mit lang nach aufwärts gestrecktem Eingang, entsprechend der Ausdehnung der Höhle;

von Kind auf sind sie in dieser Höhle festgebannt mit Fesseln an Schenkeln und Hals; sie bleiben also immer an der nämlichen Stelle und sehen nur geradeaus vor sich, können den Kopf aber nicht herumdrehen wegen der Fesseln. In der Ferne von rückwärts leuchtet ihnen ein Feuerschein; zwischen dem Feuer aber und den Gefesselten läuft oben ein Weg hin, längs dessen eine niedrige Mauer errichtet ist ähnlich der Schranke, die die Gaukelkünstler vor den Zuschauern errichten, um über sie weg ihre Kunststücke zu zeigen.

Glaukon: Das steht mir alles vor Augen.

Sokrates: Längs dieser Mauer – so musst du dir nun es weiter vorstellen – tragen Menschen allerlei Gerätschaften vorbei, die über die Mauer hinausragen und Bildsäulen und andere steinerne und hölzerne Bilder und Menschenwerk verschiedenster Art, wobei, wie begreiflich, die Vorübertragenden teils reden, teils schweigen.

Glaukon: Ein sonderbares Bild, das du da vorführst, und sonderbare Gestalten!

Sokrates: Nichts weiter als unseresgleichen. Denn können denn ernstlich solche Gefesselten von sich selbst sowohl wie gegenseitig voneinander etwas anderes gesehen haben als die Schatten, die durch die Wirkung des Feuers auf die ihnen gegenüberliegende Wand der Höhle geworfen werden?

Glaukon: Wie wäre das möglich, wenn sie ihr Leben lang den Kopf unbeweglich halten müssen?

Sokrates: Und ferner: gilt von den vorübergetragenen Gegenständen nicht dasselbe?

Glaukon: Auch von ihnen haben sie nur Schatten gesehen.

Sokrates: Wenn sie nun miteinander reden könnten, glaubst du nicht, dass sie der Meinung wären, die Benennungen, die sie dabei verwenden, kämen den Dingen zu, die sie unmittelbar vor sich sehen?

Glaukon: Notwendig.

Sokrates: Ferner: wenn der Kerker auch einen Widerhall von der gegenüberliegenden Wand her ermöglichte, meinst du da, dass, wenn einer der Vorübergehenden gerade etwas sagte, sie dann die gehörten Worte einem anderen zulegen würden als dem jeweilig vorüberziehenden Schatten?

Glaukon: Notwendig.

Auf keine Weise also könnte diese irgendetwas anderes für das Wahre halten als die Schatten."

Wenn man die Wahrnehmung einschränkt, zum Beispiel durch eine Cyberbrille, dann kann es sein, dass man die Simulation einer Sache, also die Schatten, für die eigentliche Realität hält. Platon meint, dass sich die normalen Kommunikationssysteme zwischen Menschen auch wie die der Schatten entwickeln würden.

Sokrates: Wenn es damals aber unter ihnen gewisse Ehrungen und Lobpreisungen und Auszeichnungen gab für den, der die vorübergehenden Gegenstände am schärfsten wahrnahm und sich am besten zu erinnern wusste, welche von ihnen eher und welche später und welche gleichzeitig vorüberwandelten, und auf Grund dessen am sichersten das künftig Eintretende zu erraten verstand"

Was Platon hier angesprochen hat, ist in der Tradition der Philosophie als „Verdoppelung der Welt durch die Erkenntnis" bezeichnet worden. Diese Verdoppelung kann durch die Sprache erfolgen, aber später erfolgte sie durch die Schrift und heute erfolgt sie mit Hilfe der Computersimulation. Die zweite erkannte konstruierte Welt wäre die in der Sprache. Die dritte Verdoppelung, eigentlich also eine Verdreifachung, heißt auch „virtuelle Realität". In ihr müssen die Menschen nicht mehr einen Gegenstand herzeigen, sondern sie können seinen Namen „aussprechen", sie brauchen einen Weg nicht zu gehen, sondern sie können ihn „beschreiben", und sie müssen sich – heute – nicht mehr wirklich zu einer Konferenz treffen, sondern ihre Anwesenheit wird per Computer simuliert. Ein Pilot (oder Autofahrer) muss nicht mehr wirklich im Flugzeug (Auto) sitzen, sondern es genügt – für Trainingszwecke – den Flugsimulator zu benützen. Viele Experimente in Wissenschaft und Technik bis hin zur Atomexplosion sind simulierbar. Aber auch im Wirtschaftsbereich kann es virtuelle Produkte geben, die in virtueller Arbeit hergestellt werden, von virtuellen Unternehmen und mit virtuellem Geld bezahlt werden.

Die Simulation der Realität geht aber gelegentlich über die „Spiegelung" oder Verdoppelung der Welt hinaus. Es sind nicht nur Schatten, die konstruiert werden, sondern es kann auch eine völlig neue Realität konstruiert werden. Man kann Elemente der Realität verbinden oder auch seine Fantasieprodukte entwerfen – in Platons Bild wären das „Schattenspiele".

Platon zieht in seinem Gleichnis aus dieser Konstruktion noch die Folgerung, dass „der Aufschwung der Seele in die Gegend der Erkenntnis" den Menschen ermöglicht „die Idee des Guten" zu erblicken, die dann die „Ursache von allem Richtigen und Schönen" sei. Dahinter steckt der Optimismus, dass der Mensch, wenn er sich die Realität „virtuell" konstruiert, diese wahrscheinlich besser konstruiert, als sie von der „Natur" vorgesehen ist.

Jedenfalls erleben wir heute durch die Technologie der Computersimulation eine neue Welle der Wirklichkeitskonstruktion.

Es gibt auch schon virtuelle Gruppierungen, die sich auf virtuellen Reisen ergeben können. Ich selbst habe mir eine CD gekauft, auf der die Sixtinische Kapelle simuliert wird, da ich mich einige Stunden erfolglos für die Besichtigung der Vatikanischen Museen angestellt hatte. Ich bin auch überzeugt, dass ich die einzelnen Räume und Bilder besser in der Computersimulation betrachten konnte, als es „in der Realität" gewesen wäre. Mir ist auch sofort einsichtig, dass nicht alle Menschen, die sich für die Sixtinische Kapelle interessieren, nach Rom fahren können und dort hineingehen. Viele Kunstwerke (zum Beispiel die Höhlen von Lascaux) sind inzwischen überhaupt für das Publikum geschlossen und nur noch virtuell zu studieren.

Viel unnütze Reisetätigkeit könnte mit virtuellen Arbeitsplätzen und virtueller Mobilität entfallen. An die Stelle der Bewegung des Körpers tritt die geistige Bewegung. Der Geist war immer schon beweglicher als der Körper. Mit ihm erreicht der Mensch endlich sein Ziel der unendlichen Geschwindigkeit. Pferd, Auto und Flugzeug sind eigentlich – zwar immer schnellere, aber doch noch sehr körpergebundene Prinzipien der Fortbewegung. Der Geist kann „in Echtzeit" gleichzeitig überall sein. Damit repräsentiert er den alten Traum, sich selbst zu bewegen und nicht mehr von einem anderen (eigener Körper, Pferd, Auto, Flugzeug etc.) bewegt zu werden. Der unbewegte Beweger war bei Aristoteles das Prädikat für Gott. Gott kommuniziert ohne Raum- und Zeitgebundenheit überall und gleichzeitig. „Tausend Jahre" sind für ihn „wie ein Tag". Nicht nur die Mystiker, sondern auch durchaus sinnliche Fantasien haben immer wieder den Rückfall in Raum und Zeit als störend empfunden („Alle Lust will Ewigkeit", „Werd' ich zum Augenblicke sagen, verweile doch, du bist so schön").

Haben wir es bei der RTC (real time communication) mit einer neuen Variante der Vergöttlichung des Menschen zu tun? Tritt an die Stelle der Verwandlung des Menschen durch Liebe – wie es die Erlösungsreligionen lehren – nun die Simulation der Wirklichkeit durch den Computer?

Dies kann schon deshalb nicht sein, weil es in der virtuellen Welt zumindest dieselben Konflikte gibt wie in der realen. Die Idee, den Konflikten zu entfliehen, gab es immer schon – man bewegte sich mit Hilfe der Fantasie aus der Umgebung in eine konstruierte Welt, um sich dort wohl zu fühlen. Diese „Fantasietranszendenz" ist heute nur technisch perfekter, schneller und allgemeiner zu erreichen, als dies bisher der Fall war.

Die Selbstbeschreibung der virtuellen Welt durch ihre Analysten enthält jedenfalls kein grundsätzlich neues Element. Allerdings dürfte die mögliche Breitenwirkung der Technologie tatsächlich die Welt verändern. Achim Bühl schreibt (Die virtuelle Gesellschaft, Seite 361):

„Das Konzept der virtuellen Gesellschaft beruht demgegenüber auf der Annahme, dass sich in allen Bereichen der Gesellschaft ‚Parallelwelten‘ herausbilden. Das Differenzkriterium zwischen der klassischen Industriegesellschaft und der virtuellen Gesellschaft ist der virtuelle Raum in Gestalt computergenerierter Entwicklungsumgebungen. Die virtuelle Gesellschaft, in der sich Produktion, Distribution und Kommunikation weitgehend in virtuellen Räumen vollziehen, stellt einen Formationstypus dar, der durch die Überlagerung des realen seitens des virtuellen Raumes gekennzeichnet ist. Unser Theorem hebt somit im Kern auf Doppelungsstrukturen ab, welche die Begriffspaare virtuell – reell sowie Virtualität und Realität zum Ausdruck bringen. Die Konkretion von realen und virtuellen Welten kann die strukturelle Form der Parallelität beider Existenzweisen, der Assoziation von Realwelt und Spiegelwelt oder aber der partiellen und gänzlichen Substitution der Realität durch die Virtualität, annehmen. Die Dialektik von Realraum und virtuellem Raum führt in unserer Konzeption zu qualitativ neuen Mechanismen der Vergesellschaftung in allen gesellschaftlichen Subsystemen. An die Stelle von Information und Wissen setzen wir den virtuellen Raum als zentralen Indikator des Transformationsprozesses, sowie die Virtualisierung als computerinitiierten Prozess, der den virtuellen Raum zum dominanten Strukturprinzip mikro- und makrosoziologischer Bereiche werden lässt."

Was neu ist, scheint demnach mehr im gesellschaftlichen und politischen als im philosophischen Bereich zu liegen. Wir verlassen das Industriezeitalter und beginnen ein Kommunikations- und Technologiezeitalter.

Die Technisierung der Verdoppelung oder Neukonstruktion führt jedoch zu einer Reihe von (neuen) Konflikten. Ich schlage vor, sie in zwei Teile zu teilen: Konflikte um die Technologie der Virtualität und Konflikte um virtuelle Realität.

Konflikte um Virtualität

Schon Platon sieht in seinem Höhlengleichnis notwendige Konflikte. Bringt man jemanden aus der Scheinwelt in die reale Welt an die Erdoberfläche, dann wird er – im Gleichnis – zunächst geblendet werden und die Dinge, von denen er vorher nur die Schatten sah, gar nicht richtig erkennen können.

> „Was meinst du wohl, würde er sagen, wenn ihm einer versicherte, damals habe er lauter Nichtiges gesehen, jetzt aber, dem Seienden näher und zu dem mehr Seienden gewendet, sähe er richtiger, und ihm jedes Vorübergehende zeigend, ihn fragte und zu antworten zwänge, was es sei? Meinst du nicht, er werde ganz verwirrt sein und glauben, was er damals gesehen sei doch wirklicher, als was ihm jetzt gezeigt werde? Bei weitem, antwortete er.
> Und wenn man ihn gar in das Licht selbst zu sehen nötigte, würden ihm wohl die Augen schmerzen und er würde fliehen und zu jenem zurückkehren, was er anzusehen imstande ist, fest überzeugt, dies sei weit gewisser als das Letztgezeigte? Allerdings.“

Sollte sich ein derart mit der Realität Konfrontierter aber mit der Zeit an die „wirkliche Welt" gewöhnen und kehrt dann wieder in die Schattenwelt zurück, dann gibt es mit den dort Verbliebenen erst recht Konflikte.

> „Auch das bedenke noch, sprach ich. Wenn ein solcher nun wieder hinunterstiege und sich auf denselben Schemel setzte, würden ihm die Augen nicht ganz voll Dunkelheit sein, da er so plötzlich von der Sonne herkommt?
> Ganz gewiss.
> Und wenn er wieder in der Begutachtung jener Schatten wetteifern sollte mit denen, die immer dort gefangen gewesen, während es ihm noch vor den Augen flimmert, ehe er sie wieder dazu einrichtet und das möchte keine kleine Zeit seines

Aufenthalts dauern, würde man ihn nicht auslachen und von ihm sagen, er sei mit verdorbenen Augen von oben zurückgekommen und es lohne nicht, dass man versuche hinaufzukommen; sondern man müsse jeden, der sie lösen und hinaufbringen wollte, wenn man seiner nur habhaft werden und ihn umbringen könnte, auch wirklich umbringen?

Man könnte in die Gegenwart übersetzen: Zwischen den Vertretern der realen Welt und den in einer virtuellen Welt Lebenden gibt es also Konflikte. Nachdem aber die so genannte reale Welt auch schon eine wie auch immer durch Sprache, Weltbild und Konventionen konstruierte ist, müsste man da präzisieren. Zwischen verschiedenen Formen der Weltkonstruktion bestehen Konflikte. Diese Konflikte hat es natürlich immer gegeben, sie waren früher Religionskriege, später Ideologiekriege und heute und in Zukunft eben Auseinandersetzungen um die neue Technologie.

Zu vermuten ist übrigens, dass das Weltbild immer schon − zumindest in gewisser Weise − der Technologie folgte. Denn auch unser schönes Zahlensystem, das auf geraden Linien, ebenen Flächen und rechteckigen Räumen und Körpern beruht (die nirgends in der Natur so vollkommen vorkommen), kam vielleicht dadurch zustande, dass man darauf gekommen ist, um wie viel einfacher man geformte Ziegel mit glatten Flächen übereinanderschichten kann als Steine mit unregelmäßiger Oberfläche. Die mit „künstlichen" Ziegeln (neue Technologie!) hergestellten Räume ließen sich besser berechnen und konstruieren (zum Beispiel in die Höhe) als etwa Rundbauten. Die Cybertechnik der virtuellen Realität macht ebenso durch ihre Künstlichkeit die widerspenstige Realität gefügiger: wie bereits angeführt, können Experimente simuliert werden, es können raum- und zeitlose Simulationen die Sinne berauschen, sodass die Scheinwelt tatsächlich die einfachere − und damit schönere Welt − zu sein scheint.

In diesem neu entstandenen „Zwischen" von realkonstruiert und virtuell ergeben sich neue Konflikte.

Maschinenstürmer

Die neue Technologie wird nicht oder zu wenig anerkannt. Hierher gehören alle Konflikte, die ein neues Maschinenzeitalter heraufdämmern sehen. Wenn Hegel noch von der „Geist-Erfahrung" spricht, dann würde er heute auf der Datenautobahn zum „Geister-Fahrer", wie Lauxmann meint (Mit Hegel auf der Datenautobahn, Seite 15):

„Die Prothesen haben vom Menschen Besitz ergriffen und waren der Anfang einer Maschinisierung des Körpers. – Nach den Seh-, Hör- und Gehprothesen werden die digitalen Maschinen das weitere übernehmen – über alle Maßen hinaus. Sie werden nicht nur den Körper erfassen, sondern die Funktionen und Operationen des Gehirns auslagern, extern symbolisieren und repräsentieren und an Maschinen anschließen, das heißt sie durch hochauflösende Abtastgeräte scannen, cutten, samplen, übermitteln, nach Belieben rekombinieren, speichern und am Ende durch Computersimulationen ersetzen. Das ist es, was heute in der Genetik geschieht: Einzelne Gene werden ausgewechselt und in eine neue Reihe eingeordnet. Auf diese Weise entstehen neue Organismen. Von dieser Entwicklung ist gegenwärtig das Erbgut betroffen, das kartografiert und in Datenbanken gespeichert wird, wie es das Genom-Projekt vorsieht. Die nächsten Schritte werden das Klonen und die Patentierung von Körpern, Körperteilen und Genen sein." (Schmidt, Seite 136/137)

Virtuelle Realität als Droge

Zur Droge wird virtuelle Realität, wenn sie nicht zu wenig, sondern zu viel anerkannt wird. Besonders junge Menschen, die noch nicht die Reife der Verwendung von Instrumenten gefunden haben, sind gefährdet – wie immer schon –, dem neuen Medium zu verfallen. Die Zeitungen und Zeitschriften sind voll von Beschreibungen diverser Suchtphänomene und Ratschläge für Eltern, Pädagogen und Betroffene, wie man sich verhalten solle. Bei fast allen neuen Technologien der Neuzeit sind am Anfang deutliche

Suchtphänomene festgestellt worden. Ob Telefon, Fernsehen, Motorrad oder Auto, Alkohol oder neue Drogen – es gibt nach der Einführung eine Missbrauchswelle, die sich erst wieder einpendelt, wenn ein reifer Umgang mit der neuen Technologie in breiten Kreisen gefunden wurde.

Neue Eliten, neues Analphabetentum

Umwälzungen, technologische wie soziale, haben in der Geschichte immer zu einer Änderung der Rangordnung geführt. Autorität besitzt jene Person oder Gruppe, die am besten die Bedürfnisse und Funktionen der Allgemeinheit erfüllen kann. Im virtuellen Zeitalter sind das natürlich die Spezialisten der Cyberkommunikation, die Beherrscher der Netze. Dorthin wandern die Begabten, dort werden die besten Gehälter bezahlt bzw. das meiste Geld gewonnen. Dienstleister, Industrieproduzenten oder gar Agrararbeiter – die alten Damen und Herren vergangener Zeiten – fallen ab in Prestige, im sozialen Status, in der Bezahlung, in der Qualität usw.

Für eine Übergangszeit führt das zu großen Konflikten zwischen den alten und neuen Damen und Herren. Das Normensystem, das Lohn- und Bestrafungssystem, hinkt meist etwas nach. Auch das Bildungssystem stellt sich nicht so schnell um und produziert noch eine Weile Ausbildung für das alte System „auf Halde", wie es in der Automobilproduktion heißt, oder für die Arbeitslosigkeit. Die Konflikte auf Seiten des Individuums liegen vor allem darin, dass es für die genossene und geleistete Ausbildung immer weniger und immer schlechter bezahlte Arbeit findet und sich permanent weiterbilden muss, will es sich behaupten.

Auf Seiten der Gesellschaft bestehen die Konflikte vor allem im Widerstand und der Frustration der alten Elite, die noch über viel Macht und Geld verfügt, das sie in Protest investieren kann. Arbeitslosigkeit in den alten Branchen und Arbeitskräftebedarf in den neuen Berufen kennzeichnen die Krisensituation. So gibt es etwa in Deutschland großräumige Irritationen über den Zuzug ausländischer Computerspezialisten, die das eigene Bildungssystem versäumt hat auszubilden, dafür gibt es Arbeitslosigkeit etwa im Bereich der Lehrer klassischer Richtungen. Massenkündigungen im Unternehmen, die Mitarbeiter einsparen, und überhöhte Gagen für Mitarbeiter im Bereich der virtuellen Wirtschaft.

Zu wenig Regeln für die neuen Systeme

Für den Umgang mit der virtuellen Realität gibt es noch zu wenig Regeln. Am deutlichsten sieht man dies etwa auf den internationalen Finanzmärkten. Aber auch im Internet können viele einfach mitspielen, ohne sich an Regeln halten zu müssen. Teilweise gibt es noch keine Sanktionen, teilweise werden Verstöße nicht sanktioniert. So wird etwa der Wahrheitsgehalt von Behauptungen in den Massenmedien wie Radio, Fernsehen oder Printmedien wenigstens kontrolliert, im Internet aber so gut wie nicht überprüft. Fast jeder darf fast alles behaupten. Ähnlich verhält es sich mit der Qualität von Publikationen.

Datenkriminalität

Störungen des Systems etwa durch Computerviren sind heute leicht und haben weltweite Auswirkungen. Auch Diebstahl von Daten oder Cyberterrorismus sind leicht möglich. Hacker können in fremde Datennetze eindringen. Im Prinzip sind alle kriminellen Handlungen, die es bisher gab, in technologisch transformierter Form auch im Internet und im Cyberspace möglich und werden auch zu Konflikten führen. Eine Zerstörung läuft hier ganz modern ohne Verletzung der Benutzer ab, sozusagen eine „perfekte Neutronenbombe" (Herbert Pietschmann).

Konflikte um virtuelle Realität

In diesem Kapitel werden Konflikte beschrieben, die erst durch die Virtualisierung von Wirtschaft und Gesellschaft entstehen. Solche Konflikte gab es bisher nicht, höchstens in der Fantasie durch Vorwegnahme utopischer Literaten.

Realitätsverlust

Konflikte, die sich um den Realitätsverlust durch virtuelle Kommunikation herumranken, sind wohl die wichtigsten und gravierendsten. Die durch die Technologie mögliche Perfektion der Sinneseindrücke macht im Grenzbereich die Unterscheidung zwischen Fiktion und Realität schwierig, verschwimmend oder – im Extrem – ganz unmöglich. Durch die Möglichkeit einer interaktiven Konstruktion besteht die Gefahr sowohl individueller, als auch stammesgeschichtlicher Regression.

Die Konflikte liegen dabei auf mehreren Ebenen.

Auch das perfekteste Bild muss als Bild durchschaubar sein

Dies ist zwar in den Anfangszeiten einer neuen Bildtechnologie oft schwierig: bei den ersten Filmen über rauschende Meereswogen sind die Zuschauer von den Sesseln aufgesprungen und davongerannt, um nicht von den Wellen hinweggespült zu werden. Bei Kinovorführungen von grasenden Kühen sind die (jägerischen) Amazonasindianer, denen man auf diese Art Viehzucht beibringen wollte, aufgestanden, um hinter der Kinoleinwand die Kühe zu suchen.

Irgendwann aber wurde das Bild als Bild durchschaut, meist dadurch, dass der Held auf der Leinwand auf die Zurufe der Zuschauer, dass sich der Feind mit der Waffe hinter ihm befindet, nicht reagierte und das Drama zum Entsetzen der Zuschauer seinen Lauf nahm.

Diese Art von Desillusionierung und Entlarvung der Bilder ist in der zweiten Ebene der virtuellen Realität nicht mehr möglich, denn:

Die Bilder sind interaktiv veränderbar

Der Zuschauer kann das Bild selbst beeinflussen. Je nach seinen Wünschen sieht er andere Teile der Sixtinischen Kapelle oder es geht sogar der Fortgang einer Handlung anders weiter. Sie kriegen sich oder nicht. Der Held stirbt oder nicht usw.

Verschiedene Autoren (zum Beispiel: Stanislaw Lem oder William Gibson) fürchten nun, dass die kritische Distanz nicht mehr erlernt werden kann. Insbesondere neuronale Direktschaltungen bergen die Gefahr in sich, dass der Mensch im Cyberspace sich nicht mehr über den wahren Gehalt seiner Sinneseindrücke sicher sein kann." (Bühl a.a.O., Seite 329) Bühl meint: „Dechiffriert der Cybernaut der phantomatischen Maschine einen Sinneseindruck als Illusion, so kann dies ein verhängnisvoller Irrtum sein, da es sich um eine reale Situation handelt; hält er einen Sinneseindruck für die Realität, so kann es sich um eine bildliche Illusion handeln, die für manipulative Zwecke eingesetzt wird. Der Mensch mit eingebauter Direktschaltung im Gehirn erweist sich in der Tat als ein infantilisierter Mensch, er wird zurückgeworfen auf den Zustand eines Kleinkindes, ohne je die Fähigkeit der Dechiffrierung (zurück) zu erlangen."

Ich halte das für eine übertriebene Angst, die an die Hypnoseängste vergangener Zeiten erinnert. Wer sich in Hypnose begab, verlor – natürlich nur für eine gewisse Zeit – seine Selbstbestimmung, aber es ist nicht möglich, alle Menschen gleichzeitig und auf Dauer für einen bestimmten Zweck zu hypnotisieren. Konflikte zwischen dem Hypnotisierten und dem Hypnotiseur würden dies verhindern. Ähnlich wird es im Cyberspace sein. Ein Mensch ist ja selten allein und vor allem nicht einer politischen Maschinerie ausgeliefert. Dies wäre die dritte Ebene.

Der politische Missbrauch von Cyberspace

Um einen solchen würde es sich handeln, wenn auf dem Wege permanenter Computeranimation sich Raum und Zeit relativieren würden. So wie schon bei Orwell in seinem Roman 1984 sollte relativ rasch politischer Widerstand wirksam werden und für breite Bevölkerungsschichten würden Abstinenzregeln à la Drogenkonsum gelten.

Identitätsdiffusion

Auch früher gab es Personen, die nur brieflich miteinander verkehrten und sich daher nicht persönlich kannten. Doch jeder Brief hatte einen Absender, der postalisch identifizierbar war. Im Internet ist nicht bekannt, wer wer ist und ob die gemachten Angaben der Wahrheit entsprechen. Dies führt dazu, dass die unterschiedlichsten Verhaltensweisen jenseits der Normenkontrolle leichter aktivierbar sind. Auch die Möglichkeit, immer wieder in neue Rollen zu schlüpfen, eröffnet ein weites Feld für Konflikte. Bisher gab es ein solches Forum allgemeiner Anonymität nicht.

Kommunikationskonflikte

E-Mail: Hier kommt es zu denselben Konflikten wie auch bei Briefen. Schwieriger ist es, anonym zu bleiben, da der Absender relativ leicht elektronisch zu ermitteln ist. Alle Briefe sind sozusagen „eingeschrieben". Im Allgemeinen muss man diese Konflikte zu den Paarkonflikten zählen.

Newsgroups: Newsgroups sind elektronische Diskussionsrunden, die es in dieser Form bisher nicht gegeben hat. Alle an einem Thema Interessierten zu einem bestimmten Zeitpunkt an denselben Ort zu bringen, das war oft unmöglich. Durch das Internet können sich nun weltweit oder zumindest kulturkreisweit alle, die an einem beliebig zu definierenden Problem interessiert sind (zum Beispiel Erfahrungen mit einem bestimmten Auto), virtuell zu einem

Meinungsaustausch treffen. Es gibt hier die verschiedensten Formen: offen oder geschlossen, moderiert oder nicht, online oder zeitverzögert usw.

Die Konflikte gegenüber normalen nicht virtuellen Diskussionsgruppen ergeben sich aus dem Unterschied zu diesen.

Es fällt weg: Tonfall, Mimik, Gestik, Haptik, Schweigen etc.

Es kommt dazu: Schrift, Komplexität, Zeitversetzung, Anonymität etc.

Der Kreis der Personen, die zusammenpassen, ist sicher weiter als bei klassischen Diskussionsrunden, trotzdem gibt es auch hier Zugangskonflikte. Die meisten Foren haben „Killfiles" installiert, die Beiträge bestimmter Absender automatisch aussortieren. Damit wird meist die normkonforme Strukturierung von Beiträgen erreicht. Lernkonflikte treten häufig auf, wenn Neueinsteiger mit ihren Beiträgen das schon erreichte Niveau der Diskussion vermissen lassen. Durch die Speichermöglichkeit kann ein solches Defizit aber rasch ausgeglichen werden. Dies ist heute besonders im Bereich der Wissenschaft relevant. Eine große Kluft entsteht aber zu den „neuen Analphabeten", die überhaupt noch nicht in der Lage sind, sich dieses Mediums zu bedienen.

VRML (virtual reality markup language)

Hier handelt es sich eigentlich vorläufig nur um ein Programm, das einen dreidimensionalen Raum simuliert, in den hinein ein Anwender zum Beispiel sein Abbild schicken kann. Er programmiert sich so, wie er sich sieht bzw. gesehen werden möchte, und dieses „alter ego" trifft in diesem virtuellen Raum ebenfalls Identitätswunschprogramme anderer Teilnehmer. Die Erfinder dieses Programms waren sicher von Eugen Roth inspiriert, der in Vorwegnahme solcher virtueller Meetings gedichtet hat:

„Gereizte Menschen viel ich find,
doch wo sind die, die reizend sind?"

In Zukunft wird man Gruppensitzungen aus lauter derart „reizend" gewordenen, optimierten Attrappen gestalten können, da die für solche Gruppen notwendigen gemeinsamen Erfahrungen visueller Art simulierbar sind. Die Gesetzmäßigkeiten der Gruppendynamik in solchen Gruppen sind vermutlich dieselben, nach denen auch ganz normale Gruppen funktionieren. Vielleicht steht das Thema, wie sich die Persönlichkeit hinter der Maske zeigt, am Anfang etwas mehr im Vordergrund. Hier ist daran zu erinnern, dass das lateinische Wort „person" von personare = durchtönen kommt. Person ist der Mensch, der – etwa bei einem Theaterstück – hinter seiner Maske heraustönt. Ich habe in meinem Buch über „Die ‚Heilige Ordnung' der Männer" eine genaue Analyse dieser Identitätskonflikte durchgeführt (3. Auflage, Seite 104–107).

Selektionskonflikte

Die bisherige Struktur der Massenmedien wie Fernsehen, Rundfunk, Zeitungen war wenig interaktiv. Die Informationsselektion erfolgte durch zentrale Instanzen wie Redaktionen oder durch Stäbe bzw. Vereinsvorstände. Konflikte treten hier innerhalb der zentralen Stäbe auf, wenn sie nicht die Meinungsvielfalt der Adressaten ausreichend repräsentierten, oder mit den Adressaten, wenn die sich falsch informiert fühlen. Mit der Zurückdrängung der Monopole wurde dieser Konflikt über die Marktwirtschaft ausgetragen. Zeitungen etwa, die nicht entsprachen, wurden eben nicht mehr gekauft, im Fernsehen sanken die Einschaltquoten. Durch die Zentralisierung ergab sich eine starke Reduktion der Themen, die auch durch Lokalisierung (lokales Radio oder Fernsehen, lokale Zeitschriften oder branchenspezifische Publikationen) nicht wirklich auf die jeweilige Zielgruppe spezifiziert werden konnte.

Im Internet können sich schneller und leichter diejenigen zusammenfinden, die sich für ein bestimmtes Thema interessieren, und die Kommunikation wird nicht mehr so stark von zentralen Instanzen kontrolliert und reglementiert. Die Selektion erfolgt im WWW durch Softwareprogramme, die nur noch formale Moderationsfunktionen haben. (Die beim Server arbeitenden Menschen bleiben zumeist anonym und werden auch nicht demokratisch gewählt, sondern über den Markt ermittelt.)

Historismuskonflikte entstehen dabei, wenn die Speicherung der interaktiven Kommunikation eine gewisse Komplexitätsgrenze überschreitet. Welche Daten werden im „Datenfriedhof", wie das Internet auch schon genannt wird, beerdigt und welche dienen der Weiterentwicklung? Jede Person, aber auch jede Gruppierung bis hin zur Nation und zur Menschheit muss die Vergangenheit stets neu bewerten. Technisch geht dies im Internet leichter, man kann ständig alles korrigieren, ergänzen oder löschen. Der Widerspruch von zu raschem Vergessen der Vergangenheit und zu großem Ballast durch die Vergangenheit (zum Beispiel Äußerungen oder Einstellungen, zu denen man nicht mehr steht) muss neu balanciert werden.

Virtuelle Gemeinschaften

Im Wesentlichen werden die seit der Steinzeit geltenden Ordnungsprinzipien für das menschliche Zusammenleben auch durch virtuelle Realität nicht verändert. Auch virtuelle Gemeinschaften funktionieren – wie Untersuchungen ergeben haben – nach denselben Spielregeln. So fasst etwa Sonja Utz in ihrer Dissertation 1999 ihre Ergebnisse zusammen: „Grundsätzlich ist festzustellen, dass Identifikation mit vG möglich ist. Schon das Ausmaß der Identifikation ist durchaus mit in traditionellen Gruppen gefundenen Werten vergleichbar. Darüber hinaus kann die Identifikation mit einer vG mit denselben sozialpsychologischen Prinzipien erklärt werden wie die Identifikation mit einer anderen Gruppe oder traditionellen Gemeinschaft."

Trotzdem gibt es hier im Bereich der Konflikte einige interessante Neuentwicklungen. Einer der menschlichen Grundkonflikte, der schon irgendwann in der Urzeit aufgetreten sein muss, war die „Geburt des Individuums". Durch das große Gehirn und die Entwicklung der kortikalen Kontrolle entwickelte sich bei den Hominiden irgendwann so etwas wie ein Selbstbewusstsein. Die Anthropologen sehen für diesen Zeitpunkt alle Techniken der Weltverdoppelung als Indiz an: also Zeichnen von Abbilden, Gebrauch des Feuers, Totenbestattung, Kultgegenstände und Standardentwicklung. Die kortikale Kontrolle bedeutet, dass Funktionen, die bisher die „Natur" über Instinktregelungen wahrgenommen hat, sukzessive zu Abstraktionsleistungen der Gruppe Anlass geben. Die Steuerung des menschlichen Verhaltens erfolgt damit über diese Abstraktionsebene, die als Normensystem akzeptiert wird. Solche Normensysteme sind flexibler als die alte Instinktregulierung und erlauben dem Homo sapiens, sich rascher an veränderte Umwelten anzupassen. Zum Beispiel löst Feuer nicht mehr automatisch eine Fluchtreaktion aus – wie bei den Tieren –, sondern es kann verwendet werden, allerdings muss sein Gebrauch durch Normen geregelt werden.

Irgendwann gingen aber dann Funktionen der Verhaltenssteuerung von der Gruppe auf die einzelnen Menschen über. Auch die Verletzung einer Regel konnte in einer bestimmten von der Regel nicht vorhergesehenen Situation ein erfolgreiches Verhalten darstellen. Die Entlassung der Menschen aus der vollständigen Beherrschung durch Natur und Gruppe geschah historisch durch den nach der Initiation stattfindenden Wechsel in eine andere Gruppe, in der auch andere Regeln galten. Die Entwicklung von Totemclans hatten schon in der Steinzeit erste Ansätze von virtuellen Gruppen: die Mitglieder waren stammesübergreifend räumlich disloziert und erkannten einander an einem „abstrakten" Symbol (Adlerfeder, Bärenklaue, Steine, Muscheln etc.). Diese Totemclanzugehörigkeit relativierte die Bindung an die Herkunftsgruppe und war vermutlich Voraussetzung für die Bildung eines individuellen Selbstbewusstseins. Als Mitglied mehrerer Gruppen mit unterschiedlichen Normensystemen war man dennoch eine Identität. Darüber hinaus dürften stammesübergreifende Kooperation über Exogamie hinaus wichtig für das Überleben der Gruppierungen durch einen Risikoausgleich gewesen sein.

Identitätsfindung durch Zugehörigkeit zu unterschiedlichen virtuellen Gruppen dürfte auch in der Gegenwart eine der Hauptattraktionen der virtuellen Gruppierungen sein. Viele Internetserver erlauben die Verwendung von Codenamen und man weiß oft nicht, wer sich hinter einem solchen Code wirklich verbirgt.

Dies geht bis zu Gender-Swapping, wo man also sogar ein anderes Geschlecht vorgibt. Hier erfüllen virtuelle Gemeinschaften auf neue Art das alte Bedürfnis nach Identitätsfindung in der Jugend (oder spätere Nachjustierung im Alter). Zu Konflikten führen diese Funktionen immer dann, wenn das normative Eingreifen der Gruppe zur Steuerung des Verhaltens nicht greift – und dies ist ja auch oft der Sinn der Zugehörigkeit dieser Steuerung zu entkommen. So werden also Teilnehmer von anderen Chattern beschimpft oder provoziert, gelobt oder geärgert. Das Risiko des Ausschlusses aus der Gruppe ist nicht sehr groß, man braucht oft nur das Codewort wechseln und hat eine andere Identität.

Ich halte es übrigens für einen großen Fortschritt, wenn die psychohygienische Funktion der Totemclans wenigstens teilweise auf das Internet übergeht. Wie bereits erwähnt, geht damit die körperliche Bewegung in eine geistige Bewegung über. Ich habe schon vor 20 Jahren anlässlich einer Motivuntersuchung über das Auto die Bedeutung dieses Motivs beim Autokauf festgestellt. Eine Reihe von Autobesitzern und -verwendern kaufen sich mit dem Auto in eine Art Totemclan ein. Das Auto als mitführbares Totemzeichen sichert ihnen die Zugehörigkeit zur Gruppe: bewertet würde man so wie früher durch die Kleider heute durch das Auto. Dieses Totemzeichen kann sogar Schutzfunktion im gefährlichen Straßenverkehr wahrnehmen („Dein guter Stern auf allen Straßen") und man identifiziert sich mit seinem Auto („Wo parkst du?", „Ich stehe gleich ums Eck."). Nun ist das Auto zwar schon eine Art geistige Bewegung, denn der Körper muss ja sehr lange Zeit eingesperrt in der gleichen Position verharren, dennoch ist es nur eine Übergangsstufe zur neuen Ausbalancierung von körperlicher und geistiger Bewegung durch das Internet. „Bewegung machen, ohne Bewegung zu machen" wird man vielleicht später das Auto beschreiben. Im Internet werden die beiden Funktionen des Menschen besser getrennt. Dass man in einer Übergangszeit vor dem Computer auch nicht mehr körperliche Bewegung macht als im Auto, ist vermutlich nicht dauerhaft. Verkehrspolitiker erwarten sich von dieser Entwicklung eine signifikante Entlastung des Verkehrssystems, das übrigens auch durch die nächste Art von virtuellen Konflikten erreicht wird, nämlich durch das Wiederineinandergreifen von Arbeits- und Freizeitwelt.

Virtuelle Arbeitswelt

Achim Bühl meint im Resümee zu seinem Buch „Die virtuelle Gesellschaft" auf Seite 359: „Tiefe Auswirkungen der virtuellen Gesellschaft liegen vor allem im raumzeitlichen Ineinandergreifen von Arbeitsplatz und Freizeitplatz als Dimensionen gesellschaftlicher Existenz. Mit der Auflösung der klassischen modernen Trennung zwischen Arbeitsplatz und Wohnort, zwischen Freizeit und Arbeitszeit sind gravierende Konsequenzen verbunden – man denke etwa nur an die bisherige Prägung ganzer Stadt- und Landschaftsbilder durch die Separation einst integraler Raum- und Zeitstrukturen. Es deutet sich hier die Umkehrung eines Vorgangs an, der die Industrialisierung als Entstehungsprozess der klassischen Industriegesellschaft charakterisiert."

Ich habe nicht gewusst, dass ich schon seit 30 Jahren ein virtuelles Unternehmen betreibe. 1970 habe ich meinen Dienst an der Universität Wien als Universitätsdozent im Angestelltenverhältnis (als Staatsbeamter) aufgegeben und bin seitdem freiberuflicher Wissenschaftler. Erst jetzt hat man mir erklärt, dass ich eigentlich ein selbstangestellter Teleworker in einem virtuellen Unternehmen bin. Peter Fischer hat in seinem Buch „Arbeiten im virtuellen Zeitalter" meine Tätigkeit als Definition eines virtuellen Unternehmens wie folgt charakterisiert: „Die für diesen neuen Typ des selbständigen Teleworker passende Unternehmensform ist das ‚virtuelle Unternehmen'. Dieses ist dadurch gekennzeichnet, dass Projekte von eigens dazu geschaffenen Unternehmen aus Mitwirkenden unterschiedlicher Zahl durchgeführt werden. Diese Unternehmen haben keinen realen Standort, die Mitwirkenden können räumlich und zeitlich weit verstreut arbeiten, und sie kommunizieren über moderne elektronische Informationskanäle. Außerdem ist es für virtuelle Unternehmen typisch, dass sie in ihrer Existenz auf eine bestimmte Aufgabe begrenzt sind und sich nach deren Erledigung auflösen. Virtuelle Unternehmen können deshalb auch als ‚eigenständige, temporäre Problemlösungsgemeinschaften‘ betrachtet werden.“ (Seite 208)

Vieles, was heute noch Abteilungen in Unternehmen mit fest angestellten Mitarbeitern machen, ließe sich und lässt sich auf diese Art ausgliedern. Jeder arbeitet dann wann, wo, wie und für wen er will. Niemand muss mehr eine Fremdstrukturierung von Raum und Zeit akzeptieren. Aber Raum und Zeit geben Struktur, und bei Wegfall des Außenzwangs Struktur gibt es eine Schwächung der Gruppe, des Clans usw.

Diese Vorschrift, wann jemand wo zu sein hat und was er dort tun soll (Arbeitszeit, Arbeitsplatz etc.), ist ein Überbleibsel aus dem industriellen Zeitalter, das mit den Ressourcen äußerst verschwenderisch umging. Weite Fahrten vom und zum Arbeitsplatz belasten Umwelt und Menschen, Leerzeiten am Arbeitsplatz belasten auch noch Budget, Fixkosten, Nerven und Motivation. Hierarchische Entscheidungen, die immer häufiger gegen den Widerstand derer, die sie durchführen sollen, getroffen werden (müssen), belasten alle: Chefs und Mitarbeiter. Viel sparsamer und effizienter sind virtuelle Unternehmen. Arbeit macht Spaß, die Mitarbeiter sind motiviert, man findet für jede Arbeit die richtigen Personen. Unsympathische Arbeiten müssen eben besser bezahlt werden. Qualifikation ist wichtig und damit das Schul- und Ausbildungssystem.

Es gibt natürlich andere und neue Konflikte als im hierarchischen System der Industriegesellschaft. Die klassischen Gegensätze – zum Beispiel Unternehmer und Angestellter – verschwinden. Ich bin Unternehmer bei meinen Projekten und die Kolleginnen und Kollegen sind Mitarbeiter: honorarabhängig. Aber ich bin von ihrer Leistung abhängig, wenn ich erfolgreich sein will. Arbeite ich bei einem Projekt meiner Kollegen mit, bin ich honorarabhängig und die anderen sind Unternehmer. Einer der wichtigsten Gegen-

sätze und Konfliktpunkte des klassischen Kapitalismus ist wegge-
fallen. Konflikte gibt es auch nicht mehr um Besetzung und Abbau
von „Arbeitsplätzen" (die gibt es nicht mehr), sondern um die Suche nach geeigneten Mitarbeitern für bestimmte Projekte. Führung
muss völlig neu definiert werden. Die Entwicklung von Gruppen
zur Reife, die Integration von Außenseitern, die Steuerung von
Lernprozessen in Organisationen etc. sind die neuen Konfliktfel-
der, die sich in der virtuellen Arbeitswelt ergeben.

Identitätskonflikte im Metaraum

Die durch das traditionelle Schul- und Ausbildungssystem entwickelte Identität der Menschen wird zunehmend mit der Entwicklung der virtuellen Realität in Konflikte geraten. Es ist dies die subjektive Seite der gesellschaftspolitischen Umwälzungen in der Folge der virtuellen Realität. Solche Konflikte sind für die notwendigen Korrekturen auch sehr heilsam und im Übrigen unvermeid-
lich.

Ich habe kürzlich eine Ausstellung besucht, in der man interaktiv
an einem Computer und großen Bildschirm verschiedene gesell-
schaftspolitische Entwicklungen in Bildern auf Jahre und Jahrzehn-
te hochrechnen konnte. Ausgangspunkt war das Jahr 2000. Die
Länder und Kontinente haben ihre von jedem Atlas bekannte Größe. Auf Knopfdruck zeigte der Computer, wie sich die Größe eines
Landes und eines Kontinentes verschiebt, wenn man verschiedene
Parameter anlegt, zum Beispiel Geburtenrate. Ausgehend von der
heutigen Geburtenrate wird zum Beispiel Afrika 2010 wachsen gegenüber Europa. Das Bild Europas wird kleiner, das Afrikas größer.
2020 noch einmal, usw. bis 2100. Anders sieht es aus, wenn man
die Alphabetisierungsquote nimmt. Hier ist Europa schon jetzt
größer als Afrika und wächst noch in der Zukunft. Ähnlich, nur
noch größer, wird Europa, nimmt man etwa den Anteil, den Frau-
en am öffentlichen Leben haben (zum Beispiel Parlamentssitze).
Nach diesem Modell funktioniert auch der „Hyperraum", in dem
Zusammenhänge räumlich sichtbar gemacht werden. Unterschie-

de, die es in Sprachform nur auf der Metaebene gibt, also etwa mehr oder weniger Selbstbestimmung, Ich-Stärke oder Reife einer Gruppe können räumlich sichtbar gemacht werden.

In Amerika gibt es das schon seit der Erfindung der Soziometrie durch Moreno. Auch in der Gruppendynamik werden etwa durch Zeichnen oder aber einfach durch Aufstellen von Personen (oder nur ihrer Schuhe) Nähe und Distanz dargestellt.

Ich glaube nicht, dass es sich dabei um etwas grundsätzlich Neues handelt. Schon in alten Mythen wurden Prinzipien vergegenständlicht oder personifiziert, um auf einer Metaebene Prozesse reflektieren zu können. So hat man etwa den Prozess einer Ablösung von Autorität in die Story vom Sündenfall gekleidet und verschiedene Prinzipien personifiziert (Adam, Eva, Gott, Teufel usw.)

Das Neue am Cyberspace und seinen Figuren ist nur die Möglichkeit, dass eine große Anzahl von Personen in den „Genuss" dieser Art von Metaebene kommen kann und dass die Differenzierungen präziser und umfangreicher sind.

Dies ist auch eine Voraussetzung, um die notwendigen Konflikte besser austragen zu können. Schon die Sozialwissenschaftler des 20. Jahrhunderts haben verschiedene Prozesse sichtbar gemacht (etwa Zustimmung oder Ablehnung einer Idee) und damit die Konfliktaustragung erleichtert oder manchmal sogar erst möglich gemacht. Musste man in der Vergangenheit „abstrakte" Zusammenhänge noch hauptsächlich über sprachliche Umschreibungen „simulieren", so kann das jetzt interaktiv in Bildform für jeden sichtbar und verstehbar im Hyperraum dargestellt werden. Wieder einmal, wie schon oft in der Geschichte der Menschheit, werden Subjekt und Objekt zu einer Einheit kommen. Damit sind neue Formen der Identitätsabgrenzung notwendig, die – so viel wird sich nicht ändern – wiederum nur über Konflikte möglich sind.

Dieser Konflikt wurde mit dem Namen „Fragmentierung des Subjekts" benannt (zum Beispiel Jameson: Postmoderne). Damit meint er „den Verlust der Handlungsfähigkeit" durch die Unfähigkeit „Distanz herzustellen". Ich halte das, wenn überhaupt, für eine Übergangsgefahr.

Nationalstaaten versus Cyberstaat

Die berichteten Entwicklungen werden unweigerlich zu großen Konflikten im Bereich des Staates und der Nationen führen. Schon jetzt erleben viele das Internet als Befreiung von der Bevormundung gesellschaftlicher und staatlicher Autorität. Dieser Befreiung stehen auf der anderen Seite große Manipulationsmöglichkeiten mit Hilfe der Massenmedien gegenüber. Werden die Bürger durch die neue Technologie besser und effizienter in einen demokratischen Meinungsbildungsprozess einbezogen, wie die einen meinen, oder führt die Entwicklung zur Entmündigung der „fragmentierten" und kontrollierten Bürger, wie die anderen meinen?

Diese Frage kann heute noch nicht entschieden werden. Sicher ist jedenfalls, dass sich die gesellschaftliche Kontrolle auf die Aktionen der globalen Vernetzung ausdehnen wird müssen, also zum Beispiel auch auf die internationalen Finanzmärkte. Sicher ist ebenfalls, dass der Schutz des Einzelnen und von Gruppen gewährleistet sein muss. Wie man das im Einzelnen macht, bleibt auszuhandeln. Dies ist aber im eigentlichen Sinn die Tätigkeit, die Aristoteles „Politik" nennt und für die zu seiner Zeit die Götter zuständig waren. Mit der durch die Automation gegebenen Möglichkeit, die Sklavenarbeit nunmehr von Maschinen statt von menschlichen Sklaven machen zu lassen, besteht – erstmals in der Weltgeschichte – die Möglichkeit des Aufstiegs aller in den Bereich der „Götter". Damit muss der klassische Konflikt zwischen Obertanen und Untertanen in einer „Cyberdemokratie" neu ausgetragen werden.

Für Aristoteles gibt es drei große Entwicklungsschritte in der Geschichte der Menschheit. Der erste Schritt war das Aufrechtgehen, damit das Freiwerden der Hände und der Werkzeuggebrauch. Der zweite große Schritt war die Entdeckung, dass das universellste Werkzeug der Mensch sei, also die Erfindung des Untertanen oder der Sklaverei. Originalton: „So wie für den Steuermann das Steuerruder ein lebloses, der Untersteuermann aber ein lebendiges Werkzeug ist, denn jeder Diener ist gewissermaßen ein Werkzeug, das viele andere Werkzeuge vertritt" (Politik 1253b).

Die Definition des Sklaven oder Untertanen zum Unterschied vom Herrn ist bei Aristoteles übrigens schon so angelegt wie später im christlichen Erlösungsbegriff und in den Kontroversen der Gegenwart, nämlich als Unterschied in der Selbstbestimmung: „Wer von Natur aus nicht sein, sondern eines anderen, aber ein Mensch ist, der ist Sklave." (1254a) Später wurde dann im Christentum Sünde so definiert: ein freier Mensch macht etwas, was er selber nicht für richtig hält. Von Augustinus wurde dieser griechisch neutestamentliche Begriff der Sünde (Hamartia) mit „dissimilitudo semetipso" übersetzt, und Hegel nannte diese Situation dann „Entfremdung". Von Hegel wurde dieser Begriff über Marx in die gegenwärtige Diskussion von Herrschaftsverhältnissen übernommen.

Aristoteles kennt aber noch eine dritte Stufe der Entwicklung der Menschheit, in der die Sklaverei wieder abgeschafft werden kann. Auf die Idee, wie das möglich sein könnte, haben ihn die griechischen Götter gebracht: die Götter haben keine Sklaven und sind im Übrigen sozusagen Inbegriff der Selbstbestimmung (ens a se hieß es dann im Mittelalter, auctoritas heißt auch Urheberschaft). Wieso haben die Götter keine Sklaven? Sie haben eine technische Erfindung gemacht, nämlich Dinge, die sich selbst bewegen und die auch selber denken. Aristoteles gab diesen technischen Sklaven auch einen Namen, er nannte sie „Automatoi". Solche Maschinensklaven wird eines Tages auch der Mensch im Zuge der Automation erzeugen können und dann: „wenn jeder dieser Automatoi auf erhaltene Weisung, oder gar die Befehle im voraus erratend seine Leistung wahrnehmen könnte, wie das die Statuen des Dädalus und die Dreifüße des Hephaistos getan haben, von denen der Dichter sagt, dass sie ‚von selbst zur Versammlung der Götter erschienen', wenn so die Weberschiffe von selber webten und der Zitherschlögel von selber spielte, dann brauchen allerdings die Meister keine Gesellen und die Herren keine Knechte." (1254a)

Mit solchen sich selbst steuernden Automaten kann jeder Mensch den Status der Götter erreichen, d. h. über sich selbst verfügen. Erst damit wird der christliche Erlösungsgedanke wirklich, dass je-

KARIKATUR: MAGDALENA BOLTUCH 9/2000

der, der Menschenantlitz trägt, als „ens a se", als Herr seiner selbst angesehen werden muss und daher auch seine Zustimmung jeweils einzuholen ist. Der klassische Herrschaftskonflikt der Hierarchie, dass einige Funktionäre über andere entscheiden, ohne sich um deren Zustimmung kümmern zu müssen, wäre damit entschärft.

4 Konfliktlösungen

Ähnlich wie die Konfliktarten lassen sich auch die Lösungen auf einige wenige Grundmodelle zurückführen, obwohl im Einzelnen sicher mehr verschiedene Lösungen von Konflikten auf der Welt existieren, als es Menschen gibt. Dennoch überrascht es, dass es in diesen vielen Lösungen eine Struktur gibt. Unter Lösung verstehe ich, dass die Gegner einen Modus gefunden haben, in dem der Gegensatz soweit verschwunden ist, so dass die Handlungsfähigkeit von beiden (oder im Extremfall nur von einem) nicht weiter beeinträchtigt wird. Für das Entstehen eines solchen Modus der wiedererlangten Handlungsfähigkeit im Bereich des Konfliktgegenstandes gibt es meines Erachtens sechs Grundmuster. Die vielfältigen Lösungen können jeweils auf eines dieser Grundmuster zurückgeführt werden.

Diese Grundmuster sind:

1. Flucht
2. Vernichtung des Gegners
3. Unterordnung des einen unter den anderen
4. Delegation an eine dritte Instanz
5. Kompromiss
6. Konsens

Die Reihenfolge dieser sechs Grundmuster ergibt sich aus Entwicklungsüberlegungen. Ich vermute, dass es im Konfliktverhalten einen Lernprozess gibt. Dieser Lernprozess tritt sowohl in der Geschichte auf als auch bei einzelnen Individuen, manchmal sogar bei ein und demselben Konflikt. Ich musste mich im Zuge verschiedener Sozialinterventionen mit vielen Konflikten auseinandersetzen und habe beobachten können, dass sowohl Personen als auch Gruppen diesen Lernprozess durchmachen, der durch eine Reihe von Stadien geht. Es sind dieselben Stadien, durch die auch ein Konflikt geht, und dieselben Stadien, durch die vermutlich auch der menschliche Lernprozess im Laufe der Zivilisationsentwicklung gegangen ist. Dabei gibt es eine Höherentwicklung, die ich als Stufenfolge darstelle.

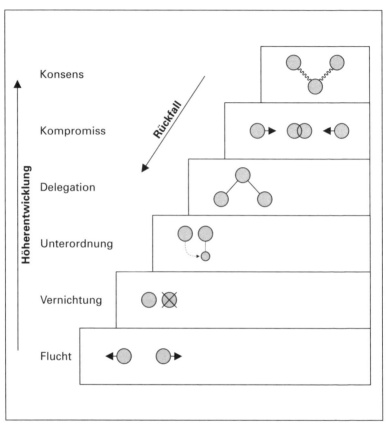

Die Grundmuster der Konfliktlösung

Flucht

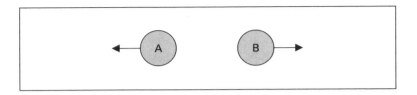

Mit A und B sind hier sowohl die „Gegner" als auch die abstrakten „Gegensätze" bezeichnet.

Fluchtverhalten und Aggressionsverhalten sind bis heute eine Motivschaukel. Sie kommen fast immer parallel vor und ergänzen einander. Sicher war es eines der größten Probleme der Zivilisationsentwicklung, das Aggressionsverhalten beim Menschen zu kanalisieren. Die Primaten, zu denen der Mensch ja auch gehört, werden von der Verhaltensforschung hinsichtlich ihres Konfliktverhaltens als Fluchtwesen bezeichnet. Sie suchen mangels spezifischer Waffen bei vielen Arten von Gefahren ihr Heil in der Flucht.

Mit der Entwicklung der Zivilisation, insbesondere mit dem Sesshaftwerden durch Ackerbau und Viehzucht, ist die Anzahl der Gefährdungen, die durch Flucht zu lösen waren, sicher stark zurückgegangen. Bei heute noch lebenden Jägerkulturen finden wir jedenfalls ein viel ausgeprägteres Fluchtverhalten als bei Ackerbau- und Viehzüchterkulturen.

Untersuchungen haben ergeben, dass auch beim heutigen Zivilisationsmenschen das am nächsten liegende, sozusagen ursprünglich-instinkthafte Verhaltensmuster im Falle eines Konfliktes die Flucht darstellt. Hierher gehört auch jenes rätselhafte Delikt der Fahrerflucht. Im ersten Augenblick haben viele, die an einem Unfall beteiligt sind, das Gefühl, „nichts wie weg". Erst später kommt die normative Gewalt des Über-Ichs und sagt, dass es keinen Sinn hat, zu flüchten. Meistens ist es nicht so deutlich wie bei der Fahrerflucht, wenn Menschen ein Problem „auf die lange Bank schieben" oder versuchen, den Gegensatz zu „ignorieren", „unter den Teppich zu kehren", zu „verleugnen" oder zu „verdrängen". Es liegt außerdem auf der Hand, dass sich viele Konfliktsituationen tatsächlich durch Flucht lösen lassen. Vorteile des Fluchtverhaltens liegen darin, dass man rasch einer Konfliktsituation entkommt, dass es keine Verlierer gibt, dass es oft einfach und schmerzlos ist zu flüchten. Immerhin ist der Konflikt für eine gewisse Zeit sogar gelöst, nämlich durch Hinausschieben einer Lösung. „Auf die lange Bank schieben" oder „Vertagen" sind Formen der Flucht, die wir alle kennen. Vorteil des Flüchtens ist sicher auch die Distanz, die man gegenüber dem Gegner und dem Konfliktpunkt bekommt.

Außerdem kann Flucht zunächst energiesparend sein und hat wenig Risiko. Wird allerdings der Lösungsversuch „Flucht" zur dauerhaften Institution, stellen sich auch Nachteile heraus: So wird deutlich, dass die durch Flucht „gelöste" Konfliktsituation in Wirklichkeit gar nicht gelöst ist, dass sie Depressionen hinterlässt, dass der Konflikt eigentlich nur in schärferer Form wiederkommt und dass das ständige „Flüchten" sehr unbefriedigend ist und vor allem keine Weiterentwicklung zulässt. Eine Reihe von psychosomatischen Krankheiten werden heute auf verdrängte oder verleugnete Konflikte zurückgeführt.

In intensiven Beziehungen, wie etwa einer ehelichen Partnerschaft, besteht bei ständig verleugneten und verdrängten Konflikten eine große Gefahr, dass der „Zwillingsbruder" des Fluchtverhaltens, nämlich die Aggression, der Vernichtungskampf, plötzlich das Fluchtverhalten ablöst. Auch in diesem Fall haben die Verhaltensforscher Parallelen im tierischen Verhalten beobachtet: Ein Tier, das durch eine Bedrohung in die Flucht geschlagen wurde, geht zum Angriff über, wenn es feststellt, dass Flucht keinen Ausweg vor der Aggression darstellt.

Flucht scheint mir ein sehr archaisches Muster zu sein. In Bedrohungssituationen neigen wir oft automatisch zu einer Fluchtreaktion. Dies löst wiederum bei Kämpfernaturen einen Angriffsreflex aus. Ich habe an anderer Stelle in einem neuen Buch versucht, solche Muster, die heute noch unser Verhalten bestimmen, zu sammeln (vgl. Archaische Muster, Westdeutscher Verlag 2004).

Die Selbstdomestikation des Menschen hat dazu geführt, dass ein Großteil der alten Muster heute nicht mehr anwendbar ist und wir daher immer wieder gegen sie ankämpfen. So gibt es natürlich auch beim Fluchtverhalten deutliche Nachteile.

Hauptnachteil dieser „Lösung" eines Konfliktes durch Flucht ist wohl der, dass kein Lernprozess initiiert wird. Vielleicht liegt hier auch eine der vielen Komponenten zur Erklärung des doch recht langsamen Lernprozesses der Menschen in der Altsteinzeit. Wir können generell annehmen, dass sich der Mensch zu einem Lernprozess gezwungen sieht, in dem er sein Konfliktverhalten ändert, wenn die Nachteile seiner gerade versuchten „Konfliktlösung" die Vorteile zu überwiegen beginnen.

Ein Konflikt, der immer wieder unter den Teppich gekehrt wird, muss irgendwie doch einmal angepackt werden.

Ich habe mir bei meinen Konfliktinterventionen oft den Vorwurf anhören müssen, dass ich Konflikte in Organisationen „erzeuge". Dies war nach meinem Empfinden kein einziges Mal der Fall. Die Analyse brachte jedoch oft bisher verdrängte Konflikte zutage. Ich insistiere natürlich auf ihrer Bearbeitung, dabei stellt sich die Lösung „Flucht" als unbefriedigend heraus. Dadurch entstand der Eindruck, die Leute streiten erst richtig, seit ich mich hier eingeschaltet habe.

Ein Konflikt, der nicht mehr durch Flucht gelöst werden kann, zwingt die Beteiligten zum Kampf. Die erste Form des Kampfes ist der Versuch, den Gegner zu vernichten.

Vernichtung

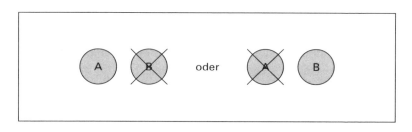

Ursprünglich hatten viele Kämpfe in der Menschheitsgeschichte das Ziel, den Gegner zu vernichten. Konrad Lorenz meint, dass jene Instinktregulierung, die bei Tieren verhindert, einen erschöpften Gegner zu töten, beim Menschen außer Kraft gesetzt ist. Der Mensch hat diese Tötungshemmung nicht, weshalb wir bei heute noch lebenden Naturvölkern sehr oft einen Kampf bis zur Vernichtung des Gegners beobachten können (zum Beispiel am Oberlauf des Rio Negro im Amazonasgebiet).

Aber unsere Zivilisation in der Gegenwart hat, wenn auch vielleicht in etwas sublimierter Weise, Vernichtungsrituale als angestrebte Lösung in einem Kampf durchaus beibehalten. So geht etwa jede Konkurrenz auf Monopol aus, das heißt der Versuch im wirtschaftlichen Konkurrenzkampf, den Gegner zu vernichten, um eine eigene Monopolstellung zu haben, ist möglicherweise immer noch ein Restbestand aus jener Zeit, als das Fluchtverhalten zum Kampfverhalten weiterentwickelt wurde.

Auch Mord oder Entlassung, Mord in Form eines Rufmordes, sind dieser Kategorie der Konfliktlösungen zuzurechnen. Die Ausrottung von Menschen oder ganzen Menschengruppen ist bis in die Gegenwart sehr oft Ziel von Kriegen geblieben. (Man bedenke den in der Gegenwart erfundenen Begriff der „ethnischen Säuberung" etc.)

Viel zu wenig erforscht ist meines Erachtens das Phänomen des Faschismus, der in diesem Modell gesprochen einen Rückfall auf Vernichtungslösungen darstellt. Bei Hitler und Stalin ist dies heute offensichtlich, in manchen Staaten der Gegenwart wird dies zwar geleugnet, die Akten von Amnesty International sprechen aber eine deutliche Sprache.

Auch manche Urgeschichtsforscher meinen, dass es durch lange Zeiten der menschlichen Entwicklung mehrere Menschenarten nebeneinander gegeben habe, wie etwa den Cromagnon und den Neandertaler in Europa, dass aber mit Ausnahme der Vorfahren des Homo sapiens alle anderen Arten von diesem ausgerottet worden seien. Viel sympathischer ist uns natürlich die Theorie, dass alle anderen Menschenarten in unsere Gene miteingegangen sind.

Ich verstehe zwar die Ablehnung der Ausrottungstheorie, halte die Argumente dagegen bislang aber für wenig überzeugend. Natürlich ist auch mir der Gedanke unangenehm, dass unsere Vorfahren andere Artgenossen ausgerottet haben. Der vehemente Kampf gegen diese Theorie hat aber etwas verdächtig „Verleugnendes" an sich. Wir müssen uns mit unserer Vergangenheit auch dann auseinandersetzen, wenn sie uns unangenehm ist.

Vorteil des Vernichtungskampfes ist sicher, dass der Gegner rasch und dauerhaft beseitigt wird. Wir können ohne Zweifel auch das Selektionsprinzip mit in die Vorteile des Vernichtungskampfes einbeziehen. Der Sieger geht jedenfalls gestärkt aus der Auseinandersetzung hervor.

Der Nachteil dieser Konfliktlösungsart besteht im Wesentlichen darin, dass mit dem Verlust des Gegners der Verlust einer Alternative gleichzeitig mitgegeben ist, das heißt, Entwicklung wird in einem sehr starken Ausmaß gefährdet, da ganz selten ein Gegner immer nur unrecht hat und nichts an Richtigem vertritt. In der Vernichtungsstrategie sind Fehler nicht korrigierbar. Außerdem ist die Frage, ob dieses Ausleseprinzip (dass der Stärkere im Vernichtungskampf überlebt) wirklich fördernd für die Gesamtpopulation und ihre genetische Strategie ist. Untersuchungen von Paläoanthropologen haben ergeben, dass die Menschen der Altsteinzeit nicht sehr alt geworden sind (höchstens 30 Jahre) und – soweit man das an den Fundumständen noch rekonstruieren kann – auch selten eines „natürlichen Todes" gestorben sind.

Man braucht sich nur einmal zu überlegen: Wenn immer bis zur Vernichtung des Gegners gekämpft wird, muss man *immer* gewinnen, um zu überleben. *Einmal* in einem Konflikt verlieren bedeutet das Ende des Lebens. Gefährlicher haben die Menschen später wohl nie mehr gelebt. Verständlich auch die Tendenz, dass Konfliktvermeidung besser ist als das Austragen von Konflikten. Autoritäre Regimes der Gegenwart nutzen dieses Muster aus, das im Menschen noch immer sozusagen fest einprogrammiert ist, um durch Drohung mit physischem oder sozialem Tod (Gefängnis) Konflikte zu vermeiden.

Der Preis, den sie dafür bezahlen, ist der Verlust der Weiterentwicklung. Die nur durch Opposition mögliche Vielfalt der Alternativen wird unterdrückt. Solche Systeme halten sich daher in unseren Tagen nur noch durch Krieg beziehungsweise militärischen Terror eine gewisse Zeit und – wie ich hoffe – in Zukunft überhaupt nicht mehr.

Wir wissen nicht genau, wann und wo der Übergang zur nächsten Entwicklungsstufe der Konfliktlösungen vollzogen wurde, in dem der Vernichtungskampf nicht mit dem Tod des Besiegten, sondern mit seiner Unterwerfung endete. Jedenfalls war dieser Schritt sicher einer der größten in der Geschichte der Menschheit.

Unterwerfung oder (moderner:) Unterordnung

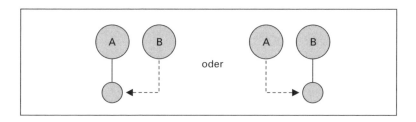

Wahrscheinlich muss man hier einen großen Einschnitt in der Konfliktgeschichte der Menschheit ansetzen, da der Verzicht auf die Tötung des Gegners ein neues Zeitalter eingeleitet hat, nämlich das Zeitalter der Sklaverei. Sklave ist jemand, so sagt Aristoteles, der um des Überlebens willen auf seine Freiheit verzichtet hat. Um die Sklaverei erfinden zu können, war es zuerst notwendig, „Besitz" zu erfinden. „Nach dem Besitz von Werkzeugen gab es als vermutlich nächsten Schritt Besitz von Tieren, später von Äckern und zum Schluss Besitz von Menschen." Aristoteles weiter: „Wer von Natur nicht sein, sondern eines anderen, aber ein Mensch ist, der ist ein Sklave von Natur. Eines anderen aber ist ein Mensch, der – wenn auch Mensch – ein Besitzstück ist. Ein Besitzstück aber ist ein tätiges und getrennt für sich bestehendes Werkzeug."

Der Mensch erwies sich im Laufe der Geschichte als das am universellsten einsetzbare Werkzeug. Dabei ist es allerdings notwendig, von der Entscheidungsfreiheit des Unterworfenen oder untergeordneten Menschen abzusehen. Der Herr entscheidet, der Sklave gehorcht.

Konfliktlösung durch Unterwerfung oder Unterordnung ist später in den Systemen der Hierarchie institutionalisiert worden. Hier ist von vornherein festgelegt, dass im Konfliktfall die Inhaber der jeweils zentraleren Position gegenüber der Peripherie (die Obertanen gegenüber den Untertanen) im Recht bleiben. Dieses Verhaltensmuster der Unterwerfung ist überall dann als Konfliktlösung möglich, wenn von den zwei entgegengesetzten Positionen sich nur die eine als brauchbar erweist und die andere dies auch in irgendeiner Form – wenn auch gezwungenermaßen – anerkennt. Hier würden wir heute Methoden der Konfliktlösung wie Überzeugen, Überreden, Nachgeben, Bestechen, Manipulieren oder Drohen, Intrigieren und Abstimmen dazuzählen. Das Abstimmen, wobei eine Minderheit sich einer Mehrheit in einer Konfliktsituation unterwirft, ist eine universell einsetzbare Konfliktlösungsmethode, da sie – wie noch zu zeigen sein wird – auch Momente der Delegation und des Konsenses enthält.

Der Hauptvorteil der Konfliktlösung durch Unterwerfung war die Möglichkeit einer Arbeitsteilung, und zwar Arbeitsteilung in einer doppelten Form: sowohl horizontal als auch vertikal. Es gibt sowohl die Möglichkeit, dass unterschiedliche Produkte erzeugt werden, als auch die Arbeitsteilung in periphere Erzeuger von Produkten und zentrale Verwalter oder Koordinatoren dieser Produkterzeuger. Ursprünglich war diese Arbeitsteilung sicher in die Einteilung von Bauern und Produzenten von landwirtschaftlichen oder Manufakturprodukten einerseits und von Kriegern, Beamten und Priester als Wahrnehmer zentraler Funktionen andererseits angelegt. Der Unterworfene oder Besiegte verliert zwar mit seiner Unterordnung die Selbstbestimmung, gewinnt aber an Sicherheit, die er von seinem Herrn, Chef, Vorgesetzten, Vater, seiner Mutter etc. bekommen kann. „Tausche Freiheit und Selbstbestimmung gegen Sicherheit und Unterordnung", könnte man als Grundprinzip dieser Art von Konfliktlösung ansehen. „Lieber Sklave als tot" ist die alte Formel dafür.

Gegenüber der Vernichtung sind hier eine Reihe von sehr großen Vorteilen aufzuzählen. Es fehlt die Vernichtung des Gegners, es gibt die Möglichkeit der Umkehrbarkeit und der längerfristigen Auseinandersetzung zwischen Herrn und Sklaven, es überleben wesentlich mehr Menschen, die voneinander lernen können. Durch die Arbeitsteilung ist der Unterworfene zwar ein „Werkzeug", aber immerhin weiterlebend, und es gibt ebenfalls die Möglichkeit eines Selektionsprozesses sowie relativ klare Verantwortungen und damit den Ansatzpunkt von Hierarchien. Erstmals in der Geschichte kann es daher so etwas wie differenzierte Traditionsbildung geben.

Daneben traten in der Geschichte auch eine Reihe von Nachteilen auf. Die Umkehrbarkeit erwies sich nicht immer als Vorteil. Wie schon bei Platon und später bei Hegel gezeigt wurde, enthält die Dialektik von Herr und Knecht nicht immer die Tendenz der Umkehrbarkeit in sich. Es werden viele Konflikte nicht gelöst, sondern nur perpetuiert. Die Sklaven warten auf die Gelegenheit, das Verhältnis umkehren zu können. Die starre Rollenverteilung ist oft unflexibel und schafft neue Konflikte innerhalb der hierarchischen Ordnungsstrukturen. Hauptnachteil ist aber wohl der, dass immer noch der Stärkere siegt und nicht unbedingt der, der recht hat – beziehungsweise Siegen ist gleich Rechthaben, andere Objektivierungen gibt es noch nicht. In dieser Zeit ist vermutlich die starke Militarisierung entstanden, die wir erst heute beginnen abzubauen.

Die Hierarchie hat sich dann durch Weiterentwicklung zu einem neuen Konfliktlösungsmuster selbst stabilisiert, nämlich zur Kooperation der Konfliktgegner durch Delegation:

Delegation

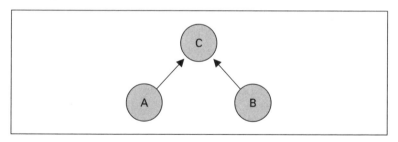

„Wenn sich zwei streiten, freut sich der Dritte", sagt ein altes Sprichwort. Der Dritte, der an diesem Konflikt nicht selber beteiligt sein darf – er ist sozusagen der von diesem Konflikt „ausgeschlossene Dritte" –, hat einige wichtige Funktionen:

Erstens vermittelt er im Konflikt und kann womöglich eine Lösung herbeiführen.

Zweitens sorgt er auf jeden Fall dafür, dass die beiden Konfliktparteien weiterhin koordiniert werden und über ihn kommunizieren.

Drittens versucht er meist das Problem, um das es geht, auf eine höhere Ebene zu heben. Dies schon deshalb, weil er nicht selber in den Konflikt integriert ist und diesen daher mehr oder weniger „von außen" betrachten kann.

Nimmt er diese Rolle öfters wahr, dann kann sich sogar damit Autorität verbinden: die „Weisheit" ist der traditionelle Lohn für dieses Muster gelungener Konfliktintervention.

Der „ausgeschlossene Dritte" ist somit in der Geschichte der streitenden Menschen das wahrscheinlich erfolgreichste Konzept der Weiterentwicklung mit Hilfe von Konflikten. Es ist nicht verwunderlich, dass die Menschen schon sehr früh versuchten, dieses Muster auf Dauer zu stellen.

Bekanntlich sind „Nachbarn" diejenigen, die am meisten miteinander verfeindet sind. Das lässt sich sogar bis in die Konfliktstrukturen der Wohnhäuser der Gegenwart verfolgen. Auch am sozialen Lernen von Geschwistern lässt sich dies beobachten. Konflikte zwischen zweien können zum Beispiel durch eine dritte vermittelnde Instanz, etwa ein drittes Geschwister, leichter bearbeitet werden, als wenn es diese Instanz nicht gäbe.

Vom Römischen Reich in der Antike und vermutlich auch schon vorher bis zu den Kolonialsystemen der Neuzeit wurde immer wieder der Vorteil der Koordination von aus eigenem Antrieb unkoordinierbaren Gruppen, Stämmen oder Völkern von den an diesem Konflikt nicht beteiligten (übergeordneten) Dritten genutzt. (Die Logik hat hier das „Prinzip vom ausgeschlossenen Dritten" aufgestellt, dessen kommunikative Bedeutung vielleicht dadurch verständlich wird. (Siehe auch „Die ‚Heilige Ordnung' der Männer", Seite 186 und 231.) Somit stellt die Delegation als Konfliktlösung bis heute einen Fortschritt dar, wenn Menschen in direkter Kommunikation grundsätzlich nicht zu einer Kooperation fähig sind, über Dritte aber dazu in die Lage versetzt werden. Die durch eine solche Koordinationsleistung gewonnene Autorität kann umgekehrt natürlich auch erreichen, dass Konflikte grundsätzlich an sie delegiert werden: Kinder delegieren an die Eltern, Schüler an die Lehrer, Untergebene an die Vorgesetzten, Fußballmannschaften an den Schiedsrichter, Kriegsparteien oder Völker an die UNO usw.

Die Inhaber zentraler Funktionen hatten eine Reihe wichtiger Aufgaben: die wichtigste war der Schutz des ganzen Gebildes der anonymen Kommunikation. Dieser Schutz dürfte am Beginn der Entwicklung nicht immer gelungen sein, da das Gesellschaftsspiel „Nomaden gegen Ackerbauer" (Kain und Abel) durch Jahrtausende hindurch immer wieder zum Zugrundegehen erster Kultur- und Kooperationsansätze geführt haben dürfte. Die Zentralfunktionäre mussten erst eine Reihe von kommunikativen Erfindungen machen, bis sich arbeitsteilige Sozialgebilde gegen aggressive Nomaden- oder Jägerstämme behaupten konnten. Zu diesen Erfindungen gehören unter anderem Systeme der anonymen Kommunikation (Schrift, Normensysteme, Gesetze, religiöse Inhalte etc.), die die Priorität übergeordneter, allgemeinerer (= zentraler) Gesichtspunkte deutlich machten, und das dazugehörige Macht- und Abhängigkeitssystem sowie die Konfliktdelegation.

Der große Fortschritt, den dieses System der Arbeitsteilung brachte, wird aber mit einer Entfremdungssituation bezahlt. Wer an eine Autorität delegiert, will sein Problem von jemandem lösen lassen, der mit diesem Problem primär nichts zu tun hat. Im Rahmen des Rechtes ist diese „Unbefangenheit" des Richters sogar notwendige Bedingung für jede Delegation: nur wenn der Richter nicht in irgendeiner Form auf der einen oder anderen Seite des Konfliktes beteiligt ist, darf er Recht sprechen. „Recht" stellt in diesem Sinne eine Verfremdung der Konfliktsituation in einem Bereich dar, in dem der Konflikt nicht mehr existiert – wodurch er leichter lösbar wird.

Dieses Prinzip der Transformation eines Problemes (Unterschiedes oder Gegensatzes) auf eine „höhere Ebene", wo der Gegensatz verschwindet, ist eine der größten Kommunikationserfindungen in der Geschichte der Kulturen. Der Aufstieg zu immer „höheren" allgemeineren Ebenen ist dabei nur ein Ausdruck des allgemeinen Ordnungsprinzips der Zentralisierung von Funktionen beziehungsweise der Ordnung als Über- und Unterordnung. Die in der folgenden Abbildung in der Draufsicht gezeichnete Kommunikationsstruktur der Tauschgesellschaft über zentrale Orte lässt sich im Querschnitt zeichnen. Dann ergibt sich das bekannte Modell der Pyramide.

Hier wird die jeweils zentrale Funktion als höhere Position gezeichnet. Historisch müssen dabei die Zentralpersonen in den jeweiligen Gruppen zugleich auch Repräsentanten nach außen hin geworden sein, was wiederum ihre Autorität in den Gruppen gestärkt haben dürfte. Es kommt zu Idolbildungen, die wahrscheinlich erstmals überhaupt Individuen und Autorität in Verbindung bringen. Die Autoritäten verlangen von den Menschen die Ausrichtung auf allgemeine Prinzipien.

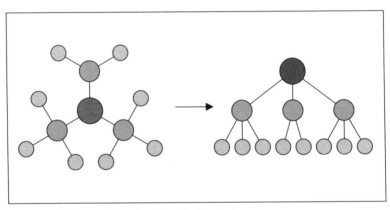

Kommunikationsstruktur der Tauschwirtschaft –
Draufsicht und Querschnitt

Sehr anschaulich ist im Buch Exodus die Entstehung der Hierarchie aus dem System der Konfliktdelegation beschrieben:

„Des andern Tags setzte sich Moses, das Volk zu richten. Und das Volk stand um ihn her vom Morgen bis zum Abend. Als sein Schwiegervater sah, was er alles mit dem Volke zu tun hatte, sprach er: ‚Was ist das, wie du es mit dem Volke machst? Warum sitzest du allein zu Gericht und alles Volk steht vom Morgen bis zum Abend vor dir? Moses antwortet ihm: ‚Das Volk kommt zu mir und fragt um Gottes Urteil. Wenn sich ein Streit unter ihnen zuträgt, kommen sie zu mir, dass ich zwischen ihnen richte und die Gebote Gottes und seine Gesetze verkünde. Da sprach der Schwiegervater des Moses zu diesem: ‚So machst du es nicht gut. Du reibst dich auf und das Volk bei dir. Das Geschäft ist über deine Kräfte, du kannst es nicht allein leisten. Höre auf meine Worte. Ich will dir einen guten Rat geben und Gott wird mit dir sein. Sei du des Volkes Sachwalter bei Gott, indem du seine Angelegenheiten vor Gott bringst. Erkläre dem Volke die Gesetze und Weisungen, zeige ihnen den Weg, auf dem sie wandeln sollen, und die Werke, die sie tun sollen. Aber sieh dich im ganzen Volke um wackere Männer um, die Gott fürchten, die redlich sind und die jegliche Bestechung hassen, und bestelle aus ihnen Vorgesetzte, über je 1 000, über je 100, über je 50 und über je 10. Diese sollen das Volk allezeit richten; was aber besonders wichtig ist, sollen sie vor dich bringen; geringere Sachen sollen sie selber entscheiden; so wirst du entlastet werden, wenn andere die Lasten mit dir teilen. Wenn du das tust und Gott es gut heißt, so kannst du dabei bestehen, und auch alle diese Leute werden befriedigt heimgehen. Moses befolgte den Rat seines Schwiegervaters und tat alles, was jener geraten hatte. Er wählte wackere Männer aus ganz Israel, bestellte sie zu Häuptern über das Volk, zu Vorgesetzten über je 1 000, über je 100, über je 50 und über je 10. Diese richteten das Volk alle Zeit; was aber besonders schwierig war, das brachten sie vor ihn; geringere Sachen entschieden sie selbst.“ (Exodus 18, 13–27)

Weil die so installierten Richter Regeln brauchten, nach denen sie sich richten konnten, erließ Gott über Moses (Exodus 20, 1–17) die zehn Gebote.

Diese Art der Ordnung schließt für Menschen an die Triebverzichtsmomente an, die schon in Gruppen vorhanden sein müssen, weil sie verlangt, dass unmittelbare Kommunikation und unter Umständen auch unmittelbare Bedürfnisse zugunsten allgemeinerer, höherer zurückgestellt werden. Gerade dieses Prinzip hat das Modell aber geschichtsmächtig gemacht. Die Abgabe von Funktionen und damit Macht an zentrale Positionen hatte allerdings zur Folge, dass Zentralfunktionen die asymmetrische Machtverteilung zu ihren Gunsten nutzen konnten. „Alle Macht geht vom Volke aus", so vermuten jedenfalls die Demokraten – „um nie wieder dorthin zurückzukehren", wie Nestroy hinzugefügt hat.

Damit diese Art der Ordnung funktioniert, musste sie von einem Normensystem mit stabilen Sanktionsmöglichkeiten durchgesetzt und gestützt werden, da es oft den Bedürfnissen und der Einsicht der peripheren Positionen widersprach. Einen Teil der erwirtschafteten Produkte, meist sogar den besten Teil an die zentrale Stelle abgeben zu müssen, geht nur, wenn diese Abgabe mit den höchsten Instanzen politischer, legaler und religiöser Normierung verbunden war. So wurden die Tiere oder Feldfrüchte, die abgegeben wurden, als heilige Tiere oder Früchte angesehen. Dort durfte auch bei schlechten Erträgen keinesfalls gekürzt werden. Dass diese Ordnung auf die Dauer nur mit einer Art Polizeigewalt aufrechtzuerhalten war, liegt nahe. Sie wurde von früh an auch als heilige Ordnung (griechisch Hierarchie) bezeichnet.

Das griechische Wort arche heißt neben Ordnung auch noch Herrschaft. Die griechische Sprache unterscheidet – so wie viele Zentralfunktionäre der Gegenwart – noch nicht zwischen ordnen und herrschen. Sich Ordnung aber nur innerhalb der (heiligen) Herrschaft vorstellen zu können (Hierarchie) bedeutet, Konflikte grundsätzlich nicht zu bearbeiten, sondern nur delegieren zu können.

Man kann dies auch an den schon mehrfach erwähnten vier Grundkonflikten, die nicht zu beseitigen sind, deutlich machen. Ein Versuch, diese Konflikte oder Unterschiede zu leugnen oder zu eliminieren, würde den Bestand der Menschheit gefährden. Jede soziale Ordnung kann auch daran gemessen werden, wie gut sie mit diesen vier Grundkonflikten umgeht.

Der große Vorteil der Hierarchie war, dass in diese vier Grundkonflikte somit eine fixe Ordnung gekommen war.

Der Grundkonflikt *Kinder – Erwachsene* wurde so gelöst, dass man grundsätzlich die Menschen in Kinder und Erwachsene einteilte: als Kinder gelten die jeweiligen Untertanen, als Erwachsene die jeweiligen Obertanen. Die Untertanen haben den Obertanen so zu gehorchen wie Kinder den Erwachsenen.

Der Konfliktkreis *Individuum – Gesellschaft* wurde so aufgelöst, dass grundsätzlich Gemeinwohl vor Individualwohl ging. Bedürfnisse und Meinungen des Einzelnen werden nur berücksichtigt, soweit sie mit dem System übereinstimmen. Stimmen sie nicht überein, so sind individuelle Bedürfnisse zu vernachlässigen.

Der Konfliktkreis *Tote – Lebende* wurde so festgelegt, dass möglichst viel durch Gesetz und Regeln vorentschieden wird. Damit wird Tradition gesichert, die Jungen müssen ein Triebverzichtsverhalten erlernen. Wer dieses Verhalten besser erlernt, wird in zentralere Positionen gebracht. Dass dabei das Gesetz die Regeln der toten Ahnen darstellt, hat immer wieder dazu geführt, es dem lebendigen Handeln gegenüberzustellen. „Der Buchstabe tötet, nur der Geist lebt", heißt es in diesem Zusammenhang.

Der Konfliktkreis *Männer – Frauen* wird so festgelegt, dass Hierarchien grundsätzlich zunächst nur aus Männern bestehen. Die schwieriger zu kontrollierende weibliche Emotionalität und Sexualität wird in das Privatleben abgeschoben. Die Männer sind leichter auf sachliche und rationale Ordnungen zu verpflichten. Im Grunde genommen wird damit der Konflikt Mann-Frau ganz wesentlich entschärft und zurückgestellt. In diesem Punkt hat man also sozusagen jahrtausendelang eine generelle Unreife der Menschheit in Kauf genommen. Meines Erachtens steht daher die Bearbeitung des Konfliktes Mann-Frau auch in der Öffentlichkeit noch aus.

Durch lange Zeit war es so, dass die Infantilität der Frau in der Öffentlichkeit durch eine Infantilität des Mannes in der Intimsphäre kompensiert wurde. Ein „gleichberechtigtes" Verhältnis gab es selten.

Die Methode, Konflikte zwischen zwei Menschen oder Menschengruppen durch Delegation an eine höhere Instanz zu lösen, hat zwei Voraussetzungen:

1. dass es im jeweiligen Konfliktfall eine richtige und eine falsche Lösung gibt und

2. dass die angerufene höhere Instanz auch die richtige Lösung findet.

Stimmt eine der beiden Voraussetzungen nicht, sind Konflikte durch Delegation nicht zu lösen.

Zu den großen Vorteilen der Lösung durch Delegation gehört also die gemeinsame Verbindlichkeit der allgemeinen Prinzipien (Rechtsverbindlichkeit), was erstmals so etwas wie Objektivität, Sachlichkeit und Kompetenz ermöglicht. Damit wird eine höhere Ebene eingezogen, und das Schema von Sieg und Niederlage wird überwunden. Es gibt erstmals so etwas wie unparteiische Neutrale.

Der Nachteil dieser Art von Konfliktlösung besteht darin, dass die individuelle Identifikation mit der Lösung eine geringere ist, als wenn beide Partner sie selbst erarbeitet hätten, dass daher den Konfliktparteien die Konfliktkompetenz genommen wurde. Dabei stimmt das Axiom der heiligen Ordnung, dass nämlich der Vorgesetzte sich jeweils im Besitz der Wahrheit befindet, heute oft nicht einmal mehr für die zentralisierten sachlichen Zusammenhänge.

Was sich keinesfalls zentralisieren lässt, sind Emotionen. Die Frage ist heute, ob emotionale Kompetenz überhaupt abgegeben werden kann. Es gibt einige ganz einfache Experimente, um diese Frage zu beantworten. Lassen Sie eine Montagegruppe über die Arbeitsaufteilung, ein Büro über die Zimmer- und Platzverteilung, eine Gruppe über ein gar nicht weittragendes emotionell kontroverses Thema selbst entscheiden. Meist werden die Gruppen zu einer anderen Entscheidung kommen als der Vorgesetzte. Was jemand wirklich will, stellt sich nämlich oft erst im Zuge eines Kommunikations- und Entscheidungsprozesses heraus. Für Entscheidungsprozesse gilt in noch höherem Maße der Satz von Norbert Wiener: „Ich wusste nicht, was ich sagte, ehe ich nicht die Antwort darauf hörte."

Ein vorher feststehendes, sozusagen unabhängig vom Resultieren richtiges Resultat gibt es im emotionalen Bereich nicht. Emotionale Kompetenz kann nur in einem sehr infantilen Stadium der Entwicklung abgegeben werden.

In der chinesischen Tradition wird eine Geschichte zum Thema Delegation an Dritte überliefert:

Zwei Männer streiten um ein Schaf. Weil sie sich nicht einig werden können, besuchen sie den Weisen Lin Yin. Dieser hört sich den Streit an und schweigt. Nach einiger Zeit beginnen die beiden, ihren Streit dem Weisen noch ein zweites Mal vorzutragen. Wiederum schweigt der Weise. Als er auch nach der dritten Darstellung noch immer nichts sagt, meint einer der beiden: „Warum sagst du nichts?" Darauf antwortet der Weise: „Weil ich nicht weiß, ob das Problem mit dem Schaf euer Problem ist oder meines." Die beiden meinen darauf: „Es ist ohne Zweifel unser Problem, aber weil du ein weiser Mann bist, sind wir gekommen, von dir Rat zu holen." „Jetzt verstehe ich noch weniger", sagte Lin Yin, „insbesondere nicht, wieso die Weisheit darin bestehen soll, sich um fremde statt um eigene Probleme zu kümmern." Die beiden geraten nach dieser Antwort wieder ins Streiten. Plötzlich springt der Weise auf und ruft: „Jetzt habe ich die Lösung gefunden: selbstverständlich seid ihr beide gekommen, mir das Schaf zu bringen." Die beiden Streithähne sind von dieser Lösung aber so überrascht, dass sie das Schaf nehmen und ganz rasch damit davonlaufen.

Es wird nicht berichtet, wie der Konflikt dann gelöst wurde. Jedenfalls hat der Weise diesen Versuch, an ihn zu delegieren, erfolgreich unterlaufen und die Lösung an die beiden Streitenden zurückdelegiert. Sollten sie sich nicht nach einem anderen „Weisen" oder Richter umgesehen haben, dann könnte die Intervention des Lin Yin sogar dazu geführt haben, dass sie den Streit ohne Zuhilfenahme eines Dritten zu einer Lösung gebracht haben. In diesem Fall hat der Weise einen Lernprozess eingeleitet, der eine höhere Form der Lösung möglich machte, zum Beispiel Kompromiss oder Konsens.

Daraus wird deutlich, dass eine Konfliktintervention grundsätzlich zwei einander entgegengesetzte Ziele als mögliche Voraussetzungen anerkennen muss.

Das erste Ziel, sozusagen das traditionelle, ist die Akkumulation von Autorität an einer zentralen Stelle (Eltern, Vorgesetzte, Richter etc.), deren Entscheidung einen Konflikt löst (wie auch immer). Um diese Art der Konfliktlösung durch Delegation effizient zu gestalten, ist es notwendig, die (potenziellen) Konfliktparteien in ein Abhängigkeitsverhältnis zum „ausgeschlossenen Dritten" zu bringen. Dies geschieht in der Hierarchie, weil Untertanen von den Obertanen abhängig sind, aber auch etwa durch Gerichte, die über Polizeigewalt zur Durchsetzung richterlicher Entscheidungen verfügen. In diesem Fall ist das Ziel eigentlich eine Konfliktvermeidung, da mit der Zeit immer die Linien zur Zentralperson wichtiger werden als zum Kollegen beziehungsweise potenziellen Konfliktpartner. Hier gilt der in vielen Hierarchien kolportierte Satz: „Konflikte sind Führungsfehler."

Das zweite Ziel der Konfliktintervention wird in dem Beispiel des chinesischen Weisen deutlich: es ist die Erhöhung der Konfliktkompetenz der (potenziellen) Streitparteien. Dieses Ziel ist konträr zum ersten. Es soll nicht die Dependenz der Streitenden von einer Autorität vergrößert werden, sondern ihre Selbständigkeit. Nicht die Beziehung zum Vorgesetzten (Richter, Vater etc.) ist wichtig, sondern die zum Konfliktpartner.

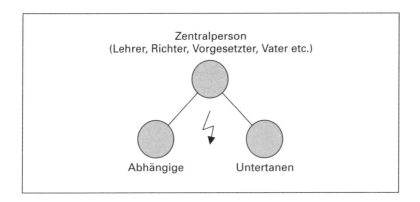

Zentralperson
(Lehrer, Richter, Vorgesetzter, Vater etc.)

Abhängige   Untertanen

Nicht die Delegation der Verantwortung (und damit Macht) an einen Dritten, sondern die „Selbstkompetenz" ist Ziel der Konfliktintervention. Dies bedeutet allerdings eine Weiterentwicklung des hierarchischen Systems, das sozusagen „in sich" Teile von anderen Beziehungen dulden muss.

Für die Praxis der Konfliktintervention bedeutet dies, dass grundsätzlich zwei Schritte zu machen sind:

1. Erhöhung der Konfliktkompetenz der Partner und
2. Bearbeitung des Widerspruchs zum System der Hierarchie.

Für Punkt 1 sind alle Methoden, die heute unter dem Namen „Gruppendynamik" zusammengefasst werden, anzuwenden. Insbesondere die Reflexion auf der Metaebene, die schon ansatzweise in der Dreierkonstellation steckt, ist weiterzuentwickeln.

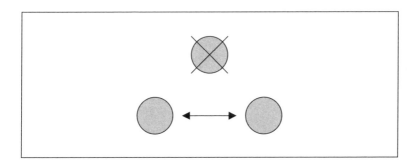

Für Punkt 2 ist der Umgang mit dem Widerspruch zwischen direkter und indirekter Kommunikation hervorzuheben und zu beachten. Ich vermute, dass diese Fähigkeit in Zukunft verstärkt zu den Eigenschaften von Führungskräften in der Hierarchie gehören wird. Nicht mehr Entscheidungen in Konfliktsituationen treffen, sondern den (richtigen) Lernprozess steuern, der auch in Zukunft richtiges Austragen von Konflikten ermöglicht.

Kompromiss

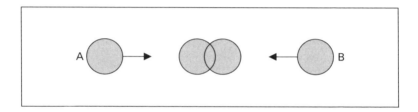

„Mia wern kan Richta brauchn!" (bedeutet: Wir werden keinen Richter brauchen!) Dieser Spruch des Volksmundes deutet den Übergang zu dieser Form selbstbestimmender Konfliktlösung an. Kompromiss bedeutet, dass in einem bestimmten Bereich eine Teileinigung erzielt werden kann. Der Vorteil dieser Teileinigung ist, dass es eben eine Einigung ist, der Nachteil, dass es eben nur eine Teileinigung ist. Man spricht von guten Kompromissen, wenn die Vereinbarung wichtige oder große Teile des kontroversen Inhaltes betreffen, von „faulen" Kompromissen, wenn die wichtigsten kontroversen Themen ausgeklammert wurden. Bei faulen Kompromissen kann man unterstellen, dass der Konflikt nach einiger Zeit wieder auftauchen wird. Teileinigung ist natürlich auch Teilverlust. Deshalb ist das eigentliche Ziel des Kompromisses der Konsens.

Konsens

Die Suche nach Konsens hat erst dann Sinn, wenn die bisher aufgezählten Methoden: Flucht, Vernichtung, Unterwerfung, Delegation und Kompromiss versagen; wenn die Kontroverse nicht nur emotional, sondern auch sachlich den Axiomen der Logik widerspricht. In diesem Fall sprechen wir vom Vorliegen einer Aporie. Dieses schwer übersetzbare griechische Wort bedeutet im Deutschen soviel wie logische Ausweglosigkeit. Solange sich die Situation nicht ändert, ist sie ausweglos. Im Deutschen wird Aporie oft mit den Worten „Zielkonflikt", „Dilemma", „Henne oder Ei" oder „Quadratur des Kreises" wiedergegeben.

Eine Aporie ist durch drei Eigenschaften gekennzeichnet:

1. zwei einander widersprechende Behauptungen oder Interessen,

2. beide sind wahr beziehungsweise berechtigt,

3. beide sind voneinander abhängig. Nur wenn die eine Behauptung wahr ist, kann es auch die andere sein und umgekehrt.

Eine praktische Aporie, die jeder täglich erleben kann, ist die Dialektik von Bedürfnis und Leistung.

Ich habe diese Aporie oft am Beispiel des Sonntagsspazierganges reflektieren müssen. Der 5-jährige Sohn sieht irgendwo etwas Interessantes und rennt los. Der Vater ruft ihm nach: „Langsam, langsam!" Diese Mahnung ignorierend, rennt der Sohn weiter und fällt prompt hin. Darauf natürlich ein Gebrüll oder lautes Weinen. Die (aporetische) Frage lautet: Soll man ihn schimpfen, weil er so blöd gelaufen ist, oder soll man ihn trösten, weil er so arm ist?

Meist neigen die (leistungsorientierten) Väter dazu, ihn zu schimpfen, und die (bedürfnisorientierten) Mütter dazu, ihn zu trösten. Der Konflikt zwischen den Ehepartnern ist notwendig, denn man kann nicht gleichzeitig schimpfen und trösten. (Deswegen haben

Kinder sinnvollerweise auch zwei Personen, die die einander widersprechenden, aber notwendigen pädagogischen Interventionen setzen können.)

Die Aporie kann sich auch zu einem handfesten Konflikt zwischen Vater und Mutter entwickeln: Mutter: „Du herzloser Mensch, der braucht jetzt nicht deine Kritik, sondern Trost!" Vater: „Du Glucke belohnst ihn auch noch durch Zuwendung für seine Blödheit!" Nie wird er lernen, auf vernünftige Hinweise zu achten, wenn immer die Mama bei jeder Blödheit tröstet? Aporie meint, dass beide recht haben.

Ein klassisches Beispiel für eine solche Aporie ist die Dialektik von Macht und Recht. Wahr ist mit Sicherheit die Behauptung: „Recht geht vor Macht", denn eine Macht, die nicht durch Recht legitimiert wäre, hätte sicher nicht Bestand. Ebenso wahr ist aber auch das Gegenteil: „Macht geht vor Recht", denn ein Recht, das nicht durch Macht unterstützt würde, hätte genauso wenig Bestand. Zum Konflikt kommt es, wenn verschiedene Menschen oder Menschengruppen durch je eine der beiden Seiten der Aporie ihr Interesse vertreten sehen. Man kann auch umgekehrt formulieren: Das Interesse von gegeneinander sich im Konflikt befindlichen Gruppen lässt sich oft aporetisch formulieren.

Ein aktuelles Beispiel einer solchen Aporie ist die Selbständigkeit der Mitarbeiter. Einerseits verlangt die immer komplexer werdende Organisations- und Entscheidungsstruktur der Unternehmung in der Gegenwart immer selbständigere Mitarbeiter. Weniger gefragt sind Mitarbeiter, denen man jeden Handgriff vorschreiben und womöglich auch noch vormachen muss, die bei jeder Kleinigkeit fragen kommen – dies führt von einer gewissen Komplexität der Organisation an notwendig zur Überlastung der Vorgesetzten. Mit der Aufnahme von selbständigen Mitarbeitern kommen aber die meisten Unternehmungen oft vom Regen in die Traufe. Denn selbständige Mitarbeiter halten sich viel weniger an Weisungen, ganz abgesehen davon, dass ihnen das Wort Gehorsam weitgehend fremd ist – sonst wären sie ja nicht selbständig. Nun verlangt die industrielle Produktionsweise mit sehr sensiblen, ineinandergreifenden Strukturen eine immer feinere Abstimmung der einzelnen Entscheidungen aufeinander (zum Beispiel Netzplantechnik), was wiederum nur mit verstärkter Zentralisierung von Funktionen möglich ist. Beides widerspricht aber einander: Fortschritt kann nur erzielt werden, wenn die Mitarbeiter immer selbständiger werden. Fortschritt kann nur erzielt werden, wenn die Mitarbeiter immer unselbständiger den Apparat exekutieren. Wie ist dieser Konflikt zu lösen?

Es ist die zuletzt beschriebene Aporie ein Spezialfall der Aporie von Freiheit und Ordnung. Beides sind Gegensätze: Ordnung zerstört Freiheit, Freiheit zerstört Ordnung. Beide Behauptungen sind wahr, und beide sind voneinander abhängig. Nur wenn die Ordnung die Freiheit einschränkt, ist sie Ordnung; nur wenn die Freiheit Ordnung relativiert, ist sie Freiheit.

Man kann daher diese Formulierung auch umdrehen:

> Ordnung erhält die Freiheit,
> Ordnung zerstört die Freiheit.

Die Lösung eines solchen aporetischen Konfliktes ist mit den Modellen Flucht, Vernichtung, Unterordnung und Delegation nicht durchzuführen. Es ist nicht sinnvoll, wenn eine der beiden Seiten gewinnt, da auch die andere wahr ist. Es ist nicht möglich, sich zwischen beiden Alternativen zu entscheiden, da beide voneinander abhängig sind. Das Zugrundegehen jeder Ordnung würde auch die Freiheit zugrunde richten; das Ausschalten jeder Art von Freiheit würde auch die Ordnung sinnlos machen. Für eine Lösung wird es daher notwendig sein, zunächst den aporetischen Charakter dieses Konfliktes richtig zu diagnostizieren und die Lösungen Flucht, Kampf und Delegation als undurchführbar einzusehen. Dies bedeutet, dass die Kontrahenten sich in einen dialektischen Entwicklungsprozess begeben müssen, als dessen Resultat eine Lösung gefunden wird, die beiden Gegensätzen Rechnung trägt, ohne einen der beiden zu vernichten oder den anderen unterzuordnen.

Dieser Entwicklungsprozess, der die Verflüssigung und Neuformierung der beiden Gegensätze auf eine gemeinsame Synthese beinhaltet, durchläuft nach unseren Erfahrungen im Konfliktmanagement mehrere Stadien. Zunächst müssen die logischen Lösungen durchprobiert werden. Erst aus ihrem Scheitern wird der aporetische Charakter des Konfliktes endgültig klar.

▶ **1. Phase:**
Der Gegensatz entsteht

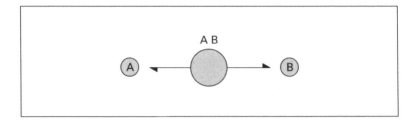

Anfangs ist das Auftreten eines aporetischen Konfliktes wie bei allen Konflikten von Fluchtreaktionen einer oder beider Seiten begleitet. Manchmal dauert es sehr lange, bis ein Konflikt überhaupt als solcher akzeptiert und angegangen wird.

Bei vielen Menschen gelten Konflikte immer noch als Versagen eines oder beider Partner, zum Beispiel innerhalb einer Ehe – ein klassisches Feld für aporetische Konflikte, da der Geschlechtergegensatz für die Ehe jedenfalls notwendig ist. Dass viele Ehekonflikte durch einen Entwicklungsprozess lösbar sind, ist einer der Haupterfolge der Eheberater. Sie verfügen über das Instrumentarium, um einen solchen Lernprozess einzuleiten und soweit nötig zu begleiten.

Ist der Gegensatz aber nun aufgetreten und nicht mehr zu leugnen, dann beginnt die 2. Phase.

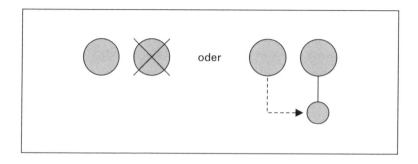

Beide Teile versuchen, recht zu behalten und dem anderen unrecht zu geben, das heißt, sie versuchen, einander umzubringen. In unserem Beispiel von Ordnung und Freiheit kann das Auftreten des Gegensatzes die Einführung einer differenzierteren Ordnung sein, gegen die sich die Freiheit zur Wehr setzt, oder das Emanzipationsbedürfnis von Menschen, die Ordnung ablehnen. Handelt es sich um einen aporetischen Konflikt, dann kann der Kampf nicht zum gewünschten Erfolg führen. Im Gegenteil: Sollte es tatsächlich – etwa kurzfristig – gelingen, die andere Seite zu vernichten oder zu unterdrücken, dann wird auch der Sieger darunter leiden. Gelingt es etwa der Freiheit, die Ordnung tatsächlich zu zerstören (dies ist oft leichter, als sie wieder aufzubauen), dann wird bald auch von Freiheit keine Rede mehr sein können. Im allgemeinen Chaos geht auch Freiheit zugrunde – sie hat mehr erreicht, als sie eigentlich wollte.

Gelänge es umgekehrt der Ordnung, eine so fixe Ordnung zu installieren, dass keinerlei Spielraum für irgendwelche Freiheit vorhanden wäre (ein Gedanke, den utopische Romane manchmal zu Ende gedacht haben), dann würde die abstrakte Marionettenordnung zum Schluss keine Menschen mehr ordnen, sondern nur noch Maschinen: sie führt sich selbst ad absurdum.

► **3. Phase:**
Einsicht beider, dass sie sich selber umbringen,
wenn sie den anderen umbringen

Meist ist es nicht notwendig, diesen Kampf zu Ende zu kämpfen. Er muss nur solange gekämpft werden, bis beide Seiten einsehen, dass sie einander nicht vernichten oder unterwerfen können.

Diese Einsicht wird meist durch das Erlebnis des Umschlagens der eigenen Wahrheit in sein Gegenteil erreicht. In unserem Beispiel: Wenn die Freiheitsverfechter so viel Ordnung abgeschafft haben, dass ihnen das Chaos droht, dann ist ihre Wahrheit – nämlich „Ordnung zerstört die Freiheit" – in ihr Gegenteil umgeschlagen. Freiheit wird nur durch Ordnung erhalten. Umgekehrt: Wenn die Ordnungshüter ihre Wahrheit, dass nur die Ordnung die Freiheit erhält, exklusiv verstehen und alles ordnen wollen, dann stellen sie bald fest, dass sie damit die Freiheit zerstört haben. Auch diese Wahrheit ist in ihr Gegenteil umgeschlagen.

Beide Seiten sind nun kompromissbereit und begeben sich meist auf die Suche nach einem Vermittler. Oft wird dieser allerdings auch dazu benutzt, in die zweite Phase zurückzufallen, wenn man über den Vermittler das erreichen will, was man im direkten Kampf nicht geschafft hat. Der Vermittler erreicht oft, dass zunächst Teile des gegenteiligen Standpunktes verflüssigt werden, um eine Übereinstimmung zu erzielen.

Je nachdem, wie groß diese Teile sind, wie wesentlich die Punkte des Gegensatzes sind, die dabei ausgeklammert werden, wird der Konflikt wieder auftreten. Es kommt erneut zum Kampf und neuerlich zur Einsicht, dass es nicht möglich ist, einander umzubringen. Ein solcher Kampf kann in einem Arbeitskonflikt etwa Streik oder Aussperrung bedeuten. Arbeitskonflikte sind meist aporetischer Natur, da beide recht haben und voneinander abhängig sind. Streik kann nie den Sinn haben, die Unternehmung insgesamt zugrunde zu richten, genauso wenig wie Aussperrung Mitarbeiter loswerden will. Es soll bloß die Kompromissbereitschaft gefördert werden.

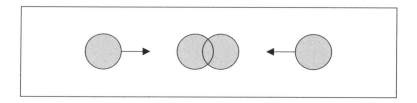

Die Kompromissphase kann sehr lange dauern und immer wieder von Kampfphasen unterbrochen werden. Obwohl Kompromisse bereits eine direkte Interaktion der Konfliktpartner beinhalten – einen Dritten höchstens als Vermittler, aber nicht als Entscheider brauchen – und insofern einen großen Fortschritt gegenüber dem Delegationsmodell darstellen, sind sie immer noch nicht die beste Lösung für aporetische Konflikte, da sie meist nicht dauerhaft sind und sich oft das Gefühl, Verlierer zu sein, auf beiden Seiten einstellt.

Das Hin und Her zwischen Kampf und Kompromiss bewirkt nämlich irgendwann das Eintreten in eine neue Phase.

▶ **5. Phase:**
Der Gegensatz tritt innerhalb der beiden Gegensätze auf

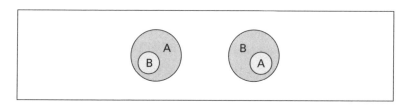

Die durch den Kompromiss kompromittierten „reinen" Gegensätze bemerken – oft erschreckt –, dass sich der Gegner in ihre eigenen Reihen eingeschlichen hat. Der Gegensatz tritt innerhalb der streitenden Partner auf. Im Beispiel von Freiheit und Ordnung würden also einige der Vertreter der Freiheit angesichts des drohenden Chaos nach Ordnung rufen, und Vertreter der Ordnung würden angesichts der total reglementierten Handlungen Erweiterung der Freiheit verlangen. „Aus Gesinnung soll ein Gesetz eingehalten werden und nicht aus Zwang", so etwa könnten sie argumentieren.

Auch diese Phase dauert meist eine längere Zeit, in der die Möglichkeit zum Kampf gegen den Gegner immer mehr schwindet. Ein Staat, der nach außen keinen Krieg mehr führen kann, ohne einen Bürgerkrieg im Inneren zu riskieren, wäre in einer solchen Phase. Deshalb wird auch oft versucht, durch einen Krieg nach außen die Dissidenten im Inneren bei der Stange zu halten. Es wäre interessant, den Übergang vom kalten Krieg zur Entspannungspolitik einmal von diesem Schema her zu analysieren.

▶ **6. Phase:**
Die Synthese

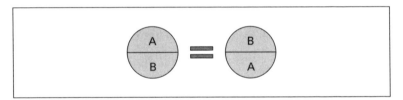

Wächst nun in beiden Gegensätzen jeweils die Anzahl der Dissidenten, dann kommt irgendwann der Punkt, an dem die Gegensätze entdecken, dass sie gar nicht mehr so verschieden sind.

Zu unserem Beispiel: Ist das Streben nach Ordnung bei den Vertretern der Freiheit gerade so groß geworden wie das Bedürfnis nach Freiheit bei den Hütern der Ordnung, dann liegt die dialektische Lösung dieses Konfliktes bereits nahe: *eine von der Freiheit gewünschte Ordnung wird installiert.* Damit haben beide Recht bekommen und Recht behalten. Es ist etwas Neues entstanden, das einen Fortschritt darstellt, ohne die Gegensätze zu vernichten.

Denn die freiwillig anerkannte Ordnung muss natürlich auch von der Freiheit jeweils kontrollierbar sein, ob sie ihr noch gemäß ist. Die Freiheit hat mehr Freiheit als vorher, wo sie die Ordnung bekämpfen musste. Die Ordnung hat eine bessere Ordnung als vorher, wo sie die nicht anerkannte Ordnung mit Zwang durchsetzen musste. Was hier beschrieben wurde, ist die dialektische Entwicklung zur Demokratie. Sie ist heute in Europa bereits allgemein geworden.

Eine solche Synthese als Resultat eines dialektischen Entwicklungsprozesses, den beide ursprünglich einander entgegengesetzte Standpunkte durchgemacht haben, aber in der Art, dass beide recht behalten haben und noch etwas dazu gewonnen haben, kann man auch als echten Konsens bezeichnen. Diese Art von Konsens ist die zur Zeit beste Lösung eines aporetischen Konfliktes.

Für das Konfliktmanagement folgt, dass dieser dialektische Lösungsprozess beschleunigt oder verlangsamt werden kann. Dabei unterstellen wir, dass von Managern der Gegenwart in Top-Positionen, noch viel mehr aber von denen der Zukunft, immer weniger Fachwissen und immer mehr Managementwissen verlangt wird. Je nachdem, in welcher Phase sich die Auseinandersetzung gerade befindet, müssen andere Interventionen stattfinden.

In der Phase 1 muss man dafür sorgen, dass der Gegensatz nicht wieder (zum wievielten Mal?) unter den Teppich gekehrt wird. In der 2. Phase besteht die Gefahr, durch Stützung einer Seite den Anschein zu erwecken, als ob der Konflikt durch Kampf lösbar wäre.

Wenn man zum Beispiel den Sprecher einer Gruppe in einer Organisation, die ein berechtigtes oder kontroverses Anliegen vertritt, nun kaltstellt oder entlässt, hat man nur den Prozess verlangsamt. Die größte Gefahr in der Phase 2 ist aber, der Versuchung zu erliegen, den Konflikt durch Delegation lösen zu lassen. Auch dies verzögert bei Aporien nur den Prozess.

In den Phasen 3, 4 und 5 wiederum ist nicht die Einheit, sondern die Verschiedenheit der Standpunkte in einer Fraktion zu unterstützen, damit brauchbare Kompromisse gefunden werden. Noch besser ist es, auf die Kurzlebigkeit von Kompromissen hinzuweisen und gleich einen Konsens anzustreben. Die etwas längere Zeit der Auseinandersetzung wird leicht eingeholt durch die bessere Haltbarkeit des Konsenses gegenüber dem Kompromiss. In der Phase 6 schließlich muss man sich hüten, zu früh eine Formel für die Synthese anzubieten. Diese Phase sollte auf jeden Fall von den Kontrahenten allein durchgestanden werden.

Sehr gefährlich ist es, in der Phase 2 eine mögliche Synthese anzubieten. Sie wird höchstens als Kampfmittel von einer Seite eingesetzt und ist für spätere Einigungen damit diskreditiert.

In dieser Kampfphase darf man auch nicht die Dissidenten suchen und unterstützen. Sie sind mit Befehl auf Tauchstation. Erst in der Phase 4 und 5 haben sie eine Chance, wenn sie sich deklarieren.

Das klassische hierarchische Denken hat sich erst zu einem geringen Maß die Form dialektischer Konfliktlösung angeeignet. Meistens bleiben Hierarchien im logischen Denken verhaftet und fragen sich bei einem Gegensatz immer: Wer von den beiden hat recht? Oft wäre die Frage viel angebrachter, was man tun könne, um die *beiden* in einen Entwicklungsprozess hineinzubringen, bei dem sie schließlich und endlich einen Konsens finden können. Zur hierarchischen Einstellung gehört oft der Wunsch zu siegen und daraus folgend die Angst, besiegt zu werden. Der Gegner, auch der potenzielle, wird mit Misstrauen betrachtet und unterschwellig ständig bekämpft. Ich habe Konferenzen erlebt, wo jeder jeden ständig belauerte, man jedes falsche (oder offene) Wort für die nächste Runde registrierte, immer rationale Scheingründe vorbrachte und nach einigen Stunden physisch und psychisch völlig erschöpft den Raum verließ. Es gibt kaum etwas Anstrengenderes als ständige Angst und ständiges Misstrauen. „So gefährlich wie auf dieser Konferenz kann es im Urwald gar nicht gewesen sein", sagte mir einmal ein Spitzenmanager nach so einer Sitzung.

Beziehungen, die Gegensätze zu verkraften haben, ändern sich notwendigerweise, selbst wenn die Beteiligten es gar nicht wollen. So hat das erste Missverständnis oder der erste Ansatz von Misstrauen zur Folge, dass man weniger Informationen gibt, da oder dort etwas unausgesprochen lässt, was man sonst sagen würde. Dieser Informationsvorbehalt erhöht auf der anderen Seite das Misstrauen, so dass der nunmehrige „Gegner-Partner" seinerseits Informationen zurückhält, was wiederum unser Misstrauen erhöht. Das erhöhte Misstrauen aber zeigt sich an allen Ecken und Enden des Interaktionsbezuges und fördert wieder dasjenige des Partners. Am Ende sagt ein Mitarbeiter kopfschüttelnd: „Ich verstehe das nicht. Der F. und der H. verkehren nur noch schriftlich miteinander."

Gelingt es aber im Rahmen eines Konfliktentwicklungsprozesses, diesen Teufelskreis an einem Punkt zu durchbrechen, kann sich der Zirkel umkehren. Ein wenig entgegengebrachtes Vertrauen, eine Geste, eine Mitteilung setzen den gegenteiligen Prozess in Gang. Man sieht die Geste und kann seinerseits etwas aussprechen, was man bisher zurückgehalten hat. Durch diese Information bessert sich das Vertrauen des Partner-Gegners, der seinerseits wiederum mehr aus sich herauskann, und das verbesserte Klima hilft, kontroverse Probleme zu bereinigen. Mit jeder gelungenen Einigung (Kommunikation kann man ja mit „Vereinheitlichung" übersetzen) ist die Chance für noch bessere Interaktion vergrößert.

Man behält recht, indem man unrecht behält, könnte man die Vertrauensspirale auch beschreiben. Die eristische undialektische logische Form des Rechtbehaltens könnte man nennen, man bekommt unrecht, indem man recht behält. Rechthaben ist eben ein kommunikativ vermitteltes Resultat, das sich zu verflüssigen beginnt, wenn Menschen in eine Auseinandersetzung eintreten.

Für die Praxis des Konfliktmanagements folgen daraus einige Regeln: Ich habe die Erfahrung gemacht, dass aporetische Konflikte fast immer eine Außeninstanz brauchen, die den Lernprozess vorantreibt. Selten sind die Beteiligten in der Lage, den Prozess selbst zu steuern. Steuerung durch eine Außeninstanz heißt aber nicht Entscheidung. Die Hierarchie wird – so meine ich – in Zukunft immer mehr Prozesse bis zur Konsensfindung steuern müssen, statt zu entscheiden, wer Recht hat.

Bezieht man diese sechs Konfliktlösungen auf die eingangs darge-stellte Stufenfolge, dann gibt es noch einige Erkenntnisse von Ge-setzmäßigkeiten, die ich entdeckt habe. Bei vielen Konfliktinter-ventionen bin ich darauf gekommen, dass die Eskalation eines Konfliktes eigentlich im Rückfall von Stufe zu Stufe besteht. Dabei ist die frühere archaische Stufe immer stärker als die zivilisatorisch höhere.

Zwei Konfliktparteien können eine gemeinsame Lösung auf je-weils einer Stufe nur dann erreichen, wenn beide auf derselben Stu-fe stehen. Wenn also – um ein berühmtes Zitat zu benutzen – „die einen in den Panzern sitzen und die anderen am Verhandlungs-tisch", werden immer die in den Panzern zunächst gewinnen. Die Höherentwicklung von Stufe zu Stufe ist eine Zivilisationsleistung, die von Fall zu Fall wieder einbrechen kann.

Konsens ist nur möglich, wenn auch der andere Konfliktpartner oder Gegner einen Konsens sucht. Ist einer der beiden nicht kon-senslernfähig, dann kann nur ein Kompromiss gefunden werden. Im Vergleich zur nächst niedrigen Stufe ist das schon viel. Denn wenn einer der beiden auch nicht kompromissbereit ist, kann man nur an Autoritäten delegieren, die dann entscheiden.

Funktioniert auch die Autoritätslösung durch Delegation nicht, etwa weil sie von einer Seite nicht anerkannt wird, fällt man zurück auf die Stufe des Kampfes, auf die Unterordnung. Wird auch die Unterordnung nicht akzeptiert, dann fällt man zurück auf die Stufe der Vernichtung. Dieser Stufe kann man sich nur noch durch Flucht entziehen, wenn man ansonsten keine Chance hat zu über-leben. Dass solche Rückfälle auch in unserer Zeit gar nicht selten sind, zeigen die vielen Flüchtlinge, die weltweit zu registrieren sind.

Einige Beispiele sollen die praktische Anwendung dieses Denkmo-dells illustrieren: Nimmt man etwa den Golfkrieg von 1990. Unter der Annahme, dass die von der UNO postulierte unrechtmäßige Aneignung Kuwaits durch Saddam Hussein als Kriegsgrund ange-sehen werden kann, stellt sich die Entwicklung des Konfliktes nach dem Sechs-Stufen-Modell folgendermaßen dar: Man versuchte zunächst, mit Saddam Hussein einen Kompromiss zu finden, und bot für einen Rückzug aus Kuwait eine Reihe von Gegenleistungen, etwa einen Zugang zum Meer für den Irak. Saddam Hussein lehnte ab, er war militärisch zunächst stärker.

Im Rückfall auf die nächste Stufe wurde der Irak beim Sicherheitsrat (Delegation) verklagt und verurteilt. Er wurde aufgefordert, Kuwait wieder zu verlassen. Nachdem er diese Autorität ignorierte – er war militärisch immer noch stärker –, wurden Kriegsdrohungen laut und Sanktionen verhängt. Drohungen und Sanktionen sind eine klassische Unterordnungsstrategie. „Wenn du dich nicht unter meinen Willen unterordnest, werde ich dies und jenes tun." Auch auf diese Stufe ließ sich Saddam Hussein nicht ein, bis schließlich die Waffen sprachen. Auf der Ebene der Vernichtung, des Krieges, trafen sich die beiden Parteien. Erst der militärische Sieg über Saddam Hussein ermöglichte einen Lernprozess: Er akzeptierte die Sanktionen der UNO, ordnete sich unter – wenn auch immer noch mit vielen Vorbehalten.

Im Zweiten Golfkrieg 2003 erfolgte dieselbe Eskalation wieder: Resolutionen des Sicherheitsrates, Aufmarsch und schließlich eine militärische Lösung durch Amerikaner und Briten. Die Bedrohung durch den Diktator Saddam Hussein und sein Regime ist damit beseitigt. Von unserem Konfliktschema her taucht aber dabei noch ein anderes Problem auf: Amerikaner und Briten haben ja nicht mit Zustimmung der UNO und der Weltgemeinschaft gehandelt, sondern mit dem „Recht des Stärkeren". Sie stellen sich damit außerhalb des internationalen Rechts, oder anders gesagt: sie fallen auf eine frühere Stufe (Nr. 3) wieder zurück und ein international funktionsfähiges System muss erst wieder aufgebaut werden. Folgerichtig haben auch Amerikaner (und einige andere) erklärt, dass ihre Soldaten nicht vor den internationalen Gerichtshof für Kriegsverbrechen angeklagt werden können. Dazu müsste es eine verbindliche Vereinbarung auf der Stufe 4 (Konfliktlösung durch Delegation) geben – also eine international anerkannte Gerichtsbarkeit, die auch noch über den souveränen Staaten steht. Einige Philosophen (zum Beispiel Habermas) sehen im Zweiten Golfkrieg ebenfalls einen Rückfall auf eine frühere Stufe der Konfliktlösung, nämlich einen Rückfall auf das Recht des Stärkeren.

An diesem Beispiel kann man diese Gesetzmäßigkeit für die tägliche Praxis auch noch anders verdeutlichen: Solange jemand große Vorteile daraus bezieht, dass er auf einer Konfliktstufe verharrt (zum Beispiel militärische Siege), gibt es für ihn keinen Anreiz, sich auf eine höhere Stufe der Konfliktlösung einzulassen. Jemanden dazu zu bewegen, sich auf andere Formen der Konfliktlösung einzulassen, gelingt nur, wenn man die Nachteile einer Lösung größer macht als ihre Vorteile.

Wenn also die Nachteile etwa von Flucht die Vorteile zu überwiegen beginnen, muss man sich wohl dem Kampf stellen. Solange man im Kampf gewinnt und sicher sein kann, zu den Überlebenden zu gehören, gibt es keinen Grund, diese Art der Konfliktaustragung zu verlassen. Erst das Bewusstsein des Risikos lässt die nächste Stufe erklimmen und man lässt den besiegten Gegner am Leben – so überlebt man auch selber im Falle einer Niederlage. Kooperationssysteme dürften schon sehr früh in der Geschichte der Menschheit eine Bedeutung gewonnen haben.

Erst wenn die Nachteile der Unterordnungslösung größer sind als ihre Vorteile (zum Beispiel wenn hier immer der Stärkere recht hat), beginnt man mit Delegations- = Rechtssystemen zu experimentieren. Bei aporetischen Konflikten schließlich muss man versuchen, einen Kompromiss oder Konsens zu finden.

Immer dann, wenn man jemand zwingen will, die Stufe der Auseinandersetzung zu verlassen, muss man die Nachteile für ihn größer machen als die Vorteile. So ist es für mich etwa sehr einsichtig, dass der Fortschritt im ehemaligen Jugoslawien erst erreicht wurde, als die Siegerseite begreifen musste, dass sie aus den ständigen Siegen mehr Nachteile als Vorteile hatte (internationale Isolation, Wirtschaftssanktionen etc.). Ausgelöst wurde diese Erkenntnis durch internationale Intervention auf derselben (militärischen)

Ebene, nämlich Bombardements durch die Nato. Erst diese Intervention erlaubte den Lernprozess, der dann zu verträglichen Vereinbarungen und zu Kompromissen führte.

Illusionen derart wie: „Ich halte mich an die Regeln, das Gute wird schon siegen", können als erfolgreiches Konfliktverhalten nicht empfohlen werden, wenn nicht auch der Gegner dieselben Normen anerkennt. Es sind schon viele „in Anständigkeit" (= normenkonform) zugrunde gegangen, weil andere stärker waren.

Die Abschätzung der eigenen Stärke (für den Fall der Eskalation des Konfliktes beziehungsweise des Rückfalles auf niedere Ebenen) ist daher eine der wichtigen Voraussetzungen, um überhaupt Konflikte austragen zu können. Dies war sicher auch in der Geschichte immer ein Anlass, sich potente Verbündete zu suchen, wenn die eigene Stärke vielleicht nicht die nötige Sicherheit gab. Deshalb ist oft Flucht (zum Beispiel Konfliktvermeidung) eine gar nicht so selten geübte (und auch empfehlenswerte) Form der Konfliktlösung. Vor allem innerhalb von Hierarchien ist bei Konflikten zwischen Vorgesetzten und Mitarbeitern immer vorher die Frage zu stellen: Wenn es dann hart auf hart gehen sollte, wer wird gewinnen? In vielen Fällen führen solche Überlegungen dann auch dazu, dass der Konflikt erst gar nicht ausgetragen wird. Hierarchien sind deshalb wesentlich weniger flexibel als die diversen Kooperationssysteme Gleichgestellter, in denen man sich viel leichter auf Konflikte einlassen kann.

Wie immer zeigen sich solche Gesetzmäßigkeiten auch in den Witzen. Dass Flucht oft dem Kampf überlegen ist − besonders wenn die Gefahr besteht, im Kampf unterlegen zu sein −, zeigt eine Geschichte aus der Zwischenkriegszeit: Ein berühmter Boxer besucht ein Kaufhaus. Er lässt seine Socken vor dem Eingang liegen mit einem Zettel: „Wegnehmen zwecklos − Adi Berber." Als er zurückkommt, sind die Socken weg, und auf dem Zettel steht: „Nachlaufen zwecklos. Zatopek".

5 Konfliktinterventionen

D en Auftrag für meine erste Konfliktintervention bekam ich 1959 noch als Student. Ich entwickelte damals mit meinem Lehrer in Gruppendynamik, Traugott Lindner, ein für Europa brauchbares Modell der T-Gruppe. Als ich von diesen Arbeiten in Kollegenkreisen erzählte, hatte ich auch schon den Auftrag, mit dieser neuen Methode in einem Studentenheim Konflikte zu bearbeiten. Die Autorität des Heimleiters galt damals noch als unantastbar. Trotzdem gab es einige Kritik an ihm. Als ich ihn dazu brachte, vor den Studenten einige (harmlose und bei Heimleitern unvermeidbare) Fehler zuzugeben, löste sich die Autoritätskrise rasch in Wohlgefallen auf. Ich lernte, dass die Gruppendynamik dazu geeignet war, sonst tabuisierte Themen anzusprechen und zu bearbeiten. Ich hatte dabei das Glück, dass Studenten und Heimleiter rascher eine Lösung fanden, als mir eine einfiel. Dadurch lernte ich mich mit Lösungsvorschlägen zurückzuhalten, selbst wenn mir doch früher welche einfallen sollten als den Betroffenen.

Denn brauchbare und wirklich haltbare Lösungen bei Konflikten sind meist die, die von den Konfliktparteien selber gefunden werden. Alle Lösungen, die von Dritten gefunden werden, verlangen eine Unterordnung unter diese dritte Instanz (sei es Chef, Richter, Trainer) und funktionieren nur im Zusammenhang mit einem Abhängigkeitsverhältnis in einer Hierarchie.

In einer Hierarchie kann man Konflikte – vor allem im normalen Tagesablauf – nur schwer bearbeiten, weil man dazu aus dem normalen Ablauf heraustreten müsste. Dazu braucht man für den Anfang jedenfalls Hilfe – und später Übung.

Normalerweise hat jede Gruppe oder Konferenz, die in einer Organisation sich trifft, ein genau definiertes Ziel und eine Aufgabe, die sie innerhalb einer bestimmten Zeit lösen muss. Konflikte werden dabei meist nicht einkalkuliert, und daher bleibt auch keine Zeit, sie zu bearbeiten. Bevor man nicht weiß, worin sie bestehen, wer daran beteiligt ist, wie sie bisher bearbeitet oder verdrängt wurden, lässt sich kein Zeitrahmen kalkulieren. Die Betroffenen können diese Fragen nicht beantworten, da jeder – und darin besteht doch der Konflikt – nur seine Sicht der Dinge für richtig hält.

Analysephase

Im normalen Ablauf einer Arbeit gibt es selten eine neutrale Sicht eines Konfliktes in seiner Gesamtheit, keine Zeit und meist auch keine Übung für das Erreichen einer Metaebene, auf der der Konflikt bearbeitet werden könnte. *Daher hat sich für Konfliktbearbeitung die Laboratoriumssituation sehr bewährt.*

Seit einigen Jahren werden daher immer wieder sowohl betriebsintern als auch extern Seminare angeboten, die das Verhalten in Gruppen und Organisationen bei Konflikten direkt zum Thema haben. Diese „Laboratorien", so werden sie nach einem Vorschlag der Amerikaner genannt („Labs"), geben sowohl Gruppen wie auch einzelnen die Möglichkeit, ohne Störung des normalen Arbeitsablaufes zu lernen. Gerade bei Konflikten ist es möglich oder sogar wahrscheinlich, dass sich die Atmosphäre durch das Ansprechen des Problems kurzfristig, jedenfalls offiziell, verschlechtert, was unter Umständen zu einer Störung eines Arbeitsablaufes führen könnte. Sehr oft allerdings ist der normale Kommunikationsablauf durch einen Konflikt ohnehin stark gestört (man verkehrt zum Beispiel nur noch schriftlich miteinander).

Meistens ist das Heraustreten aus dem Alltag für etwa zwei bis drei Tage günstig, um den Konflikt oder die Konflikte zu bearbeiten.

Am Anfang meiner Tätigkeit als Konfliktmanager in den 60er Jahren führte ich Wochenend-Workshops mit Gruppen durch, um in Form eines Kurz-Labs die Probleme zu bearbeiten. Meist teilte ich die gesamte Gruppe in Untergruppen zu je fünf Personen und bat sie, eine Problemliste zu erstellen. Die (unterschiedlichen) Listen wurden im Plenum präsentiert und geordnet nach Wichtigkeit. In dieser dann gemeinsam festgelegten Reihenfolge wurden die Themen – von den Gruppen vorbereitet – anschließend im Plenum bearbeitet. Meist war dieses System erfolgreich, es hatte aber auch einige Nachteile.

Hauptproblem war dabei, dass öfters wichtige Konflikte von den Gruppen nicht genannt wurden. Außerdem fühlten sich viele von der Problemstellung des Workshops „überfallen" und konnten sich nicht oder nur schwer auf die Methode einstellen. Für dieses Problem erwies es sich als hilfreich, wenn einige – im Idealfall alle – an einem solchen Workshop Beteiligten schon früher ein externes Gruppendynamik- oder Konfliktmanagement-Seminar besucht haben. Man merkt deutlich den Unterschied zu denen, die so etwas noch nie erlebten. (Wenn die Seminar-Erlebnisse allerdings negativ waren, kann es gelegentlich auch dazu führen, dass der Teilnehmer an einen solchen Workshop mit größerem Misstrauen herangeht.)

▶ **Interviews mit den Beteiligten**

Das Problem der nicht genannten Konflikte und das der fehlenden Vorbereitung löste ich durch Vorschalten einer Interviewphase. Es sollte jeder Teilnehmer einzeln oder in Gruppen vorher von einem Mitglied der Trainerteams interviewt werden. Ich mache solche Konfliktinterventionen heute meistens nicht mehr allein. Im Unterschied zu den 60er Jahren gibt es heute viele gut ausgebildete TrainerInnen, die Gruppenprozesse ausgezeichnet steuern können. *Sehr bewährt hat sich das Zusammenarbeiten von Frauen und Männern im Trainerteam.* Ich vermute, dass sich die Teilnehmer an solchen Workshops sicherer fühlen, wenn das Trainerteam auch von der Zusammensetzung quasi Elternform hat, das heißt, wenn

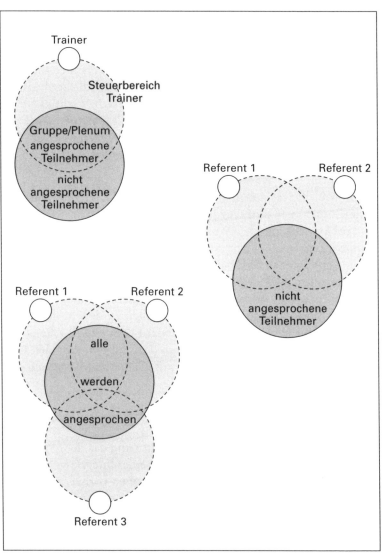

Streuung der Trainer

väterliche (leistungsorientierte) und mütterliche (bedürfnisorientierte) Funktionen durch verschiedene Geschlechter repräsentiert und wahrgenommen werden. Der Idealfall ist ein 3er-Team, da dann auch die Funktionen: individuelle Hilfestellung, Gruppenprozesssteuerung oder Moderation und Metaebene der Intervention getrennt wahrgenommen werden können. Man muss allerdings aufpassen, dass bei kleinen Gruppen (also unter zwölf) ein 3er-Team nicht zu kopflastig ist. Bei Gruppen über 20 halte ich ein 3er-Team für notwendig. Bei dreien ist auch die Wahrscheinlichkeit, dass irgend jemand aus der Gruppe nicht angesprochen wird oder sich nicht angesprochen fühlt, sehr gering.

Es scheint so zu sein, dass eine Person (ein Referent oder Trainer oder Berater) immer nur einen Teil eines Plenums oder einer Gruppe ansprechen kann. Die anderen „liegen ihm/ihr nicht" oder umgekehrt. Sind die Moderatoren aber zu zweit, sprechen sie zusammen einen Großteil jeder Gruppe an. Drei Referenten können, wenn sie gut kooperieren und sich die Arbeit teilen, meistens über die ganze Gruppe „streuen", so dass niemand mehr durch den Rost fällt.

Die vorgeschaltete Interviewphase dient dazu, die Konflikte zunächst einmal extern diagnostizieren zu können. Dabei ist eine 100-prozentige Trefferquote sicher unmöglich, aber es kommen genügend Informationen, um wenigstens Teile der Konflikte erfassen und interpretieren zu können. *Diagnosen im Bereich der Sozialstrukturen sind nie objektiv im Sinne der Naturwissenschaft, sondern bestenfalls ein Anlass für die Selbstreflexion eines Sozialgebildes.* Immerhin muss die Diagnose es ermöglichen, eine Vorgangsweise für die Intervention (also eine Therapie) festzulegen.

▶ **Betroffene können nicht moderieren**

Die Störungen der Sozialstruktur müssen so stark sein, dass die normalen Managementmethoden nicht mehr ausreichen. Dies ist übrigens rasch der Fall, wenn Vorgesetzte an diesem Konflikt beteiligt sind. Ich habe selbst die Erfahrung gemacht, dass ich in eigener Sache nicht oder jedenfalls nicht so gut analysieren und intervenieren kann wie bei Konflikten, an denen ich nicht beteiligt bin. Obwohl ich Konfliktinterventionen seit über 30 Jahren erfolgreich durchführe, ziehe ich bei Konflikten im eigenen Bereich (also etwa mit Mitarbeitern eines von mir geleiteten Forschungsprojektes) Kollegen bei, die eine solche Diskussion moderieren. Man kann schwer zugleich Betroffener sein und neutral moderieren.

Aufgrund der von den externen Moderatoren erstellten Diagnose wird eine Vorgangsweise festgelegt. Die Interventionsmöglichkeiten reichen dabei von einer Empfehlung, die Sache auf sich beruhen zu lassen, also nichts zu tun, über Einzelgespräche mit Mitarbeitern, Konfliktsitzungen zwischen zwei oder mehreren Personen unter Mitarbeit eines Moderators etc., bis zur Veranstaltung eines Workshops, an dem möglichst alle Beteiligten anwesend sein sollen.

Ein solcher Workshop wird in seinem Design und Ablauf aufgrund der Diagnose am besten gemeinsam mit dem Auftraggeber festgelegt. Auf diesem Workshop wird zu Beginn seitens der externen Moderatoren die Diagnose präsentiert. Sinn und Zweck dieser Diagnose ist es nicht, ganz genau die Situation zu erfassen, sondern eher eine Diskussionsgrundlage für die Bearbeitung zu bieten. So kann sogar eine falsche Diagnose, die zum Widerspruch reizt, die Diskussion in Schwung bringen. Natürlich bringt längere Erfahrung auf diesem Gebiet auch treffendere Diagnosen.

Wichtig ist dabei, dass genügend Denkmodelle zur Verfügung gestellt werden, um die Konfliktsituation differenziert erfassen zu können. *Je unterschiedlicher diese Denkmodelle die Situation beleuchten, desto besser.*

▶ **In Gruppenarbeit wird die Diagnose bewertet**

Diese Denkmodelle werden dann bearbeitet und bewertet. Meistens sind die Bewertungen der Moderatorenmodelle kontrovers, das heißt, verschiedene Gruppen bewerten sie unterschiedlich. Dies hängt auch von der Zusammensetzung der Gruppen ab. Die sollte von den Moderatoren aufgrund der Diagnose festgelegt werden. Bewährt hat sich, wenn man die Konfliktparteien trennt, das heißt, eher im jeweiligen Hauptkonflikt Gleichgesinnte zusammen in eine andere Gruppe gibt. Also bei Autoritätskonflikten Vorstand und Hierarchie darunter in verschiedene Gruppen. Oder bei Bereichskonflikten (zum Beispiel Verkauf – Produktion) den Verkauf in eine Gruppe und die Produktion in eine Gruppe. Diese Zusammensetzung bewährt sich für die Bearbeitung der Diagnose, nicht jedoch für das Ausarbeiten von Lösungen. Hier bewährt sich wiederum die Zusammensetzung der Gruppen so, dass die Konfliktkontrahenten zusammen in eine Gruppe kommen. Man muss natürlich abwägen, ob eine neue Zusammensetzung von Gruppen (die funktionieren) nicht wieder einen zusätzlichen Aufwand der Neubildung verlangt und vor allem das Risiko impliziert, dass die neuen Gruppen weniger gut funktionieren.

Außerdem muss man bei der Gruppenzusammensetzung überlegen, ob der Lernprozess schwerpunktmäßig im Plenum stattfinden soll (dann die Gruppen eher homogen zusammensetzen) oder in den kleinen Gruppen (dann eher heterogen). Dies hängt wiederum davon ab, ob die kleinen Gruppen von externen Moderatoren begleitet werden sollen oder nicht.

▶ **Ein Konflikt muss als Konflikt erst akzeptiert werden**

Im Anschluss an die Bearbeitung der Diagnose und der Denkmodelle muss man im Gesamtplenum des Workshops diese soweit korrigieren oder modifizieren, bis sie von allen akzeptiert wird. *Oft wird erst hier überhaupt der Konflikt als Konflikt akzeptiert.* Dieser Grundkonsens ist aber notwendig für die weitere Bearbeitung. Diese sollte sich dann mit den Lösungen beschäftigen.

Lösungsphase

Welche Entwicklungen oder Lösungen sind denkbar? Dabei wird am besten in Gruppen gearbeitet. Diese präsentieren ihre Lösungen im Plenum. Wiederum erfolgt dort ein Plenumsprozess, der allen die Möglichkeit geben soll, gemeinsam zu lernen. *Soziales Lernen ist ja eine sehr schwierige und langwierige Angelegenheit,* für die auch eine entsprechend lange Zeit zur Verfügung stehen muss. Wenn man sich einmal auf einem solchen Workshop befindet, ist diese Grundeinsicht meist schon akzeptiert. Hier gibt es die Schwierigkeit eher vorher. Dass Sozialgebilde keine technischen Geräte sind, die man einfach neu programmieren kann, ist vielen Managern nicht deutlich. Rational erfassbare Zusammenhänge sind leichter und vor allem schneller zu lernen als neue Formen der Zusammenarbeit. *Beziehungen oder gar Strukturen so zu verbessern, dass alle Beteiligten damit zufrieden sein können, verlangt eine emotionale und zeitliche Investition.*

Hier wird der Unterschied von „dringend" und „wichtig" deutlich. Unter den jeweils Zeitdruck machenden Dringlichkeiten des Alltagsgeschäftes gehen oft zwei wichtige Dimensionen beziehungsweise Voraussetzungen des Managementerfolges verloren: die Strategieplanung und das Konfliktmanagement. Für beides muss man sich Zeit nehmen, und beides funktioniert nach anderen Regeln als das Tagesgeschäft.

▶ Resultate sind neue Spielregeln

Am Ende des Workshops sollten im Plenum von den Gruppen erarbeitete praktische Konsequenzen stehen. Im Idealfall wird eine neue Betriebs- oder Gruppen„verfassung" festgelegt, die mit neuen Spielregeln die Konflikte angeht, die Pannen erkennt und notwendige Konflikte organisiert.

Bewährt hat sich, nach einem halben Jahr einen ähnlichen Workshop (eventuell kürzer) abzuhalten, um festzustellen, wie gut die beschlossenen Maßnahmen gegriffen haben.

Ob ein Workshop eine brauchbare Form der Konfliktintervention darstellt, welches Design er haben soll etc., muss vom Moderatorenteam aufgrund der Diagnose – eventuell gemeinsam mit dem Auftraggeber – entschieden werden.

▶ Wer ist Auftraggeber?

Der „Auftraggeber" ist übrigens gar nicht so leicht zu definieren. Dies ist nicht nur die „zahlende" Stelle in einer Organisation oder der Vorstand oder ein Geschäftsleitungsmitglied, sondern es empfiehlt sich zu vereinbaren, die gesamte Organisation als Auftraggeber anzusehen. Dies zu thematisieren ist günstig, um zu verhindern, dass die Konfliktintervention für Interessen Einzelner oder einer Gruppe missbraucht werden kann.

Seit einigen Jahren gibt es in etlichen Organisationen bei solchen Konfliktinterventionen Personen, die schon durch mehrere absolvierte Verhaltenstrainings wie Gruppendynamik, Konfliktmanagement, Organisationsdynamik Vorkenntnisse mitbringen. Da diese Personen meist für uns eine große Hilfe darstellen, sind wir dazu übergegangen, größeren Organisationen die *Ausbildung hauseigener Konfliktmanager* vorzuschlagen. Meist sind es Sozialwissenschaftler, die im Psychologischen Dienst oder in Führungstrainings arbeiten und sowohl bei Seminaren als auch bei Konfliktinterventionen mit uns zusammenarbeiten. In manchen Unternehmen sind die Zeiten vorbei, in denen der Personalbereich als quasi hausinterner Geheimdienst verwendet wurde. Wenn die Personalisten schon das nötige Vertrauen genießen, werden sie auch als Ansprechpartner bei Konflikten verwendet.

▶ Jeder Konflikt muss betreut werden

Im Anschluss an den Workshop kann die Nachbetreuung des Konfliktes dem hauseigenen Konfliktmanager überlassen werden. Externe müssen dann oft nur noch hinzugezogen werden, wenn es sich um schwierige Situationen handelt (zum Beispiel wenn Vorstands- oder Geschäftsleitungsmitglieder in den Konflikt involviert sind oder bei bereichsübergreifenden Konflikten oder bei Rückfällen).

Im Prinzip gilt für die Autorität des externen Beraters dasselbe, *was für jede Autorität gilt: Ziel ist es, sich überflüssig zu machen.* Sobald Gruppen ihren eigenen Gruppenprozess steuern können, sind sie „reif" und brauchen externe Berater (Trainer) nicht mehr. (Siehe dazu auch „Die ‚Heilige Ordnung' der Männer", Seite 106–136.)

Neue Formen des Konfliktmanagements

Ein sehr begrüßenswerter Trend ist meines Erachtens die *Entwicklung halbexterner Trainer.* Sie bekommen ein fixes Grundgehalt und können etwa die Hälfte ihrer Zeit außerhalb des Unternehmens an Projekten mitarbeiten. Dadurch kombiniert man meist die Vorteile (zum Beispiel Sicherheit) des Internen mit den Vorteilen (größere Bandbreite) des Externen. Externe Trainer kosten beim ersten Hinsehen wesentlich mehr als Interne. Ich glaube, dass sich dies beim zweiten Blick relativiert. Abgesehen vom „Marktwert" eines Trainers, der sich auch durch Nachfrage definiert, *muss ein Trainertag bei einem Freiberufler etwa 5-mal soviel kosten wie bei einem Angestellten, wenn man nur die direkten Gehälter vergleicht.* Mit dem Freiberuflerhonorar sind nämlich viele Kosten abgegolten, die das Unternehmen bei Internen auch hat (Büroorganisation, Akquisitionszeiten, Leerzeiten, Fortbildung, Publikation, Pensions- und Krankenversicherung, Risiko etc.). Bei direkten Vergleichen wird das gerne übersehen.

Die Kosten einer solchen Sozialintervention stehen meist in keinem Verhältnis zum Nutzen, den die Bewältigung eines Konfliktes hat. Meist berücksichtigt man nicht einmal die direkten Kosten eines Konfliktes, also etwa Verzögerungen im Anlauf eines Projektes, Doppelarbeit aus Misstrauen, Zeitverlust für Manager, wenn sie sich mit demselben Konflikt wieder und wieder beschäftigen müssen. Sehr hoch sind auch die *indirekten Kosten: die Demotiva-tion der am Konflikt Beteiligten.* Viele Konflikte, die nicht richtig gelöst werden, haben nur Verlierer, das heißt aber, *alle* Beteiligten sind demotiviert. Mitarbeiter, die innerlich gekündigt haben, sind meist sehr brav und gar nicht leicht als Sand im Getriebe auszuma-chen. Könnte man berechnen, was die schlechte Lösung eines Konfliktes kostet, wenn man auch nur einige wenige Mitarbeiter für Monate oder Jahre hinaus emotional abschreiben muss, wür-den sehr viele Manager Wert auf rasche und erfolgreiche Konflikt-lösungen legen.

▶ Ein altes Thema: Lean Management

Auch das so genannte „Lean Management" muss hier erwähnt werden. Ich glaube, dass die alten Probleme immer wieder unter neuen Namen diskutiert werden. Die Kosten können gegen den Willen der Betroffenen nicht dauerhaft gesenkt werden. Man ver-lagert einfach die Kosten dorthin, wo sie erlaubt sind (es gibt ja kein System, das generell Kosten verbietet), und investiert einige Denkarbeit, um „sich warm anzuziehen". Je misstrauischer und de-motivierter man ist, desto „wärmer" muss man sich anziehen. *Un-bearbeitete Konflikte schlagen sich aber indirekt in höheren Kosten nieder.*

Demgegenüber nehmen sich die Honorare derer, die bei solchen Konflikten intervenieren können, wirklich bescheiden aus (muss ja wohl einmal gesagt werden!).

▶ Interveniert wird von Anfang an

Man sollte übrigens deutlich sehen, dass auch die Interviews be-reits eine Form der Intervention darstellen. Das sehen wir an dem oft beobachteten Meinungsumschwung bezüglich der Interviews. Wenn es anfangs noch eher schwierig ist, Termine für ein Interview zu bekommen, dann ist es meist gegen Ende der Interviewphase so, dass viele beleidigt sind, wenn sie nicht interviewt wurden. Natürlich sagen nicht alle alles, was sie wissen. Aber man kann sich dann bei der Analyse der Interviews das Puzzle zusammensetzen. Was wir machen, ist hauptsächlich, den in vielen Organisationen anlässlich eines Konfliktes gestörten Feedback-Prozess wieder in Gang zu setzen oder einen solchen überhaupt zu installieren.

▶ Hierarchien haben meist „Verstopfung"

Es ist eine der großen Schwächen der Hierarchie, dass die Kommunikation von unten nach oben wesentlich schlechter funktioniert als die von oben nach unten (obwohl auch die nicht immer berühmt ist). Dieses Kommunikationsdefizit ist der Preis, den man für einen anderen Vorzug der Hierarchie zahlt, nämlich für die Möglichkeit, verschiedene Gruppen (Abteilungen, Bereiche etc.) zu koordinieren. Diese Koordination wird durch die Abhängigkeit dieser Gruppen von einem Zentrum erreicht.

Der Nachteil dieses Systems ist dabei das mangelnde Feedback, das die Obertanen (Zentralfunktionen) von den Untertanen bekommen. *Aufgabe einer Konfliktintervention ist es daher, brauchbare Feedback-Systeme zu installieren,* ohne die Koordinationsleistung der Hierarchie zu beeinträchtigen. Solche funktionsfähigen Feedback-Systeme erhöhen auch deutlich den Zustimmungsgrad der Mitarbeiter. Dieser Zustimmungsgrad der Mitarbeiter rangiert heute als Qualitätsmaßstab weit oben in der Skala möglicher Beurteilungskriterien der Qualität von Organisationen.

Eine theoretisch richtige Struktur, die von den in ihr und mit ihr lebenden Menschen abgelehnt wird, funktioniert mit Sicherheit schlechter als eine nicht so gute (betriebswirtschaftlich, organisationstheoretisch etc.), die von allen akzeptiert wird.

Investitionen in die Verbesserung der Sozialstruktur (in höhere Zustimmung) sind daher (besonders in Krisenzeiten) auch hochrentable Wettbewerbsinvestitionen.

▶ Mediation und Konfliktmanagement

In den letzten Jahren ist die Mediation als eine Form der Konflikt-regelung bekannt geworden. Die beiden Begriffe Konfliktmanage-ment und Mediation liegen eng beisammen, sodass es mir sinnvoll erscheint, hier das Gemeinsame und einige Unterschiede anzuführen.

Unter *Konfliktmanagement* verstehe ich eine auf einem Lernpro-zess der Beteiligten beruhende Steuerungsleistung, die zu einer ge-meinsamen Sicht des Problems und anschließenden Lösung führt.

Unter *Mediation* verstehe ich eine außergerichtliche Konfliktrege-lung zwischen zumeist zwei – seltener mehreren – verfestigten Po-sitionen. Der Mediationsprozess bewegt sich in einem strukturier-ten, mit den Beteiligten und dem/der Mediator/in klar vereinbar-ten Rahmen und zielt auf eine von den Streitparteien gemeinsam akzeptierte Regelung des Konflikts ab.

Weitere Unterscheidungen, nicht als vollständig anzusehen, sind etwa:

Konfliktmanagement

– wird in Situationen angewendet, wo den Betroffen der Kon-flikt entweder noch gar nicht klar bewusst ist – es gibt Verstim-mung, Demotivation, Kränkungen, Verärgerung, Feindbilder etc. – oder aber der Konflikt ist zwar bewusst, wird jedoch noch nicht wirklich anerkannt oder scheint in seiner Vielschichtigkeit den Betroffen unzugänglich zu sein.
– Die Konfliktbearbeitung kann, aber muss nicht unbedingt von jemandem Außenstehenden gesteuert werden. Sofern die Be-teiligten genügend Distanz zu ihrer Situation haben oder Erfah-rung in Konfliktbearbeitung besitzen, können sie ihren Konflikt selbst bearbeiten oder managen.
– Der Konflikt bewegt sich im kommunikativen und sozial ak-zeptierten Rahmen.
– Die Lösung ist offen – es weiß niemand, was für die Beteiligten „passt".

Mediation

- wird in bereits verhärteten Konfliktsituationen empfohlen, in denen der Spielraum für die Konfliktlösung gering ist: Scheidung, Trennung, Kündigung, eine strittige Entscheidung, geleisteter Strafvollzug und vieles andere mehr bilden zum Beispiel den Ausgangspunkt für Mediation.
- Mediation zielt darauf ab, sowohl die Standpunkte der Streitparteien in Bezug auf die Konfliktlösung herauszuarbeiten als auch deren Einverständnis für eine Regelung der verbleibenden gemeinsamen Agenda zu erreichen.
- Mediation ist ein nach Raum und Zeit geregeltes Verfahren, wofür der/die Mediator/in mit den Kontrahenten klare Vereinbarungen trifft.
- Der/die Mediator/in übernimmt die Verantwortung für den Mediationsprozess in Bezug auf die Einhaltung der Vereinbarungen. Er/sie ist – so wie der Konfliktmanager auch – frei in der Methodenwahl bezüglich seiner/ihrer Interventionen.
- Der Mediationsprozess benötigt immer einen unparteiischen, neutralen Mediator bzw. eine solche Mediatorin.

▶ **Unternehmenstheater**

Ein neues Instrument als Intervention in Beratungsprozessen ist Unternehmenstheater. Mit Unternehmenstheater lassen sich ein Veränderungsprozess emotional aufarbeiten und Kommunikationsblockaden auflösen. Unternehmenstheater ermöglicht einen neuen Blick auf Probleme und Konflikte, die den Führungskräften und MitarbeiterInnen zu schaffen machen.

Unternehmenstheater bereitet Situationen und Ereignisse dramaturgisch auf und bringt sie mit professionellen Schauspielerinnen und Schauspielern auf die Bühne. Theater fasziniert, irritiert, setzt überraschende Impulse, geht „unter die Haut". Mit Unternehmenstheater wird dem Unternehmen ein Spiegel vorgehalten. Auf der Bühne wird das Unaussprechliche aussprechbar gemacht. Das erfordert allerdings von den Führungskräften Mut zur Offenheit und die Bereitschaft zur Darstellung von Schwachstellen und tabuisierten Themen. Darin liegt aber gerade die große Chance, „Leichen" endlich aus dem Keller zu holen, über die hinter vorgehaltener Hand sowieso von allen gesprochen wird. Es ist entlastend und reinigt das Klima, darüber offiziell reden zu dürfen.

Unternehmenstheater hat sich als sehr wirkungsvoll erwiesen, weil es das jeweilige Thema mit feiner Klinge und pointiertem Humor auf die Bühne bringen kann. Es erzielt hohe Aufmerksamkeit, die erlebten Bilder bleiben nachhaltig in Erinnerung. Außerdem sollte es maßgeschneidert sein, ein Unikat für jedes Unternehmen. Damit ist eine solche Aufführung ein starker Impuls für die Weiterarbeit quer über alle Hierarchiestufen. Deshalb ist auch eine Nachbereitung durch die Organisationsberater und Trainer unbedingt erforderlich und von Anfang an mitzuplanen.

Der Weg zur Realisierung eines solchen Theaterprojekts geht vom Zielgespräch über die Recherche im Unternehmen, das Storyboard, Casting der SchauspielerInnen über die Probenarbeit bis zur Uraufführung. Ein Prozess, der erfahrungsgemäß mindestens vier Monate in Anspruch nimmt und stets Hand in Hand mit der Geschäftsleitung und dem Organisationsberater geht.

▶ **Interventionsebenen**

Zu den häufigsten Fehlern, die ich bei mir entdeckte (und auch bei anderen bemerke), gehört das Verwechseln der Interventionsebenen. Im Prinzip sollte durch die Analyse schon deutlich geworden sein, wo sich der Konflikt befindet. Doch erlebe ich immer wieder, dass trotz eindeutiger Diagnose auf der falschen Ebene interveniert wird.

Auf der Ebene des Individuums zu intervenieren ist immer dann sinnlos, wenn der Konflikt nicht in einem Menschen selber liegt. So beraten oft viele Personen, etwa in einem Paarkonflikt – nur eine Seite, und meinen dann, je nach eigenen Erlebnissen oder Geschlechtszugehörigkeit, der Beratene oder sein Konfliktpartner müssen sich ändern. Gerade bei Paarkonflikten ist es oft deutlich, dass jeder der beiden, zum Beispiel Ehepartner, für sich genommen nette und kooperative Menschen sind, wertvoll und liebenswert. Kaum sind sie zusammen, passieren Kränkungen oder „fliegen die Fetzen". Hier liegt der Wurm nicht in einer der beiden Personen, sondern in der Beziehung der beiden zueinander. Nur dort macht es Sinn zu intervenieren.

Ähnlich ist es bei Dreiecken. Hier ist es sogar meist so, dass die Personen okay sind und oft sogar die Beziehungen zwischen jeweils zwei Personen gut funktionieren (siehe Eifersuchtskonflikte). Der „Wurm" liegt im Widerspruch zwischen Beziehungen und nicht zwischen Personen. So kann etwa in einem Dreiecksverhältnis die Liebe eines Partners in einer Ehe zu einer Person außerhalb, auch wenn sie gut funktioniert (oder gerade dann), als Widerspruch zur vorhandenen Beziehung aufgefasst werden. Wieder ist es sinnlos, auf der Ebene der Personen zu intervenieren oder auf der Ebene einer der drei Beziehungen – es sind alle gut drauf – sondern nur beim Verhältnis: Beziehung zu Beziehung würde man erfolgreich sein.

Dies gilt auch für Gruppen. Wir stellen immer wieder fest, dass einzelne Mitglieder von Gruppen in anderen Gruppen keine oder ganz andere Konflikte haben als eben in dieser Gruppe. Mir ist das schon öfter bei Wissenschaftlern aufgefallen: Jeder ist in seinem Fach eine Kapazität, auch persönlich integer und liebenswert, im eigenen „Reich" auch gut anerkannt. Kaum sind mehrere „Weltmeister" etwa in einer Fakultät zusammen, funktioniert die Gruppe nicht: sie regrediert auf infantile Verhaltensweisen, alle schreien durcheinander, sind aufeinander eifersüchtig, niemand hört mehr zu etc. Im Einzelgespräch (dies wäre dann eine – hier meist sinnlose – Intervention auf der Ebene des Individuums) sind sie alle wieder nett, kompetent und einsichtig. Erfolgreich wird man nur durch Intervention auf der Ebene des Gruppenprozesses.

Geradezu dramatisch ist die Verwechslung der Interventionsebenen aber bei Organisationskonflikten. Wenn in einer Abteilung öfters Konflikte auftreten, ist es fast immer sinnlos, den Abteilungsleiter auszuwechseln. Sehr oft nützt es auch nichts, einen vermeintlichen „Querulanten" zu entfernen. Dieser ist oft nur Symptomträger und die Organisation wird sich eine Person suchen, die an den Problemen schuld ist oder an der (Äußerungen, Verhalten etc.) das Problem festgemacht werden kann. Natürlich nützt es auch meist nichts, wenn zwei Abteilungsleiter, die miteinander streiten, vom übergeordneten Chef einzeln oder gemeinsam „zur Brust genommen" werden (Intervention auf individueller oder Beziehungsebene). Meist liegt dahinter ein Organisationskonflikt (zum Beispiel Abteilungskonkurrenz), der nur durch Intervention auf der Ebene der Organisation gelöst werden kann. Unter „Lösung" ist dabei oft zu verstehen, dass der Konflikt sinnvoll ausgetragen werden kann und unter Umständen sogar auf Dauer gestellt werden muss, weil er notwendig ist. Ganz sicher treten solche Dauerkonflikte aber bei Produktwidersprüchen auf.

6 Produktwidersprüche und Organisationskonflikte

I ch bin 1972 anlässlich einer Konfliktintervention in einer Österreichischen Versicherungsgesellschaft einer – wie mir scheint – fundamentalen Gesetzmäßigkeit auf die Spur gekommen, die ich seither bei sehr vielen Unternehmungen und Produkten verifizieren konnte.

Die Gesetzmäßigkeit lautet: Neben den Ursachen für notwendige Konflikte in den Gegensätzen von Individuum, Paar, Dreieck, Gruppe und Organisation gibt es eine Reihe von Konfliktgründen, die in den Produktwidersprüchen liegen.

Nach meinen Erfahrungen sind viele Konflikte in Organisationen darauf zurückzuführen, dass das Produkt, das sie vertreiben, bereits aporetisch, also in sich widersprüchlich ist. Die Möglichkeit, ein Produkt in sich widersprüchlich zu erfassen, widerspricht natürlich dem traditionellen Gegenstandsbegriff. Ich glaube aber, dass der europäische Gegenstands- und Objektbegriff zu sehr von den Naturwissenschaften her dominiert wird und sicher auf emotionale Zusammenhänge oder soziale Organisationsstrukturen nicht anwendbar ist. Ich bin sogar der Meinung und habe dies in meinem Buch über „Raum und Zeit als naturphilosophisches Problem" dargestellt, dass auch im Bereich der Naturwissenschaften Widersprüche etwa zwischen Raum und Körper auftreten, die nicht vom Gegenstandsbegriff der Naturwissenschaften her erfassbar sind. Die Einschränkung des Verständnishorizontes auf die zugrundegelegten Denksysteme ist also schon in der Naturwissenschaft ein Problem, erst recht für die Sozialwissenschaften.

Die These lautet also: Viele oder alle Organisationen verwalten ein in sich widersprüchliches Produkt. Die Widersprüche des Produkts treten in den Organisationen als Konflikte zwischen Teilen der Organisation auf. Versuchte Konfliktlösungen im Rahmen von Sozialinterventionen sind oft wenig erfolgreich, wenn sie diese Widersprüchlichkeit des Produkts nicht berücksichtigen. Ähnliches gilt für den Vertrieb des Produkts. Es ist uns fast immer gelungen, sowohl die innere Organisationsstruktur von Unternehmungen als auch die Marketingstrategien zu verbessern, wenn wir wenigstens einige der Widersprüche des Produkts analysiert haben. Es ist dabei gleich, ob es sich um ein materielles Produkt handelt wie „Nahrungsmittel" oder „Auto" oder um „imaterielle Produkte" wie „Geld" oder „Versicherung".

Die folgenden Beispiele lassen sich als Zusammenführung der beiden Teile dieses Buches, nämlich der Analyse verschiedener Konflikte und ihrer Lösungen, ansehen. Hier wird auch deutlich, dass viele Konflikte wesentlich komplexer sind, als man an dem Punkt, an dem sie auftreten, zunächst annehmen müsste. In diesem Fall ist es sinnlos, den vordergründigen Konflikt, der ja nur ein Symptom darstellt, dort, wo er auftritt, zu lösen. Notwendig ist die Analyse des Hintergrundes, und erst vom Verständnis der Zentralproblematik her lässt sich der Konflikt wirklich lösen.

Das erste der im Folgenden referierten Beispiele bezieht sich auf die Jahre 1972 bis 1975. Wir sind selbst damals erst stufenweise mit Hilfe der Analyse auf die Hintergründe des Konflikts aufmerksam geworden. Ausgangspunkt war ein typisches Symptom und daher ein vom Kern des Problems im nachhinein gesehen eher harmloses Problem.

Beispiel Versicherung

Die Versicherungsgesellschaft hatte ein neues EDV-System eingeführt, das auf einem – wie sich später herausstellte – neuen und
richtigen strategischen Konzept beruhte. Es sollten nämlich für
den Verkauf von Versicherungsverträgen Daten dem Versicherungswerber zur Verfügung gestellt werden, die über seinen normalen Datenbestand hinausgingen, und soziodemographische Erkenntnisse, die in der Zentrale aufgrund von Marktforschung und
sonstigen Statistiken vorhanden waren, miteingespeist werden.
Also wenn etwa ein Werber in einem Dorf einen Fleischer besuch-
te, dann sollte er aus der Zentrale abrufen können: Fleischer in einem Ort dieser Größe im ländlichen Bereich haben im Allgemeinen diesen und jenen Versicherungsbedarf. Möglicherweise könnten auch noch Marktdaten von Konkurrenzgesellschaften ihre
stärkere oder schwächere Präsenz hier mit in die Information ein-
geben usw., so dass der Versicherungswerber mit Hilfe dieser von
der Zentrale gegebenen Information größere Chancen haben sollte, im Markt erfolgreich zu sein, als ohne diese Informationen.

Eine der Voraussetzungen für diesen zentralen Service war, dass
die bereits bei den Außendienstmitarbeitern vorhandenen Informationen in den zentralen Computer miteingefüttert wurden. Bis
zu diesem Zeitpunkt hatte bei der erwähnten Gesellschaft der Versicherungswerber sein kleines Geheimnis in Form einer Kunden-
kartei und einer speziellen von ihm entwickelten Akquisitionsme-
thode, die auf bestimmten mehr oder weniger überzeugenden Argumenten beruhte. Diese Argumente hatte er sich im Laufe der
Zeit nach dem System „trial and error" zusammengestellt. Er kam
mit manchen Argumenten bei bestimmten Branchen besser an als
mit anderen. Auch diese hatte er weiterentwickelt und meist dem
Zufall überlassen, welche Produkte er dabei besonders gern verkaufte und welche nicht. Jeder der Produzenten hatte bestimmte
Präferenzen. Der eine verkaufte besser Haftpflichtversicherungen,
der andere Hausratversicherungen, ein Dritter Unfallversicherun-
gen oder Hagelversicherungen. Der zentrale Service sollte die Pro-

duzenten in die Lage versetzen, nicht nur in einem bestimmten Punkt seiner Präferenz besonders gut zu sein, sondern mehr oder weniger in allen Produkten. Sein Wissensstand würde auch generell in allen Produktbereichen angehoben werden.

Das Symptom des Konfliktes trat auf, als die ersten eingespeicherten Daten eine bestimmte Abteilung der Zentrale zu einer Maßnahme verführten, die für das gegenständliche Projekt des EDV-Services eigentlich gar nicht notwendig war, aber den Außendienst verängstigte. Es stellte sich nämlich bei der Kontrolle und Abrechnung der Wege und Zeiten heraus, dass (nach Meinung der Zentrale) viele Außendienstmitarbeiter unnötige Wegzeiten fuhren. Vom Ergebnis her gesehen war es oft so, dass ein Mitarbeiter versuchte, an fünf verschiedenen Orten Versicherungsverträge zu verkaufen, aber nur an drei Orten tatsächlich erfolgreich war. Er gab aber an, diese Orte alle angefahren zu haben und erfolglos wieder weggefahren zu sein. Vom Erfolg her gesehen ergab die Berechnung eine starke Reduktion der Wegzeiten, hätte der betreffende Produzent von vornherein nur die Orte angefahren, die sich im nachhinein als erfolgreich herausgestellt haben. Außerdem könnten bei einer Verringerung der Wegezeiten um die „unnötigen" pro Zeiteinheit mehr Kunden besucht werden, und man nahm in der Zentrale an, es würden dadurch mehr Abschlüsse zustande kommen, womit auch die Kundenwerber einverstanden sein müssten, da sie dann auch eine höhere Provision bekämen.

In der Zentrale fand man hier nun als Reaktion auf diese Analyse den Ausdruck der „elektronischen Wegesteuerung". Die Zentrale war sehr enttäuscht, als sich herausstellte, dass die Außendienstmitarbeiter von dieser elektronischen Wegesteuerung überhaupt nicht begeistert waren. Im Gegenteil, der Widerstand ging von Interventionen über den Betriebsrat bis zur offenen oder versteckten Ankündigung von Streikmaßnahmen.

Nun gab es einen Konflikt, denn man ging in der Zentrale von folgendem aus: Wenn schon bei einem relativ harmlosen Kontrollinstrument wie der Wegesteuerung die Außendienstmitarbeiter nicht mitmachen, um wie viel schwieriger wird es sein, bei dem relativ großen Projekt der elektronischen Erfassung des Gesamtbestandes die Produzenten zur Mitarbeit zu bewegen.

Wir wurden beauftragt, im Zuge einer zunächst kleinen Konfliktintervention diesen Konflikt um die elektronische Wegesteuerung zu untersuchen und Vorschläge für seine Lösung zu unterbreiten.

Wir machten zunächst mit Außendienstmitarbeitern Interviews, später auch mit Mitarbeitern der Zentrale. Dabei stellten wir fest, dass der Protest gegen die elektronische Wegesteuerung nur das Symptom einer viel tiefer greifenden Kommunikationsstörung zwischen Zentrale und Außendienst darstellte.

Der Außendienstmitarbeiter erklärte uns seinen Widerstand relativ plausibel mit der Tatsache, dass sie als Versicherungswerber ja ohnehin eher freie Kaufleute als Angestellte der Versicherung seien. Sie würden sich auf keinen Fall ihre Wege vorschreiben lassen. Die Kompetenz, ob ein Weg gemacht werden muss und zu einem Abschluss führt, obliegt ihrer Meinung nach völlig dem Außendienst, und man richte sich selbstverständlich nach dem Prinzip der Effizienz, aber auch nach einigen anderen Prinzipien, die seinen Erfolg garantieren. Da sie ohnehin ein geringes Fixum hätten und den Rest auf Provisionsbasis, würden sowieso alle Möglichkeiten, die Effizienz zu verbessern, ausgeschöpft.

Sehr bald kam auch als Hintergrund der eigentliche Konflikt bei unseren Analysen zutage. Nämlich von Seiten des Außendienstes die Auffassung, die durch das Symptom der elektronischen Wegesteuerung eskalierte, dass sie als freie Kaufleute eigentlich gar nicht Angestellte einer bestimmten Versicherung sein wollten, sondern jeweils für jene Versicherung die Verträge verkaufen wollten, die ihnen die besten Bedingungen und das beste Produkt zur Verfügung stellt. Die Zentrale, die „Tintenburg", der „Wasserkopf" wäre im Prinzip überflüssig, und man vertrat in Einzelfällen sogar die Meinung, dass man die Versicherung am besten überhaupt ohne Zentrale macht. „Meine Kunden", so sagte einer, „haben ohnehin kaum Schäden. Wenn sie auf mein Konto die Prämien einzahlten, dann würde ich ihnen auch ganz unbürokratisch im Schadensfall (der seiner Meinung ohnehin ganz selten auftritt) den Schaden liquidieren." Und er selbst – meinte er – würde selber das größte Geschäft machen. Er könnte sogar die Prämien ganz erheblich reduzieren. So extrem äußerten es die wenigsten, aber im Inneren ihres Herzens hielten alle die Zentrale für mehr oder weniger überflüssig. Wenn aber schon nicht für überflüssig, so doch für anmaßend und sich viel zuviel in die Belange des Außendienstes einmischend.

Einige versicherten uns jedenfalls, sie würden eher den Status von freien Maklern anstreben, als weiterhin bei dieser Versicherung angestellt zu sein, und einige hatten auch schon Verträge mit anderen Versicherungen in der Tasche – für den Fall, „dass die sich da blöd spielen dort in Wien".

Nach dem Modell der aporetischen Konfliktsituation war es ganz offensichtlich, dass es sich hier um eine Extremierung in der Phase 2 handelte. Die Aporie war unschwer zu formulieren. Sie lautete in diesem Fall: Versicherungsvertreter sind Angestellte der Gesellschaft und müssen daher die Anordnung der Zentrale durchführen und für diese Gesellschaft Geschäfte machen. Die Gegenseite lautet: Versicherungsvertreter sind freie Kaufleute, die sich der Hilfe der Zentrale als Servicestelle bedienen, wenn ihnen dies richtig erscheint. Sie müssen nicht einmal nur für eine Gesellschaft arbeiten.

Ein ähnliches, aber seitenverkehrtes Bild ergab die nun von uns vorgeschlagene Analyse der Zentrale. Wir interviewten auch dort die Mitarbeiter und kamen zum spiegelverkehrten Bild. Anlässlich dieses Konfliktes überlegte man sich in der Zentrale, ob es nicht überhaupt vernünftig sei, den Außendienst abzuschaffen. Es stand damals die Idee des Schaltergeschäftes im Vordergrund. Viele Versicherungsgesellschaften rechneten bereits durch, dass es möglich sein würde, den Versicherungsverkauf per Direct-mail oder über die Verkaufsschalter in den Geschäftsstellen zu tätigen. Sollte darüber sich ein großes Volumen ergeben, also ein großer Prozentsatz der Versicherungskunden sich dazu entschließen, dann könnte man die Kosten des Außendienstes einsparen und die Prämie bis zu einem Drittel senken. Die Strategen der Zentrale waren damals der Meinung, dass diese ihrer Meinung nach moderne Form der Versicherung auch in Österreich kommen würde, und jene Gesellschaft, die als erstes „ihren Außendienst zum Teufel jagt", die Prämien senkt, würde das große Geschäft machen. Nach Meinung der Zentrale war also der Außendienst mehr oder weniger unnötig, außerdem renitent und arrogant, und sie war der Meinung, dass die Gesellschaft gut beraten wäre, sich von diesen Außendienstmitarbeitern rasch zu trennen.

Auch hier also die Phase 2. Die Gegner versuchen, sich gegenseitig umzubringen und die Existenz des anderen in Frage zu stellen. Von der Logik her war diese Konfliktsituation ziemlich aussichtslos, denn beide versuchten, recht zu haben, sozusagen auf Kosten des anderen. Würden sich die Außendienstmitarbeiter durchsetzen, dann würden sie kündigen und den Status von Maklern bekommen und dann jene Gesellschaft präferieren, die ihnen die besten Konditionen gibt. Würden sich die Zentralisten mit ihrer Meinung durchsetzen, dann würde man sich von den Außendienstmitarbeitern trennen und die Police per Post oder per Schalter verkaufen.

Beide gaben sich der Illusion hin, dass sie dann das große Geschäft auf dem Markt machen würden. Auch wir waren ja zunächst nicht überzeugt, dass es sich ja tatsächlich um eine Aporie handelt. Die Aporie seitens der Zentrale könnte man so formulieren: Informationen laufen nur an einer zentralen Stelle zusammen, so dass auch nur dort die richtigen Entscheidungen getroffen werden können – die Außendienstmitarbeiter haben diese Entscheidungen durchzuführen und sich der Zentrale gegenüber loyal zu verhalten oder sich von der Gesellschaft zu trennen.

Auf der anderen Seite sind Außendienstmitarbeiter die eigentlichen Experten für den Kunden, der Kunde ist König, sie haben die nächsten, an den Kunden-König heranreichenden Informationen, die sie an die Zentrale als Wünsche oder Befehle weiterzugeben hätten, und die Zentrale hat diese Befehle des Außendienstes zu sinnvollen Serviceprodukten zu verarbeiten, die dem Außendienst bei seiner Arbeit helfen können. Die elektronische Wegesteuerung genügt diesem zweiten Teil der Aporie jedenfalls nicht.

Auf die Idee, dass dieser Konflikt, der zunächst auf die Vernichtung der jeweils anderen Welt in der Versicherungsgesellschaft hinzielte, etwas mit dem Produkt zu tun haben könnte, kamen wir bei der Analyse der Aussagen der Schadensreferenten. Hier ergab sich zunächst eine merkwürdige Diskrepanz. Die Schadensreferenten berichteten uns, dass die Außendienstmitarbeiter die so genannten Schadenssätze nicht oder nur sehr ungern zur Kenntnis nähmen. Dies ist etwas, was wir aus unseren Interviews bestätigen konnten. Die meisten Außendienstmitarbeiter gaben sich entgegen der tatsächlichen Statistik der Illusion hin, dass ihre Kunden kaum Schäden hätten. Deswegen auch die extreme Idee, man könnte bei ihnen aufs Konto einzahlen und sie könnten dann die Schäden liquidieren. Dies würde ein totales Missverstehen des Versicherungsgedankens mit seinem Risikoausgleich bedeuten. Diese Aussage wurde zwar nicht ernsthaft von vielen geäußert, aber emotional im Hintergrund schwang sie irgendwo mit. Die den Außendienstmitarbeitern mitgeteilten Schadenssätze wurden sehr oft so abgelegt, dass sie nicht zur Kenntnis genommen werden konnten, sie kamen in die „Rundablage" (Papierkorb).

Hier wurde ganz offensichtlich ein Problem verdrängt. Die Schadensreferenten machten uns auch auf einen weiteren Zusammenhang aufmerksam: sie behaupteten nämlich, dass die Außendienstmitarbeiter wenigstens teilweise den Kunden Dinge versprächen, die im Versicherungsvertrag gar nicht enthalten sind, dass auch mehrfache Interventionen seitens der Schadensreferenten, den Kunden doch auf das so genannte „Kleingedruckte" besonders hinzuweisen, bei den Außendienstmitarbeitern auf taube Ohren stieß. Wie wir später feststellten, lag das nicht nur an den Außendienstmitarbeitern, sondern auch an den Kunden, die das nicht gerne hören, was im Kleingedruckten steht. Und hier tauchte auch das erste Mal bei längeren Interviews der Ausdruck „Betrug" auf. Es wurde zwar nicht laut gesagt, aber es klang immer wieder durch, würden die Außendienstmitarbeiter doch den Kunden „das Blaue vom Himmel" zu verkaufen versuchen und gar nicht wirklich in allen Punkten seriös informieren. Sie wären zufrieden, wenn der Kunde die Police unterschreibt, und nicht selten müsste man dann seitens der Zentrale den Vertrag noch verändern, schlechte Risiken aussondern und ähnliches mehr. Grob vereinfacht war die Meinung der Schadensreferenten, die dann von der Zentrale übernommen wurde, einige der Außendienstmitarbeiter gehen bereits in die Richtung von Betrügern, sie würden Dinge verkaufen, die die Versicherung gar nicht leisten kann.

Eine weitere Recherche beim Außendienst ergab wiederum das spiegelverkehrte Bild. Außendienstmitarbeiter beklagten sich über die Schadensreferenten, dass sie nicht bereit sind, das, was man eigentlich dem Kunden versprochen habe, zu halten. „Die suchen sich tausend Schlupflöcher, um dann mit Hilfe verschiedener Klauseln doch eine Leistung nicht erbringen zu müssen", zu der die Gesellschaft nach Meinung des Außendienstes aber verpflichtet wäre. Ähnliches sagten die Außendienstmitarbeiter von der Annahmepolitik: „Eigentlich dürfen wir", so wird berichtet, „nur Betonpfeiler unter Wasser gegen Feuer versichern" – das ist ein Vertrag, der sicher angenommen wird, alles andere würde nicht gerne angenommen, man zerstöre ihnen seitens der Zentrale oft sehr schöne Versicherungsverträge – und das größtenteils, so meinten die Außendienstmitarbeiter – aus Inkompetenz. „So habe ich letztens", wurde uns berichtet, „ein Moped versichert. Natürlich würde dieses Moped abgelehnt, weil Mopeds schlechte Risiken sind, die wir seit neuestem nicht mehr versichern. Was der Zentralist nicht weiß: Das Moped gehört dem Sohn des Bürgermeisters, der eine Zementfabrik hat, und man könnte, wenn man dieses Moped versichert, mit diesem Bürgermeister ins Geschäft kommen und 20 Lkws versichern. So aber wird der Antrag abgelehnt, der Bürgermeister müsse sich an eine andere Gesellschaft wenden."

Auch hier tauchte mit der Zeit im Innersten der Außendienstler, zunächst hinter vorgehaltener Hand und später auch ganz offen ausgesprochen das Wort „Betrüger" auf. Als Beispiel wurde uns etwa die Sturmschadensversicherung genannt. Ein Sturmschaden wird nur dann bezahlt, wenn die Windgeschwindigkeit nicht mehr als 130 Stundenkilometer beträgt, sonst sei es nämlich ein „Naturereignis", und das abgetragene Dach muss nicht von der Versicherung bezahlt werden. Bis 130 Stundenkilometer aber dürfe ein Wind einem Dach nichts anhaben, weil es sonst nicht von der Baukommission genehmigt wird. Das heißt, die Versicherung kassiert eigentlich – so sagte uns ein Außendienstmitarbeiter – völlig risikofrei eine Prämie, ohne dafür je eine Leistung erbringen zu müssen. Dies sei aber doch eigentlich Betrug. Würde man das aber dem Kunden erklären, wäre er natürlich nicht bereit, überhaupt eine Versicherung abzuschließen. Es kam also der Vorwurf des Betruges postwendend zurück. Die Innendienst- und Außendienstmitarbeiter – wie wir sie dann später nannten: die zwei Welten – bezichtigten sich gegenseitig des Betruges.

Die beiden Welten in der Gesellschaft bekämpften einander und nehmen – wie sich das für die Phase 2 gehört – jeweils den Verlust der anderen Welt in Kauf. Die Zentrale war der Meinung, je rascher man den Außendienst abbaut und auf Schalterpolice umsteigt, desto eher wird man seinen Marktanteil erhalten oder sogar erweitern. Die Außendienstler suchten sich bereits bei Maklern oder anderen Gesellschaften Zutritt. Sie waren der Meinung, je rascher sie die Gesellschaft verlassen, desto größer wäre die Geschäftsausweitung, die sie individuell und persönlich erreichen könnten.

Von der traditionellen Logik her müsste man sagen, hier ist ein Gegensatz, bei dem die Gegner einander ausschließen. Es gibt in dieser Situation kaum Kompromissmöglichkeiten. Die Frage ist, wer hat sich wem unterzuordnen? Wird sich die Zentrale durchsetzen und sich bessere, weniger renitente Außendienstmitarbeiter suchen, unter Umständen voll angestellt ohne Provision? Oder kommt tatsächlich die Schalterpolice, und wird sich die mittelalterliche Form der Produktion „von Mensch zu Mensch" als der Vergangenheit angehörend erweisen und werden sich moderne Formen industrieller Produktionsweisen wie Direct-mail oder später dann über den Computer durchsetzen?

Spätestens zu diesem Zeitpunkt war uns klar, dass es sich hier um einen aporetischen Konflikt handelt, bei dem beide recht und beide unrecht haben. Dieser Konflikt ist von der Logik her nicht mehr zu verstehen; die klassische Hierarchie war ohnehin bereits mehrfach durchbrochen. Es gab neben der offiziellen Hierarchie von Generaldirektor über Vorstandsmitglieder bis zu den Produzenten hinunter auch die umgekehrte Pyramide: Die Großproduzenten mit sehr großem Bestand hatten sehr viel mehr Prestige als etwa die sie betreuenden Organisationsbereichsleiter mit zentraler Funktion. Es war auch gar nicht selten, dass Großproduzenten sich direkt an den Filialleiter, also den Leiter eines Bundeslandes, oder an ein Vorstandsmitglied wandten und dort ihre Anliegen – natürlich dann gegen den Willen der Bürokratie – nicht selten durchsetzten. Auch einkommensmäßig drehte sich die Hierarchie um, Großproduzenten hatten zum Teil mit Hilfe ihrer Provision ein größeres Einkommen als manche Vorstandsmitglieder.

„Geldadel" und „Funktionsadel" nannten wir die beiden Welten. Sie folgten ganz unterschiedlichen Logiken. Was in der einen Welt logisch erscheint – zum Beispiel den Antrag eines akquirierten Kunden auch zu genehmigen –, erscheint von der anderen Welt überhaupt nicht logisch – und umgekehrt.

An diesem Punkt kamen wir nun auf die Idee, den Widerspruch zunächst einmal im Produkt zu suchen. Ich bewundere bis heute die Langmut unserer Auftraggeber, die bereit waren, immer neue Forschungsprojekte zu finanzieren, obwohl wir bei den bisherigen Recherchen keine durchgreifenden Erfolge verzeichnen konnten. Inzwischen weiß ich, dass man solche Konfliktsituationen ohne Einbeziehung der Produktdialektik gar nicht lösen kann, und beziehe diese daher immer in das Angebot mitein. Es ist meist sinnlos, Konfliktrecherchen nur innerhalb einer Organisation zu machen, ganz sicher ist es sinnlos, sie nur mit einem Teil zu machen. Man muss vielmehr alle Beteiligten fragen, aber auch unbedingt das Produkt untersuchen.

Welches ist nun das Produkt, das eine Versicherungsgesellschaft verkauft? Es ist – so wurde uns gesagt – das Geschäft mit der Angst. Im Übrigen – so war man der Meinung – eines der am besten motivlich untersuchten Produkte überhaupt. „Sie werden hier nichts Neues finden, aber Sie können sich durch Berge von Marktforschungsergebnissen gerne durcharbeiten."

Da diese Arbeit zunächst keinen Hinweis auf die Widersprüche im Produkt erbrachte, mussten wir die Kunden mit Hilfe von Tiefeninterviews befragen. Diese Befragung ergab dann das überraschende Ergebnis: Menschen lassen sich versichern, damit nichts passiert. Niemand will, wenn er eine Versicherung abschließt, den Schaden. Und der Versicherungsnehmer interessiert sich deshalb beim Abschluss der Versicherung nicht – oder nur sehr am Rande – für die Bedingungen, nach denen Schäden von der Versicherung liquidiert werden. Der Hintergrund dieser Tatsache ist die Angst, die man vor einem möglichen Schaden hat. Wer überhaupt keine Angst hat, braucht auch keine Versicherung. Wer zuviel Angst hat, ist handlungsunfähig und muss in irgendeiner Form seine Angst verdrängen können. Das heißt, jemand, der eine Versicherung abschließt, weil er sich unsicher fühlt, hofft, sich durch die Versicherung sicherer zu fühlen. Die Versicherung ist also nach unseren Recherchen nicht das Geschäft mit der Angst, sondern das Geschäft mit der Beseitigung der Angst. Es lässt sich jemand „gegen Feuer versichern" – was er hofft, ist, dass es nicht brennt. Durch den Abschluss der Versicherung soll das Unglück vermieden werden. Versicherung wäre also eine Art Unglücksvermeidungszauber.

Ganz deutlich ist es etwa bei der Kfz-Haftpflichtversicherung. Wer Angst hat, beim Autofahren einen Unfall zu verursachen, kann nicht Auto fahren. Versucht er es dennoch, dann wird es vermutlich sogar zu einem Unfall kommen. Interessant sind jene Untersuchungen, die Autofahrer über die Qualität ihres Fahrkönnens befragen. Lässt man die befragten Autofahrer auf einer Skala zwischen 0 = völlig unfähig, Auto zu fahren, bis 100 = perfekter Autofahrer, der alles völlig im Griff hat, ihre eigenen Fähigkeiten eintragen, dann ergibt sich nicht die Gaußsche Wahrscheinlichkeitsverteilung, dass es nämlich einige sehr gute und einige sehr schlechte Autofahrer gibt und dass die Masse ungefähr in der Mitte liegt, sondern es reihen sich 90 Prozent aller Autofahrer unter den zehn Prozent der besten Autofahrer ein. Diese Einordnung ist zwar objektiv gesehen ein Irrtum und eine Illusion, aber subjektiv vom Autofahrer her gesehen verständlich und von der Verkehrssicherheit her auch notwendig. Zweifelt man nämlich an seiner Fähigkeit, Auto zu fahren, dann sollte man besser das Steuer nicht in die Hand nehmen. Eine der Unterstützungen, die einem Autofahrer die Angst vor einem möglichen Unfall nehmen können, ist die Versicherung. Bei ihrem Abschluss klopft der Versicherungsvertreter dem Versicherungsnehmer auf die Schulter und sagt „So, jetzt kann dir nichts mehr passieren."

Mit Hilfe des Versicherungsabschlusses versucht der Versicherungsnehmer seine Angst zu bewältigen. Würde er ständig Angst haben, würde er seine Handlungsfähigkeit verlieren. Das Wiederherstellen oder Aufrechterhalten der Handlungsfähigkeit der Menschen ist die psychohygienische Leistung, die von den Versicherungen erbracht wird.

Nun ist das Problem „Angst essen Seele auf" so alt wie die Menschhcit, und die Menschen haben immer schon versucht, ihre Ängste zu bewältigen. Die Rituale zur Bewältigung der Ängste findet man im Bereich der Religionen. Es ist eine der Serviceleistungen, die Religionen erbringen müssen, dem Menschen die Ängste, die ihn am Handeln und Leben – speziell am komfortablen Leben – hindern würden, so bewältigen zu helfcn, dass er dabei nicht gefährdet wird.

Die Religionen haben dies in unterschiedlicher Weise bewältigt, aber ein Muster ist dabei durchgängig in allen Religionen festzustellen. Es ist das Muster des Opfers. Vermutlich können wir das Opfer, das in den Religionen als Bewältigung von Angst aufgetreten ist, schon ähnlich im Tierreich beobachten. Eine Herde, die in panischer Angst vor einem Raubtier flüchtet, verliert die Angst sofort, wenn das Raubtier sein „Opfer" gefunden hat. Ich habe beobachtet, dass etwa eine Antilopenherde ihre Flucht sofort einstellt. Einige Antilopenböcke konnte ich sogar dabei filmen, wie sie wieder ein kurzes Stück zurückliefen, um die Löwin, die eines aus ihrer Mitte gerissen hatte, dabei zu beobachten, wie sie dieses Tier auf die Seite schleppte. Mit diesem einen Tier, das aus der Herde vom

Raubtier gerissen wurde, befindet sich zugleich der Rest der Herde in Sicherheit. Die Angst ist verschwunden, weil das Unglück eingetreten ist.

Ich vermute, dass die Beobachtung solcher Vorgänge die Menschen in ihrer jägerischen Vergangenheit dazu geführt haben, sich dieses Muster zu eigen zu machen. Es lautet: Herbeiführen eines ängstigenden Ereignisses beseitigt die Unsicherheit und die Angst.

Immer dort, wo große Probleme, die die Menschen ängstigten, zu bewältigen waren, suchten sie durch ein Opfer die „Gunst der Götter" zu erreichen. Als Gott oder Götter traten in den Religionen immer jene Instanzen auf, von denen die Menschen abhängig waren, die daher nicht nur Quelle der Sicherheit, sondern gleichzeitig Quelle von Ängsten waren. Dies ist einer der Basiswidersprüche in unserem Leben, das jeder Mensch im Stadium des Erwachsenwerdens, der Pubertät, feststellt, dass die Autorität, die ihm Sicherheit bietet, ihn gleichzeitig ängstigt. Vom Schicksal sind aber alle Menschen aller Altersstufen abhängig. Unvorhergesehene Ereignisse kann man grundsätzlich nicht ausschließen.

Der Gedanke des Opfers in den Ritualen verschiedener Kulturen beinhaltet dieses Grundmuster: man opfert einen Teil des Gutes, führt also das ängstigende Ereignis selbst herbei, um den Rest dadurch zu sichern. Für die Bewältigung dieses Musters wurden die Rituale institutionalisiert, und es traten die Opferpriester auf, die bereit waren, einen Teil des Opfergutes entgegenzunehmen und den Menschen durch die Ausübung der verschiedensten Rituale Sicherheit zu geben.

Die Formen der Opferung haben sich natürlich im Laufe der Zeiten verändert. Das Grundprinzip dieses Musters ist bis heute gleich geblieben. Auch das Christentum hat von den heidnischen Opferpriestern das Grundelement übernommen. In der Heiligen Messe etwa werden Wein und Brot geopfert und verwandelt. Die Kreuzigung des Jesus von Nazareth wird gelegentlich auch als Opfer des Sohnes verstanden. Bis heute hat sich in manchen Kirchen der Brauch erhalten, etwa eine Kerze dem Heiligen Christophorus zu opfern, um auf Reisen sicher zu sein.

Wesentlich moderner ist die gegenwärtige Form des Opfers, nämlich die Versicherung. Man opfert nicht mehr dem Heiligen Christophorus eine Kerze, sondern man bezahlt eine Prämie an eine Versicherungsgesellschaft. Indem man eine Prämie bezahlt, wird ein Teil des Schadens vorweggenommen. Geld ersetzt in unserer Form des kapitalistischen Wirtschaftens sehr stark andere Formen der Kommunikation, also etwa den direkten Bezug auf die Naturalien. Dies ist auch in anderen Formen unseres Wirtschaftens nicht mehr üblich. So hat man früher, um den Wein zu sichern, ein Trankopfer vorgenommen und einen Teil des Weines geopfert; um die Ernte zu sichern, hat man den ersten Ertrag des geernteten Getreides geopfert usw. Heute wird der Bezug auf den unmittelbaren Angstgrund über Geld vermittelt, auch die Wiedergutmachung des Schadens ist heute auf dem Wege über das Geld üblich.

Die Versicherungsgesellschaften sind meines Erachtens die Nachfolger der alten Opferpriester, wenn man von der Struktur der Motivation ausgeht. Sie übernehmen die schon bei den alten Opferpriestern vorhandene sozialhygienische Funktion, nämlich die Angst, die dem Handeln hinderlich wäre, verdrängen zu helfen. Versicherung ist auch eine Weiterentwicklung dieses alten magischen Opferrituals, denn im Rahmen der Versicherung wurde ein schon in der alten Tempelwirtschaft vorhandener, aber von den Kirchen nicht entwickelter Aspekt dieses Opfers im Rahmen der kapitalistischen Wirtschaft erfolgreich weiterentwickelt. Die in der Tempelwirtschaft entgegengenommenen Opfergaben wurden nämlich nur zu einem Teil tatsächlich vernichtet in Form von Verbrennung, Opfer an die Götter, Schlachtung von Tieren; sie dienten auch zum Teil der Erhaltung des Tempels und der Opferpriester. Diese sind somit das älteste provisionsgebundene Gewerbe, weil sie einen Teil des Opfers für sich verwendeten. Die Opfergaben wurden aber in den Tempeln auch aufbewahrt, gesammelt und dienten einer Art Risikoausgleich. Gruppen, denen das Saatgut verlorengegangen ist, wurden aus der Tempelwirtschaft mit neuem Saatgut versorgt, um nicht zugrunde gehen zu müssen.

Die Notwendigkeit der Bevorratung und Aufbewahrung speziell von Lebensmitteln hat in den Tempelwirtschaften auch zur Erkenntnis der Dialektik von Tod und Leben geführt. Die verschiedenen Tötungsarten wurden als Bevorratungsmethoden verwendet: Verdursten entspricht dem Trocknen, Ertränken dem Einlegen, Vergiften dem Beizen, Verbrennen dem Räuchern, Erschlagen dem Klopfen, Erfrieren dem Kühlen usw. Was die Menschen im Tempel dabei lernten, war das Prinzip, dass Tötung von Lebendigem dieses etwas länger erhält. Dies ist dann auch in die Theorie eingegangen: Totes sei unsterblich, und wurde auch auf den Menschen übertragen. Nicht selten dürfte dieser Aspekt des Opfers bei der Tötung von Tieren oder Menschen Pate gestanden haben. Die verschiedenen Formen des Opfers sind also Bevorratungsmethoden, die man brauchte, um den Risikoausgleich durchführen zu können.

Neben dem Gedanken der Unglücksvermeidung durch das Opfer hat somit auch der Gedanke der Schadensliquidierung mit Hilfe des Risikoausgleichs in der alten Tempelwirtschaft seinen Ursprung. Dieser Gedanke ist in der modernen Versicherungswirtschaft gegenüber dem Opfergedanken weiterentwickelt worden, und damit hat die Versicherungswirtschaft ja auch frühere Formen des Opferns, etwa innerhalb des Christentums oder der Kirchen, ausgestochen.

Es ist für alle Menschen interessanter, die „Prämie" nicht in einen Opferstock zu werfen und für den Fall eines Schadens doch nur ein bedauerndes Lächeln des Priesters zu bekommen, sondern eben eine Schadensliquidierung durch eine Versicherung, wenn man ihr den Opfergroschen als Prämie gibt.

Das heißt, das ursprüngliche Motiv, dass durch den Abschluss der Versicherung ein Schaden erst gar nicht eintritt, wenn er aber doch eintritt, so wiedergutgemacht wird, als ob nichts geschehen wäre, wird von der Versicherungsgesellschaft heute in der bisher perfektesten Form befriedigt. (Zum stammesgeschichtlichen Aspekt des Opfers siehe auch das Buch über „Die ‚Heilige Ordnung' der Männer", Seite 91–104.)

Es handelt sich also bei dem Produkt der Versicherung um einen Grundwiderspruch, den der Mensch in sich hat. Auf der einen Seite wünscht er gegenüber dem Schicksal Sicherheit, die grundsätzlich nicht möglich ist. Auf der anderen Seite wünscht er freies Handeln, was immer mit Risiko verbunden ist. Sicherheit und Freiheit sind ein Vexierspiel. Was an Sicherheit gewonnen wird, geht an Freiheit verloren. Was an Freiheit gewonnen wird, geht an Sicherheit verloren. Diese Dialektik hat immer schon bei den Menschen jene Hilfskonstruktionen zur Folge gehabt, die es ihnen ermöglichen, einen Teil ihrer Ängste an Autoritäten zu delegieren und somit sicher zu sein, ohne die Freiheit ihrer Handlungsfähigkeit einzubüßen. Diese Hilfskonstruktion des Opfers verlangt aber eine komplexe Organisationsleistung, damit sie nicht nur plausibel ist, sondern im Ernstfall auch ihre tatsächliche Schutzfunktion – nämlich Wiedergutmachung des Schadens, soweit möglich – erfüllt.

Die Versicherungsgesellschaften übernehmen nun den Widerspruch, den der Mensch in sich hat, eine Sicherheit, die vom Schicksal her nicht möglich ist, aber trotzdem für das Handeln notwendig ist, zu geben. Dieser Widerspruch tritt innerhalb der Gesellschaft als Gegensatz der beiden „Welten" auf. Wir verstanden plötzlich, wieso die beiden Welten einander für Betrüger hielten. Auf der einen Seite sind die Versicherungswerber der Meinung, dass der Abschluss der Versicherung den Betreffenden sicher macht, und sie versprechen ihm und glauben dies auch selber, dass ihm nichts passieren kann. Sie lassen sich deshalb auch durch Schadensstatistiken in dieser ihrer Meinung nicht verunsichern. Auf der anderen Seite weiß Gott sei Dank auch der Innendienst aufgrund einer differenzierten Schadensstatistik, wie viel tatsächlich passiert, und gibt sich keineswegs so wie die Produzenten der Meinung hin, dass den Kunden wenig passiert.

Man könnte Versicherungen nicht verkaufen, würde man Innendienstler in den Außendienst schicken. Man könnte auch Versicherungsvertreter nicht als Schadensreferenten brauchen.

Würden sich etwa die Statistiker der Zentrale so wie die Außendienstmitarbeiter mit fast jedem Risiko zufrieden geben und jeden

Schaden so liquidieren, wie es dem Wunsch des Versicherten und auch des Werbers entspricht, würde die Versicherungsgesellschaft wahrscheinlich defizitär werden.

Es liegt in der Natur dieser Angst vor dem Schicksal, dass der Motivbereich dessen, was versichert ist, und der Motivbereich dessen, was der Kunde versichert wähnt, sich nicht 100-prozentig überschneiden.

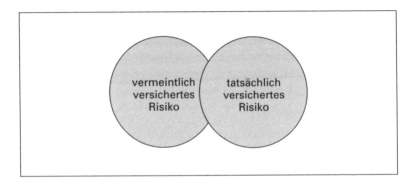

Natürlich ist es Aufgabe der Versicherung, die beiden Bereiche zu einem möglichst hohen Prozentsatz zur Deckung zu bringen. Eine hundertprozentige Deckung aber wird man nicht erreichen. Dort, wo diese Kreise sich nicht überdecken, rechtfertigt sich das Betrugsargument. Der Innendienst hält den Außendienst sozusagen mit Recht für betrügerisch, weil er den Kunden Dinge verspricht, die er nicht halten kann. Der Außendienst hält die Zentrale mit Recht für betrügerisch, weil hier Leistungen, die versprochen wurden, dann in bestimmten Fällen subjektiv nicht eingehalten werden können. Daher wird die Diskussion um die Annahmepolitik, gutes oder schlechtes Risiko einerseits, um die Liquidierungsquoten andererseits immer kontroverses Thema zwischen Außendienst und Apparat sein.

Das bedeutet also, dass der Widerspruch, den der Kunde in sich hat, von der Versicherungsgesellschaft organisatorisch aufrechterhalten werden muss, soll die Versicherung ihren Sinn erfüllen.

Würde man versuchen, den Widerspruch zu eliminieren und – so wie das zur Zeit unserer Konfliktintervention der Fall war – entweder die Zentrale abschaffen und den Risikoausgleich auf den Außendienst lagern, würde dieser sehr bald durch die anfallenden Risiken zugrunde gehen. Würde man umgekehrt – wie es der Vorschlag der Zentrale war – den Außendienst abschaffen und Versicherungen nur noch am Schalter oder per Direct-mail verkaufen, würde es nicht gelingen, den Versicherungsbedarf des Kunden individuell zu befriedigen. Die Angst könnte nicht verdrängt werden, und die eigentliche Leistung der Versicherung wäre nicht oder nur zum Teil erbringbar. Die persönliche Beziehung zwischen dem Versicherungswerber und dem Kunden ist hier offensichtlich Voraussetzung, dass die Angst verdrängt und die Handlungsfähigkeit wiederhergestellt werden kann.

Diese Versicherungsleistung muss immer wieder auf die Bedürfnisse des Kunden abgestimmt werden. So ist etwa für den Schadensfall im Kfz-Bereich eine Betreuung notwendig. Man fühlt sich durch ein Unglück wieder in eine kindliche Phase versetzt und braucht jemanden, der weiß, wie man in solchen Situationen eine richtige Schadensmeldung abgibt etc. Das heißt, die persönliche und individuelle Betreuung ist branchenunterschiedlich bis zu einem gewissen Grad nicht durch Automation zu ersetzen, im Gegenteil, die Versicherungsgesellschaft erbringt ja eine Leistung, eine individuelle Persönlichkeit in eine anonyme Versicherungspolice zu übersetzen und im Schadensfall dieses anonyme Risiko wieder auf eine Person und eine konkrete Situation zu beziehen. Das heißt, gerade weil hier zwei unterschiedliche Bewusstseinslagen in den beiden Welten vorhanden sind, funktioniert die Organisation der Versicherungsgesellschaft. Der Widerspruch darf nicht eliminiert werden, sondern muss Prinzip der Organisation sein. Der Konflikt muss innerhalb der Organisation aufrechterhalten und sinnvolle Formen des Konfliktmanagements müssen entwickelt werden.

Wir konnten der entsprechenden Gesellschaft daher dringend raten, den Weg der Schalterpolice nicht im großen Stil zu gehen, sondern im Gegenteil in die Qualität des Außendienstes zu investieren – gegen den Trend. Das machte die Gesellschaft auch, und wie sich später auch herausstellte, war die Entscheidung völlig richtig. Die Schalterpolice erreichte nur einen relativ geringen Prozentsatz.

Es ist dies auch ein Beispiel für den erwähnten Lernprozess innerhalb einer aporetischen Konfliktsituation. In der Phase 2, in der jeder der beiden Bereiche, Außendienst und Zentrale, auf die Vernichtung des anderen losging, wäre es im Sinne des Konfliktmanagements falsch gewesen, einer der beiden Seiten recht zu geben, also beispielsweise der Gesellschaft zu empfehlen, sich von ihren renitenten Außendienstmitarbeitern zu trennen, oder andererseits den Außendienstmitarbeitern zu empfehlen, die Gesellschaft zu wechseln oder sich gar als Makler niederzulassen. Es war notwendig, dass beide den Lernprozess machten. Wir haben damals auch Schulungen, Seminare über Dialektik veranstaltet, die das Zulassen von Widersprüchen legitimierten. Es war dies notwendig, weil unsere Logik in unserer Welt so stark eingefahren ist, dass viele Menschen ein schlechtes logisches Gewissen bekommen, wenn sie Widersprüche zulassen.

Ebenfalls auf Widerspruchsorganisation wurde der Aufbau der Gesellschaft umgestellt. Es war damals in dieser Gesellschaft so, dass die Widersprüche etwa in der Annahmepolitik zwischen dem Außendienst und der Zentrale sehr hoch hinauf delegiert wurden. In dem Beispiel, das ich erwähnt habe, wurde der Antrag des Werbers in der Zentrale in Wien wegen des hohen Risikos des Mopeds abgelehnt, an einem Punkt, an dem also die Informationen über die vor Ort vorhandenen Möglichkeiten, die mit dem Moped verbunden waren, nicht mehr gesehen werden konnten.

Die Gesellschaft hat daher versucht, den Konflikt möglichst zu dezentralisieren, das heißt, in die Geschäftsstellen zu verlagern. Heute ist es so, dass der Konflikt sowohl in der Annahmepolitik als auch in der Schadensliquidierung zwischen dem Außendienst und den Vertretern der Branchen in den einzelnen Geschäftsstellen ausgetragen wird. Und nur diejenigen Konflikte, die dort nicht sinnvoll gelöst werden können, müssen an die Filialen, das ist dann die

Landesdirektion, weitergegeben werden, und Konflikte, die dort nicht bearbeitbar sind, kommen an die Zentrale in Wien.

In der Phase 4, in der die Dissidenten in den jeweils gegensätzlichen Welten unterstützt werden müssen, hat es sich als sinnvoll erwiesen, dass Außendienstmitarbeiter auch einmal zentrale Branchenfunktionen wahrzunehmen haben und Zentralisten auch gelegentlich begleitend im Außendienst mitarbeiten. Die Synthese speziell des Gegensatzes von Innendienst und Außendienst lag darin, dass beide sich wechselweise als Herren und Knechte definieren. Auf der einen Seite ist es unbedingt notwendig, dass Entscheidungen – speziell was die Strategie, die Weiterentwicklung von Produkten usw. betrifft – in der Zentrale getroffen werden. Es ist nicht möglich, vor Ort zu entscheiden, welches Produkt in welcher Form sinnvollerweise verkauft wird – auch nicht wenn im Einzelnen die Bedürfnisse des Kunden in die eine oder andere Richtung gehen, die von zentralen Informationen her etwa als nicht gangbar angesehen werden müssen.

Auf der anderen Seite ist es nicht sinnvoll, bis ins kleinste Detail dem Kundenwerber Vorschriften zu machen, wie er sein Produkt an den Kunden zu bringen hat, sondern hier steht die Zentrale als Servicestelle zur Verfügung. Die Zentrale in Wien hat also auf der einen Seite Leitungsfunktion, und die Mitarbeiter müssen sich dieser Leitungsfunktion unterordnen. Auf der anderen Seite hat sie eine Dienstleistungsfunktion und muss sich den Wünschen und Bedürfnissen der Außendienstmitarbeiter unterordnen. Diese doppelte Rolle und die doppelte Rolle des Außendienstes erst ermöglichen es, diesen Konflikt sinnvoll innerhalb der Gesellschaft zu organisieren.

Was das Symptom betrifft, von dem wir ausgegangen sind, nämlich die elektronische Wegesteuerung, wurde vereinbart, dass alle Dienstleistungen der Zentrale von den Außendienstmitarbeitern als Hilfe und Serviceleistung und daher freiwillig in Anspruch genommen werden können. Bis zum heutigen Zeitpunkt – also etwa 25 Jahre danach – nehmen immerhin schon über 90 Prozent der Mitarbeiter diese Dienstleistung in Anspruch. Sie gegen den Willen der Mitarbeiter anzuordnen ist unserer Meinung nach in einer solch aporetischen Konfliktsituation sinnlos, weil es bedeuten würde, die eine Welt der anderen unterzuordnen. Die beiden Welten müssen aber grundsätzlich als gleichberechtigt anerkannt werden. Es stellte sich heraus, dass die Verwendung der elektronischen Wegesteuerung, die natürlich noch mit anderen Daten ergänzt wurde, für die Betreffenden eine Hilfe darstellte, und in dem Maße, in dem sich das Vertrauen in die Zentrale wieder festigte, konnte diese Hilfestellung auch in Anspruch genommen werden. Dadurch verbesserte sich auch die Serviceleistung, und die größere Verwendung der Zentrale als Servicestelle führte wieder zu einer Verbesserung der Leistung des Außendienstes.

Vorher – zu Zeiten der Logik und der Gegensätze – lief es umgekehrt. Je mehr die Zentrale kontrollierte, desto mehr Widerstand erzeugte sie auch; und je mehr Widerstand sie erzeugte, desto weniger funktionierten ihre Anordnungen. Denn man kann heutzutage immer durch Dienst nach Vorschrift streiken. Die Anordnungen wurden immer skurriler und konnten daher immer leichter bekämpft werden. Dieser Teufelskreis musste durch das dialektische Konfliktmanagement entschärft werden.

An diesem Beispiel wird deutlich, dass es Produkte gibt, die in sich aporetisch sind. Dass dies alle Produkte sind, will ich nicht behaupten, es sind nur alle bisher von mir untersuchten Produkte. Die Widersprüche im Produkt, die Produktaporien, zeigen sich als Konflikte in der Organisation. Diese Konflikte sind keineswegs zu vermeiden oder zu beseitigen, sondern sie müssen jeweils ausgetragen beziehungsweise in einer der Situation angepassten Weise „ausbalanciert" werden. Diese Balance herzustellen beziehungsweise aufrechtzuerhalten ist Aufgabe des Managements.

Wesentlich erleichtert wird diese Aufgabe durch die Erforschung der Produktaporien. Ich habe zu diesem Zweck die Methode der „mehrdimensionalen Ursachenforschung" entwickelt. Man könnte dies auch als Suche nach der „Seele" eines Produkts ansehen.

Die Suche nach der Seele eines Produkts

„Die Seele ist gewissermaßen alles", hat Aristoteles formuliert. Heute würde man wohl sagen müssen: es ist der vernetzte Zusammenhang, in dem ein Produkt gesehen werden muss. Die Menschen wollen nicht primär ein Auto, sondern sie wollen individuell und frei reisen. Das Auto ist nur ein Element des Verkehrs. Wer Autos produziert, muss heute über Sinn und Unsinn des Gesamtverkehrs nachdenken. Eine Versicherung ist eine Form, wie man Risiko in der Zukunft mit Hilfe von Geld bewältigt. Aber Geld hat viele Dimensionen, und das Opfer in Form einer Versicherungsprämie ist nur eine davon. Wer versichern will, muss sich wohl auch um die anderen kümmern. Wer Baumaterialien verkauft, verkauft eigentlich den Wunsch des Menschen, etwas auf Dauer zu stellen – weil es schön ist, will er ein Haus bauen. Weil sich der Augenblick aber nicht auf Dauer stellen lässt, muss das Baumaterial um so haltbarer sein. Die Produkte sollen für den Menschen Widersprüche bewältigen. Diese Widersprüche treten in den Unternehmen als Konflikte auf, die man nur lösen kann, wenn man den Gesamtzusammenhang untersucht.

Gehindert wurden wir an der ganzheitlichen Situation bislang durch das neuzeitliche Weltbild, das gerade dabei ist, einem neuen Platz zu machen.

Die „Geisteraustreibung aus der Natur", wie Schiller es formulierte, war sicher eine der großen Errungenschaften und Fortschritte der Neuzeit. Durch sie ist es gelungen, die Gegenstände objektiv nach den Gesetzen der Naturwissenschaft und nach abstrakten Modellen zu verstehen und in der Folge auch zu manipulieren. Der Mensch schuf sich eine Art Kunstwelt, in der er nach bestimmten abstrakten Gesichtspunkten Einteilungen treffen konnte, Zusammenhänge erforschte und dann über die Technik in die Realität umsetzte.

Ich habe oft schon vorgeschlagen, die Naturwissenschaft Kunstwissenschaft zu nennen, denn nur für relativ künstliche Gebilde gilt die mögliche und weitgehend vollständige Beschreibung durch die Modelle der Physiker. Schon der berühmte Fall eines Blattes vom Baum im Winde ist nicht mit den Gesetzen der Physik, jedenfalls nicht vollständig und eindeutig zu beschreiben. Hier gibt es zu viele Unwägbarkeiten und chaotische Nebendimensionen.

Die Subjekt-Objekt-Trennung, mit deren Hilfe die Geisteraustreibung aus der Natur gelungen ist, den Gegenständen ihre Seele zu nehmen, hatte aber neben diesen unbestreitbaren Vorteilen (die Manipulierbarkeit durch die Technik) auch einige gravierende Nachteile. Die Bedeutung der Naturprodukte, der Naturdinge, aber vor allem der technischen Produkte für die Kommunikation und den Gesamtzusammenhang ging weitgehend verloren oder trat jedenfalls in den Hintergrund. Man ging lange Zeit vom technisch Machbaren aus; Sinn und die Bedeutung eines Dinges wurde von den Technikern festgelegt. Welche Bedeutung ein Produkt für die Menschen hatte, das wurde nicht mehr klar und deutlich gesehen. Im Gegenteil, es gab die Tendenz, die Gesetzmäßigkeiten, mit deren Hilfe man Gegenstände der Natur oder Kunstprodukte, technische Dinge, objektiv beschreiben konnte, diese Beschreibungsmethode, weil sie sich bewährt hatte, sogar auf Menschen anzuwenden. Einer der wichtigsten Punkte ist etwa dabei die Elimination von Widersprüchen. Die Mathematik ist die Wissenschaft von der Vermeidung der Widersprüche schlechthin, und nur das, was mathematisch beschrieben werden kann in der Natur, ist eigentlich wissenschaftlich richtig erfasst. Das, was sich den mathematisch naturwissenschaftlichen Kriterien entzieht, ist nicht wirklich verstanden oder brauchbar beschrieben.

Diese Grundauffassung des Weltbildes der Neuzeit ist nun in der Gegenwart in vielen Punkten erschüttert worden, und man kann ohne weiteres vom Ende dieses Weltbildes sprechen. Die Grenze der Machbarkeit der Natur durch den Menschen wurde erfasst, die Grenzen der Anwendbarkeit naturwissenschaftlicher Methode in anderen Wissenschaften wie etwa in den Sozialwissenschaften oder Wirtschaftswissenschaften werden heute mehr als deutlich. Es ist auch offensichtlich, dass es notwendig wird, den Produkten, die die Menschen verwenden, ihre Seele wiederzugeben.

Der Kern der naturwissenschaftlichen Betrachtungsweise bestand ja wohl darin, von allen Bedeutungen eines Gegenstandes, die sich nicht den objektiven Gesetzmäßigkeiten im Rahmen quantitativer Beschreibungsformalismen beugen, abzusehen. Man sieht ab vom Hier und Jetzt, man sieht ab von den emotionalen Qualitäten, die ein Produkt auslösen kann, man sieht ab vom Sinn eines Produkts generell und betrachtet es nur als Ding in Raum und Zeit mit bestimmten Funktionen. Dass ein Ding wie etwa ein Auto für verschiedene Personen oder Gruppen unterschiedliche Bedeutungen haben kann, beginnt man erst langsam in der Gegenwart zu verstehen. Wenn man aber dieses Weltbild verlässt und sich der neueren, vernetzten Betrachtung zuwendet, dann erfährt man plötzlich, welche unterschiedlichen Dimensionen in den verschiedenen Produkten stecken. Sogar Widersprüche können im Produkt stecken, und wir haben eine Reihe von Gesetzmäßigkeiten erforscht, die im Zusammenhang der Interaktion von Mensch und Produkten hier anwendbar sind. Diese Forschung steckt sicher noch in den Kinderschuhen, aber es gibt schon eine Reihe von sich abzeichnenden neuen Produktdimensionen, die auch in der Managementpraxis erfolgreich angewandt werden können.

Eine der wichtigsten davon ist der Zusammenhang von Produktwidersprüchen und Konflikten.

Die These lautet nun, dass ein technisches Produkt wie etwa ein Telefon oder ein Auto – und auch ein Dienstleistungsprodukt wie etwa ein Versicherungsvertrag oder Geld – so wie der Mensch selber verschiedene Dimensionen an sich hat. Auch Geld hat eine materielle Seite, aber ebenso eine geistige oder psychische Komponente. Dies ist äußerst wichtig für solche, die mit Produkten handeln. Denn es ist eindeutig, dass man von dieser Betrachtungsweise her auf die Frage: „Warum wird ein Produkt gekauft?" natürlich nicht mehr antworten kann: „Wegen des in Raum und Zeit, im Rahmen der physikalischen Dimensionen Feststellbaren", sondern natürlich hat die seelische, geistige oder soziale Komponente eines Produkts eine große Bedeutung.

Die Produkte unserer Welt und der Technik können vielleicht einmal umgekehrt verstanden werden. Ich schlage vor, dass man nicht von dem ausgeht, was technisch machbar ist, und den Fortschritt dadurch definiert, dass man die technischen Möglichkeiten erweitert, sondern eher dadurch, wie gut die Technik in der Lage ist, Antworten auf die Fragen des Menschen zu geben. So könnte man sagen, dass Laufmaschinen dem Menschen helfen, immer schneller zu laufen, Flugmaschinen helfen, immer schneller zu fliegen, In-die-Ferne-seh-Maschinen helfen, immer besser in die Ferne zu sehen usw., so dass die Maschinen nichts anderes als eine Erweiterung der Körperfunktionen des Menschen darstellen. In diesem Fall geht man vom Menschen aus und stellt die Frage: Welchen Grundwidersprüchen unterliegt die menschliche Existenz? Vielleicht haben die Gegenstände, die erzeugt werden, eine bestimmte Antwort, eine bessere oder schlechtere, auf diese Grundwidersprüche. Wenn das stimmt, dann müssten sich diese Grundwidersprüche auch in den Produkten wiederfinden können. Unsere These ist, sie finden sich nicht nur in den Produkten wieder, sondern diese Grundwidersprüche finden sich auch oft wieder als Konflikte in den Organisationen derer, die diese Produkte erzeugen und vertreiben. Je nachdem, wie gut es der Organisation gelingt, mit diesen Grund- oder Basiswidersprüchen des Produkts umzugehen, desto größeren Erfolg wird sie auch auf dem Markt haben. Dieser vernetzte Ansatz soll nun an einigen Beispielen erläutert werden.

Die Dichter haben immer wieder die Widersprüche, die Produkten anhaften, aufgegriffen. So hat etwa Wilhelm Busch die damals „moderne" Verwendung des Fernrohres kritisiert:

> „Warum soll ich nicht beim Gehen,"
> sprach er, „in die Ferne sehen?
> Schön ist es auch anderswo
> und hier bin ich sowieso."
> Hierbei aber stolpert er
> in den Teich und sieht nichts mehr.

Solange die Menschen in kleinen Stammesgesellschaften als Jäger und Sammler oder später als Viehzüchter innerhalb einer Gruppe durch die Steppen und Wälder unserer Welt zogen, besonders in den Warmzonen der Erde, genügte die direkte Kommunikation zur Interaktion der Menschen untereinander. Mit dem Sesshaftwerden, mit Ackerbau und Viehzucht und dem Aufkommen von Tausch von Produkten entwickelte der Mensch auch die Möglichkeit indirekter Kommunikation. Der A kann ein Produkt, das er erzeugt, zum Beispiel Tiere, an den F verkaufen, ohne den jemals persönlich kennen zu lernen. Der Tausch wird über Händler vermittelt, später dann über zentrale Orte, die eine je eigene Bedeutung auch in der Verteidigung bekamen.

Beispiel Telefon

Diese indirekte Kommunikation führte nun zu einem Grundproblem dergestalt, dass der Mensch in direkter Kommunikation das Bedürfnis hatte mit anderen, die er kannte, zu sprechen. Diese anderen waren aber nicht anwesend. Wie kommuniziert man nun über Raum hinweg? Ich möchte mit einem Menschen zusammen sein, mit dem ich nicht zusammen bin. Wie kann ich trotzdem kommunizieren? Das ist früher technisch sehr aufwendig gelöst worden durch Briefe und Boten und immer mit einer gewissen Zeitverzögerung; Feedback, Rede und Gegenrede sind nicht richtig möglich gewesen. Die Technik löst nun mit Hilfe des Telefons diesen Grundwiderspruch auf. Ich kann mit Menschen sprechen, auch wenn sie nicht anwesend sind. Dies bedeutet, dass praktisch jederzeit und immer eine Intimsphäre in der Zweierkommunikation aufgerichtet werden kann, in Extremfällen sogar besser aufgerichtet werden kann, als sie in der Einheit von Raum, Zeit und Handlung möglich ist. Mit dem Telefon überspringt man die sozialen Schichten, die eine Person oder eine Zweierbeziehung umgeben. Jugendliche haben berichtet, dass sie nach einer relativ faden Party, bei der sie sich gegenseitig in ihren Kommunikationen — auch in intimen Kommunikationen — blockierten, nach Hause gehen, einander anrufen und am Telefon beginnen, zum Beispiel A mit F über X zu sprechen. Dieser Abschluss, diese kommunikative Nach-Party am Telefon sei manchmal viel interessanter als die ursprüngliche. Das heißt, in der Zweierkommunikation eines Telefongespräches tritt in relativ ungestörter Form wieder eine Intimsphäre auf, die anders gar nicht so einfach hätte errichtet werden können. Neuerdings soll es sogar gelingen, Sexualität in dieser abstrakten Dimension in einzelnen Aspekten befriedigender durchzuführen als bei der realen Anwesenheit der beiden sexuellen Interaktionspartner an einem Ort, zu einer bestimmten Zeit.

Betrachtet man somit das Telefon als technischen Versuch einer Synthese des menschlichen Grundwiderspruches, indirekte Kommunikation auf direkte zurückführen zu können, dann ergibt sich daraus natürlich die Voraussetzung eines Individualtelefons, das man immer bei sich tragen kann.

Aber auch wenn man nun das Telefon als Interaktionsinstrument auf ein Sozialgebilde überträgt, dann stellt sich sofort als Grundwiderspruch heraus, wieweit spiegelt das Telefon, zum Beispiel eine Telefonanlage in einem Unternehmen, die dort vorhandene und mehr oder weniger funktionsfähige Sozialstruktur wider, oder muss sich die Sozialstruktur etwa an das Telefonsystem anpassen? Dies tritt zum Beispiel in der Frage auf bei Gruppenschaltungen, wer vertritt wen im Falle der Abwesenheit, zu wem kann man stellvertretend das Telefon umschalten usw.?

Innerhalb der Unternehmen, die Telefone erzeugen und vertreiben, tritt nun der Konflikt auf: wieweit wollen die Kunden bestimmte technische Spezifikationen, die technisch möglich sind, nicht kaufen, oder wieweit kann die Technik das, was die Kunden wollen, nicht liefern? Wird dieser Konflikt nur unzureichend ausgetragen, dann kommt das heraus, was wir heute auf dem Markt haben: Geräte mit vielen technischen Finessen, die kaum genutzt werden, und Unzufriedenheit über die Dinge, die man bräuchte, aber nicht bekommen kann. Sich über die Produktwidersprüche im klaren zu sein ist also schon *vor* Beginn einer neuen Produktplanungsphase nötig. Technik ist immer eine Antwort, wie aber lautete eigentlich die Frage?

Meines Erachtens könnten die Produktentwickler (zum Beispiel die Telefonhersteller) viel Geld und Mühe sparen, wenn sie die Bedeutung der einzelnen Elemente ihres Produkts erforschen, *bevor* sie entwickeln. Eine solche Produktforschung heißt, dass der Abstraktionsprozess, der in der Neuzeit stattgefunden hat, in dem man alle Phänomene in Teile zerlegt und sich nur die heraussucht, die man brauchen kann, wieder rückgängig macht. „Man hat die Dinge in der Hand, es fehlt aber das geistige Band", hat schon Goethe diese Methode kritisiert.

Ein solches Produktverständnis führt also dazu, den Dingen wieder ihre Seele zu geben. Ein Beispiel, wie ein Produkt als bloß Technisches einseitig abstrakt für sich genommen sich in seiner Bedeutung ins Gegenteil verkehren kann, ist das Auto.

Beispiel Auto

Für das Individuum löst das Auto eine Reihe von Grundwidersprüchen, zum Beispiel den von Wohnen und Reisen:

Es gibt Menschen, für die bedeutet Wohnen Leben und Reisen Tod. Wohnen ist Leben heißt, zu Hause fühle ich mich wohl, da lebe ich. Reisen aber ist eine gefährliche Angelegenheit. Das ist eine Ackerbauer-Ideologie, die sesshaften Bauern haben gesagt: „My home is my castle." Dies wäre aber unvollständig, wenn wir nicht auch die Gegengleichung anstellten: Reisen = Leben, Wohnen (Bleiben) = Tod. Das wiederum ist ein alter Nomadentraum, sich durch Reisen die Unsterblichkeit erwandern. Solange ich etwas Neues erfahre (→ fahren), lebe ich. Ich erfahre das Leben, es besteht aus Erfahrungen; wenn ich nichts mehr erfahren kann, lebe ich nicht mehr. Wohnen = Tod, wenn man mich einsperrt in ein Gefängnis (Schlafsarg), dann bin ich eigentlich tot. Wirklich bleiben kann ich nur, wenn ich tot bin, Leben aber ist Veränderung, Leben ist Bewegung.

Das Auto ist nun ein Instrument, das beiden Seiten gerecht wird. Es ist nämlich ein mitführbares Territorium, ein mitführbarer Wohnraum. Es gilt die Gleichung, dass Wohnen Leben ist, denn ich bin im Auto ja zu Hause, da wohne ich – und umgekehrt gilt auch die andere, weil ich mit dem Auto reise, erfahre ich Leben – und brauche nicht zu Hause bleiben in dem eigentlichen Gefängnis; es ist ein „mobiles Gefängnis". Als mitführbarer Wohnraum löst mir das Auto die Dialektik vom Wohnen und Reisen und befriedigt in mir die Anteile des Sesshaften und die des Nomaden. Dieses Verhältnis kann ich beliebig variieren, ich kann ein bisschen mehr fahren – das Wohnmobil ist überhaupt die beste Akzentuierung –, ich kann etwas weiter fahren, wenn ich mehr nomadisch sein will, kann weniger weit fahren, wenn ich mehr sesshaft sein will. Das heißt, das Auto erlaubt mir eine viel bessere Balance dieser Dialektik von Wohnen und Reisen. Ich kann, wenn ich alt bin zum Beispiel und nicht mehr so sesshaft werden will, wieder reisen, kann mir ein Auto kaufen und kann auch damit in meiner Lebenszeit das ausbalancieren: ich kann es nicht nur jahreszeitlich, berufsmäßig, sondern ich kann auch in meiner Lebenszeit diese Dialektik zu einer besseren Balance bringen. Das ist eine Leistung, die das Auto mir erbringt, das kein anderes Instrument bisher im gleichen Ausmaß so verwirklichen kann.

Das Auto aber, das neben dieser Dialektik noch weitere 24 solcher Grundwidersprüche zur Synthese bringt (wie wir anlässlich einer solchen Forschung herausgefunden haben), löst aber nicht nur Probleme, sondern schafft auch welche. Die exzessiv betriebene individuelle Mobilität schlägt in ihr Gegenteil um, wenn alle auf diese Weise gleichzeitig mobil sein wollen. Wohnen und Reisen beginnen wieder in Gegensatz zu geraten, wenn etwa das Reisen der einen in den Städten das Wohnen der anderen stört – oder gar, wenn wir im Stau stehen und die individuelle Mobilität überhaupt verschwindet.

Langsam beginnt sich in der Automobilbranche die Erkenntnis durchzusetzen, dass das Auto nur vernetzt, im System des Gesamtverkehrs, betrachtet werden kann. (Näheres zum Thema

Auto und archaische Muster finden Sie in meinem Buch darüber, Westdeutscher Verlag 2004.)

Durch die Untersuchungen der „mehrdimensionalen Ursachenforschung" zeigt sich meist erst, welche Dimensionen eines Produkts für den Gebrauch welche Bedeutungen haben. Auch dies wird meist erst aus dem philosophischen Begriff vom Sinn des Produkts her verständlich.

Die Vernetzung der einzelnen Faktoren, die eine Produktpersönlichkeit ausmachen, ist dabei interdisziplinäre Arbeit. Vorher weiß man nie, welche Wissenschaft welche Dimension erklären kann. Dies kann ohne weiteres etwa die Psychoanalyse sein. So konnten wir für ein Sparkasseninstitut herausfinden, warum die Kunden zwar Geld sparten, aber dort keinen Kredit nehmen wollten. Die Ursache waren Schuldgefühle, die mit dem Kreditnehmen verbunden waren. Diese Schuldgefühle wurden durch die Abwicklung der Kreditnahme sehr gefördert. Wir empfahlen als neues Produkt, dem Kunden aufgrund eines angesparten Betrages das „Recht" auf einen Kredit einzuräumen (Sparkredit) und die Kreditnahmeabwicklung zu entmoralisieren. Dies führte zu einer Zunahme des Kreditgeschäftes.

Aber auch kulturelle Vorurteile spielen oft eine Rolle. Zum Beispiel konnten wir aufklären, warum Grillgeräte schwer an Hausfrauen, die als Zielgruppe angesehen wurden, verkäuflich waren: Grillen ist oft eine Sache der Männer, Frauen liegt diese – ihrer Meinung nach primitive – Form der Fleischzubereitung weniger.

Auch historische Entwicklungen spielen oft eine Rolle: So konnten wir aufklären, warum so wenig Frauen als Beamte im Innenministerium der Bundesrepublik Deutschland arbeiten. Beamte werden nicht für Leistung, sondern (laut Gesetz) für Verfügbarkeit entlohnt. Dies wird von Frauen weniger, von Müttern fast gar nicht akzeptiert. Stammesgeschichtliches Erbe darf bei dieser Art von Produktforschung nicht vernachlässigt werden. So spielen zum Beispiel Territorialverhalten oder Gesetzesmäßigkeiten der Vitalfunktionen bei Nahrungsmitteln oder bei der Körperpflege eine große Rolle.

Beispiel Krankheit

Es lassen sich aber auch Phänomene wie etwa Krankheit besser verstehen, wenn man sie im aporetischen Gesamtzusammenhang betrachtet. Krankheit impliziert eine ganze Reihe von aporetischen Konflikten. Einer davon ist der Verlust der Selbständigkeit des Menschen, sich selber gesund zu erhalten beziehungsweise gesund zu machen. Dies führt dazu, dass er meist auf die Hilfe anderer Menschen angewiesen ist. Systematisiert führt diese „Fremdbestimmung" durch die Krankheit zum Beruf des Arztes. Wie wir heute wissen, ist es aber falsch, anzunehmen, der Arzt könne sozusagen von außen „heilen". Heilen kann sich nur der Mensch selber. Krank sein heißt aber, dass er es eben nicht kann. Deswegen lautet die Aporie: Heilen kann nur der Arzt, heilen kann sich nur der Mensch selber. Wir gingen also im Rahmen einer Forschung über Krankheit und Medikamente der Frage nach: Wie gehen Ärzte mit dieser Aporie um?

Bei diesem Projekt berichteten Ärzte immer wieder, dass sie bei bestimmten Personen erfolgreich waren, bei anderen nicht. Die wenigsten hatten dafür eine Erklärung. Manche Ärzte wiederum meinten, sie hätten bei bestimmten Krankheitsbildern Erfolg – bei anderen nicht. Die Befragung der dazugehörenden Patienten ergab dasselbe Bild. Eine nähere Analyse der erfolgreichen und nicht erfolgreichen Arzt-Patienten-Kontakte ergab nun, dass sowohl Patienten als auch Ärzte einen bestimmten, aber doch jeweils verschiedenen Begriff von Krankheit haben können. Mit „Begriff" ist gemeint, dass Krankheit einen bestimmten Sinn des menschlichen Daseins definiert. Dieser Sinn kann nicht nur für verschiedene Personen, sondern auch zu verschiedenen Zeiten bei ein und derselben Person verschieden sein.

So empfinden manche Menschen die Krankheit als Folge einer Schuld. Sie kommen niedergedrückt und kleinlaut zum Arzt, der dann auch wirklich mit erhobenem Zeigefinger fragt: „Was haben wir denn wieder angestellt?" Der Patient erlebt die schmerzhafte Spritze oder die schwere Medikation (bittere Pillen) als gerechte

Strafe für seine Missetat. Er nimmt die Strafe an und wird wieder gesund. Der Sinn der Krankheit (Schuld) und die dazupassende Rolle des Arztes (Richter) entsprechen einander (Heilungsäquivalenz). Der Vorgang von Erkranken und Heilen hat seinen Sinn im Gesamtgefüge der menschlichen Beziehungen.

Völlig anders sieht es aus, wenn für einen Menschen Krankheit nicht nur die Folge einer Schuld darstellt, sondern als Flucht vor der jeweiligen Situation verstanden wird. Er möchte (bewusst oder unbewusst) für eine Weile aussteigen, Ruhe haben. Ein Medikament braucht er als Alibi, damit alle sehen, dass er krank ist. Mehr Wirkung sollte dieses Medikament nicht haben. Der Arzt wird zum Fluchthelfer, der ihn eine Woche krankschreibt. Die Reaktion des beschriebenen Arztes würde dieser Patient als sehr unpassend und unangebracht empfinden. Eine schmerzhafte Bestrafung – wofür? Die Krankheit ist sozusagen schwer erarbeitet und Selbstbelohnung. Der erhobene Zeigefinger des Arztes signalisiert Nicht-Verstehen, der Patient wird künftig anderswo seine Zuflucht nehmen. Sinn der Krankheit und Rolle des Arztes entsprechen in diesem Fall einander nicht.

Nachdem wir diesen Zusammenhang entdeckt hatten, ergab sich zunächst die Theorie der Heilungsäquivalenz. Jede Krankheitsauffassung erfordert eine bestimmte Rolle des Arztes, die er dem Patienten gegenüber darstellen muss. Entspricht der Arzt mit seiner Rolle dem Krankheitsbegriff des Patienten, dann sind beide zufrieden, und sie können mit der Krankheit in der gewünschten Weise umgehen. Entspricht er nicht, dann verschlimmert sich der Zustand subjektiv – auch unabhängig vom tatsächlichen Krankheitsstatus. Das Missverständnis zwischen Arzt und Patient rüttelt an dem jeweiligen Welt- und Selbstbildnis beider Beteiligten. Der Patient stellt beim unangebrachten Rollenverhalten des Arztes dessen Autorität in Frage. Im Wiederholungsfall geht dieser Zweifel möglicherweise auf die Ärzteschaft über – der erste Schritt zum Heilpraktiker oder Alternativmediziner ist getan. Auf Seiten des Arztes führt dies zu einer Kränkung seiner Kompetenz, was bei Wiederholung im Extremfall zur zynischen Menschenverachtung führen kann.

Die Frage, die sich im Rahmen unseres Projektes aufdrängte, war die: Welchen Sinn kann Krankheit für den Menschen haben, und wie viele verschiedene entsprechende Rollen des Arztes gibt es?

Eine erste Systematisierung ergab 17 verschiedene Krankheitsbegriffe, die wir dann auf zehn reduzierten. Die Liste der Krankheitsbegriffe ist sicher nicht vollständig – wir hoffen aber, die wichtigsten gefunden zu haben.

An erster Stelle steht der Krankheitsbegriff der Schulmedizin: krank ist der Mensch, dessen Werte von den Normalwerten stark abweichen. Dieser Krankheitsbegriff tritt in den Interviews bei Patienten selten auf (und wenn, dann bei Hypochondern, die ständig ihre physiologischen Messwerte kontrollieren). Es gibt auch Patienten, die ihren Körper für eine Maschine halten und mit einem medikamentösen Organservice zufrieden sind. Bei Ärzten wird dieser traditionelle Krankheitsbegriff offiziell hochgehalten, bei längerer Diskussion stellt sich aber heraus, dass viele Ärzte noch zusätzliche Krankheitsbegriffe entwickelt haben. Leider bleiben diese Gedanken meist privat – es gibt wenig öffentliche Diskussion unter Ärzten über die Sinnauffassung von Krankheit.

Sehr häufig traten hingegen die an zweiter und dritter Stelle angeführten Krankheitsbegriffe auf: Man ist den ständigen Kampf des Erwachsenendaseins leid und möchte wieder einmal – wie ein Kind – gepflegt werden, sich in ein warmes Bett kuscheln und die längst verlassene Symbiose wieder aktivieren. Diese Bedeutungsdimension der Krankheit ist vermutlich kulturspezifisch (unsere anonyme Industriegesellschaft legt dies nahe) und klimaspezifisch: der kalte Norden zum Beispiel bringt im Winter mehr Krankheiten als im Sommer.

Der Arzt muss hier die Rolle der Mutter übernehmen. Der Patient will angenommen werden und das Gefühl haben, dass ihm jemand helfen will. Im Zentrum stehen die Gefühle und Bedürfnisse des kranken Menschen. Die Technik sowie alle rationalen Erklärungen werden als feindselig erlebt. Sie verschlimmern die Krankheit.

	Sinn der Krankheit	gesund	Heilung	Rolle des Arztes	Medikament
1.	Krankheit als Norm- abweichung	norm- gerecht	Reparatur	Organ- mechaniker	Ersatzteil Betriebs- stoff
2.	Defizit an Symbiose subjektives Krankfühlen	schmerzfrei	Symbiose	Mutter	Vater Droge
3.	Defizit an Selbst- bestimmung, Krankheit als Regression	frei selbst- bestimmt	Erziehung	Vater	Muttermilch
4.	Krankheit als Initiation Reifungskrise	wandelbar stabil	Verwand- lung	Medizin- mann	Symbol für Ver- wandlung
5.	Krankheit als Organ- schwäche	Funktions- fähigkeit der Organe	Kompen- sation	Gärtner Kumpan	Krücke Prothese
6.	Krankheit als Flucht „Aussteigen"	kein Bedürfnis nach Aussteigen	Wieder- einsteigen	Fluchthelfer Ausge- beuteter	Alibi Austritts- karte
7.	Symptom- träger für soziale Konflikte	funktions- fähige Sozial- struktur	Konflikt- manage- ment	Sünden- bock Sozial- therapeut	unnötig bzw. Repräsen- tanz des Arztes
8.	Krankheit als Störung des Gleich- gewichtes	Gleich- gewicht	ausbalan- cieren	Priester	Ausbalan- cierungs- mittel
9.	Krankheit als Schuld	entsühnt erlöst	Strafe	Richter	Sühneopfer Talisman
10.	Krankheit als Bewältigung der Todes- angst	lebend	Überleben	Totenrichter	Nektar und Ambrosia

Heilungsäquivalenz-Tafel

Beispiel Krankheit **353**

Krankheit kann auch mit zu großer Infantilisierung des Menschen einhergehen. Heilung steht auch immer in der Dialektik, dass man sich auf der einen Seite selbst nicht mehr helfen kann – auf der anderen Seite kann man nur wieder gesund werden, wenn man sich selbst helfen kann. Vermutlich irgendwann während der Krankheit schlägt dieses Bedürfnis in sein Gegenteil um. Man hat nicht mehr ein Defizit an Symbiose, sondern ein Defizit an Selbstbestimmung. Man ist an ein Bett gefesselt, seiner Umwelt ausgeliefert, ist immobil wie ein Kleinkind, das möglicherweise die Motorik noch gar nicht beherrscht. Man ist geschwächt, durch Fieber verwirrt, kann sich nicht richtig artikulieren usw.

Durch die körperliche Einschränkung ergibt sich auch eine psychische: der Patient hat forderndes Verhalten (wie ein ungezogenes Kind), ist lästig, uneinsichtig und nur auf sich selbst konzentriert. Menschen, die krank sind, werden daher oft von den Pflichten des Erwachsenen entbunden und nicht ganz ernst genommen. Dieser absichtlich oder unabsichtlich herbeigeführte Zustand des unverantwortlichen Kindes wird, wie gesagt, durch besonderes Behütetwerden und Gepflegtwerden, durch größere Aufmerksamkeit von Familie, Umwelt und Arzt belohnt. Selbst wenn in diesem regressiven Zustand die Möglichkeit geboten wird, versäumte Lebensabschnitte nachzuholen, so schlägt dieser Zustand irgendwann in das Bedürfnis um, wiederum erwachsen zu werden.

In diesem Fall hat der Arzt seine Mutterrolle gegen eine Vaterrolle zu wechseln. Der Vater ist nicht derjenige, der wie die Mutter auf die Bedürfnisse eingeht, sondern dieser will vom Menschen Leistung. Väterliche Autorität wird in unserem Kulturkreis übersteigert in Gottvater gesehen, und interessanterweise werden auch die Ärzte als Götter in Weiß bezeichnet, als allmächtig erlebt; ihren Anweisungen ist unbedingt Folge zu leisten. Der Arzt weiß, wo es langgeht, und ist in der Lage, die Eigeninitiative des Menschen anzuspornen. Damit wird auch die Quadratur des Kreises dieser Arztrolle ausgesprochen, denn ohne Autorität kann der Mensch nicht gesund werden – mit zu viel Autorität kann er es auch nicht, sofern er die gesamte Heilungskapazität dem Arzt überträgt. Hier ist der erzieherische Aspekt das Zentralproblem des Heilungsprozesses.

Wie wir festgestellt haben, zeigt das Medikament bei dieser Krankheitsauffassung Reste von symbiotischer Bedeutung: es wird lieber flüssig als fest eingenommen, was mit der seinerzeitigen Funktion der Muttermilch erklärt werden kann.

Die in Punkt 4 angeführte Sinndimension der Krankheit – nämlich Krankheit als Initiation und als Reifungskrise des Individuums – ist ein uralter und in allen Kulturen bekannter Sinn von Krankheit. Krankheit wird oft als Todesnähe verstanden – im Volksmund spricht man vom „kleinen Tod". Damit ist nicht gemeint, dass Krankheiten tatsächlich oft zum Tod führen, sondern Krankheit wird als Verwandlung des alten Menschen, der stirbt, aufgefasst, und Gesundung als Wiedergeburt, als kleine Auferstehung gefeiert. Eine Krankheit durchgestanden zu haben macht reifer und stärker. Deswegen ist das Verhältnis von Krankheit und Heilung immer auch ein Symbol für Tod und Auferstehung, und es ist insofern als geeignet für Initiationsriten aufgefasst worden. Der eine Zustand stirbt, und ein neuer, besserer wird geboren. Manche Initiationsriten helfen der Krankheit sogar nach. Es werden schmerzhafte Vorgänge wie Beschneidung und künstlich durch Gifte erzeugtes Fieber dem zu Initiierenden zugeführt. Nach der Gesundung sprechen auch viele Kranke in unserem Kulturkreis von den ausgestandenen Schmerzen. Es gibt Fälle, wo ein Wettstreit darüber entbrennt, wer mehr durchgestanden hat bei Operationen usw. Die Anthroposophen vertreten die Theorie, dass Krankheit Kindern und Erwachsenen wertvolle Entwicklungsschübe bringt. Man hat festgestellt, dass geimpfte Kinder, die bestimmte Krankheiten daher nicht bekamen, deutlich in der Entwicklung zurückblieben gegenüber Kindern, die diese Krankheiten durchgestanden haben.

Der Arzt ist bei diesem Krankheitsbegriff derjenige, der über die Zeremonien dieser Initiation beziehungsweise dieser Auferstehung verfügt – somit eine Art Medizinmann. Der Medizinmann ist je nach Kulturkreis ein kleinerer oder größerer Zauberer, der über die geheimnisvollen mystischen Hintergründe und Zusammenhänge der Riten verfügt – meist aufgrund einer langen Tradition. Magisches Denken ist in unseren Tagen keineswegs ausgestorben, und viele Ärzte sind verwundert über die Wirkung ihrer Medikamente, die vom naturwissenschaftlichen Ursache-Wirkungsbegriff her oft gar keine reale Wirkung haben (Placebo, Homöopathie etc.). Für den nicht Eingeweihten ist das ganze Klimbim und Brimborium, die offiziellen Zeremonien der heutigen Medizin – von der Untersuchung über die Therapiemethoden – ohnehin nur eine Nachfolge der alten klassischen Priester- und Medizinmanntradition. Die Wissenschaft hat heute die Rolle übernommen, die ehedem die Kirche hatte. („Sie glauben gar nicht, Herr Doktor, wie mir das EKG geholfen hat.")

Die Verwandlungshilfe, die der Arzt so wie der Medizinmann früher dem Einzelnen angedeihen ließ, gipfelt vor allem darin, dass der Mensch seinem neuen Leben nun einen neuen Sinn gibt. Dieser Sinn kommt aus ihm selbst heraus – allerdings unter der Geburtshilfe des Arztes. Das Medikament wäre Zaubertrank, der in vielen Märchen auftritt, und mit dessen Hilfe man von einer Existenz in eine andere hinüberwechseln kann. Eine solche Zaubertrankfunktion wollen die Patienten sehr oft von den Ärzten mit Hilfe des Medikamentes.

Punkt 5: Fast jeder Mensch hat irgendwo Organschwächen, besondere Punkte von Sensibilität und Anfälligkeiten – seien sie vererbt oder erworben. Es ist auch durchaus möglich, dass sich Umwelteinflüsse in bestimmte Empfindlichkeiten umsetzen. Dieser locus minoris resistentiae sollte jedem Menschen bekannt sein. Es ist dies jener Punkt, bei dem sich bei Überlastung oder bei Verlust des Gleichgewichts eine Störung oder eine Organschwäche entwickelt. Der Arzt hat hier die Aufgabe, diese Organschwächen dem Patienten darzustellen, mit ihm gemeinsam die Minderwertigkeit des betreffenden Organs zu kompensieren und die Rolle des Gärtners anzunehmen. Er wird nicht nur die Entwicklungsgeschichte des einzelnen Organs und seiner Schwäche durch ausführliche

Anamnesen, Lebensskriptvorstellungen usw. analysieren. Er wird auch feststellen, was im Rahmen der übrigen Organabstimmung der Stärkung des betroffenen Organs dient, und er wird auch die Umwelteinflüsse, Dauerbelastungen unter die Lupe nehmen. Insbesondere hat die Vorbeugungsmedizin hier einen wichtigen Ort, nämlich insofern, als man Organschwächen von Haus aus als Krankheiten zu vermeiden trachtet. Ein Medikament hat hier die Funktion einer zeitweiligen oder dauernden Prothese zur Stützung von Organen.

Wie man sieht, hat der Arzt eine jeweils unterschiedliche, aber doch immer genau definierte soziale Rolle, auf die er übrigens im Medizinstudium viel zuwenig vorbereitet wird.

Punkt 6: Die Krankheit als Flucht wurde schon angeführt.

Punkt 7: Krankheit als Symptomträger für soziale Konflikte. Am deutlichsten ist dies bei Krankheiten, die in Familien oder in Gruppen auftreten, weil die Konflikte sich an einer bestimmten Person konkretisieren. Hier muss der Arzt, will er Erfolg haben, die Kunst des Konfliktmanagements beherrschen. Die Symptome bloß zum Verschwinden zu bringen gleicht dem Kampf mit der Hydra: sie treten immer wieder auf, wenn auch möglicherweise in anderer Form.

Der Verlust der Mehrgenerationsfamilie, die Anonymisierung unserer Gesellschaft scheint dem Arzt eine Reihe von Funktionen zu übertragen, die er früher in diesem Ausmaß nicht gehabt hat und die weder der Medizinmann noch der klassische Arzt früherer Epochen übernehmen konnte. Viele Ärzte der Gegenwart scheinen damit auch ziemlich überlastet zu sein. Insbesondere, wenn der Arzt auch bei strengster Abstinenz in einem Sozialgebilde eine bestimmte Rolle zugewiesen bekommt, wie etwa die Rolle des Sündenbocks, in die man als Sozialtherapeut nur allzu leicht geraten kann. Der Arzt, der sehr oft nicht gelernt hat, als Projektionsfigur dazustehen, versucht nun, sich aus dieser Situation wieder herauszukatapultieren. So bleibt oft das Gefühl bei den Betroffenen zurück, dass die Ärzte die Ursache für die Krankheit sind. Sehr viele

Ärzte versuchen hier, an ihrer Stelle dem Medikament die Bedeutung zu geben, die Heilfunktion im Sozialgebilde zu übernehmen. Nicht immer ist dies von Erfolg gekrönt. (Sagt die Schwester zum Arzt: „Heute nacht ist der Hypochonder von Zimmer 14 gestorben." Darauf der Arzt: „Jetzt übertreibt er aber.")

Punkt 8: Dass Krankheit auch als Störung des physiologischen wie psychischen Gleichgewichts aufgefasst werden kann, ist Traditionsgut in vielen außereuropäischen Medizinschulen, besonders in der chinesischen. Die europäische Medizin ist dabei, sich dieses Wissen anzueignen.

Der wesentliche Sinn der Krankheit besteht in der Annahme, dass der Mensch sich in einem dynamischen und daher sehr labilen Gleichgewicht befindet, das ständig durch seine Initiative, durch die Realisierung seiner Freiheit aufrechterhalten werden muss. Dabei sind eine Reihe von Gegensätzen auszubalancieren. Der Mensch hat nicht nur äußere Gegensätze wie Tag und Nacht, Winter und Sommer, Trockenheit und Regenzeit zu bewältigen, sondern auch Gegensätze wie den von Mann und Frau, von männlichen und weiblichen Anteilen in ihm selbst, von Yin und Yang, von alt und jung. Immer dann, wenn die Balance einmal nicht gelingt, tritt eine Über- oder Unterdosierung einer bestimmten Substanz beziehungsweise von Energie auf, die Schwäche und Mangelerscheinungen zur Folge hat. Viele Ärzte sprechen bei Konflikt- oder Stresssituationen von solchen Störungen des Gleichgewichtes.

Diese Auffassung hat auch eine gewisse Nähe zur nächsten Dimension, nämlich zur schon erwähnten Krankheit als Schuld. Auch die Schuld ist eine Form, wie in dem Sozialgebilde etwas aus dem Gleichgewicht gekommen ist. Der Arzt tritt in diesem Zusammenhang als Hüter der Ordnung, als Hüter des Gleichgewichtes auf. Er kennt auch jene Maßnahmen, mit deren Hilfe es möglich ist, das Gleichgewicht wieder auszubalancieren. Krankheit hat allerdings hier einen sehr starken positiven Bezug. Sie führt dazu, eine aus dem Gleichgewicht geratene Lebenssituation wieder einzubalancieren, und die Funktion des Arztes besteht zunächst darin, die Situation akzeptieren zu helfen. Wird die Störung des Gleichgewichtes insbesondere mit einer großräumigen Störung des Sozialgebildes oder gar der kosmischen Ordnung in Zusammenhang gebracht, dann zeigt sich die eigentliche Priesterfunktion des Arztes, der den Zusammenhang mit der größeren Ordnung herstellen kann.

Punkt 9: Krankheit als Schuld und die entsprechende Rolle des Arztes als Richter wurde schon ausgeführt.

Punkt 10: Eine wichtige Funktion haben die Ärzte bei der letzten von uns angeführten Dimension der Krankheit, die für die Bewältigung der Todesangst steht. Zunächst stellt der Versuch, Alter in Krankheit umzufunktionieren, eine Erleichterung für den alten Menschen dar. Denn Krankheit ist heilbar, Alter aber nicht. Der Mensch gewinnt Hoffnung auf Besserung des Zustandes. Langsam wird ihm aber der Arzt beibringen müssen, dass hier ein Alterungsprozess vorliegt, der irreversibel ist. Stellt der Arzt dies zu früh fest, verliert er die Zuneigung und das Vertrauen des Patienten; stellt er es zu spät fest, versäumt er vielleicht kostbare Zeit, in der der Patient noch lernen kann, den Alterungsprozess zu akzeptieren. Der Arzt ist hier in der Rolle des Totenrichters: er entscheidet, ab wann welche Therapie für den alternden Menschen noch sinnvoll ist und welche nicht, und letztlich muss er auch entscheiden, wie weit nicht der Tod diesem Leben vorgezogen werden muss.

Das Problem bei der mehrdimensionalen Ursachenforschung ist, dass die Erforschung dieser Faktoren jeweils einer anderen Wissenschaft obliegt und dennoch alle Faktoren ineinander greifen, da der Mensch als Einheit handelt. Man darf daher nicht einer Wissenschaft allein (etwa der Psychologie oder der Psychoanalyse) die Erforschung der Produktbedeutung überlassen. Das Problem der Vernetzung liegt in der Koordination dieser verschiedenen Wissenschaften und der Kommunikation unter ihnen, sieht doch jeder in seiner Wissenschaft (deren Methode ihm Sicherheit gibt) oft die einzig mögliche oder jedenfalls zentrale Betrachtungsweise.

Positive und negative Faktoren eines Produkts

Die Koordination verschiedener Aspekte eines Produkts durch Wissenschaftler des jeweiligen Gebietes erfolgt mit Hilfe gruppendynamischer Teamarbeit. Je nach Problem wird dieses Team unterschiedlich zusammengesetzt. Die dabei herausgearbeiteten Faktoren haben meist sowohl eine positive als auch eine negative Wirkung. Wenn das Produkt etwa von vielen Menschen gekauft wird, weil es „in" ist, dann ist dies gleichzeitig für einige gerade der Grund, es nicht zu kaufen.

Ich nehme an, dass der Erfolg eines Produkts oder einer Leistung (ob das nun ein Auto ist, eine Versicherung oder das Gewinnen von Schülern für eine Privatschule) durch verschiedene positive und negative Faktoren in einem Gleichgewicht gehalten wird.

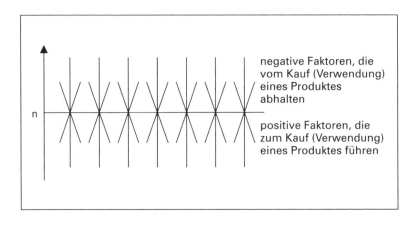

Will man diese Linien beeinflussen, also etwa die Anzahl n der gekauften Autos, Versicherungsverträge oder geworbenen Schüler erhöhen, oder hat sich etwa durch äußere Umstände diese Anzahl sozusagen ohne Zutun reduziert, dann gibt es zwei Möglichkeiten:

1. Man schafft neue positive Faktoren, zum Beispiel neue Produktvarianten, die es bisher noch nicht gab (Turbomotor, Sparkredit etc.),

2. oder man reduziert einen oder einige der negativen Faktoren (Abbau der Schuldgefühle beim Kredit etc.).

Ein Teil dieser Faktoren ist den Auftraggebern immer schon bekannt. Interessanterweise ist der Prozentsatz bei den positiven Faktoren wesentlich höher als bei den negativen: etwa 50 Prozent der positiven Faktoren und 20 Prozent der negativen sind schon bekannt.

Dieser Unterschied hängt damit zusammen, dass die meisten (mit Recht) stolz sind auf ihr Produkt und daher die Kritik daran weniger gerne hören. Durch die Erforschung der Produktbedeutung für das Handeln der Menschen wird die Anzahl der bekannten Faktoren erhöht. Da die externen Berater und die Interpreten nicht so am Produkt hängen wie die Auftraggeber, werden positive und negative Faktoren in gleicher Weise untersucht.

Die Erforschung aller Dimensionen ergibt nun eine Art Röntgenbild des Produkts. Man sieht, welche Faktoren für welche Käufer, Konsumenten, Benutzer wie und warum wichtig sind oder was Krankheit für einen Menschen bedeutet. Man sieht auch, welche Widerstände gegen das Produkt oder die Art des Vertriebes oder die Verpackung oder die Werbung existieren. Die Tätigkeit des Managements ist nun in Kenntnis des Röntgenbildes viel effizienter zu gestalten als ohne fundierte Informationen über die positiven und negativen Faktoren sowie ihre Vernetzung.

Dabei hat sich herausgestellt, dass die Arbeit an den negativen Faktoren, die Beseitigung oder Reduktion der Widerstände wesentlich rascher einen Erfolg bringt als die Installation neuer positiver Faktoren. Gerade im Bereich der negativen Faktoren liegt aber oft der blinde Fleck des Managements.

Ohne ein solches Röntgenbild ist das Management auf Vermutungen angewiesen. Man kennt nur einen Teil der Faktoren, wobei bestimmte Faktoren von einzelnen Mitarbeitern für wichtiger angesehen werden als andere. Andere Mitarbeiter haben wieder andere

Präferenzen. Dies erklärt sich wie gezeigt vor allem daraus, dass die Widersprüche des Marktes bei guten Unternehmen ihre Repräsentanten innerhalb des Unternehmens haben. Viele Konflikte im Unternehmen werden sozusagen im Interesse der Kunden ausgetragen.

Auf welche der Faktoren schließlich ein Marketingkonzept aufgebaut wird, hängt traditionellerweise, das heißt, ohne genaue Kenntnis der einzelnen Faktoren der Produktbedeutung oder ohne Produktphilosophie, auch oft vom Resultat eines Machtkampfes innerhalb der Firma ab und nicht nur von den Bedürfnissen des Marktes. Hier reagiert jede Organisation so wie ein Mensch, der etwas wissen möchte (oder wissen muss), es aber nicht weiß: er verwendet als letzte Informationsquelle, die ihn nie im Stich lässt, seine Fantasie. Dass dabei die Interessen zum Beispiel von Abteilungen sowie die Machtverhältnisse eine Rolle spielen, liegt auf der Hand. Gerade die ungenügende Kenntnis der Faktoren leistet solchen Machtkämpfen Vorschub. Nicht selten werden durch die Aufklärung der Produktbedeutung auch die eigentlichen Hintergründe von hausinternen Konflikten sichtbar.

Mit Hilfe eines solchen „Röntgenbildes eines Produkts" ist es auch leichter, ein Briefing für eine Werbekampagne zu veranstalten oder Vorschläge für eine solche Kampagne auf ihre mögliche Wirkung im voraus zu beurteilen. Man tappt jedenfalls weniger im Dunkel als ohne Informationen durch die mehrdimensionale Ursachenforschung.

Mit der Erforschung der Widersprüche in einem Produkt eröffnen sich oft eine Reihe überraschender Einsichten und praktikabler Anwendungsmöglichkeiten. Wir konnten plötzlich verstehen, wieso etwa ein Autofahrer gleichzeitig für und gegen ein Tempolimit sein konnte, wieso Geld gleichzeitig intimer Besitz und anonymes Zahlungsmittel sein konnte, wieso man in Hierarchien gleichzeitig unter einem Chef leiden und sich trotzdem bei ihm sicher fühlen kann usw. Beim Auftreten solcher grundlegender Widersprüche (Aporien) kann es daher nicht Aufgabe des Managements sein, diese Widersprüche zu eliminieren (wie es die Logik verlangt), sondern eher sie zu organisieren und beide Seiten – die ja recht haben – in eine sinnvolle Balance zu bringen.

Diese Balance gelingt aber nur, wenn man die Widersprüche – und zwar beide Seiten – kennt. Nach unseren Erfahrungen wird in Organisationen häufig eine der beiden Seiten verdrängt. Sie existiert dann nur im Untergrund oder inoffiziell, wird geduldet und geht nur mit „schlechtem Gewissen" in Managemententscheidungen ein (zum Beispiel „logisch" wäre es, Kompetenzen eindeutig aufzuteilen – in der Praxis aber übernimmt man, wenn es nötig ist, auch Arbeiten vom Kollegen; „logisch" ist es, eine Handlungsvollmacht einzuhalten – wenn man ein Geschäft machen will, muss man sie aber manchmal überschreiten).

Eine ausgeführte Produktphilosophie schließlich ist Voraussetzung für die Entwicklung einer Unternehmensphilosophie, die es allen Mitarbeitern ermöglicht, sich mit dem Unternehmen und seinen Zielen zu identifizieren (Corporate Culture). Der Zustimmungsgrad der Mitarbeiter (also der Prozentsatz der Demotivation) ist heute schon und wird noch mehr in Zukunft ein wichtiger Konkurrenzaspekt sein.

Zum Abschluss noch ein Beispiel, an dem deutlich wird, dass es auch notwendig sein kann, den traditionellen Begriff der Aporie (als Einheit von zwei Gegensätzen), wie er in der Philosophie seit Aristoteles verwendet wurde, zu erweitern. Auch Hegel sah die Vernetzung mehrerer Aporien immer nach dem Muster: These – Antithese – Synthese. Dieses biomorphe Denkmodell (Vater – Mutter – Kind) reicht heute nicht mehr aus, um komplexe Organisationen zu verstehen. Ich habe zusammen mit Peter Heintel 1989 eine solche Produktdialektik für Banken untersucht. Dabei stellte sich heraus, dass der Hegelsche Grundgedanke, neue Widersprüche immer erst als Antithese zu einer Synthese auftreten zu lassen, nicht mehr genügt, um die Konflikte zu verstehen.

Untersucht man nämlich das Produkt der Bank – das Geld –, dann stellt sich heraus, dass man es hier mit einer dreigliedrigen Aporie zu tun hat.

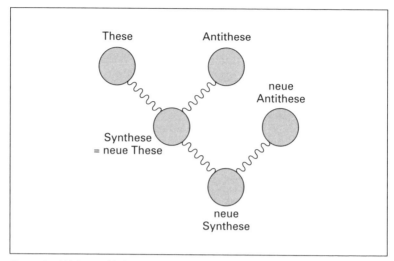

Gang der Weltgeschichte als Lernprozess nach Hegel

Aporien des Geldes

Das Geld scheint mehrere Dimensionen in sich zu haben, die zueinander in einem widersprüchlichen aporetischen Verhältnis stehen. Die Widersprüche, die es im Geld gibt, finden sich sowohl in
der Bank als auch im Verhältnis zwischen Bank und Kunden als
Konflikte wieder. Als Konflikte, die entweder innerhalb der Bank
ausgetragen werden müssen, oder aber als Konflikte, die zwischen
Bank und Kunden ausgetragen werden, dann nämlich, wenn die
Bank die Widersprüche nicht ernst nimmt und etwa eine Seite der
Aporie verdrängt oder verleugnet oder aber den anderen Seiten
unterordnet.

Die erste und vermutlich wichtigste – jedenfalls in der Öffentlichkeit wichtigste – Dimension des Geldes ist die des Tauschäquiva-
lents als abstrakter Maßstab. Geld ist aus dem Opfer der Tempelwirtschaft entstanden und versucht, die anonyme Kommunikation zwischen Menschen, soweit sie ökonomisiert ist, zu regeln.

Geld ist Prinzip der öffentlichen, anonymen, ökonomisierten Kommunikation. Wenn A dem B etwas bezahlt, muss das von C anerkannt werden, damit diese Zahlung Sinn hat. Der Wert eines Gegenstandes im Vergleich zum Tausch in einen anderen Gegenstand muss in einem abstrakten, allgemein gültigen, von Zeit und Raum und Ort relativ unabhängigen System festgelegt werden. Dieser Anonymitätscharakter des Geldes (pecunia non olet) und seine Voraussetzung als Maßstab führen dazu, dass es selber nicht ein Gegenstand wie alles andere ist, der verbraucht werden kann (Geld kann man nicht essen), sondern eine Voraussetzung dafür, dass Gegenstände einen Wert haben. Geld ist jenes Instrument, mit dessen Hilfe der Wert eines Gegenstandes angegeben werden kann. Selber darf es in diesem Zusammenhang keinen bestimmten Gebrauchswert haben. Soweit Geld vergegenständlicht wurde, hat man daher auch immer solche Dinge genommen – etwa Gold oder Muscheln –, die selber keinen Gebrauchs- oder Verbrauchswert hatten. Verbrauchsgegenstände – wie etwa Zigaretten – als Währung haben sich immer nur sehr kurzfristig bewährt und auch nur dann, wenn die offizielle Festlegung des Wertes des Geldes zusammengebrochen war, wie etwa in der Nachkriegszeit in Europa nach dem Zweiten Weltkrieg.

Die erste Aporie erhält man, wenn man diesem Voraussetzungscharakter des Geldes, das sozusagen wertkonstitutiv das Tauschäquivalent darstellt, jenes Geld entgegenstellt, das von den Banken als Ware gehandelt wird. Denn Geld ist selbst – wie alle anderen Waren – auch eine Ware. Es hat einen bestimmten Preis, der höher oder niedriger liegen kann, sich von Tag zu Tag, von Stunde zu Stunde, manchmal sogar von Minute zu Minute ändern kann. Mit dieser Ware handeln die Banken. Diese Dimension des Geldes, der Warencharakter, steht natürlich in einem Widerspruch zum Voraussetzungscharakter des Geldes.

Man könnte die Aporie auch so formulieren: „Geld ist Maßstab von gemessenen Werten" – dann kann es nicht selber eine Ware sein. Oder: „Geld ist eine Ware" – dann kann es nicht gleichzeitig

Maßstab sein. Der Maßstabcharakter des Geldes als transzendentale Voraussetzung des Tausches widerspricht dem Warencharakter des Geldes.

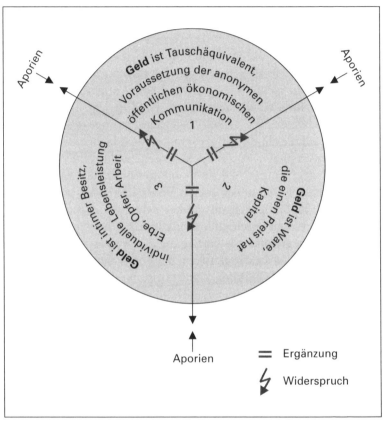

Aporien des Geldes

Auf der anderen Seite liegt auf der Hand, dass Geld sowohl Voraussetzung als auch selbst Ware darstellt. Diesen Widerspruch durch unsere Logik aus der Welt schaffen zu wollen, würde bedeuten, Geld nicht verstehen zu können, eine wesentliche Dimension des Geldes weglassen zu müssen. Nach dem zweiten Axiom der Logik müsste man sagen: Geld ist entweder Voraussetzung oder Ware. Dies geht aber wie gezeigt nicht. Damit sind die Bedingungen für eine Aporie erfüllt.

Nun hat Geld aber noch einen dritten Aspekt, nämlich den Intimitätscharakter, der von Kunden der Banken beschrieben wird. Geld ist intimer Besitz und definiert individuelle Lebensleistung, die oft sogar vor anderen geheimgehalten wird. Es berührt den innersten Intimbereich eines Menschen. Viele Menschen sind bereit, über alles mögliche offen zu sprechen, aber über ihr Geld und ihre Anlagen sprechen sie nicht. Sie brauchen großes Vertrauen zu einem Anlageberater, vor dem sie sich gewissermaßen „ausziehen" müssen, wie das oft formuliert wird, und es ist gar nicht einfach, ein solches Vertrauen zu bekommen.

Es gibt hier zwei weitere Aporien: erstens den Widerspruch zwischen der Intimität des Geldes und der Anonymität des Geldes. Wieder könnte man sagen: „Geld ist intimer Besitz" – dann kann es aber nicht anonym sein – oder: „Geld ist anonym" – dann kann es nicht individuell besessen werden. Andererseits liegt auf der Hand, dass natürlich ein und dasselbe als anonym, als Voraussetzung der Wertkonstitution angenommen werden kann, gleichzeitig aber auch Intimitätscharakter hat.

Zweitens die Aporie, Geld als Ware und Geld als Intimität. Geld als Ware ist offensichtlich etwas, das getauscht werden kann, mit dem gehandelt, spekuliert werden kann und das in einem Widerspruch zum Intimitätscharakter des Geldes steht, das jenseits der Spekulation dem Wert einer bestimmten Lebensleistung adäquat ist.

Diesen drei Dimensionen des Geldes entsprechen nun die (widersprüchlichen) Dimensionen des Geldverhaltens, zum Beispiel des Anlageverhaltens.

Dem ersten Bereich, dem des Geldes als Voraussetzung des Handels, entspricht die Arbeit, mit der Geld verdient wird, denn Geld regelt das Verhältnis der arbeitenden Menschen zueinander, indem die Leistung, die sie erbringen, mit einem bestimmten Äquivalent abgegolten wird. Dieses Geld ist selbst erarbeitet, und man hat zu ihm eine deutlich andere Beziehung als zu dem Geld, das Ware darstellt und Gegenstand der Spekulation sein kann. Dieses Geld vermehrt sich oder vermindert sich je nach Angebot und Nachfrage in spekulativer Form und ist auch in den Motiven der Menschen deutlich von dem erarbeiteten Geld zu unterscheiden. So muss zum Beispiel erarbeitetes Geld immer sicher oder jedenfalls zum Teil sicher angelegt werden; mit dem nicht selbst erarbeiteten, sondern ererbten oder sonstwie „erspekuliertem" Geld lässt sich viel leichter und lockerer umgehen.

Drittens aber ist das Geld, das Intimitätscharakter hat und Ausdruck individueller Lebensleistung darstellt, auf alle Fälle ein nicht spekulatives, sondern den Menschen über seinen Tod hinaus identitätsstiftendes Etwas. Hier garantiert die Sicherheit der Anlage die Unsterblichkeit, die der Mensch mit Hilfe des Geldes erreichen will.

Aporien der Bank

Entsprechend den drei Dimensionen des Geldes hat auch die Bank für die Kunden drei verschiedene Bedeutungen. Erstens ist sie jenes öffentliche Institut, das Geld ausgibt und wieder einnimmt und für die Tauschbarkeit des Geldes und der einzelnen Güter sorgt. Dort bekommt man das Geld und findet eine Institution, die den Wert des Geldes garantiert. Diesem Motiv entsprechen natürlich Großbanken besser als kleine Banken, weil sie größere Sicherheit für das Geld darstellen, mehr Institutionscharakter besitzen. Die Mitarbeiter der Bank sind in dieser Dimension Repräsentanten der öffentlichen Ordnung. Sie heißen in dieser Funktion dann auch Bankbeamte und sind sozusagen Nachfolger der ehemaligen Tempelpriester. Im Falle der Geldanlage über den Tod hinaus sind diese Bankbeamten sogar Nachfolger der alten Totenpriester, die das, was die Lebenden nicht mehr unbedingt zum Leben brauchten, den Toten in ihr Grab mitgegeben haben, um ihre Unsterblichkeit zu sichern. Als Totenpriester verwalteten sie dieses Geld.

Banken müssen in diesem Bereich miteinander kooperieren, um diese Leistung erbringen zu können.

Dem zweiten Bereich, Geld als Ware, entsprechend ist die Bank ein gewinnorientiertes Einzelunternehmen, das mit Geld handelt und zu anderen Banken in Konkurrenz steht, selbst ein Gewinninteresse hat und dieses auch in seinen verschiedenen Handlungen deutlich werden lässt. Die Bankmitarbeiter sind Bankkaufleute, die die Produkte der Bank verkaufen. Sie sind hier auch Unternehmer und Händler, deren Interesse es ist, den Gewinn sicherzustellen. Die Aufgabe des Bankbeamten ist es, im ersten Bereich den ordnungsgemäßen Ablauf des Geldverhaltens sicherzustellen.

Die Bank ist drittens, um dem Intimitätscharakter des Geldes zu entsprechen, Treuhänder der individuellen Lebensleistung Einzelner, die ihr Erspartes, ihre „ersparte Intimität", der Bank anvertrauen, die diese verwaltet. In diesem Zusammenhang ist die Bank ein Dienstleistungsunternehmen, und so wie im zweiten Bereich die Mitarbeiter der Bank als Verkäufer, die ein bestimmtes Produkt verkaufen, betrachtet werden können, so können sie in der dritten Dimension als Dienstleister, als Berater, als Therapeuten, als quasi Ärzte, ja sogar als Beichtväter, Eheberater oder Testamentsvollstrecker angesehen werden.

Die Aufgabe des Bankbeamten ist es, „seriös", „beständig" und „sicher" (so beschreiben es von uns befragte Kunden) die Geldorganisation zu gewährleisten. Die Aufgabe des Bankkaufmannes ist es, „dabei" Gewinn zu machen, und die Aufgabe des Bankbetreuers ist es, „dabei" die Kunden zufrieden zu stellen.

Zu Konflikten in der Bank muss es kommen, weil die drei Bereiche zueinander in Widerspruch stehen. Sie treten in der folgenden Abbildung entlang der Schnittstelle zwischen den Bereichen auf.

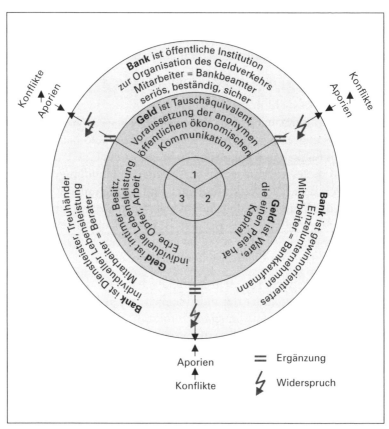

Aporien der Bank

Schnittstelle zwischen Bereich 1 und 2:

Der Bankbeamte etwa muss einen öffentlichen Ordnungsauftrag
erfüllen. In dieser Rolle wird er jeden, der ein Konto eröffnen will,
auch nehmen. Als Bankkaufmann sagt er: „Wir nehmen nur diejenigen Konten, die rentieren." Dies ist ein Widerspruch zwischen
Bereich 1 und Bereich 2. Ähnlich ist es mit der Bezahlung. Der Beamte wird für Verfügbarkeit bezahlt. Dafür gibt es fixe Tarife. Der
Kaufmann wird für Leistung bezahlt. Bei größeren Banken ist an
dieser Schnittstelle zwischen Bereich 1 und 2 auch die Job-rotation

manchmal kontrovers. Die Bankbeamten sind oft regional verankert, also etwa Kassiere im Sportklub oder bei Rotary oder Lions. Auch die Kunden vermissen einen versetzten Betreuer. Im Bereich 2 muss man die Mitarbeiter dorthin setzen, wo man sie braucht, und das ist nicht immer dort, wo man sie gerade hat. Außerdem geht es nicht nur um Kontinuität (wie im Bereich 1), sondern auch um Flexibilität usw.

Schnittstelle zwischen Bereich 2 und 3:

Auch an der Schnittstelle zwischen den Bereichen 2 und 3 konnten wir einen großen Teil (bei den von uns untersuchten Banken sogar den größten Teil) der Konflikte lokalisieren. Hier geht es insbesondere um Produktverkauf gegen Bedürfnisverkauf. Nicht immer ist gerade das, was die Banken anbieten, auch das, was die Kunden brauchen. Umgekehrt sind sich die Kunden oft der Aporie nicht bewusst, zum Beispiel das Geld möglichst sicher, aber auch mit sehr hoher Rendite anzulegen. Ihre Wünsche sind insofern jenseits der ökonomischen Vernunft, die im Bereich 2 von der Bank vertreten wird. Auch Konflikte, die mit den Rationalisierungen des Electronic Bankings einhergehen, können hier lokalisiert werden.

„Früher machte mein Betreuer noch ein Schwätzchen mit mir, heute starrt er abwesend ins Terminal", sagte uns eine Kundin. Das heißt, dass die Technologie, die im Bereich 2 Fortschritt bedeutet, im Bereich 3 dem Kunden Angst macht. Innerhalb der Bank muss es daher immer den Konflikt geben, wie weit die rationalisierte und technisierte Kommunikation auch noch dem Anspruch nach Zufriedenheit der Kunden genügt. Man kann nicht die Anzahl der verkauften Bausparverträge gegen wirkliche Kundenzufriedenheit aufrechnen.

Schnittstelle zwischen Bereich 3 und 1:

Im Bereich 3 geht es um die Beratung von Privat- und Firmenkunden, denen die Bank ihr Know-how zur Verfügung stellt. Konflikte gibt es nicht nur an der Schnittstelle zur ökonomischen Vernunft, sondern auch zum Bereich 1, also zur öffentlichen Funktion der Bank. Nicht immer sind die Bedürfnisse und Wünsche der Kunden vereinbar mit den Regeln der Bank, die wiederum die Tauschbarkeit von Geld garantieren. Es streiten dann der Kundenbetreuer und der Beamte, ob das, was sich der Kunde wünscht, auch mit den Regeln vereinbar ist, oder ob das, was die Regeln verlangen, sich auch der Kunde wünscht. An der Schnittstelle 1 zu 2 heißt es: „Soll ich Geschäfte machen oder mich an die Regeln halten?" An der Schnittstelle 3 zu 1 heißt es: „Soll ich die Politik des Kunden in der Bank verkaufen oder die Bankpolitik dem Kunden?"

In vielen Banken gibt es hier auch den Konflikt um die Mobilität der Betreuer. Für den Bankbeamten als Nachfolger der Tempelpriester ist es selbstverständlich, dass der Kunde in die Bank kommt, um dort – egal welche – Geschäfte abzuwickeln. Für den Kundenbetreuer ist es oft selbstverständlich, dass er den Kunden in seinem Arbeitsbereich besucht.

Mit diesem Denkmodell ist es uns gelungen, einen ziemlich großen Teil der notwendigen Konflikte in Banken zu verstehen und vor allem zu zeigen, dass Konfliktmanagement darin besteht, die aporetischen Widersprüche in jedem Fall erneut auszubalancieren oder sogar einer Konsenslösung zuzuführen. Keinesfalls ist es sinnvoll, nach einer linearen Logik den einen Bereich einem anderen oder zwei Bereiche einem dritten unterzuordnen. Wer nur Regeln beachten will, wird keine Geschäfte machen und den Kunden nicht zufrieden stellen. Wer nur Geschäfte machen will, kann den Kunden nicht auf Dauer zufrieden stellen und wird auch mit den Regeln in Konflikt kommen. Wer nur den Kunden zufrieden stellen will, wird die Regeln missachten müssen und keine Geschäfte machen.

Aporien der Börse

Interessant war für uns auch, dass es möglich ist, dieses Denkmodell auf einzelne Geschäftsbereiche innerhalb der Bank anzuwenden. So haben wir für eine Untersuchung über die Börse auch die dort vorhandenen Konflikte besser verstehen können. Entsprechend den drei Dimensionen des Geldes gibt es auch drei Dimensionen der Börse, die deutlich unterschieden werden müssen und auch in der Literatur unterschieden werden.

Börse ist Markt der Märkte

1. Dem öffentlichen Institutionscharakter des Geldes als transzendentale Voraussetzung entspricht erstens die Definition der Börse als Markt der Märkte. Es ist nicht selber ein Gegenstand, der gehandelt wird, sondern jene transzendentale Voraussetzung, die erstmals von einem Mann namens van der Burse geschaffen wurde, bei der die Werte der Unternehmungen gehandelt werden. Es handelt sich hier um die dritte Abstraktionsstufe des Tausches. Die erste Stufe wäre die Erzeugung von Gütern und ihr direkter Tausch und ihr Verbrauch. Die zweite Stufe wäre der Handel von Gütern auf einem Markt. Die dritte Stufe: die einzelnen Unternehmungen, die diese Güter erzeugen, werden dann auf einer übergeordneten Art von Markt gehandelt, nämlich an der Börse.

Die Börse ist Spiegelbild der Weltkonjunktur

2. Die Börse ist aber nicht nur dieser öffentliche Wert der Unternehmungen, sondern unabhängig davon werden die Kurse der einzelnen Aktien nach Angebot und Nachfrage geregelt. Dabei hat sich gezeigt, dass sich diese Kurse verselbständigen können. Nach bestimmten Gesetzmäßigkeiten werden fiktive Werte gehandelt, die es noch gar nicht gibt oder die es überhaupt nie geben wird, und der Handel wird zum Selbstzweck. Dieser Handel als Selbstzweck genügt den Gesetzen des Kapitalismus nach einem öffentlichen Forum, in dem sich die floatende Geldmenge als Kapital konkretisieren kann.

Anlässlich unserer Teamsitzung erfanden wir folgendes Gesellschaftsspiel: A borgt sich von B 1 000 Schilling und stellt B einen Schuldschein aus, auf dem steht, dass B das Recht habe, von A 1 000 Schilling zu fordern. Desgleichen borgt sich B von A 1 000 Schilling und stellt ebenfalls einen Schuldschein aus. Der Schuldschein im Besitz von A wird an C weiterverkauft, der dafür 2 000 Schilling zahlt, weil er B als Kollegen mit guter Bonität schätzt und D zuvorkommen will, der bereit ist, für den Schuldschein 2 500 Schilling zu zahlen.

Der erste Schuldschein wechselt nach einiger Zeit für 2 500 Schilling seinen Besitzer, und nachdem E, F und G ebenfalls Papiere ausgestellt haben, wird ein schwungvoller Handel mit Scheinen betrieben, wobei sich die Preise nach Angebot und Nachfrage gestalten.

Im Prinzip können hier einige Hunderttausend Schilling oder Millionen usw. „angelegt" werden, ohne dass überhaupt irgend jemand dafür einen echten Wert mitbringt. Geld ist hier selber zur Ware geworden, die einen bestimmten Preis hat.

Börse ist Weltcasino zur Befriedigung des Spielthrills durch Gewinn und Verlust

3. Der dritte Bereich des Geldes, sein Intimitätscharakter, könnte mit „Lebensrisiko" umschrieben werden. Lebensrisiko bedeutet, dass dasjenige, das bisher erspart wurde und nicht dem unmittelbaren Konsum dient, nun der Spekulation dieses Angebot-Nachfrage-Systems anheim gegeben werden kann. Dabei gibt es das Risiko, etwas zu gewinnen oder zu verlieren. Dieses Risiko verschafft dem Menschen mit Hilfe des Geldes mehr oder weniger Befriedigung in seiner individuellen Identitätsfindung.

Wenn man nicht nur die Börse, sondern allgemein Anlageformen betrachtet, dann kann man die Widersprüche zwischen diesen drei Bereichen ebenfalls konkretisieren; zwischen dem ersten Bereich, dem öffentlichen Wert und dem Spekulationsmarkt, liegt also etwa der Widerspruch, „um Geld spielt man nicht" – andererseits aber ist jede Anlage Spekulation, das heißt „um Geld muss gespielt werden". Entsprechend daher auch der Widerspruch zwischen 1 und 3, zwischen den mehr sicheren und weniger sicheren Anlageformen. Eine hundertprozentig sichere Anlageform gibt es nicht, denn sogar das Sparbuch unterliegt natürlich einer Inflation.

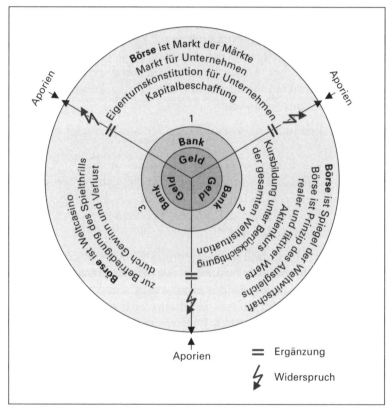

Aporien der Börse

Hierher gehört auch jene Dialektik, dass, wer Geld gewinnen will, auch Geld verlieren will oder jedenfalls riskiert, Geld auch zu verlieren, und muss dies in einem Wunsch enthalten haben.

Der Gegensatz zwischen 1 und 2 zeigt sich auch im Gegensatz von Dividende und Aktienwert. Im Bereich 1 zahlen die Unternehmungen je nach ihrer Gewinnsituation an die Aktionäre eine Dividende, die wenigsten kaufen aber Aktien wegen der Dividende, sozusagen wegen des normalen Geldes, das hier arbeitet, sondern viele kaufen die Aktien wegen des Kurses oder des zu erwartenden Kursgewinnes, der oft ein Vielfaches der Dividende ausmachen kann. An der Grenze zwischen 2 und 3 ist auch etwa der Widerspruch, „über Geld muss man sprechen" und „über Geld kann man nicht sprechen". Im Intimitätsbereich kann man nicht darüber sprechen, im Anlagebereich des Aktienmarktes muss man natürlich darüber sprechen. Dieser Intimitätscharakter einer Anlage, einer Aktie, kommt in folgendem Zitat eines Anlagekunden, den wir interviewten, zum Ausdruck:

> „Eine Aktie muss sexy sein. Sie kaufen an ihr immer die Aussichten.
> Frage: ‚Was haben Sie gesagt? Sexy muss sie sein?'
> Ja, sexy muss sie sein. Sie kaufen die Aussichten. Sie kaufen niemals eine entkleidete Dame, immer nur eine angezogene Dame, aber Sie kaufen das, was Sie sich denken, wie sie ausgezogen aussehen könnte.'"

Hier wird also der Intimitätscharakter des Geldes mit dem Intimitätscharakter der Sexualität in einen Assoziationszusammenhang gebracht. Der Ausdruck, die Börse muss sexy sein oder Pfiff haben, wird gerne gebraucht. Meines Erachtens ist dieser dritte Bereich der Börse, nämlich die Rolle als Weltcasino, noch viel zu wenig untersucht worden. Ich vermute, dass es hier auch eine „Karriere" eines Menschen als Spieler geben kann. Etwa am Anfang als Kind spielt man Karten vom einfachen Kartenspiel bis zum Poker. Man lernt, mit Gewinn und Verlust nach den irrationalen Gesetzen des Schicksals umzugehen. Wenn man größer wird, kann man dann auf Geldautomaten kommen oder auf Lotto, Toto etc. Noch höher steigt man auf der Karriereleiter eines Spielers, wenn man ins Casino geht, und die oberste Sprosse ist vielleicht die Börse. „Identitätsfindung durch Gewinn und Verlust" könnte dieser Konflikt umschrieben werden.

Zusammenfassung

Mit Hilfe der Erforschung der Produktaporien sind wir heute in der Lage, viele Konflikte in Organisationen zu verstehen und ihre Handhabung zu gewährleisten. Früher nannte man solche Aufgaben „die Quadratur des Kreises". Wie bringt man einem Kunden gute Rendite und macht dabei noch Geschäfte usw.? Wie verkauft man einem Menschen Sicherheit (Versicherung) und berücksichtigt doch das Risiko? Wie erfüllt man als Arzt die Rolle, die ein Patient sich wünscht, und bleibt doch bei seiner eigenen Rolle?

Das Ausbalancieren der Widersprüche (sofern man sie kennt) ist wohl die Regel, die man hier als Konfliktmanager mit auf den Weg geben kann.

Ich wünsche Ihnen viele schöne Konflikte!

Literaturverzeichnis

ADLER, A.: Menschenkenntnis, 1927, Frankfurt: Fischer Tb. 1966.

AXELROD, R.: Die Evolution der Kooperation, Oldenburg: Scientia Nova 1984.

BALINT, M.: Angstlust und Regression, 1959, Reinbek: Rowohlt 1972.

BANZHAF, H.: Der Mensch in seinen Elementen, Feuer, Wasser, Luft und Erde, Eine ganzheitliche Charakterkunde, München: Kailash 1993.

BAUR, G. UND A.: Konflikt-Management, Bern: Haupt 1977.

BECK, U.: Risikogesellschaft, Frankfurt: Suhrkamp 1986.

BECKER, W.: Idealistische und materialistische Dialektik, Stuttgart 1972.

BENJAMIN, R. W.: „Images of Conflict Resolutions and Social Control", Journal of Conflict Resolution 19, S. 123–137.

BERGER, W./HEINTEL, P.: Die Organisation der Philosophen, Frankfurt: Suhrkamp 1998.

BERLYNE, D. E.: Konflikt, Erregung, Neugier, Stuttgart: Klett 1974.

BERNE, E.:
- Spiele der Erwachsenen, Psychologie der menschlichen Beziehungen, Reinbek: Rowohlt 1967.
- Spielarten und Spielregeln in der Liebe, 1970, Reinbek: Rowohlt 1974.
- Was sagen Sie, nachdem Sie „Guten Tag" gesagt haben?, 1972, München: Kindler 1975.

BOULDING, K. E.: Conflict and Defense, A General Theory. New York 1962.

BRÄUTIGAM, W.: Reaktionen – Neurosen – Abnorme Persönlichkeiten, Stuttgart: Thieme 1978.

BRILL, A./DE VRIES, M. (Hrsg.): Virtuelle Wirtschaft, Virtuelle Unternehmen, virtuelle Produkte, virtuelles Geld und virtuelle Kommunikation, Wiesbaden: Westdeutscher Verlag 1998.

BUCHHOLZ, E. W.: Ideologie und latenter sozialer Konflikt, Stuttgart 1968.

BUCHINGER, K.: Die Zukunft der Supervision, Aspekte eines neuen „Berufs", Heidelberg: Carl Auer 1999.

BUCHINGER, K.: Supervision in Organisationen, Den Wandel begleiten, Heidelberg: Carl Auer, 1997.

BÜHL, A.: Die virtuelle Gesellschaft, Ökonomie, Politik und Kultur im Zeichen des Cyberspace, Wiesbaden: Westdeutscher Verlag 1997.

Bühl, W. L.: Theorien sozialer Konflikte, Darmstadt: Wissenschaftliche Buchgesellschaft 1976.

Casetti, G.: Die Kategorie des sozialen Wandels im Lichte der Konflikttheorie, des dialektischen Hyperempirismus und der Feldtheorie, Freiburg (Schweiz): Universitätsverlag 1970.

Claessens, D.: Das Konkrete und das Abstrakte, Frankfurt: Suhrkamp 1980.

Collins, R.: Conflict Sociology: Toward an Explanatory Science, New York 1975.

Coser, L.:
- The Function of Social Conflict, Clencoe, Ill. 1956.
- Continuities in the Study oft Social Conflict, New York 1967.

Dahrendorf, R.:
- Soziale Klassen und Klassenkonflikt in der industriellen Gesellschaft, Stuttgart 1957.
- Konflikt und Freiheit, Auf dem Weg zur Dienstleistungsgesellschaft, München 1972.

Degendorfer, W./Reisch, R./Schwarz, Guido: Qualitätsmanagement und Schulentwicklung, Theorie, Konzept, Praxis, Wien: öbv & hpt 2000.

Dschuang Dsi: Südliches Blütenland, Die Philosophie Chinas, Diederichs Verlag 1969.

Eibl-Eibesfeldt, I.:
- Liebe und Haß, München 1976.
- Krieg und Frieden – aus der Sicht der Verhaltensforschung, München: Piper 1975.
- Der Mensch – das riskierte Wesen, München: Piper 1988.
- Die Biologie des menschlichen Verhaltens, München: Piper 1984.

Eigen, M./Winkler, R.: Das Spiel, München: Piper 1975.

Engels, F.: Dialektik der Natur, Berlin 1961.

Erikson, E.: Identität und Lebenszyklus, 1959, Frankfurt: Suhrkamp 1977.

Feger, H.: Konflikterleben und Konfliktverhalten, Bern: Huber 1978.

Fischer, P. : Arbeiten im virtuellen Zeitalter, Wiesbaden: Gabler, 1997.

Fisher, R.: International Conflict for Beginners, New York 1969.

Fisher, R. J.: „Third Party Consultation: A Method for the Study an Resolution of Conflict", Journal of Conflict Resolution, S. 67–94, 1972.

Flusser, V.: Für eine Philosophie der Photographie, Göttingen: Andreas Müller-Pohle 1983.

Foucault, M.: Die Ordnung der Dinge. Eine Archäologie der Humanwissenschaften, Frankfurt: Suhrkamp 1974.

FREUD, A.: Das Ich und die Abwehrmechanismen, München: Kindler 1936.

FREUD, S.:
- Massenpsychologie und Ich-Analyse (G. W., Bd. 13, London 1942 ff. beziehungsweise Studienausgabe Bd. 9, Frankfurt 1969 ff.), Wien 1921.
- Das Ich und das Es. (G. W., Bd. 13, London 1942 ff. beziehungsweise Studienausgabe Bd. 3, Stuttgart 1969 ff.), Wien 1923.
- Warum Krieg? (G. W., Bd. 16, S. 11–27, 1932), Frankfurt: S. Fischer 1950.

GLASL, F.: Konfliktmanagement, Bern: Haupt 1980.

GOFFMAN, E.: Das Individuum im öffentlichen Austausch, Frankfurt: Suhrkamp 1974.

HAAS, M.: „International Systems", A Behavorial Approach, New York 1974.

HEIDACK, C. (Hrsg.): Lernen der Zukunft, München: Lexika Verlag 1988.

HEINTEL, P.: Innehalten, Gegen die Beschleunigung – für eine andere Zeitkultur, Freiburg im Breisgau: Herder 1999.

HEINTEL, P./KRAINZ, E.: Projektmanagement. Eine Antwort auf die Hierarchiekrise? Wiesbaden: Gabler 1988.

HOLM, K.: Verteilung und Konflikt. Ein soziologisches Modell, Stuttgart 1970.

HONDRICH, K. O.: Wirtschaftliche Entwicklung, soziale Konflikte und politische Freiheiten, Frankfurt 1970.

HUGO-BECKER, A./BECKER, H.: Psychologisches Konfliktmanagement, Menschenkenntnis, Konfliktfähigkeit, Kooperation, München: dtv 1996.

JUNNE, G.: Spieltheorie in der internationalen Politik, Opladen: Westdeutscher Verlag 1972.

KESTING, H.: Herrschaft und Knechtschaft, Freiburg: Rombach 1973.

KLOFAC, J./TLUSTY, V.: „Die soziologische Theorie des Konflikts und die dialektische Theorie der Widersprüche", Soziale Welt 16, S. 309–318, 1965.

KRAINZ, E./GROSS, H. (Hrsg.): Eitelkeit im Management, Kosten und Chancen eines verdeckten Phänomens, Wiesbaden: Gabler 1998.

KRAINZ, E./SIMSA, R. (Hrsg.): Die Zukunft kommt – wohin geht die Wirtschaft?, Gesellschaftliche Herausforderungen für Management und Organisationsberatung, Wiesbaden: Gabler 1999.

KRAPPMANN, L.: Soziologische Dimensionen der Identität, Stuttgart: Klett 1972.

KRYSMANSKI, H. J.: Soziologie des Konflikts, Reinbek: Rowohlt 1971.

LAING, R. D.:
- Das geteilte Selbst, Köln: Kiepenhauer & Witsch 1973.
- Das Selbst und die Anderen, Köln: Kiepenhauer & Witsch 1973.
- Knoten, 1970, Reinbek: Rowohlt 1983

LEWIN, K.: Resolving Social Conflicts, New York 1948.

LEYMANN, H.: Mobbing, Psychoterror am Arbeitsplatz und wie man sich dagegen wehren kann, Reinbek: Rowohlt 1993.

LIDZ, TH.:
- Familie und psychosoziale Beziehungen, 1963, Frankfurt: Fischer 1970.
- Das menschliche Leben, Frankfurt: Suhrkamp 1974.

LORENZ, K.: Das sogenannte Böse, Wien 1963.

MACHO, TH.: Todesmetaphern, Frankfurt: Suhrkamp 1987.

MAO, TSE-TUNG: Über den Widerspruch, 1937, Peking 1966.

MARX, K.:
- Die Frühschriften, hrsg. von Siegfried Landsgut, 6. Aufl., Stuttgart: Kröner 1971.
- „Pariser Manuskripte 1844" (= Texte zu Methode und Praxis II), Reinbek: Rowohlt 1966.

MITSCHERLICH, A.: Die Idee des Friedens und die menschliche Aggressivität, Frankfurt: Suhrkamp 1974.

MITSCHERLICH, M.: Müssen wir hassen? München: dtv 1972.

NICHOLSON, M.: „Tariff Wars and a Model of Conflict", Journal of Peace Research 4, S. 26–38, 1967.

NIPPERDEY, TH.: Konflikt – Einzige Wahrheit der Gesellschaft? Osnabrück 1974.

OBERSCHALL, A.: Social Conflicts and Social Movements, Englewood Cliffs, N. J. 1973.

PELINKA, P. (Hrsg.): Jagd auf Clinton, Warnsignal für unsere Demokraten, Wien: Kremayr & Scheriau 1998.

PERNER, A. R.: Sexualität in Österreich, Eine Inventur, Wien: Aaptos Verlag 1999.

PIETSCHMANN, H.:
- Das Ende des naturwissenschaftlichen Zeitalters, Hamburg: Zsolnay 1980; Edition Weitbrecht 1995.
- Die Welt, die wir uns schaffen, Hamburg: Zsolnay 1984.
- Die Wahrheit liegt nicht in der Mitte, Edition Weitbrecht 1990
- Die Spitze des Eisbergs, Edition Weitbrecht 1994
- Aufbruch in neue Wirklichkeiten, Der Geist bestimmt die Materie, Stuttgart: Weitbrecht Verlag 1997.

RAPAPORT, D.: „On the Psychoanalytic Theory of Motivation", in: Marshall R. Jones (Hrsg.), Nebraska Symposium on Motivation, 1960, Lincoln 1960.

RAPOPORT, A./CHAMNAH, A. M.: Prisoner's Dilemma. Ann Arbor 1965.

RIEMANN F.: Grundformen der Angst. Eine tiefenpsychologische Studie, München: Reinhard 1978.

ROSENKRANZ, H./BREUEL, R. (Hrsg.): Von der Gruppendynamik zur Organisationsentwicklung, Wiesbaden: Gabler 1982.

ROTHER, W.: Die Kunst des Streitens, München 1976.

RÜTTINGER, B.: Konflikt und Konfliktlösungen, München: Goldmann 1977.

SCHEIBEL, G.: Konflikte verstehen und lösen, Handbuch für Betroffene und Berater, Moers: Brendow Verlag 1996.

SCHELLING, TH. C.: The Strategy of Conflict, New York 1960.

SCHLEGEL, L.: Grundriß der Tiefenpsychologie V (zu: TAA), Tübingen: Francke 1979.

SCHMIDT, A. : Von Raum zu Raum, Versuch über das Reisen, Berlin: Merve Verlag 1998.

SCHUMPETER, J. A.: Kapitalismus, Sozialismus und Demokratie, Bern: Francke 1950.

SCHWARZ, GERHARD:
- Konfliktlösung als Prozeß. In: Baur, G. u. A., s. d.
- Gruppendynamik für die Schule, Pädagogik der Gegenwart, Jugend und Volk, 1974.
- Was Jesus wirklich sagte, Wien: Edition Va Bene 2000.
- Die ‚Heilige Ordnung‘ der Männer. Patriarchalische Hierarchie und Gruppendynamik, 3. Auflage, Wiesbaden: Westdeutscher Verlag 2000.
- Gruppendynamik. Geschichte und Zukunft, Wien: WUV Verlag 1994.
- Archaische Muster, Wiesbaden: Westdeutscher Verlag, 2004

Die folgenden Titel sind leider vergriffen. Restexemplare sind aber beim Autor direkt zu erwerben. E-Mail: schwarz@nextra.at
- Raum und Zeit als naturphilosophisches Problem, Wien: WUV Universitätsverlag 1992
- Was Augustinus wirklich sagte, Wien: Molden 1969.
- Denkstoff, Pesendorfer & Schwarz, St. Gallen: Verlag Ivo Ledergerber 1997.

SCHWARZ, GUIDO: Qualität statt Quantität, Motivforschung im 21. Jahrhundert, Opladen: Leske und Budrich 2000.

SEISS, R.: Verhaltensforschung und Konfliktgeschehen, München – Basel: Reinhardt 1969.

SNYDER, G. H.: „Prisoner's Dilemma and ‚Chicken‘ Models in International Politics", International Studies Quarterly 15, S. 66–103, 1971.

THOMAE, H.: Konflikt, Entscheidung, Verantwortung. Ein Beitrag zur Psychologie der Entscheidung, Stuttgart: Kohlhammer 1974.

UNTERNEHMENSTHEATER: the company stage®, 1080 Wien, Neudegger-gasse 14, Tel.: +43/1/4 08 46 62, mobil 06 76/3 01 84 59
http://www.unternehmenstheater.at

UTZ, S.: Soziale Identifikation mit virtuellen Gemeinschaften – Bedingungen und Konsequenzen, Pabst Science Publishers 1999.

WAAL, F. DE: Wilde Diplomaten, Versöhnung und Entspannungspolitik bei Affen und Menschen, München: Carl Hanser 1989.

WATERKAMP, R.: Konfliktforschung und Friedensforschung, Stuttgart 1971.

WATZLAWICK, P./BEAVIN, J. H./JACKSON, D. D.: Menschliche Kommunikation. Formen, Störungen, Paradoxien, Bern: Huber 1985.

WATZLAWICK, P./WEAKLAND, J. H./FISCH, R.: Lösungen zur Theorie und Praxis menschlichen Wandels, Bern: Huber 1984.

WICKLER, W.: Antworten der Verhaltensforschung, München 1970.

WILLI, J.: Die Zweierbeziehung, Reinbek: Rowohlt 1975.

WIMMER, R. (Hrsg.): Organisationsberatung, Neue Wege und Konzepte, Wiesbaden: Gabler 1992.

WIMMER, R. ET AL. : Familienunternehmen – Auslaufmodell oder Erfolgstyp?, Wiesbaden: Gabler 1996.

WIMMER, R./OSWALD, M.: „Organisationsberatung im Schulversuch", Europäische Hochschulschriften Bd. 330, S. 123–177, Frankfurt 1987.

WITTSCHIER, B. M. : Konflixt und zugenäht, Konflikte kreativ lösen durch Wirtschafts-Mediation, Wiesbaden: Gabler 1998.

ZUSCHLAG, B./THIELKE, W.: Konfliktsituationen im Alltag. Ein Leitfaden für den Umgang mit Konflikten in Beruf und Familie, Göttingen – Stuttgart: Verlag für angewandte Psychologie 1992.

Der Autor

Dr. Gerhard Schwarz, Universitätsdozent für Philosophie (Universität Wien) und Gruppendynamik (Universität Klagenfurt), arbeitet seit Anfang der 60er Jahre auf den Gebieten Organisationsentwicklung, Gruppendynamik, Konfliktmanagement, mehrdimensionale Ursachenforschung und Crosscultural-Projekte. Er ist Berater renommierter Unternehmen.

Von seinen vielen Veröffentlichungen fand besonders sein Buch „Die ‚Heilige Ordnung' der Männer" große Beachtung. Auch seine Vorträge werden mit Begeisterung aufgenommen.

Schließlich ist es Ihre Karriere

Planen Sie Ihre Karriere im Vertrieb!

„Karriere machen: Vertrieb" enthält fundiert recherchierte Informationen und viele Tipps, die alle Fragen rund um die Vertriebs-Karriere beantworten. Es ist der erste speziell für diese Berufsgruppe entwickelte Karriereplaner. Mit zahlreichen Informationen von Unternehmen, die über große Vertriebsorganisationen verfügen.

Harald Ackerschott
Karriere machen: Vertrieb 2003
Erfolgsprogramme für Berufseinstieg und Weiterbildung
2002. 211 S.
Geb. EUR 29,90
ISBN 3-409-11854-3

Konkurrenzloser Ratgeber für angehende Consultants

Wie kann ich die hohen Einstellungshürden überwinden und mich auf die Auswahlinterviews und die Consulting-Praxis vorbereiten? Dieser konkurrenzlose, überaus erfolgreiche Ratgeber zum Thema Consulting Case Studies gibt konkrete Hilfestellungen und Tipps.
Jetzt in der 4. Auflage mit noch mehr nützlichen Informationen.

Martin Hartenstein, Fabian Billing, Christian Schawel, Michael Grein
Der Weg in die Unternehmensberatung
Consulting Case Studies erfolgreich bearbeiten
4., überarb. Aufl. 2003.
255 S. Geb. EUR 29,90
ISBN 3-409-48869-3

Der Einstieg für den Aufstieg in steuerberatenden Berufen

Das Buch enthält Ausführungen, Tipps und Hinweise, die alle Fragen rund um den Karriereeinstieg in die Steuerberatungs-Branche beantworten – von den Voraussetzungen bis zur Niederlassung. Der umfangreiche Adressenteil enthält Anschriften vieler wichtiger Beratungsgesellschaften sowie diverse Firmenprofile.

Lothar Th. Jasper
Karriere machen: Steuerberatung und Wirtschaftsprüfung 2003/2004
Erfolgsprogramme für Berufseinstieg und Weiterbildung
2002. 261 S. Geb. EUR 29,90
ISBN 3-409-11932-9

Änderungen vorbehalten. Stand: Juli 2003.
Erhältlich im Buchhandel oder beim Verlag.

Gabler Verlag · Abraham-Lincoln-Str. 46 · 65189 Wiesbaden · www.gabler.de   **GABLER**

Managementwissen:
kompetent, kritisch, kreativ

Mitarbeiter richtig informieren im Corporate Change

Wie wird die Veränderung im Unternehmen durch Kommunikation erlebbar? Wie muss sich das Selbstverständnis der internen Kommunikation ändern? Kommunikation im Corporate Change gibt vielfältige Antworten anhand von Beispielen aus Unternehmen – darunter Aventis, DaimlerChrysler, Deutsche Bahn, Deutsche Bank und TUI – und aus der Sicht von Beratungsunternehmen.

Egbert Deekeling,
Dirk Barghop(Hrsg.)
**Kommunikation
im Corporate Change**
Maßstäbe für eine neue
Managementpraxis
2003. 267 S. Geb. EUR 39,90
ISBN 3-409-29321-3

Die Kultur eines neuen Pluralismus

Auf der einen Seite immer neue Managementmoden und Machbarkeitswahn, auf der anderen die postmoderne Beliebigkeit konzeptloser Ich-AGs. Holger Rust zeigt pointiert, wie beide Positionen in Sackgassen geraten. Wem aber gehört die Zukunft? Den sanften Managementrebellen, die dabei sind, die Chefetagen aufzumischen. Eine originelle, provozierende, vor allem hoffnungsfrohe Lektüre.

Holger Rust
**Die sanften
Managementrebellen**
Wie der Nachwuchs die
Chefetagen aufmischen will
2003. ca. 220 S.
Geb. ca. EUR 34,90
ISBN 3-409-12394-6

Konstruktiv mit Konflikten umgehen

Gerhard Schwarz, ausgewiesener Experte in Sachen Konfliktmanagement, vermittelt vielfältige Anregungen für den sinnvollen Umgang mit Konflikten und deren Lösung. Jetzt in der 6. Auflage mit aufschlussreichen Ergänzungen und zusätzlichen Beispielen. Eine spannende und inspirierende Lektüre!

Gerhard Schwarz
Konfliktmanagement
Konflikte erkennen,
analysieren, lösen
6. Aufl. 2003. ca. 400 S.
Geb. ca. EUR 49,90
ISBN 3-409-69605-9

Änderungen vorbehalten. Stand: Juli 2003.
Erhältlich im Buchhandel oder beim Verlag.

Gabler Verlag · Abraham-Lincoln-Str. 46 · 65189 Wiesbaden · www.gabler.de

GABLER